21世纪实用礼仪系列教材

涉外礼仪教程

第五版

金正昆 著

中国人民大学出版社
·北京·

涉·外·礼·仪·教·程

目录

导　论

上编　国际交往惯例

第一章　涉外通则

一、以人为本 …… 20
二、维护形象 …… 22
三、不卑不亢 …… 25
四、求同存异 …… 27
五、入乡随俗 …… 29
六、信守约定 …… 32
七、热情有度 …… 34
八、不必过谦 …… 37
九、尊重隐私 …… 39
十、女士优先 …… 42
十一、以右为尊 …… 45
十二、面对媒体 …… 48
思考题 …… 53

第二章　日常礼仪

一、衣的礼仪 …… 57
二、食的礼仪 …… 60
三、住的礼仪 …… 69
四、行的礼仪 …… 73
五、访的礼仪 …… 80
六、购的礼仪 …… 85
七、小费礼仪 …… 90
八、宗教礼仪 …… 95
思考题 …… 100

第三章　接待礼仪

一、迎的礼仪 …… 103
二、晤的礼仪 …… 107
三、谈的礼仪 …… 113
四、娱的礼仪 …… 119
五、赠的礼仪 …… 124
六、译的礼仪 …… 128
七、陪的礼仪 …… 132
思考题 …… 136

下编　各国礼仪习俗

第四章　亚洲国家

一、阿富汗 …… 140
二、巴基斯坦 …… 143
三、朝鲜 …… 147
四、菲律宾 …… 150
五、哈萨克斯坦 …… 153
六、韩国 …… 157

七、吉尔吉斯斯坦 …… 160
八、老挝 …… 162
九、马来西亚 …… 165
十、缅甸 …… 169
十一、蒙古 …… 172
十二、尼泊尔 …… 176
十三、日本 …… 179
十四、沙特阿拉伯 …… 183
十五、塔吉克斯坦 …… 187
十六、泰国 …… 190
十七、土耳其 …… 193
十八、新加坡 …… 197
十九、伊朗 …… 200
二十、以色列 …… 204
二十一、印度 …… 207
二十二、印度尼西亚 …… 211
二十三、越南 …… 214

第五章 非洲国家

一、阿尔及利亚 …… 220
二、埃及 …… 223
三、南非共和国 …… 227
四、尼日利亚 …… 230
五、坦桑尼亚 …… 233

第六章 美洲国家

一、阿根廷 …… 238
二、巴西 …… 242
三、加拿大 …… 245
四、美国 …… 248
五、墨西哥 …… 254

第七章　欧洲国家

一、比利时 …… 260
二、波兰 …… 263
三、德国 …… 267
四、俄罗斯 …… 271
五、法国 …… 275
六、荷兰 …… 280
七、罗马尼亚 …… 284
八、瑞典 …… 287
九、瑞士 …… 290
十、西班牙 …… 294
十一、希腊 …… 298
十二、匈牙利 …… 302
十三、意大利 …… 305
十四、英国 …… 310

第八章　大洋洲国家

一、澳大利亚 …… 318
二、汤加 …… 322
三、新西兰 …… 325

主要参考书目 …… 329
第一版后记 …… 333
第二版后记 …… 337
第三版后记 …… 339
第四版后记 …… 341
第五版后记 …… 343

导论

目前，随着我国社会主义物质文明建设的迅速发展，社会主义精神文明的建设也有了长足的进步。两个文明建设并重，必将极大地推进我国的社会主义现代化事业。

在社会主义精神文明的建设之中，讲文明、树新风是群众性社会主义精神文明建设的一项重要内容，目前已普遍赢得社会各界的重视、支持和参与。而在上述内容之中，规范礼仪、学习礼仪、应用礼仪，便是顺应民心、合乎民意的一大重点。在当前形势下，正如习近平同志所言：礼仪是宣示价值观、教化人民的有效方式。

与此同时，社会主义市场经济的建设，极大地促进了人际交往。用现代人的眼光来看，人与人之间的交际应酬，不仅是一种出自本能的需要，而且也是适应社会发展、个人进步的一种必不可少的途径。因为从某种意义上来说，交际实质上就是一种信息交流，而信息乃是现代社会中最为宝贵的资源。由此可见，具有较强的交际能力，是现代人立足于社会，并求得可持续发展的重要条件。其重要意义，绝对不在掌握外语、互联网、汽车驾驶等热门的专业技术之下。在此背景之下，作为交往艺术的礼仪自然迅速升温，备受人们的青睐。规范礼仪、学习礼仪、应用礼仪，已经成为大势所趋、人心所向。

规范礼仪、学习礼仪、应用礼仪，必须首先从思想上、理论上解决下述九个方面的重要问题，唯有如此，才能更自觉、更准确、更全面地掌握礼仪，遵守礼仪。

一、礼仪的界定

要真正了解礼仪，有必要首先明确礼仪的基本含义。

在一般性的表述之中，与“礼”相关的词最常见的有三个，即礼仪、礼节、礼貌。在大多数情况下，它们是被视为一体并混合使用的。其实，从内涵上来看，三者不可简单地混为一谈。它们之间既有区别，又有联系。

礼貌，一般是指在人际交往中通过特定的言语、动作向交往对象所表示的谦虚和恭敬。它侧重于表现人的品质与素养，实际上是做人的一种基本要求。

礼节，通常是指人们在交际场合相互表示尊重、友好的惯用形式。它实际上是礼貌的具体表现方式。它与礼貌之间的相互关系是：没有礼节，就无所谓礼貌；有了礼貌，就必然需要具体的礼节。

礼仪，则是对礼节、仪式的统称。它是指在人际交往中，自始至终地以一定的、约定俗成的程序、方式来表现的律己、敬人的具体行为。显而易见，礼貌是礼仪的基础，礼节则是礼仪的基本组成部分。换言之，礼仪在层次上要高于礼貌、礼节，其内涵更深、更广。礼仪，实际上是由一系列具体的、表现礼貌的礼节所构成的。它不像礼节一样只是一种做法，而是一个表示礼貌的系统而完整的过程。从本质上讲，三者所表现的都是对人的尊敬、友善。

有鉴于此，为了更完整、更准确地理解“礼”，采用礼仪这一概念来对其加以表述，是最为可行的。

站在不同的角度上，往往还可以对礼仪的概念做出种种殊途同归的界定。

从个人修养的角度来看，礼仪可以说是一个人的内在修养与素质的外在表现。也就是说，礼仪即教养、素质在一个人行为举止中的具体体现。

从道德的角度来看，“道德仁义，非礼不成”。礼仪可以被界定为为人处世的行为规范，或曰标准做法、行为准则。因此，在 2001 年 9 月 20 日中共中央发布的《公民道德建设实施纲要》中，将“明礼”列为中国公民的基本道德规范之一。

从交际的角度来看，礼仪可以说是人际交往中的一种实用艺术，也可以说是一种用以处理人际关系的交际方式或交际方法。

从民俗的角度来看，礼仪既可以说是在人际交往中必须遵行的律己敬人的习惯形式，也可以说是在人际交往中约定俗成的示人以尊重、友好的习惯做法。此即所谓“礼出于俗，俗化为礼”。简言之，礼仪是待人接物的一种惯例；礼仪即“习惯法”。

从传播的角度来看，礼仪可以说是一种在人际交往中进行有效沟通的技巧。

从审美的角度来看，礼仪可以说是一种形式美。有道是“礼由心生”，它是人的心灵美的必然的外化。

了解上述各种对礼仪的诠释，可以进一步加深对礼仪的理解，并且更为准确地对礼仪进行把握。

二、礼仪的内容

从内容上讲，礼仪是由礼仪的主体、礼仪的客体、礼仪的媒体、礼仪的环境四项基本要素构成的。

礼仪的主体，指的是礼仪活动的操作者和实施者。它既可以是个人，也可以是组织。当礼仪活动规模较小、较为简单时，其主体通常是个人；当礼仪活动规模较大、较为复杂时，其主体通常则是组织。没有礼仪主体，礼仪活动就不可能进行，礼仪也就根本无从谈起。

礼仪的客体，又称礼仪的对象。从内涵上讲，它指的是礼仪活动的具体指向者和承受者。从外延上讲，它可以是人，也可以是物；可以是物质的，也可以是精神的；可以是具象的，也可以是抽象的；可以是有形的，也可以是无形的。没有礼仪客体，礼仪就失去了对象，就不成其为礼仪。礼仪的客体与礼仪的主体二者之间既对立，又相互依存，并且在一定条件下相互转化。

礼仪的媒体，指的是礼仪活动所依托的一定的媒介。进而言之，它实际上是礼仪内容与礼仪形式的统一性载体。任何礼仪都必须使用礼仪媒体，不使用礼仪媒体的礼仪不可能存在。礼仪的媒体，具体是由人体礼仪媒体、物体礼仪媒体、事体礼仪媒体等构成的。在具体操作礼仪时，这些不同的礼仪媒体往往是交叉、配合使用的。

礼仪的环境，指的是礼仪活动得以进行的特定的时空条件。大体说来，它可以分为礼仪的自然环境与礼仪的社会环境。礼仪的环境，通常制约着礼仪的实施。不仅实施何种礼仪由其决定，而且礼仪具体的实施方法也由其决定。

进而言之，由上述四项基本要素所构成的礼仪，依据其适用对象、适用范围的不同，大致上可以分为政务礼仪、商务礼仪、服务礼仪、社交礼仪、国际礼仪等几个基本分支。

政务礼仪，亦称公务员礼仪，指公务员在执行国家公务时应当遵守的礼仪。

商务礼仪，主要是指公司、企业的从业人员以及其他一切从事经济活动的人士在经济往来中应当遵守的礼仪。

服务礼仪，指各类服务行业的从业人员在自己的工作岗位上应当遵守的礼仪。

社交礼仪，亦称交际礼仪，指社会各界人士在一般性的、日常性的交际应酬之中应当遵守的礼仪。

国际礼仪，亦称涉外礼仪，指人们在国际交往中同外国人打交道时应当遵守的礼仪。

在上述五个基本分支礼仪中，政务礼仪、商务礼仪、服务礼仪等，主要是按照行业划分的，并且是人们在其工作岗位上所应遵守的礼仪，故可称之为行业礼仪或职业礼仪。而社交礼仪、国际礼仪的划分，则主要以其交往范围为依据，所以二者均可以交往礼仪相称。

上述几个方面，涉及人类交际活动的各个主要方面。因此，礼仪主要以这些方面构成自己的基本内容。

三、礼仪的归属

一般而言，礼仪主要以礼仪活动、礼仪规范、礼仪规律作为自己的研究对象。

总的说来，礼仪是一门人文应用科学。具体而言，礼仪的学科特点是：

首先，它是一门应用性学科。礼仪具有很强的实用性和可操作性。从某种意义上说，它实际上就是有关交往艺术的科学。

其次，它是一门实践性学科。与纯粹的理论演绎、概念探讨、逻辑抽象显然不同，礼仪来源于社会实践，并且直接服务于社会实践。它拒绝夸夸其谈，注重一切从实际出发，坚持实事求是。正因为如此，也有人称之为一门经验科学。

再次，它是一门普及性学科。在现实生活中，每个人都必须参加交际活动，每个人都希望自己的交际活动取得成功，而礼仪正是一门可将人们的交际活动导向成功的科学。由此可见，礼仪应当是一门人人必修的普及性学科。随着整个社会文明程度的提高，它必将进一步得到普及。

最后，它是一门综合性学科。不容置疑的是，礼仪是一门专门研究人的交际行为规范的科学。这是它有别于其他学科的主要标志。但在另一方面，它又广泛吸纳了其他许多学科的成果，用以充实、完善自身。在这个意义上，又可将它视为一门综合性学科。

作为一门综合性学科，礼仪与多门学科关系密切，其中尤其与民俗学、传播学、美学、伦理学、心理学、社会学、公共关系学密不可分。

其一，礼仪与民俗学。民俗学研究的是流传于民间的文化民俗事象。如前所述，礼仪与民俗的关系是："礼出于俗，俗化为礼。"二者相互联系，相互影响，相互转化。正因为如此，礼仪有时又被称为礼俗。研究民俗学，将有助于进一步解释礼仪；学习礼仪，则将使人深入地理解民俗。

其二，礼仪与传播学。传播学研究的是信息传播的规律。运用传播学的观点来看待交际活动，它实际上是一种人际传播。礼仪与传播的关系是：礼仪活动通常与传播有关，传播学则是礼仪规范的一个重要的理论基础。交际即信息传播，传播制约着交际，传播力决定影响力与公信力，交际与传播密不可分，互相依存。

其三，礼仪与美学。美学研究的是美的一般规律。社会美是其研究的一个重要方面，而社会美又往往表现于人的交际活动之中。礼仪与美学的关系是：美即和谐，“有礼则雅”。符合礼仪的做法必然是美的，而美又是衡量礼仪是否完善的一大标尺。从某种意义上说，礼仪实际上是交际活动的一种形式美。

其四，礼仪与伦理学。伦理学研究的是道德问题。它是一门纯理论的学科。礼仪则是对伦理学研究成果的具体运用，它反映着社会的道德关系，体现着社会的道德标准。礼仪与伦理学的关系是：伦理学是礼仪的基础，而礼仪则是伦理学所提出的道德要求的具体表现形式。在人际交往中，讲礼仪就是讲规矩，就是讲道理。因此，讲道德就必须讲礼仪，而讲礼仪又反过来有助于讲道德。正如《礼记》所言：“礼之所尊，尊其义也。”在交际实践中，有礼走遍天下，有礼即有理，已经获得了人们的广泛认同。

其五，礼仪与心理学。心理学所研究的是人的心理活动及其一般规律。礼仪与心理学的关系是：心理学是礼仪活动的一个基础。人是交际活动的主角，只有掌握人的心理活动，才能更好地理解人、尊重人，才能更好地运用礼仪。洞察人心、尊重人格，是礼仪与心理学共同的主旨。

其六，礼仪与社会学。社会学研究的是社会生活和社会行为。礼仪与社会学的关系是：交际活动是社会学的重要研究对象之一，而研究社会生活、社会行为的社会学所提供的一系列成果，则又必然有助于礼仪所关注的交际活动的成功。

其七，礼仪与公共关系学。公共关系学研究的是组织所面对的公众关系。礼仪与公共关系学的关系是：公共关系是交际活动中的每一位成功者必须妥善处理的，而礼仪则又是处理公共关系的一种重要的技术手段；公共关系重在塑造组织形象，而礼仪则意在维护个人形象，后者是前者的重要组成部分。总之，礼仪与公共关系往往密不可分。

四、礼仪的扬弃

礼仪的科学体系，主要是在现代形成并得以逐步完善的。但是，这并不等于说它是无源之水、无本之木。没有对我国古代传统礼仪的继承和扬弃，实际上就不可能有我国的现代礼仪。在正确地传承我国古代传统礼仪的同时，还必须向国际礼仪学习，取人之长，补我之短。

我国自古就是一个闻名世界的礼仪之邦。早在 3 000 多年前的西周时期，我国的古代礼仪就已基本成型。到了春秋时期，更是由孔子集其大成，并发扬光大。此后，由孔子所构建的礼仪体系一直影响中国社会长达 2 500 多年。

在中国古代，礼仪的含义十分广泛。一般而言，它至少有以下四种解释。

第一，它是一种包括政治、经济、文化、军事制度在内的典章制度。因此，被视为“国之基”“君之大柄”。左丘明就明确地提出“礼以体政”的主张，孔子则明言：“礼者何，即事之治也。”

第二，它是一种做人的道德规范。孔子认为：“礼也者，理也”；“礼者，人道之极也”；对人必须“约之以礼”。孟子强调：“礼，门也。”荀子指出：“礼者，养也”；“礼者，节之准也”。他们都明确了礼仪在道德生活中的重要作用。《礼记》则更是强调：“凡人之所以为人者，礼义也。”

第三，它是个人及社会必须遵守的行为准则。在《说文解字》中，许慎说：“礼者，履也。”孔子曾提出：“非礼勿视，非礼勿听，非礼勿言，非礼勿动。”在这里，他就将礼仪作为一种做人的行为规范。在著名的礼仪典籍《周礼》中则强调：“礼，不踰节，不侵侮，不好狎。”其含义也是以礼仪来调节人际交往。

第四，它是各种正式的仪式。管仲说：“礼仪者，尊卑之仪表也”，“方物之程式也”，“故动有仪则令行”。由此可见，他所说的礼仪，主要就是指的仪式。

综上所述，我国古代礼仪的主旨是：明确地规定并严格地维护封建等级制度；强调并坚持人的等级差异。对于这一点，荀子早就讲得很明白：“礼者，贵贱有等，长幼有差，贫富轻重皆有称者也。”

如此看来，我国古代礼仪具有明显的两重性。一方面，它提出了礼仪的一些基本原则，制定了人际交往的行为规范，并且强调“礼之用，和为贵”，这些都是可以为现代礼仪所借鉴的。另一方面，它并不尊重人，而重在维护封建统治制度。这些糟粕，则必须为现代礼仪所否定。

从总体上讲，现代礼仪与我国古代礼仪主要存在三点差异：

其一，二者的基础不同。古代礼仪是以封建等级制度为基础的，现代礼仪虽承认身份差异，但更强调以人为本、人格平等、社会公平，并且以尊重人作为自己的立足点与出发点。

其二，二者的目标不同。古代礼仪以维护封建统治秩序为目的，而现代礼仪则重在追求人际交往的和谐与顺利。

其三，二者的范围不同。古代礼仪所讲究的是“礼不下庶人”，因而与平民百姓无关，而现代礼仪则适用于任何交际活动的参与者。

应当说，与古代礼仪相比，现代礼仪更关心的是人际交往的成功，因此其核心内容就是人际交往的行为规范，而不是像古代礼仪那样以自我约束为主。

在继承我国古代礼仪的精华的同时，现代礼仪也十分注意汲取外国礼仪，特别是注意吸收目前通行的当代国际礼仪的长处，为我所用。

当代国际礼仪主要具有如下三个特点，它们与我国礼仪，尤其是我国古代传统礼仪具有显著的区别。

其一，国际礼仪强调个人至上。国际礼仪强调个人至上、个性自由，反对损害个人尊严，要求尊重个人隐私，维护人格自尊。这一点，贯彻在它的各个环节之中。

其二，国际礼仪强调女士优先。国际礼仪强调，在一切交际场合，不仅要讲究男女平等，反对性别歧视，更要讲究尊重女性、关心女性、体谅女性、帮助女性、照顾女性、保护女性，这就是所谓的女士优先。

其三，国际礼仪强调交际务实。在交际活动中，既要讲究礼仪，又注重沟通、重在互动，反对虚假、造作，不提倡过分客套，不认同过度的自谦、自贬，尤其是反对自轻、自贱。国际礼仪还主张，在人际交往中，要关注跨文化沟通，要坚持求同存异，要使礼仪成为“一座桥”，而不可使之变成“一堵墙”。

与我国的现代礼仪相比，国际礼仪最大的不同，是其主要起源于西方，受西方文化影响较深；而我国的现代礼仪，则更多地出自本国的传统文化与民族习俗。由于国情、习俗方面的差异，许多中国人对国际礼仪还缺乏深入了解，或者存在着一定的隔阂。

有必要明确的是：一方面，我国的现代礼仪对于国际礼仪中一些适合我国国情、切实可行的原则，是有不少可以借鉴的。离开了这一条，就不可能有它在今日的发展。另一方面，对国际礼仪也没有必要全盘照抄照搬进来。只有在国际交往中，才有必要以国际礼仪约束自身。

江泽民同志曾经要求我们，弘扬中国古代优良道德传统和革命道德传统，吸取人类一切优秀道德成就，努力创建人类先进的精神文明。习近平同志则多次强调，培育和弘扬社会主义核心价值观，必须立足于中华传统优秀文化。在探讨现代礼仪的扬弃问题时，也应该采取上述正确的态度。唯有如此，才能真正使现代礼仪不但有所继承，而且还会有所发展。

五、礼仪的特征

与其他学科相比，礼仪具有一些自身独具的特征。这主要表现在其规范性、限定性、操作性、传承性、时效性五个方面。

第一，规范性。礼仪，指的就是人们在交际场合待人接物时必须遵守的行为规范。规范者，标准也。这种规范性，不仅约束着人们在一切交际场合的言谈话语、行为举止，使之合乎礼仪，而且也是人们在一切交际场合必须采用的一种“通用语言”，是衡量他人与判断自己是否自律、敬人的一种尺度。正如法国人拉罗什福科所言：“在所有规范中，礼仪是最微小但又最稳定的一种规范。”总之，礼仪是约定俗成的一种自尊、敬人的惯用形式。因此，任何人要想在交际场合表现得合乎礼仪、彬彬有礼，都必须对礼仪无条件地加以遵守。另起炉灶、自搞一套，或是只遵守个人适应的部分，而不遵守不适应自己的部分，都难以为交往对象所接受和理解。

第二，限定性。礼仪，顾名思义，主要适用于交际场合，适用于普通情况之下的、一般的人际交往与应酬。在这个特定范围之内，礼仪肯定行之有效。离开了这个特定的范围，礼仪则未必适用。这就是礼仪的限定性特点。理解了这一特点，就不会把礼仪当成放之四海而皆准的规则，就不会在非交际场合拿礼仪去以不变应万变。必须明确，当所处场合不同、所具有的身份不同时，所要运用的礼仪往往会因此而各有不同，有时甚至还会差异很大。这一点，是不容忽略的。一般而论，适合应用礼仪的主要是初次交往、因公交往、对外交往等三种交际场合。

第三，操作性。切实有效，实用可行，规则简明，易学易会，便于操作，是礼仪的一大特征。它不是纸上谈兵、空洞无物、不着边际、故弄玄虚、夸夸其谈，而是既有总体上的礼仪原则、礼仪规范，又在具体的细节上以一系列的方式、方法，细致而周详地对礼仪原则、礼仪规范加以贯彻，把它们落到实处，使之“言之有物”“行之有礼”，不尚空谈。礼仪的易记、易行，能够为其广觅知音，使其被人们广泛地运用于交际实践，并受到广大公众的认可；反过来，又进一步促使礼仪以简便易行、容易操作为第一要旨。

第四，传承性。任何国家的礼仪都具有自己鲜明的民族特色，任何国家的当代礼仪都是在本国古代礼仪的基础上发展起来的。离开了对本国、本民族既往礼仪成果的传承、扬弃，就不可能形成当代礼仪。这就是礼仪传承性的特定含义。与“成文法”相对应，礼仪本质上乃是一种约定俗成、沉淀传统的“习惯法”。作为一种人类文明的沉淀与积累，礼仪将人们在交际应酬之中的习惯做法固定下来，流传下去，并逐渐形成自己的民族特色，这不是一种短暂的社会现象，而且不会因为社会制度的更替而消失。对于既往的礼仪遗产，正确的态度不应当是食古不化、全盘沿用，而是应当有扬弃、有继承，更有发展。

第五，时效性。《礼记》指出：礼，时为大。从本质上讲，礼仪可以说是一种社会历史发展的产物，并具有鲜明的时代特点。一方面，它是在人类长期的交际活动实践之中形成、发展、完善起来的，绝不可能凭空杜撰、一蹴而就，不可能完全脱离特定的历史背景。另一方面，社会的发展，历史的进步，由此而引起的众多社交活动的新特点、新问题的出现，又要求礼仪有所变化，有所进步，推陈出新，与时代同步，以适应新形势下新的要求。与此同时，随着世界经济的国际化倾向日益明显，各个国家、各个地区、各个民族之间的交往日益密切，它们的礼仪随之也不断地相互影响，相互渗透，不断地被赋予新的内容。这就使礼仪具有相对的时效性。了解了这一点，就不会把它看做一成不变的东西，而能够更好地以发展、变化的眼光去对待它；也不会对礼仪搞“教条主义”，使之一成不变，脱离生活，脱离时代。

六、礼仪的原则

在日常生活之中，学习、应用礼仪，有必要在宏观上掌握一些具有普遍性、共同性、指导性的礼仪规律。这些礼仪规律，即礼仪的原则。

礼仪的原则共有如下10项。它们同等重要，不可缺少。掌握这些原则，将有助于更好地学习礼仪，运用礼仪。

第一，遵守。在交际应酬之中，每一位参与者都必须自觉、自愿地遵守礼仪，以礼仪去规范自己在交际活动中的一言一行，一举一动。对于礼仪，不仅要学习、了解，更重要的是学了就要运用，要将其付诸个人社交实践。任何人，不论身份高低、职位大小、财富多寡，都有自觉遵守、应用礼仪的义务，否则，就会受到公众的指责，交际就难以成功，这就是遵守的原则。没有这一条，就谈不上礼仪的应用、推广。

第二，自律。从总体上来看，礼仪规范由对待个人的要求与对待他人的做法两大部分所构成。司马光说："礼莫大于分。"对待个人的要求，是礼仪的基础和出发点。学习、应用礼仪，最重要的就是要自我要求、自我约束、自我控制、自我对照、自我反省、自我检点，这就是所谓自律的原则。古语云："己所不欲，勿施于人。"若是没有对自己的首先要求，人前人后不一样，只求诸人，不求诸己，不讲慎独与克己，遵守礼仪就无从谈起，就是一种蒙骗他人的大话、假话、空话。

第三，敬人。孔子曾经对礼仪的基本理念有过一次高度的概括，他说："礼者，敬人也。"《礼记》亦云："夫礼者，自卑而尊人。"所谓敬人的原则，就是要求人们在交际活动中，与交往对象既要互谦互让，互尊互敬，友好相待，和睦共处，更要将对交往对象的重视、恭敬、友好放在第一位。在礼仪的两大构成部分中，有关对待他人的做法这一部分，比对待个人的要求更为重要，这一部分实际上是礼仪的重点与核心。而对待他人的诸多做法之中最要紧的一条，就是要敬人之心常存，处处不可失敬于人，不可伤害他人的个人尊严，更不能侮辱对方的人格。掌握了这一点，就等于掌握了礼仪的灵魂。在人际交往中，只要不失敬于人，哪怕具体做法一时失当，也不能算是失礼。

第四，宽容。有道是："大德必宽。"《礼记》上也曾倡导：君子尚宽。宽容原则的基本含义，是要求人们在交际活动中运用礼仪时有容乃大。既要严于律己，更要宽以待人。要多容忍他人，多体谅他人，多理解他人，而千万不要求全责备，斤斤计较，过分苛求，咄咄逼人。在人际交往中，要容许其他人有个人行动和独立进行自我判断的自由。礼仪的基本要求是尊重人。在人际交往中，尊重他人，实际上就是要尊重其个人选择。对不同于己、不同于众的行为耐心容忍，不必要求其他人处处效法自身、与自己完全保持一致，实际上也是尊重对方的一种表现。

第五，平等。在具体运用礼仪时，允许因人而异，根据不同的交往对象，采取不同的具体方法。但是，与此同时必须强调指出：在礼仪的核心之点，即尊重交往对象、以礼相待这一点上，对任何交往对象都必须一视同仁，给予同等程度的礼遇。不允许因为交往对象彼此之间在年龄、性别、种族、性格、文化、职业、身份、地位、财富、健康以及与自己的关系亲疏远近等方面有所不同，就厚此薄彼，区别对待，给予不同待遇，这便是礼仪中平等原则的基本要求。

第六，从俗。由于国情、民族、文化背景的不同，在人际交往中，实际上存在着“十里不同风，百里不同俗”的局面。对这一客观现实要有正确的认识，不要自高自大、唯我独尊、以我画线，不宜简单否定其他人不同于己的做法。必要时，必须坚持入国问禁、入乡随俗、入门问讳，与绝大多数人的习惯做法保持一致，切勿目中无人、自以为是、指手画脚、随意批评，动辄否定其他人的习惯性做法。遵守从俗原则的规定，会使礼仪的应用更加得心应手，更加有助于人际交往。

第七，真诚。礼仪上所讲的真诚原则，就是要求在人际交往中运用礼仪时，务必待人以诚、诚心诚意、诚实无欺、言行一致、表里如一。只有如此，自己在运用礼仪时所表达的对交往对象的尊敬与友好，才会更好地被对方所理解和接受。与此相反，倘若仅把运用礼仪作为一种道具和伪装，在具体操作礼仪规范时，口是心非，言行不一，弄虚作假，投机取巧，或是当时一个样、事后另一个样，有求于人时一个样、被人所求时另外一个样，则有悖礼仪的基本宗旨。将礼仪等同于“厚黑学”，肯定是行不通的。

第八，适度。适度的原则，是要求应用礼仪时，为了保证取得成效，必须注意技巧，合乎规范，特别要注意做到把握分寸、认真得体。这是因为凡事过犹不及，运用礼仪时假如做得过了头，或者做得不到位，都不能正确地表达自己的自律、敬人之意。当然，运用礼仪要真正做到恰到好处、恰如其分，只有勤学多练，积极实践，此外别无他途。

第九，沟通。在人际交往中，人们通常有接触才会了解，有了解才容易交流，有交流才会沟通，有沟通才会互动。因此，可将沟通视为人际交往中人与人之间的互动之桥。在现代礼仪中，沟通的原则要求人们：在其人际交往中，既要了解交往对象，更要为交往对象所了解，并积极地推广自己。与交往对象彼此之间增进理解与共识。礼仪的主旨在于“尊重”。而欲尊重他人，就必须首先了解对方、推广自己，并令自己为对方所了解。只有这样，才能实现有效的沟通。

第十，互动。在人际交往中如欲取得成功，就必须无条件地遵守互动的原则。所谓“互动”，在此具体含义有二：一是要求人们在其交往中必须主动进行换位思考。换位思考的基本要求，就是要求人们必须善于体谅交往对象的感受。二是要求人们在其交往中要时时处处努力做到“交往以对方为中心”。也就是说，不允许无条件地“以自我为中心”，更不允许凡事自以为是。具体运用礼仪时，互动的原则永远都不允许忽略。

七、礼仪的功能

读书是学习，使用也是学习，而且是更重要的学习；学习的目的在于运用。当前，礼仪之所以被提倡，之所以受到社会各界的普遍重视，主要是因为它具有多重重要的功能，既有助于个人，又有助于社会。

礼仪的功能之一，在于它有助于提高人们的自身修养。

在人际交往中，礼仪往往是衡量一个人文明程度的准绳。它不仅反映着一个人的交际技巧与应变能力，而且还反映着一个人的气质风度、阅历见识、道德情操、精神风貌。因此，在这个意义上，完全可以说礼仪即道德、即教养。而有道德才能高尚，有教养才能文明。这也就是说，通过一个人对礼仪运用的程度，可以察知其教养的高低、文明的程度和道德的水准。由此可见，学习礼仪、运用礼仪，有助于提高个人的修养，有助于"用高尚的精神塑造人"，真正提高个人的文明程度。

礼仪的功能之二，在于它有助于人们美化自身、美化生活、美化祖国。

个人形象，是一个人仪容、表情、举止、服饰、谈吐、教养的集合，而礼仪在上述诸方面都有自己详尽的规范。《易经》有言："君子以非礼弗履"。因此学习礼仪，运用礼仪，无疑将有益于人们更好地、更规范地设计个人形象、维护个人形象，更好地、更充分地展示个人的良好教养与优雅的风度，这种礼仪美化自身的功能，任何人都难以否定。当个人重视了美化自身，大家个个以礼待人时，人际关系将更加和睦，生活将更加温馨，祖国将更加美丽。这时，美化自身便会发展为美化生活、美化祖国；在国际交往中，亦将有助于中国人更好地、言行一致地"发出中国好声音，讲好中国好故事"。这也是礼仪的运用所发挥的作用。

礼仪的功能之三，在于它有助于促进人们的社会交往，完善人们的人际关系。

古人云："世事洞明皆学问，人情练达即文章。"这句话，讲的其实就是交际的重要性。《素书》上说："礼者，人之所履。"一个人只要同其他人打交道，就不能不讲究礼仪。运用礼仪，除了可以使个人在交际活动中充满自信、胸有成竹、处变不惊之外，其最大的好处就在于，能够帮助人们规范彼此之间的交际活动，更好地向交往对象表达自己的尊重、敬佩、友好与善意，增进大家彼此之间的了解与信任。假如人皆如此，时时、处处、事事如此，长此以往，必将促进社会交往的进一步发展，帮助人们更好地取得交际成功，进而造就和谐、完美的人际关系，取得事业的成功。

礼仪的功能之四，在于它有助于净化社会风气，推进社会主义精神文明的建设。

《左传》有云："礼，经国家，定社稷，序民人，利后嗣者也。"一般而言，人们的教养反映其素质，素质体现于其细节，而细节则往往决定着一个人的成败。反映个人素质与教养的礼仪，是人类文明的标志之一。一个人、一个单位、一个国家的礼仪水准如何，往往反映着这个人、这个单位、这个国家的文明程度与整体素质、整体教养。古人曾经指出“礼义廉耻，国之四维”，将礼列为立国的精神要素之本。而在日常交往之中，诚如英国大哲学家约翰·洛克所言：“没有良好的礼仪，其余的一切成就都会被人看成骄傲、自负、无用和愚蠢。”荀子也曾说过：“人无礼则不立，事无礼则不成，国无礼则不宁。”反过来说，遵守礼仪，应用礼仪，将有助于净化社会空气，提升个人乃至全社会的精神文明方面的品位。当前，我国正在大力推进社会主义精神文明建设。其中的一项重要内容，就是要求全体社会成员讲文明、讲礼貌、讲卫生、讲秩序、讲道德；心灵美、语言美、行为美、环境美。这些内容，与礼仪完全吻合。因此，完全可以说，提倡礼仪的学习、运用，与推进社会主义精神文明建设是殊途同归、相互配合、相互促进的。这种社会主义的礼治，对于我国的现代化建设绝对是不可或缺的。

八、礼仪的学习

学习礼仪，要想取得理想的效果，就应当在学习途径、学习方法与学习重点这三个方面多加注意，而切切不可敷衍应付、只走过场。

对一般人来讲，学习礼仪主要有三大途径：

其一，进行理论学习。即利用图书资料、广播电视、互联网络、教学函授、业务培训，系统地、全面地学习礼仪。

其二，向社会实践学习。实践是检验真理的唯一标准，同时也是学习礼仪最好的教师。交往的成功，往往有赖于必要的经验。交际实践作为学习礼仪的一个具体过程，不仅可以使人加深对它的了解，强化对它的印象，而且还可检验其作用，并且据以判断个人掌握、运用礼仪的实际水平。

其三，向专人学习。这里所指的专人，可以是教师、培训专家、礼仪顾问，也可以是在某些方面确有经验或所长者、堪称楷模之人。其共同之点，是对礼仪有一定的了解，或是具有一定的实践经验和心得体会。向他们学习，可使自己取长补短，益智开窍。

学习礼仪，有多种方法可以采用。一般而言，其最主要的方法有四：

第一，联系实际。礼仪本身就是一门应用学科，因此学习礼仪，务必坚持知和行的统一。要注重实践，将知识运用于实践，不断地向实践学习。这是学习礼仪的最佳方法。

第二，循序渐进。学习礼仪不可贪多务得，细大不捐，而应当有主有次，抓住重点。若从与自己生活最密切的地方开始，往往可以事半功倍。然而必须注意，学习礼仪是一个循序渐进的过程。对一些规范、要求，只有反复运用、重复体验，才能真正掌握。

第三，自我监督。古人强调提高个人修养要注意反躬自省："克己复礼"，"吾日三省吾身"。学习礼仪，也应进行自我监督，对自己既要在这方面有所要求，又要处处注意自我检查。这样，将有助于自己发现缺点，找出不足，将学习、运用礼仪真正变为个人的自觉行动和习惯做法。

第四，多头并进。在学习礼仪的同时，不应将其孤立于其他学科，而应当将这种学习与其他学科、文化知识的学习结合起来。这样做，不但可以全面提高个人素质，而且还有助于个人更好地掌握、运用礼仪。

从总体上看，礼仪是由一系列的规范、技巧与法则所构成的。学习礼仪，要讲全面性、系统性，但是不能搞烦琐哲学，不能脱离实际、死抱着条条框框不放。要是把礼仪搞得过分复杂、烦琐，是不利于礼仪的普及、推广的。古人曾就此一针见血地指出："礼繁则难行，卒成废阁之书。"将礼仪搞成繁文缛节，必将使礼仪曲高和寡。

学习礼仪，最切实可行的方法，是要抓住其重点。礼仪的重点，就是那些对交际活动具有普遍指导意义的各项主要原则。礼仪的原则可分为两大类：其一，适用于所有交际活动的原则。例如，"以右为尊原则"。其二，适用于局部交际活动的原则。例如，在正式场合必须遵守的着装的"三色原则"。对这两类礼仪的主要原则，都要尽可能地加以掌握。这样做，就能以点带面，掌握其精华。

总而言之，这些礼仪的主要原则高度凝练，举一反三，适用范围甚广。对其悉心掌握，则会大获裨益。

九、礼仪的操作

在具体运用现代礼仪时，人们所面临的一个亟待解决的重要问题是：应当如何对其具体地加以操作？

解决这一问题时，主要应当关注如下两个方面：一是必须坚持正确的理念；二是必须掌握有效的方法。

第一，必须坚持正确的理念。所谓理念，亦即有关某一事物的基本观念。有道是："理念决定思路，思路决定出路。"倘若人们在具体操作礼仪时基本理念有误，则难免徒劳无益。

一般而言，现代礼仪以"尊重"为基本理念。在具体操作礼仪时，这一基本理念又体现于如下两点：

其一，摆正位置。在人际交往中，每一个人都拥有自己的具体位置，而且自己的具体位置往往还会不断地发生变化。在操作礼仪、以礼待人时，每一个人关

摆正位置、换位思考

键是要明确自己的具体位置、各就各位，切勿错位或越位。

对自己而言，每一人都必须维护自尊：一是必须尊重自我；二是必须尊重自己的职业；三是必须尊重自己所归属的团队；四是必须尊重自己所在的单位；五是必须尊重自己所处的社会；六是必须尊重自己所属的国家。

对他人而言，每一个人亦应以尊重为本：尊重上司是一种天职；尊重同事是一种本分；尊重下级是一种美德；尊重客户是一种常识；尊重对手是一种风度；尊重所有人则是一种教养。

其二，调整心态。在人际交往中，每一个人不仅需要智商，而且更需要情商。一般而言，一个人的情商的高低，通常具体体现于其个人心态，即对自己、对他人、对社会的态度。在具体处理人际关系、运用礼仪时，每一个人均应自觉地进行心态调整。因为对自己的工作生活乃至人际关系而言，心态不仅决定状态，而且往往决定一切。

在具体操作礼仪时，人们所应进行的心态调整主要涉及如下三点：

一是需要“接受他人”。在人际交往中，现代礼仪要求每一个人都必须尊重他人。进而言之，所谓尊重他人，实际上就是要求人们必须善解人意地接受对方的一切合乎情理的选择。换言之，操作现代礼仪时，不仅需要严于律己，而且更需要宽以待人。

二是应当“换位思考”。在人际交往中，不仅内外有别、中外有别、外外有别，而且人人有别、时时有别、处处有别、事事有别。既然在操作现代礼仪时强调“交往以对方为中心”，那么人们必须善于进行“换位思考”自然不言而喻。

三是坚持“合作共赢”。进行人际交往时，每一个人都必须明确“礼之用，和为贵”，并善于与他人和睦相处。与此同时，还必须真正地意识到自己所面对的世界是多有“不同”的：世界是具有多样性的，文明是具有多样性的，交际行为与交际规范也是具有多样性的。习近平同志曾经强调：在对外交往中，智者求同，愚者求异。唯其如此，才能真正地为自己打造出一种良好的人际环境。

第二，需要掌握行之有效的方法。一般而言，它主要涉及“有所不为”与“有所为”两个互有联系的不同层面。

其一，必须明确“有所不为”。所谓“有所不为”，即具体操作礼仪时，首先需要了解“不能做什么”。例如，不能讲什么话、不能做什么事，等等。在这些方面不出现差错，即可“问题最小化”，不仅自己可以不出洋相，而且还可避免失礼于他人。

其二，必须尽力“有所为”。所谓“有所为”，即具体操作礼仪时，应该了解“应当如何做”，或者“如何做得更好”。例如，应该怎样讲话、应该怎样办事情，等等，在这些方面尽量做到符合礼仪规范，就会令自己的所作所为好上加好。

在操作礼仪时，需要强调的是：“有所不为”，是每个人皆须力戒的。“有所为”，则是人们所共同努力的目标。

上编　国际交往惯例

进入21世纪以来，中国正在走向世界的中心。随着中国改革开放的进一步深入，与外国人直接打交道的中国人已经越来越多了。自古以来，中国人在与外国人进行交往应酬时，都始终关注着两个方面的问题：其一，要向对方表达出我方所应有的尊重与友好之意。其二，要在对方面前维护好我方的国格、人格。如何才能够在这两个方面都表现得恰到好处呢？人们一直在不断地思索，并且给出过种种不同的答案。

经过交流、比较、反复，经过实践、认识、再实践、再认识，人们目前已经基本达成了一种共识，即要真正地解决好上述两个方面的问题，唯一明智的做法就是要认真地在对外交往中遵守涉外礼仪。

所谓涉外礼仪，是对涉外交际礼仪的简称。它具体所指的是，中国人在对外交往中，用以维护自身形象、向交往对象表示尊敬与友好的约定俗成的习惯做法。一般而言，涉外礼仪的基本内容，就是有关国际交往的规则，就是中国人所应了解并遵守的有关跨文化交往的国际惯例。

所谓惯例，即人所共知的常规做法。国际交往惯例，在此指的就是在参与国际交往时必须认真了解，并且予以遵守的、常规的、通行的做法。中国人，尤其是缺乏国际交往经验的中国人，在与外国人打交道时，如欲举止有方、表现得体，唯一正确的做法，就是要遵守国际交往惯例。

必须明确的是，在国际交往中，遵守惯例本身，就是一项国际惯例。《中华人民共和国民法通则》明文规定："中华人民共和国法律和中华人民共和国缔结或者参加的国际条约没有规定的，可以适用国际惯例。"

由于国际交往牵涉面甚广，因而国际交往惯例的具体内容也极其丰富。为了学以致用、掌握重点，本编主要介绍一些最基本的国际交往惯例。

第一章 涉外通则

涉外通则，在此是指中国人在接触外国人时所须遵守的有关涉外礼仪的基本原则。在涉外交往中，每一名中国人对此都必须有所了解，并加以运用。本章所讲授的内容，包括以人为本、维护形象、不卑不亢、求同存异、入乡随俗、信守约定、热情有度、不必过谦、尊重隐私、女士优先、以右为尊、面对媒体等。

学习目的

- 重视并了解国际惯例。
- 在涉外交往中自觉地遵守国际惯例。
- 掌握并运用涉外通则。
- 在涉外交往中表现得大方得体。
- 避免在涉外交往中失礼于人。

本章要点

- 本章所讲授的是涉外通则。它在此是指中国人在接触外国人时所须遵守的有关涉外礼仪的基本原则。在涉外交往中，每一名中国人对此都必须有所了解，并加以运用。
- 本章第一部分讲授的是以人为本。它具体要求涉外人员重视人权问题，始终坚持为人民服务。
- 本章第二部分讲授的是维护形象。它具体要求涉外人员关注个人形象，规范个人形象。
- 本章第三部分讲授的是不卑不亢。它具体要求涉外人员谦恭待人，自尊自爱。
- 本章第四部分讲授的是求同存异。它具体要求涉外人员求大同，存小异。
- 本章第五部分讲授的是入乡随俗。它具体要求涉外人员了解交往对象的习俗，尊重交往对象的习俗。
- 本章第六部分讲授的是信守约定。它具体要求涉外人员慎于许诺，有诺必践。
- 本章第七部分讲授的是热情有度。它具体要求涉外人员关心有度、批评有度、距离有度、举止有度。
- 本章第八部分讲授的是不必过谦。它具体要求涉外人员充满自信，善于实事求是地肯定自己。

- 本章第九部分讲授的是尊重隐私。它具体要求涉外人员维护隐私，莫问隐私。
- 本章第十部分讲授的是女士优先。它具体要求涉外人员尊重、照顾、体谅、关心、保护妇女，并付诸行动。
- 本章第十一部分讲授的是以右为尊。它具体要求涉外人员重视有关位次、座次的排列方式及其常规的操作方法。
- 本章第十二部分讲授的是面对媒体。它具体要求涉外人员了解媒体，有备而至。

所谓涉外通则，在此是指中国人在接触外国人时所必须遵守的有关国际交往惯例的基本原则。它既是对国际交往惯例的高度概括，又对于参与涉外交际的中国人具有普遍的指导意义。

每一名从事涉外工作的人员，不仅有必要了解、掌握涉外通则，而且还必须在其实际工作中认真地遵守、应用涉外通则。不然的话，往往就会举步维艰、事倍功半，甚至一事无成。

一、以人为本

大凡对中国外交倍加关注的人都会注意到，进入21世纪以来，对人的高度重视业已成为当代中国外交的一大主题：

中国政府多次郑重表示自己重视人权问题，并为此与其他国家政府进行了一系列的对话；

当中国公民在境外受到不公正对待时，中国最高领导人直接出面与有关国家进行交涉；

当中国企业与华商在境外遭遇歧视时，中国政府立即出面给予积极的支持与帮助；

当中国公民在境外遇到意外伤害或遭到武力劫持时，中国方面不遗余力地对其进行营救；

…………

这一切都充分表明，“以人为本”业已成为今日中国外交的一种基本价值取向。而以“以人为本”为其基本价值取向的当代中国外交活动，则被称为“人文外交”。有鉴于此，在对外交往中，中国的每一名涉外人员均应高度自觉地以自己的实际行动去贯彻、落实“以人为本”的外交新理念。

作为涉外礼仪的一项通则，“以人为本”的基本含义是：在国际交往中，与在国内交往中一样，任何行为均应有意识地尊重与保障人权。每一位涉外人员都必须充分意识到，自己所从事的一切涉外交往的根本目的都是为了爱护人、保护人、发展人。换言之，中国外交就其本质而言，是要为人民服务，是要维护中国人民与世界人民的根本利益。

胡锦涛同志曾经站在政治的高度，对“以人为本”进行过科学的论述。他说：必须坚持以人为本。我们必须始终坚持一切为了群众、一切依靠群众，坚持立党为公、执政为民，实现好、维护好、发展好人民群众的根本利益。实现好、维护好、发展好最广大人民的根本利益，始终是我们党奋斗的最高目的，始终是我们党观察和处理问题的根本原则。

在涉外交往中具体操作“以人为本”这一通则时，主要应当关注以下两个方面的具体问题。

（一）必须高度重视人权问题

《中华人民共和国宪法》明文规定："国家尊重和保障人权。"在涉外交往中，我国每一名涉外人员均不可对此掉以轻心。

所谓人权，其实是一个不断发展着的历史概念。简而言之，它指的是人的基本权利。但其具体内容涵盖甚广，不仅包括政治权利、经济权利、社会权利、文化权利等个人权利，而且还包括发展权、民族自决权等集体权利。

在人权问题上，国际社会一直存在着争议与斗争。中国政府的基本立场是：人权必须作为一个完整的概念被理解。它既包括个人权利，也包括集体权利。个人权利不仅包括政治权利，而且也包括经济权利、社会权利与文化权利。人权的各个方面互相依存、同等重要，绝对不可分割、不可或缺。由于各国发展水平不一，其所面临的社会、经济、文化问题亦千差万别，故应当允许各国根据自己某一特殊时期的特殊需求而突出人权的某项内容，但这并不意味着否定或抹杀其他各项人权。

中国认为：对任何一项人权的剥夺，实质上都是对整体人权的剥夺；对任何一项人权的促进，实质上都是对整体人权的促进。与此同时，中国还强调，人权是权利与义务的有机统一。权利与义务在实践中应该是一致的。不存在没有义务的权利，也不存在没有权利的义务。

总之，涉外人员在对外交往中具体涉及人权问题时必须坚持以下基本立场。

第一，中国是尊重和保障人权的。

第二，中国对人权有着自己的理解。

第三，中国历来反对某些国家将自己的人权观强加于别人，或者借所谓"人权问题"干涉中国内政。

（二）必须认真明确涉外工作本质上就是为人民服务的

从根本上讲，中国是一个社会主义国家。作为一个社会主义国家，中国的外交、外事工作自然而然就是为人民服务的。对于这一点，每一名中国的涉外人员均应牢记于心，并且付诸行动。

坚持涉外工作为人民服务这一基本目标，具体需要谨记以下两个要点。

1. 中国的涉外工作首先是为中国人民服务的

邓小平同志曾经明确指出，中国外交以国家利益为最高准则。在阐述"三个代表"重要思想时，江泽民同志曾具体要求：中国共产党要始终代表中国最广大人民的根本利益。胡锦涛同志再三强调，各级领导干部均应牢记：权为民所用，情为民所系，利为民所谋。习近平同志则进而言之：权为民所赋，权为民所用。因此，中国的涉外工作必须始终坚定不移地为中国人民服务。

需要在此强调的是，中国的涉外工作应当是为全中国人民服务的。其具体对象，不但应当包括内地人民，而且还应当包括台湾地区、香港地区、澳门地区同胞，以及一切海外华侨、华人。我们的每一项涉外工作，都必须真真切切地尊重中国人民、爱护中国人民、保障中国人民、发展中国人民、造福中国人民，并且永远服务于中国人民。

2. 中国的涉外工作同样必须服务于世界人民

当今的中国，已经成为国际社会的真正一员。当代中国外交的目标，就是要推动构建人类命运共同体。因此，中国的涉外人员亦应具有真正的、开阔的国际视野。

（1）中国的涉外工作，要努力促进世界的和平、发展、合作与共赢。这样做，不仅有助于世界的稳定与繁荣，而且也符合全世界人民的根本利益。涉外工作主要以外国朋友为服务对象，因此它在本质上就是为世界各国人民服务的。此点不容置疑。

（2）中国的涉外工作，要以不损害别国人民的根本利益为前提。在任何情况下，中国都不应以自己的所作所为伤害别国人民的根本利益。在别国人民利益受到伤害时，中国绝对不会幸灾乐祸或推波助澜。

二、维护形象

郑伟是一家大型国有企业的总经理。有一次，他获悉有一家著名的德国企业的董事长正在本市进行访问，并有寻求合作伙伴的意向。于是他想尽办法，请有关部门牵线搭桥。

让郑伟欣喜若狂的是，对方也有兴趣与他的企业进行合作，而且希望尽快同他会面。到了双方会面的那一天，郑伟对自己的形象刻意进行了一番修饰。他根据自己对时尚的理解，上穿夹克衫，下穿牛仔裤，头戴棒球帽，足蹬旅游鞋。无疑，他希望自己能给对方留下精明强干、时尚新潮的印象。

然而事与愿违，郑伟自我感觉良好的这一身时髦的“行头”，却偏偏坏了他的大事。德方董事长竟就此认为：此人着装随意，个人形象不符合常规，给人的感觉是过于前卫、尚欠沉稳，与之合作之事当再作他议。

客观地讲，在这件事情上，并非德方无事生非、刻意刁难，而的确是郑伟的穿着打扮不够规范，从而损害了其个人形象。

根据惯例，在国际交往中，人们普遍对交往对象的个人形象倍加关注，并且都十分重视遵照规范的、得体的方式塑造、维护自己的个人形象。此即“维护形象”的通则。个人形象的维护在国际交往中之所以深受人们的重视，主要是基于下列五个方面的原因。

(1) 每一个人的个人形象，都真实地体现着他的个人教养和品位。例如，当一名男子身穿深色西装套装时，依照国际惯例，其上衣左袖袖口上的商标必须拆掉，而且不能穿凉鞋、布鞋、旅游鞋或白色的袜子。如果他不谙此道，或者明知故犯，就会有损其个人形象，并且会使人感到他缺乏教养、品位不高。

(2) 每一个人的个人形象，都客观地反映了他个人的精神风貌与生活态度。在日常生活中，假如一个人总是蓬头垢面、衣冠不整、不修边幅、邋邋遢遢，别人恐怕很难认为他热爱生活、心态阳光、奋发向上，搞不好甚至还会认为他的精神不正常。

(3) 每一个人的个人形象，都如实地展现了他对交往对象的重视程度。在人际交往中，人们经常说“内外有别”。其实，当一个人在他人面前展示自我形象时，也是如此。一般认为，一个人对自我形象重视的程度，通常与对其对交往对象的重视程度成正比。换言之，在涉外交往中，若对自我形象毫不修饰，不但谈不上对交往对象的尊重，而且亦属非常典型的失礼行为。

(4) 每一个人的个人形象，都是其所在单位的整体形象的有机组成部分。当人们不知道某一个人的归属时，其个人形象方面所存在的缺陷，顶多会被视为他个人方面存在着某些问题。但是，当人们确知他属于某一单位，甚至代表着某一单位时，则往往会将其个人形象与所在单位的形象等量齐观。也就是说，作为所在单位形象有机组成部分的个人形象，在某种意义上通常会被人们直接地当成其所在单位形象的化身。正因为如此，有识之士才再三强调：对涉外人员而言，形象永远是金！个人形象就是品牌，就是服务，就是效益，就是本单位最重要的无形资产。

(5) 每一个人的个人形象，在国际交往中还往往代表着其所属国家、所属民族、所属城市的形象。实事求是地说，在涉外交往中，每一名中国人都代表着中国。一般的外国人对中国的了解和看法，主要来自他有机会接触到的某些中国人。因此，一个中国人在对外交往中，若不注意维护自身形象，从某种程度上讲，就有可能会因此损害中国的国际形象和整个中华民族的形象。

基于以上原因，在涉外交往中，每一个中国人都必须时时刻刻注意维护自身形象，特别是要注意维护自己在正式场合留给初次见面的外国友人的第一印象。这是因为，心理学实验证明，一个人在初次见面时，留给他人的第一印象至关重要，而且往往一成不变。它的好坏，通常会对人际关系有着极大的影响。

既然个人形象问题在国际交往中事关大局、举足轻重，那么到底什么是个人形象，怎样维护个人形象方为得体呢？这两个问题，是每一位涉外人员都必须充分了解并且正确认识的。

个人形象，有时简称为形象。一般认为，它所指的是一个人在其人际交往中留给他人的总体印象，以及由此而使他人对其所形成的总的评价和总的看法。

根据常规，要维护好个人形象，重点需要注意下列六个具体环节，它们同等重要，不可偏废。换言之，个人形象在其构成上主要包括六个方面，它们亦称个人形象六要素。

（一）仪容

仪容，此处具体是指一个人个人形体的基本外观。在正常情况下，其中的面部容貌更为引人注目。要注重仪容，就要力争做到仪容美，并且为此进行必要的美化和修饰。人所共知：在国际交往中，通常要求男子不蓄须，不使鼻毛、耳毛外露，不留长发；女子则不染彩发，不剃光头，不剃眉毛，不宜暴露腋毛，不宜化妆过于浓重；不论男性还是女性，都不宜刺字、文身，不准蓬头垢面。这些实际上都是有关个人仪容的约定俗成的规范。

（二）表情

表情，通常主要是指一个人的面部表情。它包括眼神、笑容及面部肌肉的综合运动等。每个人的表情，从本质上讲，都是其内心思想、情感的最真实、最自然的流露。与语言相比，一个人的表情往往会“此时无声胜有声”，能够更准确地传达出其真情实感。在国际交往中，最适当的表情应当是亲切、热情、友善、自然。不论表情过度夸张，还是表情过于沉重，抑或面无任何表情，都是不应该的。假使不注意这方面的问题，往往就会导致误会，甚至产生麻烦。

（三）举止

举止，指的是人们的肢体动作。在心理学上，人的举止动作被称为“形体语言”，它被认为能够真实、准确地反映人的心理活动。有鉴于此，在涉外交往中，每个人都应当有意识地对自己的举止动作多加检点。要坚决改正诸如当众擤鼻涕、掏耳孔、剔牙齿、抓痒痒、抠脚丫等不文明的举止动作，要认真纠正诸如对人指指点点、就座后高跷“二郎腿”并且脚尖或鞋底直对着他人抖动不止等失敬于人的举止动作，要坚决摒弃诸如在公共场所接打手机或在交往对象面前查看手机、玩弄手机等目中无人的举止动作，更要努力学习那些为世人所公认的文明、优雅的举止动作，真正做到“站有站相，坐有坐相”。

（四）服饰

服饰，是对人们穿着的服装和佩戴的首饰的统称。一个人在服饰方面所做出的选择，不仅体现着他个人的审美品位，而且也充分反映着其个人修养。当您见到一位参与公务活动的女士浑身上下都是奢侈品时，难道会认为她表现不俗吗？当您见到一位身穿背心、短裤、拖鞋出入于公共场合，甚至前去拜会外宾的先生时，难道会觉得他懂得尊重别人吗？答案自然都是否定的。在涉外交往中，对服饰若不加以重视，将会直接地影响自己的个人形象。

（五）谈吐

在国际交往中，每一名中国人都有责任、有义务发出中国好声音，讲述中国好故事，传播中国正能量。因此，对自己的谈吐不可不慎。谈吐，即一个人的言谈话语。常言道："言为心声。"一个人的谈吐，在人际交往中，除了可以传达其思想、情感之外，通常还具有表达对待交往对象的具体态度的作用。在人际交往中，尤其是在涉外交往中，态度往往决定一切。因此，在涉外交往中，对于谈吐尤其需要加以注意。例如，在与外国朋友进行交谈时，一定要遵照国际惯例，自觉地"调低音量"。同时，还应使用规范的尊称、谦辞、敬语与礼貌语，并且不涉及党和国家的秘密。此外，还应尊重外国人不喜欢谈论个人隐私、不喜欢评判他人的所作所为、不喜欢在自己讲话时被别人插嘴打断等方面的习惯。

（六）待人接物

所谓待人接物，具体是指与他人相处时的表现，亦即为人处世的态度。它体现着一个人的精神境界，并表现在其人际交往的各个方面。一个人即使个人修养再好，若是不懂得待人接物，那么也将难以在人际交往中获得成功。重视待人接物，不仅要善于运用常规的技巧，最重要的是要善于理解人、体谅人、关心人、尊重人，并且与人为善。孟子早就指出：有礼者敬人。敬人，此点向来是礼仪的核心，也是待人接物的主旨之所在。在人际交往中，一个敬意，再加上一个善意，均不可或缺。

三、不卑不亢

20 世纪 90 年代中期，中国的一名中学生应邀前往拉美某国参加民间外交活动。有一天，当他前去出席在那个国家所举行的一次国际性会议时，发现在会场周围所悬挂的各个与会国国旗之中竟然缺少中华人民共和国国旗，便当即向会议的组织者指出了这一问题，并且严正地表示："不悬挂我国国旗，就是缺乏对我国的尊重。假如不马上改正，我将拒绝出席这次会议，并将立即起程回国。"

经过他的据理力争，中国国旗终于飘扬在会场的上空。在会议的组织者再三地表示了歉意之后，那位中国的中学生才步入会场，出席会议。在他入场时，有不少与会者主动起立，向他热烈地鼓掌表示欢迎。当地的报纸事后为此发表评论说："连一名中学生都具有那么强烈的民族自尊心，中国人的确是值得尊重的。"那位中学生之所以受到人们的尊重，主要是因为他能够在涉外交往中表现得不卑不亢。

当代中国外交的宗旨是：和平、发展、合作、共赢。不卑不亢，既是涉外礼仪的一项通则，也是中国外交宗旨的具体体现。它的基本要求是：每一名中国人在参与国际交往时都必须意识到，自己在外国人的眼里是代表着自己的国家、代表着自己的民族、代表着自己的所在单位的。因此，其言行应当从容得体、堂堂正正。在外国人面前，既不应该表现得畏惧自卑、低三下四，也不应该表现得自大狂傲、放肆嚣张。此即所谓不卑不亢的通则。在涉外交往中坚持不卑不亢的通则，是每一名涉外人员都必须高度重视的。

在涉外交往中要求每一名涉外人员都要努力表现得不卑不亢，主要是因为这是事关国格、人格的大是大非的重要问题。在涉外交往中，"事事非小事，事事是大事"。每一名中国人在外国人面前的一言一行、一举一动、有所为有所不为，实际上都会被对方与中国和中华民族的形象联系在一起。

忠于祖国，忠于人民，是涉外人员所应具备的基本素养。而要做到这一点，首先就应当热爱自己的祖国，时刻不能忘记祖国的利益高于一切，时时刻刻心中装着祖国和人民，坚决维护国家的主权和民族的尊严，绝对不做有损国格、人格的任何事情。在原则问题上，一定要坚定不移，丝毫不可含糊，绝不做任何有辱国格、人格的让步。周恩来同志曾经要求我国的涉外人员具备高度的社会主义觉悟、坚定的政治立场和严格的组织纪律，在任何复杂艰险的情况下，对祖国赤胆忠心，为维护国家利益和民族尊严，甚至不惜牺牲个人一切。江泽民同志则指出：涉外人员必须能在变化多端的形势中判明方向，在错综复杂的斗争中站稳立场，在再大的风浪中也能顶住，在各种环境中都严守纪律，在任何情况下都忠于祖国、维护国家利益和尊严、体现中国人民的气概。他们的这些具体要求，应当成为中国一切涉外人员的行为准则。

进而言之，涉外人员在对外交往中要真正做到不卑不亢，不仅在思想上要提高觉悟、站稳立场、端正态度，而且还要在具体工作中掌握政策、掌握分寸。总之，一定要对"不卑"与"不亢"二者同时予以坚持，防止过犹不及，避免以一种倾向掩盖另外一种倾向。

（一）努力做到"不卑"

涉外人员在虚心向外国学习长处、尊重外国的风俗习惯的同时，一定要坚决反对所谓"外国的月亮比中国的月亮圆"的自卑自贱的思想。在对外交往中，要以自尊、自重、自爱和自信为基础，表现得堂堂正正、坦诚乐观、豁达开朗、从容不迫、落落大方。在外国人面前，一定要表现得既谨慎，又不拘谨；既主动，又不盲动；既注意慎独自律，又不手足无措、无所事事。对于外国所取得的成就，没有必要视若不见、加以贬低，但也不必自叹弗如、自惭形秽，由此而认为外国的一切都比自己做得好。不允许在外国人面前卑躬屈膝，挺不起自己的腰杆。在正式的涉外谈判中，更不能够认定外方人员一贯正确，自以为理不直、气不壮，对外方有求必应，甚至让对方牵着自己的鼻子走。

对于外方给予我方的帮助，既要诚心致谢，又不必总是挂在自己的嘴上，不必认为自己是在单方面受惠。其实，任何性质的国际合作或国际援助，都是互利互惠的。在这一过程中，有关各方均各有所求、各有所图，并不存在纯粹单方面有求于人或受惠于人的情况。

（二）努力做到“不亢”

涉外人员要在坚持自立、自强，以自己的实际行动在外国人面前体现出“中华民族站起来了”的精神风貌的同时，坚决地反对所谓“义和团式”的盲目排外的思想，要在对外交往中谦虚谨慎、戒骄戒躁。在一切对外交往中，既不可妄自菲薄，但也不应当高傲自大、盛气凌人、孤芳自赏、目空一切、自以为是，不应当动辄认定目前外国的一切中国都“古已有之”。在任何时候，都不可对交往对象颐指气使、冷漠无情。

与外国人打交道时，务必在自己坚持开拓进取的同时，虚心学习其他国家先进的科学技术、管理经验和有益的文化，积极吸取、借鉴世界文明的一切成果，博采天下之长，弥补自己之短。

同时，还应注意对任何交往对象都要一视同仁、一律平等，要给予对方以同等的尊重与善意，不要对大国小国、强国弱国、富国穷国亲疏有别，或是对大人物和普通人有厚有薄。

四、求同存异

郭晓丹是一家外贸公司的业务经理。有一次，郭晓丹因为工作的需要，在国内设宴招待一位来自英国的生意伙伴。有意思的是，那一顿饭吃下来，令对方最为欣赏的，倒不是郭晓丹专门为其所准备的丰盛菜肴，而是郭晓丹在陪同对方用餐时的一处细小的举止表现。用那位英国客人当时的原话来讲就是：“郭先生，你在用餐时一点儿响声都没有，使我感到你的确具有良好的教养。”

有人或许会怀疑，将用餐时出不出声与一个人有没有良好的教养相提并论，是不是那位英国客人借题发挥，存心对郭晓丹进行阿谀奉承呢？应当说，根本不是那样一回事。因为在用餐时除谈笑声之外，不宜再发出任何声响，尤其是吃东西、喝东西时不允许响声大作，是国际上通行已久的一条餐桌上的礼仪规则。

还有人也许会想：吃东西、喝东西时发出声音，没有什么不好，为什么非要在这方面追随外国人的做法？管那么多干什么？

以上这些想法，实际上涉及了涉外礼仪的两个基本问题。一是应当如何对待中外礼仪与习俗的差异性；二是在国际交往中，到底应当遵守何种礼仪。下面将对这两个问题略做探讨。

首先，对中外礼仪与习俗的差异性，是应当予以承认的。更为重要的是要明确，它们只有在各自的适用范围之内，才有“对”与“错”可言。客观地讲，它们都有自己存在的必要性与合理性，根本谈不上有什么“优”“劣”之分。换言之，在涉外交往之中，相关人员务必要知同明异。此点往往直接关乎涉外交往的成败。

孟子认为：“物之不齐，物之情也。”世界具有多样性，本是这个世界的基本特征。举例来说，就有关数字的民俗禁忌来看，在中国、日本、韩国、朝鲜等国家，人们最讨厌的数字是 4。究其原因，主要是因为 4 在上述国家语言里的发音与“死”的发音相近。但是，在信仰基督教的广大欧美国家里，人们却认定最不吉利的数字是 13 与 666。因为在《圣经》故事里，13 与耶稣遇害被联系在了一起，而 666 则被视为魔鬼撒旦的化身。又如，白俄罗斯于 2018 年 3 月明确表示：今后该国应被称为“白罗斯”而非过去人们所习惯的“白俄罗斯”。面对该国官方人士时，若对此一无所知，显然会有碍双方的交往。

再如，以有关色彩的民俗而论，在阿拉伯国家中，绿色因与伊斯兰教有关，因而深得人们的喜爱。然而，到了日本，绿色却是人人忌讳的，因为日本人普遍认定绿色很不吉利。

这些事例证明，世界各国的礼仪与习俗是存在着一定程度的差异性的。在涉外交往中，对于类似的差异性，尤其是中国与交往对象所在国之间的礼仪与习俗的差异性，重要的是要了解，而不是要评判是非、鉴定优劣。

其次，在国际交往中，究竟遵守哪一种礼仪为好呢？一般而论，目前大体有三种主要的可行方法。

（1）**以我为主**

所谓以我为主，即在涉外交往中，依旧基本上采用本国礼仪。

（2）**兼及他方**

所谓兼及他方，即在涉外交往中基本上采用本国礼仪的同时，适当地采用一些交往对象所在国现行的礼仪。尤为重要的是，须对交往对象所在国的主要礼俗禁忌心中有数，并且在实际操作中尽量加以回避。

（3）**求同存异**

习近平同志曾经强调：智者求同，愚者求异。所谓求同存异，在此是指在涉外交往中，为了减少麻烦、避免误会，最为可行的做法是，要对交往对象所在国的礼仪与习俗有所了解并予以尊重，更要对国际上所通行的礼仪惯例认真地加以遵守。简而言之，所谓求同，就是要遵守有关礼仪的国际惯例，要重视礼仪的共性。所谓存异，则是要求对他国的礼俗不可一概否定，不可完全忽略礼仪的个性，并且要在必要的时候，对交往对象所在国的礼仪与习俗有所了解，并表示应有的尊重。

从宏观上来看，一方面，礼仪的共性寓于礼仪的个性之中，礼仪的个性是礼仪的共性存在的基础。没有前者，便不存在后者。另外一方面，礼仪的共性不但来自礼仪的个性，而且也是对其所进行的概括与升华，所以其适用范围显然更为广阔。就这一点来讲，在涉外交往中，在礼仪上求同，遵守礼仪的共性，也就是在礼仪的应用上遵守惯例，往往是更为重要的。

例如，在世界各国，人们往往使用不同的见面礼节。其中较为常见的就有中国人的拱手礼、日本人的鞠躬礼、韩国人的跪拜礼、泰国人的合十礼、阿拉伯人的抚胸礼，以及欧美人的吻面礼、吻手礼和拥抱礼。它们各有其讲究，都属于礼仪的个性。与此同时，握手作为见面礼节，则可以说是通行于世界各国的做法。与任何国家的人士打交道，以握手这一共性礼仪作为见面礼节，通常都是适用的。所以在涉外交往中采用握手礼，显然就是在遵守惯例。

一般而言，在国际交往中应用礼仪时遵守惯例，其实质就是要求人们遵守涉外礼仪。与各国的国别礼仪所不同的是，涉外礼仪的基本内容就是有关礼仪的国际惯例。

在涉外交往中，应用礼仪之所以需要遵守惯例，主要是因为唯其如此，人们才更易于取得共识、便于沟通、避免周折、达到互动。有人曾说过："参与国际体育比赛，就必须遵守比赛规则，严禁另搞一套。在涉外交往中应用礼仪时需要遵守惯例，其作用与参与国际比赛时必须遵守比赛规则，实际上是完全一样的。"从某种意义上讲，这一说法颇有道理。

如上所述，作为涉外通则之一，求同存异的基本含义是：在涉外交往中，理当求大同、存小异。在此需要明确的是，所谓求大同，既是要求涉外人员在涉外交往中善于寻找交往双方的共同点，又是要求其主动遵守国际惯例；所谓存小异，既是要求涉外人员在涉外交往中善于忽略交往双方的某些非原则性的不同点，又是要求其主动尊重交往对象特有的习俗。目前，中国正致力于构建人类命运共同体，求同存异无疑便显得更为重要。

五、入乡随俗

焦雪梅是一位白领丽人。她机敏漂亮、待人热情、工作出色，因而颇受重用。有一次，焦雪梅所在的公司派她和几位同事一道前往东南亚某国洽谈业务。可是，平时处事稳重、举止大方的焦雪梅，在访问那个国家期间，竟然由于行为不慎而招惹了一场不大不小的麻烦。

事情的大致经过是这样的：焦雪梅和她的同事一抵达目的地，就受到了东道主的热烈欢迎。在随后为他们特意举行的欢迎宴会上，主人亲自为每一位来自中国的嘉宾递上一杯当地特产的饮料，以示敬意。轮到主人向焦雪梅递送饮料之时，一直是“左撇子”的焦小姐不假思索，自然而然地抬起自己的左手去接饮料。见此情景，主人神色骤变，最后根本没有把那杯饮料递到焦雪梅伸过去的左手中，而是非常不高兴地将它重重地放在餐桌上，随即理都不理焦雪梅便扬长而去了。

原来，焦雪梅伸出左手去接主人递送过来的饮料的做法，按照当地人的习俗，是对主人“大不敬”的一种严重“犯规”行为。在那个国家，人们的左右两只手在日常生活中不仅有明显的分工，并且还有着尊卑之别。在该国，右手被视为“尊贵之手”，可用于进餐、递接物品以及向别人行礼。而左手则被当作“不洁之手”，仅可用于沐浴或去洗手间“方便”；以其递接物品，或是与人接触、施礼，在该国被公认为是一种蓄意侮辱别人的行为。这么看来，主人当时的态度已经够给焦雪梅面子了。

焦雪梅在这次涉外交往活动中违规犯忌，说到底是由于她不了解交往对象的习俗所致。换言之，她在入乡随俗方面还知之不多，并且重视不够。

入乡随俗，是涉外礼仪的通则之一。它的含义主要是：在涉外交往之中，要真正做到尊重交往对象，首先就必须尊重对方所独有的风俗习惯。在前往其他国家或地区进行工作、学习、参观、访问、旅游的时候，尤其要对当地所特有的风俗习惯认真地加以了解和尊重。做不到这一点，对于交往对象的尊重、友善和敬意，就好似敷衍了事，无从谈起。

在涉外交往中，之所以必须认真遵守入乡随俗通则，主要是出于以下两个方面的原因。

原因之一，世界上的各个国家、各个地区、各个民族，在其历史发展的具体进程中，形成了各自独特的宗教、语言、文化、风俗和习惯，并且在彼此之间存在着不同程度的差异。这种“十里不同风，百里不同俗”的局面，是不以人的主观意志为转移的，也是世间任何人都难以强求统一的。

举例而言，在用餐之时，东亚国家的人多使用筷子，欧美国家的人爱用刀叉，而阿拉伯人则大都直接以右手取用食物。大家各有各的习惯方式，其实并无高低优劣之分。

再如，就肉食禁忌而论，有些民族忌食猪肉，有些民族忌食狗肉，有些民族忌食牛肉，有些民族忌食羊肉，有些民族忌食禽肉，有些民族忌食鱼肉，有的民族则忌食蛇肉或蛙肉。此外，还有某些民族则禁食一切肉类。他们的讲究不同，其具体做法自然各异。

所谓习俗，亦称风俗习惯。它所指的是因地域、种族、文化、历史的不同，各国、各地区、各民族相沿成习的特殊的精神文化方面的传承。具体而言，它涉及衣、食、住、行、访、谈、送以及交往应酬的其他主要方面。就其学理含义而论，礼仪实乃习惯法。因此，在涉外交往中，对外国友人要表达尊敬、友好之意，至关重要的就是要首先对对方特有的习俗予以尊重，否则其他的一切都会成为空谈。

原因之二，在涉外交往中尊重外国友人所特有的习俗，易于增进中外双方之间的理解和沟通，有助于更好地、恰如其分地向外国友人表达我方的亲善友好之意。简而言之，注意入乡随俗，是促进中外双方人士彼此之间相互理解与沟通的一条最佳捷径。

在对外交往中，如果对交往对象所特有的风俗习惯了解不够，往往就会无意之中做出一些被对方视为“伤风败俗”的事情来。

例如，在大部分欧美国家，鲜花都被当做最有情趣的礼品之一。但是，并非所有品种的鲜花都能享受这一待遇。例如，在我国备受青睐，甚至被许多城市选为市花的菊花，在某些欧美国家里都是被打入另册的。其原因是，在那里，菊花乃是常用于丧葬仪式的葬礼之花。

又如，国产的“天堂”牌折叠伞，质量本是很不错的。可若是把它送给信奉基督教的外国友人，则会让对方大感晦气。因为根据基督教教义，人只有死了以后，才会上“天堂”。

在涉外交往中，怎样才能做到入乡随俗呢？最重要的是必须注意下列两个问题。

（一）充分地了解与交往对象相关的习俗

习近平同志曾指出：文明是多彩的、平等的、包容的，应推动不同文明相互尊重、和谐共处。中国古人早就要求，一切正人君子都必须认真做到“入境而问禁，入国而问俗，入门而问讳”。充分了解与交往对象相关的习俗，本是“知己知彼”的题中应有之义。如果连这一点都办不到，入乡随俗就根本无从谈起。

例如，准备前往德国参观访问，要同德国人直接打交道，就应当事先对德国人在衣、食、住、行以及言谈举止、待人接物等各个方面所特有的讲究与禁忌有一定程度的了解。如果这样做了，在与德国人接触往来时，就会胸有成竹、落落大方、表现自如，至少不大容易惹麻烦或者出洋相。

（二）无条件地对交往对象所特有的习俗加以尊重

在国际交往中，对于其他国家所特有的习俗，没有必要照抄照搬、全盘引进、生吞活剥。对于本国的传统习俗，则需要发扬光大。这一切，与入乡随俗通则并不矛盾。然而对于别国所特有的习俗，是不能少见多怪、妄加非议的。如若以我画线、以我为尊、厚此薄彼，则更是有害的。正确的态度应当是无条件地、认真地对其予以尊重。简言之，尊重外国朋友，首先就意味着必须尊重对方所特有的习俗。

例如，在与阿拉伯人打交道时，就必须对其忌食猪肉、忌酒、忌用左手与人接触、忌送雕塑玩偶以及对方在“斋月”期间日间禁止饮食的习俗，统统地、认真地表示尊重，否则就可能会冒犯对方。

总之，对外国友人所特有的习俗既要了解，更要尊重。没有了解，就无所谓尊重。了解的目的则是为了更好地尊重。尊重，从来都是建立在了解的基础之上的。

需要明确的是，在涉外交往中，当自己身为东道主时，通常讲究“主随客便”；而当自己充当客人时，则又必须讲究“客随主便”。在本质上讲，这两种做法都是对入乡随俗通则的具体贯彻落实。

六、信守约定

为人诚信

某年，国内的一家企业前往日本寻找合作伙伴。到了日本之后，通过多方的努力，这家企业终于寻觅到了自己的“意中人”——一家享有国际声望的日本大公司。经过长时间的讨价还价，双方商定：首先草签一个有关实行合作的协议。当时，在中方人士看来，这基本上可以算是大功告成了。

到了正式草签中日双方合作协议的那一天，由于种种原因，中方人员阴差阳错，抵达签字地点的时间比双方预先的正式约定时间晚了一刻钟。当他们气喘吁吁地跑进签字厅时，但见日方人员早已整整齐齐地排列成一行，正在恭候他们的到来。不过，当中方人员跑进来之后，还没容他们做出任何有关自己迟到的原因的解释，日方的全体人员便规规矩矩地向他们鞠了一个大躬，随后便集体退出了签字厅。也就是说，因为中方人员在签字仪式举行时所迟到的一刻钟，双方的合作竟然搁浅了。事过之后，日方为此所做的解释是：“我们绝不会为自己寻找一个没有时间观念的生意伙伴。不遵守约定的人，永远都是不值得我们信赖的。”

假如对这一个案进行认真而客观的剖析，就一定会得出公正的结论：在这一事件之中，错在中方，日方是没有任何错误的。中方的最大失误就在于在涉外交往中没有认真地遵守信守约定这一国际惯例。

作为涉外礼仪的通则之一，所谓信守约定，是指在一切正式的国际交往中，都必须认真而严格地遵守自己的所有承诺，说话务必算数，许诺一定要兑现，约会则必须要如期而至。在一切有关时间方面的正式约定之中，尤其需要恪守不怠。

人所共知，在人际交往中，尤其是在跨国家、跨地区、跨文化背景的人际交往中，取信于人早已被公认为是建立良好的人际关系的基本前提，同时也是任何一个文明人、现代人所应具备的优良品德。而在一切国际交往中，遵行信守约定的通则，就是取信于人的主要要求之一。

孔子尝言："信而人任之。"在现代社会，信誉就是效率，信誉就是形象，信誉就是生命。对于一个人、一个组织、一个民族乃至一个国家而言，都是如此。人们早已公认，讲究信誉、遵守承诺、口碑良好、言行如一，实际上就是对交往对象最基本、最关键的尊重，同时也是对自己最大的尊重。相反，在人际交往中出尔反尔、言而无信、有约不守或是守约不严，不仅是不尊重交往对象，而且也是不尊重自己。不守约定，是世人所公认的严重有损于个人形象的一种行为。对此，每一名懂得礼义廉耻的人均应闻者足戒。

令人遗憾的是，迄今为止，仍有极少数的国人，或许是受小农经济散漫作风的影响太重，或许是对自己缺乏严格要求，在涉外交往中，照旧滥许诺、乱开"空头支票"。求人之时，对于对方的任何要求都来者不拒；兑现之时，却往往翻脸不认账。即便在一般性的人际交往中，也到处乱说大话、假话、空话，随意忽悠其交往对象，甚至连约会的时间也不予遵守。他们甚至认为，人和人打交道时，应当潇洒一些："不在乎天长地久，只在乎曾经拥有。"有人还以在约会时姗姗来迟为荣，若不迟到一会儿，不让别人恭候自己一阵子，似乎就显示不出自己的重要性来！他们的这种想法和做法，非但失礼，而且也十分有害。

在涉外交往中，要真正做到信守约定，对一般人而言，尤须在下列三个方面身体力行，严格地要求自己。

（1）许诺要谨慎

在人际交往中，许诺必须谨慎。不论答应交往对象所提出的要求，还是自己主动向对方提出建议，或者是向对方许愿，都一定要深思熟虑、量力而行，一切从自己的实际能力以及客观可能性出发，切勿草率从事，头脑一热，便承诺满天飞。即使对于必须做出的承诺或约定，也必须慎之又慎，一定要字斟句酌、考虑周全，既不要含糊不清、模棱两可，也不要大而化之、信口开河、忽悠别人。

（2）承诺要兑现

对于自己已经做出的约定，务必认真地加以遵守。承诺一旦做出，就必须要兑现；约定一经做出，就必须如约而行。唯其如此，才会赢得交往对象的好感与信任。在涉外交往中，真正做到"言必信，行必果"，还将有助于让外国人确信我们中国人历来说话都是算数的。为了落实已有的约定，不仅要认真地如约而行，同时还应当尽可能地避免对已有的约定任意进行修改变动，随心所欲地乱做解释，或是擅自予以取消、否认。

（3）**失约要道歉**

万一由于难以抗拒的因素，致使自己单方面失约，或是有约难行，则需要尽早向有关各方进行通报，如实解释，还要郑重其事地为此事向对方致以歉意，并且按照规定和惯例主动地负担因此而给对方所造成的某些物质方面的损失。千万不要在碰上这种情况时得过且过、避而不谈、一味推诿，或企图赖账，甚至拒绝为此向交往对象道歉。

总而言之，在涉外交往中，必须诚实守信、说话算数，办事一定要讲究信誉，绝不能够在信誉方面进行“形象自残”。

七、热情有度

杨安琪被派到一位意大利来京工作的专家家里做服务性工作。因为她热情负责、精明强干，起初专家夫妇对她的印象很是不错，她也逐渐把自己当成了专家家庭里的一名成员。

有一个星期天，那位意大利专家偕夫人外出归来。杨安琪在问候了他们以后，如同对待老朋友那样，随口便问：“你们去哪里玩了?”专家迟疑了良久，才吞吞吐吐地相告：“我们去建国门外大街了。”小杨当时以为对方累了，根本未将人家的态度当成一回事，于是她接着又问：“你们逛了什么商店?”对方被迫答道：“友谊商店。”“你们怎么不去国贸大厦和赛特购物中心看看？秀水街的东西也挺不错的。”小杨好心好意地向对方建议说。

然而，她的话还没有全部说完，专家夫妇却已转身离去了。两天后，杨安琪就被辞退了。对方提出的理由是：“杨小姐令人讨厌，她对主人的私生活太感兴趣了。不然的话，她打听这个、打听那个干什么？我们去哪一家商店关她何事。”

其实，杨安琪当时对主人所讲的话全是出于善意。在中国人听起来，那些话体现了杨安琪待人的热情友善。可是，由于文化背景的不同，那位意大利专家却因此而认定杨安琪有着某种“窥视癖”，她的所作所为已经妨碍了自己的私生活，所以才忍无可忍了。

平心而论，不应该谴责那位意大利专家对杨安琪吹毛求疵，更不能说人家是“狗咬吕洞宾，不识好人心”。因为在国际交往中，人们公认，待人接物是需要热情有度的。杨安琪正是因为不懂得这一点，才会好心不得好报。

热情有度是涉外礼仪的通则之一。它的基本含义是：要求人们在参与国际交往、直接同外国人打交道时，不仅仅待人要热情而友好，更为重要的是，要把握好待人热情友好的具体分寸，否则就会事与愿违、过犹不及。

在待人热情友好的同时又需要把握好的具体的分寸，指的实际上就是热情有度之中的度。对于这个度的最精确的解释，就是要求大家在对待外国友人热情友好时切记：自己所做的一切都必须以不影响对方、不妨碍对方、不给对方增添麻烦、不令对方感到不快、不干涉对方的私生活为限。在与外国人进行交往应酬时，如若不注意恪守这个度，而是一厢情愿地过度热情，处处越位，必然会引起外国人的反感或者不快。

具体而言，中国人在涉外交往中要遵守好热情有度这一通则，关键是要掌握好下列四个方面的具体的“度”。

（一）关心有度

所谓关心有度，在此是指不宜对外国友人表现得过于关心，不要让对方觉得我方人员碍手碍脚、管得过宽。

多少年来，中国人在相互之间一向倡导“关心他人比关心自己为重”。可是，在国外，人们却大多强调的是个性独立、自强自爱、绝对自由，反对他人对自己的过分关心。因此，切不可随意运用中国人所习惯的关心、规劝，不分对象地去对待外国人。人家大都不会为此而领情，弄不好还会嫌我方人员多管闲事。

例如，你向外国人建议：“今天天气这么冷，你为什么不多穿几件衣服呢?”他却会认为你是在干涉他的个人自由。在他们看来，这纯粹是他们个人的选择，想怎么干就可以怎么干，与你有什么相干，你管那么多干什么！

在此，可以借用中国古代先贤孔子的高论：“不在其位，不谋其政。”在与外国友人打交道时，对此类外方人士通常不需要、不喜欢的“关心”，可以无条件地放弃。万不得已，非得涉及此类问题不可的话，应当尽量使用委婉一些的语气，并且要采用商量、建议的方式，最好不要采用祈使句，免得听起来有下命令之嫌。要是以“如果我是你，我今天一定会多穿几件衣服”这一表达方式，来取代意思基本相同的“你为什么不多穿几件衣服”，或者“你应该多穿几件衣服”，听起来恐怕就更易于为外方人员所接受。

（二）批评有度

所谓批评有度，在一般情况下，是指对待外国友人的所作所为，只要其未触犯我国法律，不有悖于伦理道德，不有辱我方的国格、人格或尚未危及人身安全，那么通常就没有必要去评判其是非对错，尤其是不宜当面对对方进行批评指责，或是加以干预。这一做法，有时亦称不得纠正。

中国人相交，彼此之间讲究待人以诚，并且认定“道我弱者是我师”。遇上亲朋好友做了不太对头的事，犯颜直谏，勇做诤友，及时对其不留情面地批评指正，才会被视为是够朋友，才是对对方真正的关心。但在涉外交往中，这一做法却是绝对行不通的。

这是因为，一方面，外国人讲究的是独善其身，非常反对别人多管闲事。他们认定，除法律明文禁止做的事情之外，其他任何事情自己都有权利去做，别人对此是无权干涉的。另一方面，由于中外文化、习俗本身多有差异，双方在日常生活中的许多方面，是非曲直的具体标准未必一致，有时甚至还会大相径庭。国内许多司空见惯之事，到了国外却未必尽然。因此，以自己的见解去强加于人，显然往往是不适当的。

例如，中国人举办舞会时，假如男多女少，两位男士在一起跳跳舞是很普遍、很正常的。可在西方国家里，两名男子在社交场合一起跳舞，却有同性恋的嫌疑。要是一位中国男士不知道这一点，在涉外舞会上硬要去邀请一名没有舞伴的西方男子共舞，那么非吓跑对方不可。由此可见，在这类情况下，双方之间的孰是孰非是难以评判的。

再如，在涉外交往中，往往讲究友谊为重。如果当着外方人士的面，甚至当众指出他人的失误或短处，例如，告知一位男士他的体味太重，对一位女士说她所穿的衣服不合身，不仅会使对方难堪至极，而且也会使自己显得为人尖刻。所以，这种无关宏旨，甚至毫无必要的批评，通常还是不说为妙。

（三）距离有度

所谓距离有度，通常指的是，与外国人进行交往应酬时，应当视双方关系的不同，而与对方保持与双方关系相适应的适度的空间距离。

中国人多，因此一般人在人际交往中对于交往双方的空间距离不太讲究。有时，为了表示亲近，有的中国人还喜欢有意靠近交往对象一些。但是，在国际交往中，人们对人与人之间的空间交际圈，也就是交际距离，却是倍加关注的。在与外国人打交道时，与对方相距过近，会使对方产生被侵犯之感；而与对方相距过远，则又会使对方有受冷遇之感。

根据惯例，在涉外交往中，人与人之间的正常距离大致可以划分为以下四种，它们各自适用于不同的情况。

（1）**私人距离**

该距离在0.5米之内。它仅适用于家人、恋人与至交。因此，有人又称其为亲密距离。

（2）**交际距离**

该距离为：大于0.5米，小于1.5米。它适合于一般性的交际应酬，故亦称常规距离。

（3）**礼仪距离**

该距离为：大于1.5米，小于3米。它适用于会议、演讲、庆典、仪式以及接见、晋见，意在向交往对象表示敬意，所以又称敬人距离。

（4）**公共距离**

该距离在3米开外，适用于在公共场所同陌生人相处。它也被叫作有距离的距离。

（四）举止有度

所谓举止有度，一般是指在与外国人相处之际，务必对自己的举止动作多多检点，切勿因为举止动作过分随意而引起误会，或是失敬于人。

要在涉外交往中真正做到举止有度，最重要的是应当注意以下两个方面。

（1）不要随便采用某些意在显示热情的动作

在国内，朋友相见时彼此拍拍肩膀，长辈遇见孩子时抚摸一下对方的头顶或脸蛋，两名同性之人在街上携手而行，等等，都是常见的亲热之举。可是，外国人却绝对接受不了这一套。

（2）不要采用不文明、不礼貌的动作

有些动作，例如，当众挖鼻孔、抓痒痒、脱鞋子、抠脚丫，或是在与人交谈时用手指对对方指指点点，高跷着“二郎腿”乱晃乱抖不止，早已被世人公认为是既不文明，也不礼貌的。在外国友人面前，这些动作自然更是应当被禁止的。

八、不必过谦

下面先来讲一段小故事，或许会对大家有某种启迪。

李丹是外语学院英语专业的一名应届毕业生。毕业将近之际，通过朋友的介绍，他去一家设在北京的美国公司应聘。在最初的几个环节上，李丹凭着自己丰富的专业知识和精明强干，过关斩将，很快就胜过了其他几名竞争对手。可是，出其意料的是，在原本对李丹很感兴趣的公司总经理对他进行面试的时候，他竟然因为一句自己平日时常挂在嘴边的自谦词，从而痛失良机，遭到淘汰。

当时，那家美国公司的总经理询问李丹：“你的交际能力怎么样?”李丹谦虚地回答道：“不怎么样，很一般。”对方接着又问：“如果我们录用了你，你认为自己可以胜任这份工作吗?”李丹的回答是：“我觉得还行，能凑合吧。”

李丹以上的回答，中国人一听就明白，纯粹是属于谦虚和客套。然而那位美国的总经理却不甚了解。结果李丹说什么，人家就相信什么。李丹当时讲自己的交际能力“不怎么样，很一般”，那么人家为什么不再挑一个交际能力更强一点的人，干吗非要录用李丹不可呢?!人家问李丹能不能“胜任这份工作”，李丹答以“觉得还行，能凑合吧”，显得也很是勉强，并且还使对方对李丹产生了缺乏实力和自信的不良印象。

其实，李丹在当时假如对第一个问题的回答是：“我有很强的交际能力，我对此充满了自信”，对第二个问题回答：“我想我非常适合做这项工作，而且我很有自信为贵公司做好这项工作”，那么，那份工作大概就非他莫属了。

中国人的待人接物，在一般情况下，讲究的都是含蓄和委婉。在对自己的所作所为进行评价时，中国人大都主张自谦、自贬，不提倡多做自我肯定，尤其反对自我张扬。在这个方面若不好自为之，就会被视为妄自尊大、嚣张放肆、不够谦逊、不会做人。

可是实践却证明：中国人的这种过分谦虚、不敢正面肯定或评价自己的做法，在涉外交往中却并不为外国人所理解，而且也不大会为其所认可。在许多情况下，中国人在面对外国人时过于自谦，非但不会得到好评，而且还极有可能自讨麻烦。前面所讲述的李丹应聘的小故事，就是一例。

在涉外交往中，当有必要对自己的所作所为进行评价时，最为得体的做法是要切记不必过谦通则，并付诸行动。在同不了解中国国情的外国人接触时，特别要注意这一点。

具体而言，不必过谦的基本含义是：在涉外交往中涉及自我评价时，虽然不应该自吹自擂、自我标榜，一味地抬高自己；但也绝对没有必要妄自菲薄、自我贬低、自轻自贱，过度地对外国人进行谦虚、客套。如果确有必要，在实事求是的前提下，要敢于并且善于对自己进行正面的评价或肯定。

在涉外交往之中，之所以要求中国人了解并遵守不必过谦的通则，主要是因为这样做至少有下列四个方面的好处。

(1) 这样做，会使人感到自己为人诚实。要是过分地自谦、客套，搞不好就会给人以虚伪、做作的感觉。肯定自己，实际上对于自己也是一种尊重。

(2) 这样做，会使人感到自己充满自信。因为不敢正面评价自己的人，通常会给人缺乏自信的印象。

(3) 这样做，会使人感到自己光明正大。如果不跟对方见外，不将交往对象视为外人，而是真正接纳对方、与对方坦诚相见，在国际交往中往往就会使对方觉得你坦坦荡荡。

(4) 这样做，是涉外交往中通行的一种做法。从某种意义上讲，这样做就是在以自己的实际行动遵守国际惯例。

考虑到中国人的习惯做法，在对外交往中，特别是在面临如下情况时，务必要将不必过谦通则付诸行动，要敢于并且善于充分地从正面肯定自己，而切勿随意过分地否定自己、贬低自己。

当外国友人赞美自己的相貌、衣饰、手艺时，一定要记住落落大方地道上一声："谢谢!"这么做，既表现了自己的自信和见过世面，也是为了接纳对方。此时此刻，没有必要羞羞答答，也不必假客气，不要说什么"哪里，哪里!"

有一回一个法国朋友在称赞一位中国姑娘漂亮时，那位中国姑娘一说"哪里，哪里"，结果就出了洋相。那位中国姑娘这么说，自然是表示自谦，而那位法国朋友却误以为对方是在问自己"何处漂亮"，他便赶忙答道："你的眼睛很漂亮。”可对方依然谦虚如故：“哪里，哪里！”法国朋友又答道：“你的鼻子也漂亮。”……结果便南辕北辙了。

当外国友人称道自己的工作、技术或服务时，同样需要大大方方地予以认可。千万不要小里小气，一再极力进行不必要的否认。

在涉外交往中，当需要进行自我介绍，或者对自己的工作、学习、生活、服务、产品、技术、能力、特长进行介绍时，要敢于并且善于实话实说。对于自己确实存在的长处，要正面说明，并勇于认可。不要坐等对方主动找上门来发现自己的优点和长处。不敢肯定自己，不会宣传自己，往往会坐失良机。

当自己同外国友人进行交往应酬时，一旦涉及自己正在忙什么、干什么的时候，无论如何都不要脱口而出说什么自己是“瞎忙”“混日子”“什么正经事都没有干”。那样的话，倒真是有可能被对方看作不务正业之人。

当自己身为东道主设宴款待外国友人时，应当在介绍席上菜肴的过程中，有意识地说明“这是本地最有特色的菜”，“这是这家菜馆最拿手的菜”，“这是我们为你特意精心准备的菜”。只有如此，才会令对方感到备受我方的重视。千万不要一面准备了丰盛的菜肴，一面却又过度地对其加以贬低，说什么“没准备什么好菜”，“这些菜都烧得不好”，“实在不成敬意，请凑合着吃吧”。外国人对此类说法大都难解其意。听了这类话后，他们往往会因此而不领主人的情，甚至还会误以为主人对自己很不够意思。

当有必要向外国友人赠送礼品时，既要说明其寓意、特点与用途，也要说明它是为对方精心选择或认真准备的。切勿届时画蛇添足地说什么“这件礼品不像样子”，“实在拿不出手”，“没来得及认真挑选”，“这是自家用不了的”。此类过谦的说法，无疑会大大地减低礼品的分量。

九、尊重隐私

一天，刚参加工作不久的孙妮小姐被派到外地出差。在卧铺车厢内，她碰到了一位来华旅游的美国姑娘。由于对方首先向孙小姐打了一个招呼，孙小姐觉得不与人家寒暄几句实在显得不够友善，便索性操着一口流利的英语，大大方方地随口与对方聊了起来。

在交谈之中，孙小姐有点儿没话找话地询问对方：“你今年多大岁数呢?”不料人家所答非所问地予以搪塞：“你猜猜看。”孙小姐觉得没趣，转而又问：“到了你这个岁数，一定结婚了吧?”这一回，那位美国小姐的反应更令孙小姐出乎意料：对方居然转过头去，再也不搭理她了。一直到分开，她们两个人再也没有说上一句话。

孙小姐与那位美国姑娘话不投机、不欢而散，主要是因为孙小姐在交谈中向对方所提出的问题，在国外统统纯属是不宜向他人打探的个人隐私。按照常规，对方是有权利拒绝回答的。

所谓个人隐私，简单地说，指的就是一个人出于个人尊严和其他方面的考虑，因而不愿意公开、不希望外人了解或是打听的纯粹的个人秘密、私人事宜。在国际交往中，人们普遍讲究尊重个人隐私，并且将尊重个人隐私与否视做一个人在待人接物方面有没有教养、能不能尊重和体谅交往对象的重要标志之一。

因此，中国人在涉外交往中务必严格遵守“尊重隐私”这一涉外礼仪的通则。也就是说，在与海外人士打交道时，一定要充分地尊重对方的个人隐私权。进而言之，在言谈话语之中，凡涉及对方个人隐私的问题，都应该自觉地、有意识地予以回避。千万不要自以为是，不要在同海外人士交谈时信口开河，将“关心他人比关心自己为重”这一中国式的做法滥施于人，甚而为了满足自己的好奇心，不论对方如何反响都依然故我，“打破砂锅问到底”。那样做极有可能会令对方极度不快，甚至还会因此损害双方之间的关系。

从可操作性这一角度来讲，在涉外交往中应用尊重隐私的通则，至关重要的是要明白在与外国人包括海外华人进行交谈时，应当在哪些具体方面有所不为，即必须了解，在与海外人士交谈时，对于那些属于个人隐私方面的话题不应有所涉及。

一般而论，在涉外交往中，下列八个方面的私人问题，均被海外人士视为个人隐私问题。

（1）收入支出

在国际社会中，人们普遍认为，任何一个人的实际收入均与其个人能力和实际地位存在着直接的因果关系。所以，个人收入的多少，一向被外国人看作自己的脸面，十分忌讳他人对此进行直接或间接的打听。除去工薪收入之外，那些可以直接或间接地反映个人经济状况的问题，例如，纳税数额、银行存款、股票收益、居所位置、私宅面积、汽车型号、购物场所、服饰品牌、娱乐方式、健身项目、度假地点、饮食偏好等，因为均与个人收入直接相关，所以在与外国人交谈时都不宜提及。

（2）年龄大小

在国外，人们普遍将自己的实际年龄当作“核心机密”，轻易不会告之于人。这主要是因为，外国人一般都希望自己永远年轻，而对于“老”字则讳莫如深。中国人听起来非常顺耳的“老人家”“老先生”“老夫人”等一类尊称，在外国人听起来却有如诅咒谩骂一般。特别是外国妇女，最不希望外人了解自己的实际年龄。所以在国外，有这么一种说法：一位真正的绅士，应当“永远记住女士的生日，永远忘却女士的年龄”。

（3）恋爱婚姻

中国人的习惯，是对于亲友、晚

辈的恋爱、婚姻、家庭生活时时牵挂在心，但绝大多数外国人却对此不以为然。他们认为，让任何一个人面对交往不深的朋友，去老老实实地交代自己“有没有恋人”“两个人怎么结识的”“跟恋人相处多久了”“结了婚没有”“夫妻关系怎么样”“婆媳关系如何”“有没有孩子”“为什么还不找对象”“为什么还不结婚”“为什么还不生孩子”等，都不仅不会令人愉快，反而肯定会让人难堪。在一些国家里，与异性谈论此类问题，极有可能被对方视为无聊至极，甚至还会因此被对方控告“性骚扰”，从而吃上官司。

（4）**健康状况**

在中国人相遇后彼此打招呼时，大家经常会相互问候对方：“身体好吗?”要是确知交往对象身体曾经一度欠安，那么为了表示对对方的关心，在与其见面时，人们往往还会热心而关切地询问对方：“病好了没有?”如果彼此双方关系密切的话，则通常还会直接向对方打探“去的哪一家医院”“吃过一些什么药”“怎么治疗的”，或是向对方推荐名医、偏方。可是在国外，人们在闲聊时一般都是非常反感其他人对自己的健康状况关注过多的。因为在市场经济的条件下，每个人的身体健康都被看做他的重要的“个人资本”。

（5）**家庭住址**

在中国人的人际交往之中，大家对于自家的住址通常都是不保密的。对于自己的家庭住址、私宅电话号码等，人们一般都会有问必答，甚至于还会主动相告。不仅如此，中国人还非常喜欢串门，并且往往乐于请人上门做客。而在国外，通行的做法却恰好与中国相反。外国人大都视自己的私人居所为私生活领地，非常忌讳别人无端打扰其宁静。在一般情况下，除非知己和至交，他们一般都不大可能邀请外人前往其居所做客。与此相类似，他们都不喜欢轻易地将个人住址、住宅电话号码等纯私人资讯“泄密”。在他们常用的名片上，此项内容往往难得一见。

（6）**个人经历**

在初次会面时，中国人之间往往喜欢打听一下交往对象“您是哪里的人”“是哪一所学校毕业的”“以前干过什么”。总之，是想了解一下对方的“出处”，打探一下对方的“背景”，摸一摸对方的“老底”。然而外国人却大都将这些内容看作“商业秘密”，并且坚决主张“英雄莫问出处”，反对询问其交往对象的既往经历，或随随便便地擅自查对方的“户口”。外国人还认为，要是一个人动辄就对初次交往的对象“忆往昔峥嵘岁月稠”，甚至“痛说革命家史”，并不见得是坦诚相见，相反却大有可能是别有用心。

（7）**信仰政见**

在国际交往中，由于人们所处国度的社会制度、政治体系、宗教流派和意识形态多有不同，所以要真正实现交往的顺利、合作的成功，就必须不以社会制度画线，抛弃政治见解的不同，超越意识形态的差异，处处以友谊为重、以信任为重、以合作的大局为重。动不动就对交往对象的宗教信仰、政治见解品头论足，甚至横加责难、非议，或是将自己的观点、见解强加于人，都是对交往对象不友好、不尊重的表现。最为明智的做法，就是在涉外交往中对此避而不谈。

（8）所忙何事

在国内，熟人见面之际，免不了要相互询问一下对方“忙什么”“上哪里去”“从哪儿回来”“怎么好久没见到你”。但是，外国人对于这一类的问题却极为忌讳。他们认为，这些问题皆属个人私事，“不足为外人道哉”，绝对没有向外人或公众“曝光”的必要。向别人探听与此相关的问题的人，不是好奇心过盛、不懂得尊重别人，就是别有用心，或者具有天生的“窥视欲”。当被问及这类问题时，外国人往往会“顾左右而言他”，甚至还会缄口不语。

上述八个方面的问题，即收入支出、年龄大小、恋爱婚姻、健康状况、家庭住址、个人经历、信仰政见、所忙何事，皆属于个人隐私问题。要尊重外国友人的个人隐私权，首先就必须在与对方交谈时自觉地避免涉及上述这八个方面的问题。为了便于记忆，它们亦可简称为“个人隐私八不问”。

十、女士优先

女士优先

某日，美国人史密斯夫妇应邀到他们的中国朋友陈数先生家里做客。像绝大多数中国人待客的做法一样，史密斯夫妇一进陈先生家的房门，就受到了热情的款待。稍事休息之后，他们便被热情相邀，坐到了餐桌旁，准备品尝特意为他们准备的一桌丰盛的中国菜。

用餐之前，细心的史密斯夫人发觉，陈先生的妻子正在忙里忙外，根本没有机会坐下来与他们一起用餐。于是她好心地对陈先生说：“请陈夫人一道来用餐吧！”没想到，大大咧咧的陈先生竟随口作答：“不用管她。我们先吃，让她去忙她的。”史密斯先生连忙说：“那么，我们先为陈夫人留下一些菜，好吗？”可陈先生却阻止道：“用不着，过一会儿让她吃剩菜就行了。”

席间，陈先生发觉有一道菜烧得太咸了，便招呼妻子，粗声大气地当着客人的面对其斥责说：“你真笨！把菜做得这么咸，还让不让人吃了？”听到陈先生的这句话之后，史密斯夫妇不约而同地频频摇头，并且脸上露出了明显的不满之意。事后，他们对陈先生的这种做法大加指责，认为他“太不尊重妇女，太没有绅士风度了”。

说实在话，陈先生在史密斯夫妇面前的这种表现，在中国人看来，叫作“不见外”。他妻子之所以表现得任劳任怨，也未必见得是真正害怕陈先生，而很可能只不过是在外人面前给陈先生留面子，让他暂时“威风”一下罢了。

而史密斯夫妇之所以对陈先生产生误会，亦非无事生非，他们主要是依照女士优先通则来评价陈先生的此番作为的。显然，陈先生是不了解女士优先通则的。

所谓女士优先，是目前国际社会所公认的一条重要的礼仪通则，它主要适用于成年异性进行社交活动之时。女士优先的含义是：在一切社交场合，每一名成年男子，都有义务主动而自觉地以自己的实际行动去尊重妇女、照顾妇女、体谅妇女、关心妇女、保护妇女，并且还要想方设法、尽心竭力地去为妇女排忧解难。倘若因为男士的不慎而使妇女陷于尴尬、困难的处境，便意味着男士的失职。人们一致公认，唯有如此这般的男子，才具有绅士风度。反之，则会被认为是一个没有丝毫修养的粗汉莽夫。

女士优先通则还要求，在尊重、照顾、体谅、关心、保护妇女方面，男士们对于所有的妇女都要一视同仁。不仅对待同一种族的妇女需要如此，对待其他种族的妇女也需要如此；不仅对待熟悉的妇女需要如此，对待陌生的妇女也需要如此；不仅对待年轻貌美的妇女需要如此，对待年老色衰的妇女也需要如此；不仅对待有权有势的妇女需要如此，对待一无所有的妇女也需要如此。

外国人强调女士优先的主要原因，并不仅仅是因为妇女被视为弱者，值得同情、怜悯，最为重要的是，他们将妇女视为“人类的母亲”。他们认为，对妇女处处给予优遇，就是对“人类的母亲”表示感恩之意。

在国外的社交应酬之中，女士优先作为一条礼仪的通则，早已逐渐演化为一系列的具体的、可操作的做法。它们不仅已是世人皆知，而且在社会舆论的督促之下，每一名成年的男子均须将其认认真真地付诸实践。

下面，简要地介绍目前流行于世的女士优先的种种具体的做法。

在参加社交聚会时，男宾在见到男、女主人后，应当先行向女主人问好，然后方可问候男主人。男宾进入室内后，必须主动向先行抵达的女士问候。女士们如果已经就座，则此时不必起身回礼。而在女宾进入室内时，先到的男士均应率先向其致以问候，已入座的男士亦应起身相迎。不允许男士坐着同站立的女士交谈，而女士坐着与站立的男士交谈则是许可的。当女士在场时，男士无论如何都不得吸烟。当女士吸烟时，则不允许男士对其加以阻止。必要的话，男士还有为女士点燃香烟的义务。

当主人为不相识的来宾进行介绍时，通常应首先把男士介绍给女士，以示女士在此刻的地位“后来居上”。在男女双方进行握手时，只有当女士伸过手来之后，男士方可伸手与之相握。男士与女士握手时如果抢先“出手”，则被视为是严重的犯规。为了表示对女士的尊敬，男士还必须在与女士握手时摘下帽子、墨镜，脱下手套，而女士在一般情况下则完全没有必要这么做。

在发表演说、讲话时，如果需要同时称呼许多人，也要注意女士优先。合乎礼仪的称呼方法是“女士们，先生们”，或是“玛丽小姐，威廉先生”。不允许颠倒这一顺序。

男士在同女士交谈时，言辞必须文明高雅，表达必须把握分寸。切不可当着女士的面大讲脏话、粗话、黑话，或者乱开低级下流的玩笑。若因为措辞唐突而使女士难堪，男士则必须为此郑重地向女士道歉。

在室外行走时，若是男女并排行走，则男士应当自觉地“把墙让给女士”。即请女士走在人行道的内侧，而自己主动走在外侧。这样做，既是出于交通安全方面的考虑，也是为了防止女士因疾驶而过的车辆而担惊受怕，或是为了防止因汽车飞驶而溅起来的污泥浊水弄脏女士的衣裙。

当具体条件不许可男女并行时，男士通常应请女士先行，而自己随行于其身后，并与之保持一步左右的距离。其目的，既是为了避免因男士步伐过大，使女士难以跟进，也是为了将“选择行进方向的权利”让给妇女。

不过，“女士先行一步”有时也有某些例外。当需要开门，下楼梯，通过拥挤之处或者危险、障碍路段时，男士往往被要求先行，以便为身后的女士开门、开道、探险，或为其提供必要的保护。

当男士与女士在某些狭窄的路段“狭路相逢”时，前者不论与后者相识与否，均应“礼让三先”，请后者率先通过。

在乘坐车辆或飞机时，男士应主动帮助同行的女士携带沉重或较为难拿的物品，并照顾其上下交通工具。假如不需要对号就座的话，男士不仅要为女士找到座位，而且还应当将较为舒适、较为安全的座位让给女士就座。在公共交通工具上，如果尚有女士没有座席，则其他男士不管与其是否相识，都应当主动为其让座，而不应当对对方视而不见、置若罔闻。

在出席宴会、舞会、音乐会时，男士应主动照顾或帮助同行的女士就座。在必要之时，还应协助其脱下外套。

在宴会上，为了显示对妇女的尊重，一般不会雇用女侍者。通常，女主人是宴会上“法定”的第一顺序“指针”。也就是说，其他人在用餐时的一切举动，均应跟随女主人而行，而不得贸然先行。按惯例，女主人打开餐巾，通常意味着宣布宴会开始；女主人将餐巾放在餐桌上，则表示宴会到此结束。

在交谊舞会上，女士可以拒绝男士的邀请，而男士却不得回绝女士的邀请。当女士无人邀舞，或遭遇个别男士骚扰时，每一位男士都有义务挺身而出，去“见义勇为”“英雄救美”。

在出席音乐会时，倘若没有领位员提供服务，则男士要主动为同行而来的女士带路。此外，男士不但应陪同女士一道前来，而且还应充当“护花使者”，将女士送回居所。

应当说明的是，上述女士优先的具体做法，并不是“放之四海而皆准的”。在实践中，它主要适用于社交场合。换句话说，在公务场合，人们强调的是男女平等，或者是忽略性别，因而是不太讲究女士优先的。

另外一方面，女士优先除适用于国际交往之外，在西方国家、非洲国家、拉丁美洲国家里也是普遍通行的。但在阿拉伯世界、东南亚地区，以及日本、韩国、朝鲜、蒙古、印度等东方国家里，人们却依然奉行男尊女卑，往往对女士优先并不怎么买账。

十一、以右为尊

以右为尊

如果您在每天晚上 7 点整观看中国中央电视台第一套节目的《新闻联播》时，稍加留意便会发现：我国的党和国家领导人正式会晤国际友人之际，宾主双方就座的具体位置是有一定规律性的。

在常规的情况下，当我国的党和国家领导人，诸如中共中央总书记、国家主席、全国人民代表大会常务委员会委员长、国务院总理、政协全国委员会主席等作为东道主，在我国国内会见外宾的时候，大都会同外宾并排而坐，并且通常会居左而坐。换言之，他们一般都会请外宾在自己的右侧就座。

为什么非得要这样做呢？莫非在国际交往之中，位置的左右还有尊卑高下之分吗？答案是肯定的。

在正式的国际交往中，如果需要将人们分左右进行并排排列时，其具体位置的左右大都有尊卑高低之分、主次优劣之别。依照国际惯例，多人进行并排排列时，最基本的规则是：右高左低。即以右为上，以左为下；以右为尊，以左为卑。换而言之，在并排排列座次的时候，右侧的位置高于左侧，左侧的位置低于右侧。这一条涉外礼仪的通则，就是所谓以右为尊。

如上所述，我国的中共中央总书记、国家主席、人大常委会委员长、国务院总理、政协全国委员会主席等党和国家领导人，在国内以东道主的身份会晤国际友人时，通常会坐在对方的左侧，而请对方居右而坐，实际上就是在遵守以右为尊的通则。他们之所以要这样做，既是为了表示中国人民、中国政府对于国际惯例的认同，也是为了恰如其分地对国际友人表达自己的友好与尊重之意。

目前，在各种类型的国际交往中，大到政治磋商、商务往来、文化交流，小到私人接触、社交应酬，但凡有必要确定并排排列具体位置的主次尊卑，以右为尊都是普遍适用的。在操作、处理这类问题时，只要参照以右为尊原则，就肯定不会有失敬于人的事件发生。

为了学以致用，以下将进一步具体地介绍以右为尊通则在国际交往中不同场合之下的实际运用。

按照惯例，在并排站立、行走或者就座的时候，为了表示礼貌，主人理应主动居左，而请客人居右。男士应当主动居左，而请女士居右。晚辈应当主动居左，而请长辈居右。未婚者应当主动居左，而请已婚者居右。职位、身份较低者应当主动居左，而请职位、身份较高者居右。

应当说明的是，按照国际惯例，在接待外宾的具体过程中，当主人前往外宾下榻之处进行拜会或送行时，主人的身份应当是客人，而外宾在此时此地则“反客为主”了。在有必要对二者进行并排排列时，应当使主人居右，而使外宾居左。其实际的含义是：外宾在主人为其提供的临时居所之中，理应被视为主人，而不是客人。从这一意义上来讲，以上做法与以右为尊通则一点儿也不矛盾。

有时，参与涉外交往的宾主双方往往都不止一人，当有必要对其进行并排排列，如需要会见、合影时，仍需要恪守以右为尊的通则。只不过宾主双方届时需要在属于自己的一侧，再具体排定一下各自人员的位次罢了。

在举行正式谈判时，假定谈判双方需要分别坐在谈判桌的两侧，而谈判桌竖放于室内的话，则谈判桌的两侧的位置仍有上下之分。在对其具体进行确定时，以右为尊通则依旧有效。其具体操作的方法是：假定宾主双方正由正门推门而入，并且面向室内，则应以其右侧为上座，使客方谈判人员在其右侧就座；以其左侧为下座，使主方谈判人员在其左侧就座。

当谈判桌横放于室内时，以面对正门的一侧为上座，以背对正门的一侧为下座。但届时各方人员进行具体排列时的做法，与谈判桌竖放于室内时的情况却相类似，即位于主谈者右侧的位置，在地位上高于位于其左侧的位置。

在举行国际会议时，会议主席台上位次的排列也是要讲究以右为尊的。不仅如此，发言者所使用的讲台亦须位于主席台的右前方，这是给予发言者的一种礼遇。

在排列涉外宴会的桌位、席次时，同样必须应用以右为尊通则。在宴会厅内摆放圆桌时，通常应以面对正门的方法进行具体定位。如果只设两桌时，一般必须以右桌为主桌。此处所说的右桌，指的是在宴会厅内面对正门时居于右侧的那一桌。若是需要设置多桌时，则在宴会厅内面对正门时位于主桌右侧的桌次，应被视为高于位于主桌左侧的桌次。

在同一张宴会桌上确定席次时，一般以面对宴会厅正门的位置为主位，由主人就座。主宾则大都应当就座于主位的右侧。其他人的位次一般均为距离主位越近，位次则越高。而在与主位距离相同时，则位于主位右侧的位次高于位于主位左侧的位次。

乘坐由专职司机驾驶的双排座轿车时，车上具体位次的确定亦应遵守以右为尊通则。具体而言，当方向盘居左时，通常以后排右座为第一顺序座，应请尊长或贵宾在此处就座。接下来的第二顺序座、第三顺序座则分别应为后排左座、后排中座。至于位于轿车前排的副驾驶座，在由专职司机驾车时，一般被称作“随员座”，在绝大多数情况下，它是属于陪同、助理、秘书、翻译或警卫人员的专座。鉴于这一位置从理论上讲安全系数最低，故此一般不应请尊长、贵宾在此就座。在参加社交性质的活动时，让妇女或儿童坐在那里，显然也是非常不合适的。

在三排座乃至其他类型的多排座轿车上，当方向盘居左时，不论由何人驾驶车辆，在确定车上具体位次的尊卑时，大都亦应遵行以右为尊通则。

在进行官方往来、召开国际会议、举办国际博览会或是从事国际体育比赛时，按照国际惯例，经常需要悬挂有关国家的国旗。国旗是一个国家的象征，也是其主要标志之一。在国际交往中依照惯例悬挂本国和其他相关国家的国旗，既表达了对本国的热爱，也表达了对他国的尊重。在此必须予以强调的是，在国际交往中悬挂国旗是一桩极其严肃的事情。悬挂他国国旗，并借此向他国表示尊重与敬意之时，就更是如此。不仅不能将他国国旗挂错，而且还必须在悬挂他国国旗时给予其适当的礼遇。

目前，在各类国际交往中所悬挂的国旗大都采用并排悬挂的方法。在进行操作时，必须以以右为尊通则为指针。

具体而言，在接待国宾需要并排悬挂两国国旗时，按惯例应以国旗自身面向为准，以右为上，悬挂来访国国旗，以左为下，悬挂东道国国旗。

在重要国宾搭乘的轿车上同时悬挂两国国旗时，一般应以轿车行进的方向为准，以驾驶员右侧为上，悬挂来宾所在国国旗，以驾驶员左侧为下，悬挂东道国国旗。

在需要同时悬挂多国国旗时，通行的做法是应以国旗自身面向为准，令旗套位于其右侧。越往右侧悬挂的国旗，被给予的礼遇就越高；越往左侧悬挂的国旗，被给予的礼遇就越低。在确定各国国旗的具体位次时，一般的做法是按照各国国名的拉丁语首字母的先后顺序而定。在悬挂东道国国旗时，既可以遵行这一惯例，也可以将其悬挂在最左侧，以示东道国的谦恭之意。

上述种种实例表明，在国际交往中有必要排定并排位次的尊卑时，遵循以右为尊通则，就可以化繁为简、化难为易，并且以不变应万变，轻而易举地处理好种种难题。

有趣的是，在确定并排排列的位次时，我国古代的传统做法是以左为尊。按照老子《道德经》里的说法，即“吉事尚左”，也就是以左为上，以右为下。目前，我国国内的官方活动内依旧采取此种方式排定座次，但同时又有单数与双数之别。现行的基本规则是：单数左大；双数右大。注意一下国内举行会议时的主席台排位，往往就会发现这一点。不过，在国际交往中还是需要“内外有别”，以坚持以右为尊为好。

十二、面对媒体

当今的世界早已进入了信息化时代。在国外，尤其是在西方发达国家，大众传播媒介异常发达，并且在现实生活中几乎无处不在、无孔不入，发挥着十分重要的作用。

作为涉外人员，在对外交往中，特别是在出访外国期间，自然难以回避面对媒体这一问题。在面对媒体时，涉外人员既要掌握政策、遵守纪律、注意分寸，又要沉着机智、落落大方、举止得体。因此，就必须遵守相关的礼仪规范。

一般而言，在面对媒体时，我方人员主要应当在了解媒体、有备而至、检点表现三个方面加以注意。

（一）了解媒体

孙子曰："知彼知己，百战不殆。"在面对媒体时亦须如此。要尽一切可能提前对自己即将面对的媒体有所了解。

此处所谓的媒体，指的是各种大众传播媒介。要了解媒体，对涉外人员而言，主要是要着重了解其政治倾向、实际影响、具体特征，以及其他方面的具体问题。

了解媒体的政治倾向

在国外，虽说绝大多数媒体都一向标榜自己"政治中立"，实际上在现实生活中它们无一例外地都会在一定程度上表现出自己的政治倾向。在接触境外媒体时，涉外人员主要应当了解下述三点。

（1）合法与否

在许多国家，媒体有着合法与非法之分。在接触国外媒体之前，务必对此有所了解。对于非法媒体，切勿与其接触。对于合法媒体，则不必再三回避。

（2）所属势力

毋庸讳言，任何媒体的发展都离不开财力支持，所以在各国各式各样的媒体背后，都有一定的政治势力或党派作为其后台或靠山。而各种媒体就其本质而言，往往是一定的政治势力或党派的喉舌。疏忽此点，就会犯面对媒体之大忌。

（3）到访国的新闻检查制度

由于媒体在现代生活中影响巨大，各国都要对其进行一定程度的管制。为此，许多国家还专门制定了自己的新闻检查制度。如能对到访国的新闻检查制度有所了解，将深化我方人员对该国各种媒体政治倾向的认识。

了解媒体的实际影响

在任何一个国家，各种媒体所发挥的实际影响通常不尽相同。各种媒体的实际影响，除了主要受制于其社会认知度、受众人数以及自身实力、影响力等因素之外，本国政府及其新闻主管部门的支持与否，往往也发挥着一定的作用。

接触国外媒体前，涉外人员对其实际影响所进行的了解，主要应侧重于如下两个方面。

（1）该媒体属于主流媒体还是非主流媒体

所谓主流媒体，一般指的是社会认知度高、受众人数众多、自身实力与影响力强大的媒体；所谓非主流媒体，则是指社会知名度较低、受众人数较少、自身实力与影响力较弱的媒体。在接触外方媒体时，自然应当优先接触主流媒体，不过对非主流媒体亦不应过分轻视。

（2）该媒体属于官方媒体还是非官方媒体

所谓官方媒体，通常是指属于官方、由官方支持或控制、具有官方背景以及反映官方倾向的媒体。所谓非官方媒体，则指的是没有官方背景、不受官方支持或控制以及不直接从属于官方的媒体。相对于官方媒体而言，它有时亦称民间媒体。在政治形势不同的国度里，官方媒体与非官方媒体所发挥的实际作用往往大相径庭。

了解媒体的具体特征

媒体的具体特征，从不同角度可以进行不同的描述。在此，它是指各种大众传播媒介在传播信息的过程中所客观体现出来的长处与不足。

（1）电视

在传统的媒体之中，电视对受众的实际影响最大。电视的主要优点有：真实感强，娱乐性强，艺术性强。它的主要不足之处则是：瞬间即逝，不易记录与保留；受时空限制较大，观众选择余地较小；需要专门的接收设备，所需费用不菲。

（2）报纸

报纸作为一种印刷媒体，在传统媒体中，其作用仅次于作为电子媒体的电视。报纸的长处主要有：信息容量较大，获取信息便利，选择范围较广，便于储藏查阅，有一定针对性。它的不足之处则主要有：不够生动形象，感染力较差；读者需要有一定的文化知识，读者范围因此受到限制；印刷发售需要时间，信息传播速度较慢。

（3）广播

作为一种电子媒体，广播有其独特的存在价值。它的主要优点有：传播速度快，鼓动性强，受限制较少，费用较低廉。它的主要缺点则有：收听受到时间限制，听众难以选择节目，内容难以反复品味。

（4）**杂志**

作为印刷媒体之一，杂志有其他媒体所不能比拟的优点：种类繁多，形式多样；内容丰富，系统性强；印刷精美，有感染力。同样，杂志也有其不足之处：出版周期长，实效性差；较之电子媒体稍显死板；有专业要求，限制了读者。

（5）**互联网**

目前，迅速崛起的互联网对传统媒体发出了挑战。它的主要优点有：信息量巨大，信息传播快，栏目选择多，形式较活泼。它的主要缺点有：内容真假难辨，需要专用设备，信息来源多元化、碎片化。

（二）有备而至

作为一名训练有素、见多识广的涉外人员，在对外交往，尤其是在出访期间，必须正视外方媒体人员无处不在这一现实，做好必要而充分的准备工作，以求有备而至，在面对媒体时发挥正常。

具体而言，为面对媒体而应提前着手进行的主要准备工作大致包括下述三项。

▌联络媒体

在任何情况下，与外方人士相处时，我方人员均应多交朋友、广结善缘。与媒体人员打交道，道理亦是如此。

在不违背外事纪律的前提下，我方应按照统一部署，主动与媒体进行联络，并在两相情愿的情况下，与其保持经常性关系。

与媒体保持联络至少有三重好处：一是可以在一定程度上得到媒体的理解与支持；二是可以与媒体进行良性互动；三是可以主动向媒体传播信息。

▌方便媒体

如欲真正赢得媒体的支持，为其提供各种便利往往必不可少。平时，方便媒体的主要措施有以下三个。

（1）**主动提供有益信息**

在条件允许时，应经常向与自己关系密切的媒体提供正确无误、时效性强的信息，以实际行动支持其工作。

（2）**为其提供采访便利**

在力所能及的前提下，我方一定要诚心诚意地为前来对自己进行采访的媒体提供种种便利，在人员、设备、时间、场地诸方面给予必要的支持。至少，也不应为其设置不必要的限制。

（3）**尊重媒体人员**

对于辛劳工作的媒体人员，我方人员理当表示应有的尊重。必须指出：对媒体人员的尊重，实际上就是对媒体的尊重。离开了尊重，方便媒体就会变为一句空话。

▌统一口径

在涉外活动尤其是在出国访问时，我方人员面对媒体的一言一行均事关重大，绝对不可不慎。具体而言，主要是要求我方有关人员保守秘密、统一行动、专人发言、提供文稿。

（1）保守秘密

在面对媒体之际，我方有关人员必须遵守外事纪律与保密规则，绝对不允许擅自向外方泄露我方的秘密，绝对不允许信口开河、口无遮拦。

（2）统一行动

对于一些重大问题，我方应对有可能接触外方媒体的全体人员具体规定什么当讲、什么不当讲、应当如何讲，以便我方人员统一行动。

（3）专人发言

在正式组团出国访问时，有条件者应提前指定某一位团员担任本团的“新闻发言人”，由其出面应对外方媒体，统一回答对方感兴趣的问题。这样一来，我方人员就不至于在外方媒体面前“众说纷纭”了。

（4）提供文稿

在正式接受媒体采访时，为了防止对方曲解或误解我方所传递的信息，按照常规，均应向对方提供一份认真准备的、经过斟酌的、具有一定新闻价值的新闻稿，以供其发稿时核对与借鉴之用。

（三）检点表现

面对媒体，关键是要检点自己的现场表现。一般而言，涉外人员在媒体面前的表现，主要应当做到泰然自若、谨言慎行、善待记者、弥补失误四点。

▌泰然自若

不论“初出茅庐”还是“久经沙场”，涉外人员在应对媒体时，都应当努力做到泰然自若。

（1）不慌不忙

在面对媒体时，切勿手忙脚乱、手足无措、胡言乱语，免得自毁形象。在任何时候，在媒体面前不慌不忙的人都会赢得媒体与公众的好感。

（2）不骄不躁

不论是自己求助于媒体还是媒体有求于自己，涉外人员在面对媒体时，都应当力戒骄傲自大、目中无人，避免急躁盲动、自乱阵脚。

▌谨言慎行

在面对媒体时，涉外人员应当对自己的一言一行多加注意，力求谨言慎行、不出差错。如下几点，尤其值得涉外人员高度重视。

（1）**有问必答**

面对媒体，自然少不了回答其提出的各式各样的问题。对于媒体人员所提出的各种问题，涉外人员必须做到有问必答、不厌其烦。即使遇到正面难以回答或回答不了的问题，亦须换一种方式作答，而不可答之以“不清楚”“不能答复”。

（2）**真实无欺**

在回答媒体的提问时，我方人员必须坚持讲真话，不讲假话，力戒自欺欺人，力求真实无欺。有些问题难以据实作答，亦应委婉应对，而不能代之以假言假语。必须明确：不一定要把自己所了解的情况都告诉外人，但绝对不得欺骗对方。讲假话的人，永远不会为他人所信任。

（3）**巧妙作答**

在回答问题时，虚张声势或吞吞吐吐都会令人反感。善于巧妙回答媒体的问题，是涉外人员必须练就的一项基本功。

（4）**行为得当**

由于目前大众传媒以及各种新媒体已经渗透到生活的每个角落，出访之际，我方人员对自己的行为必须多加检点。不论当众演讲还是私人行动，都要对自己的一切行为负责。切记：自己的一举一动都有可能成为媒体所关注的“新闻”。

善待记者

在面对媒体时，每一位有教养的人士都懂得应当善待其工作人员，尤其是辛劳无比的新闻记者们。对对方待之以礼，往往会产生投桃报李之效。

具体而言，在现场面对媒体时，善待记者的最佳表现主要有以下几方面。

（1）**主动合作**

在面对媒体时，有经验者往往会变被动为主动，主动接近对方，并认真与对方合作。这样一来，对方自然会对我方产生良好印象。

（2）**态度友善**

回答记者提问时，涉外人员切勿打断对方，或以表情、举止、语气对对方表达不满。即便对方的问题带有偏见或挑衅意味，亦不应为此而激动或发怒。

（3）**平等待人**

在任何场合，我方人员与媒体人员在人格上都处于平等的地位，因此理当对其平等相待。

弥补失误

子曰：“过而不改，是谓过矣。”在现场面对媒体时，涉外人员应当一丝不苟，一旦有失误的情况出现，应及时弥补。其具体做法，主要有以下三点。

（1）**现场弥补失误**

在现场面对媒体时，一旦发现自己出现某种失误，应想方设法尽快予以更正。切勿置之不理、一拖再拖，以致酿成事端。

（2）**事后弥补失误**

假如事后发现自己或我方应对媒体时有误，亦应在力所能及的前提下采取一切可能的措施进行补救。

（3）**认真总结教训**

事后一定要认真收集相关媒体的报道，并对其进行分类分析。对于所发现的问题，一定要探究其原因，并设法予以弥补。

1. 在涉外交往中为何必须遵守国际惯例？
2. 怎样运用涉外通则规范并指导涉外交往活动？
3. 在涉外交往中应如何具体地维护个人形象？
4. 怎样才能做到在涉外交往中不卑不亢？
5. 怎样才能做到热情有度？
6. 在涉外交往中不宜询问外方人员的哪些具体的个人隐私问题？
7. 女士优先通则在操作中有何具体要求？
8. 以右为尊通则在位次、座次排列中应如何具体地运用？
9. 面对媒体有哪些方面的基本要求？

第二章 日常礼仪

日常礼仪，在此是指涉外人员在其日常工作与生活中所须遵守的行为规范。它具体涉及衣、食、住、行、访、购、小费给付、宗教礼俗等方面，是涉外人员个人修养的重要组成部分。

学习目的

- 重视日常工作与生活中涉外人员的个人表现。
- 以日常礼仪规范涉外人员的个人行为。
- 掌握基本的日常礼仪。
- 在日常工作与生活中彬彬有礼。
- 避免在日常工作与生活中失礼。

本章要点

- 本章所讲授的是日常礼仪。它在此是指涉外人员在其日常工作与生活中所须遵守的行为规范。在日常工作与生活中，涉外人员亦应彬彬有礼。
- 本章第一部分讲授的是衣的礼仪。它具体要求按场合着装，衣着得法。
- 本章第二部分讲授的是食的礼仪。它具体要求关注菜单的选定、就餐的方式、宴会的位次、用餐的环境等。
- 本章第三部分讲授的是住的礼仪。它具体要求在接待来宾时与自己出访时安排好住宿。
- 本章第四部分讲授的是行的礼仪。它具体要求遵守有关步行、乘车、乘机的相关规范。
- 本章第五部分讲授的是访的礼仪。它具体要求在出访时有备在先、检点行为。
- 本章第六部分讲授的是购的礼仪。它具体要求了解商店简况，掌握购物技巧。
- 本章第七部分讲授的是小费礼仪。它具体要求对小费的给付场合、给付方式、给付金额等有关事宜有所了解。
- 本章第八部分讲授的是宗教礼仪。它具体要求端正对宗教的认识，了解三大宗教的礼规。

在涉外交往中，人们在日常工作与生活之中的各个方面都必须严格而认真地遵守有关的礼仪。所谓日常礼仪，即人们在其日常工作与生活中所须遵守的基本行为规范。在日常工作与生活中的表现与作为，往往能够更加客观、更加准确地反映出每个人的品德与修养。参与涉外交往时，对此点尤应切记。

具体而言，日常礼仪的具体涉及面非常之广泛。在涉外交往中，人们所遇到的，并且迫切需要了解和掌握的日常礼仪，主要集中在衣、食、住、行、访、购、小费给付、宗教礼俗等几个日常工作与生活的关节点上。老子曾经强调："天下大事，必作于细。"在上述各个方面依照相关的礼仪规范行事，是每一名涉外人员均应自觉做到的。

一、衣的礼仪

衣者，人之服装是也。在日常工作与生活中，作为"人的第二肌肤"，每一个人所选择、穿着的服装不仅会给人以深刻的印象，而且也被视为其身份、地位、修养与品位的客观体现。在涉外交往中，这一点表现得尤其突出。

在与外国人打交道时，对每一名涉外人员衣着的基本礼仪要求是：应景而得体。衣着要做到如此，主要需要关注以下两个方面的问题。

（一）着装应与所处的具体场合相适应

着装应与所处的具体场合相适应，即所谓应景。根据涉外礼仪的规范，在对外交往中，涉外人员所接触的各种具体场合，大体上可以分为三类，即公务场合、社交场合和休闲场合。在这三类不同的场合之中，涉外人员所选择、穿着的服装，在款式、色彩、面料等方面，应当有所区别。

公务场合

所谓公务场合，在此指的就是涉外人员上班处理其公务的时间。在公务场合中，涉外人员的着装应当重点突出庄重保守的风格。也就是说，在公务场合的着装，不适宜强调个性、突出性别、过于时髦，或是显得过于随便，而应当既端庄大方，又严守传统。

依据这一要求，按照常规，我国的涉外人员目前在公务场合的着装，最为标准的服装主要是深色毛料的套装、套裙或制服。

具体而言，男士最好是选择身着藏蓝色、灰色的西装套装或中山装套装，内穿白色衬衫，脚穿深色袜子、黑色皮鞋。在穿西装套装时，则务必打图案素雅凝重的、色彩与之相近的领带。

女士的最佳衣着则是：身着单一色彩的西服套裙，内穿白色衬衫，脚穿肉色或黑色长筒丝袜，配黑色高跟皮鞋。有时，穿着单一色彩的连衣裙亦可，但尽量不要选择以长裤为下装的套装。

在公务场合，有的时候可以穿长袖衬衫、长裙、长裤，但绝对不允许涉外人员身穿时装或便装，尤其是不得身穿夹克衫、牛仔装、运动装、健美裤、背心、短裤、旅游鞋、拖鞋或凉鞋。越是正式的公务场合，越需要注意这一点。

还应当指出，涉外人员在公务场合不宜身穿过于鲜艳、过于杂乱、过于前卫、过于暴露、过于透视、过于短小、过于紧身的服装，免得给人以不好的印象。

社交场合

所谓社交场合，通常是指人们在公务活动之外的、在公共场所里与他人进行交际应酬活动的时间。观看演出、出席宴会、参加舞会、登门拜访、参与聚会等，都是涉外交往中所最常见的社交场合。

在社交场合，涉外人员的着装应当重点突出“时尚个性”的风格。也就是说，在社交场合的着装，既不必过于保守从众，也不宜过分地随便邋遢。应当尽可能地使自己的衣着摩登一些，并且使之充分地体现出自己与众不同的个人特点。

按照以上要求，比照常规，我国的涉外人员目前在社交场合的着装，最为常见的主要有时装、礼服、具有本民族特色的服装以及个人缝制的服装。

需要特别加以说明的是，在许多国家，人们在出席隆重的社交活动时，有穿着礼服的习惯。在为此类社交活动所发出的正式请柬上，往往会对要求穿着礼服做出特别的规定。

所谓礼服，其实是对出席礼仪性活动时着装的特指。例如，在西方国家，最正规的大礼服，男式的是黑色的燕尾服，女式的则是袒胸、露背、拖地的单色连衣裙式服装。

以前，我国没有正规的社交礼服。目前的具体做法是：在需要穿着礼服的场合，男士可穿深色的中山装套装或西装套装，女士则可以穿着单色的旗袍或下摆长于膝部的连衣裙。其中，尤其以黑色中山装套装与单色旗袍最具有中国特色，并且应用最为广泛。

在社交场合，尽量不要穿制服或便装。若非职业军人或公、检、法人员，则切勿身穿军服或公、检、法专用的制服，前去参加有外方人员参加的社交活动。

休闲场合

所谓休闲场合，大都是指人们在公务活动之外用于个人休息的时间，以及在公共场所里与不相识者共处的时间。最常见的休闲场合，包括居家休息、健身运动、游览观光、街市漫步、商场购物等。

在休闲场合，涉外人员的着装应当重点突出其舒适自然的风格。也就是说，在休闲场合的着装，最为忌讳的是异常正规、煞有介事。只要不有碍身体健康，只要不有违伦理道德，只要不触犯法律，在休闲场合的着装完全可以无拘无束，想怎么穿就怎么穿，怎么舒服、怎么方便就怎么穿。

根据以上要求，参照常规，我国的涉外人员目前在休闲场合的着装，最为规范的主要为牛仔装、运动装、夹克衫、T 恤衫、短袖衬衫、短裤等。仅就休闲场合的着装而言，男女的分界并不很明显。换而言之，上述休闲装，其实是可以男女通用、混穿的。

在休闲场合，没有必要衣着过于正式。尤其应当注意，不要穿套装或套裙，也不必穿制服。那样做，既没有任何必要，往往也与所处的具体环境不符。

（二）衣着得法

所谓衣着得法，在此主要是指要掌握并且严格遵守穿衣之道。要在具体的方法、技巧上胸有成竹，不出丑，不露怯，不贻笑大方。

在对外交往中，要真正地做到衣着得法，大而言之，需要系统地学习、掌握着装的艺术。具体而言之，则要在下列两个方面加以注意。

了解并遵守着装的正确方法

不同的服装，通常都有其自成一体的穿着方法。在涉外场合，着装必须严格地遵守规范的、正确的穿着方法。切不可随意而为，不得自作主张、乱穿一气。那样的话，即使自己所穿的服装与所处的具体场合完全相符，也会为他人诟病。

在穿中山装时，需要注意的问题有：上衣领口之处的风纪扣务必要扣上；上衣的其他衣扣，在正式场合务必一律扣严。也就是说，在外人面前敞怀，是非常失礼的。裤门上的扣子更是不在话下。在大庭广众面前，无论如何都不得挽起自己的袖管或裤管。不要在衣袋或裤袋里装过多的东西。上衣衣袋的盖子，应处于衣袋之外。

在穿西装时，需要注意的问题有：在穿西装之前，务必将位于上衣左袖袖口上的商标、纯羊毛标志等先行拆除；它们与西装的档次、身价无关。在一般情况下，坐着的时候，可将西装上衣衣扣解开；站起来之后，尤其是需要面对他人之时，则应当将西装上衣的衣扣系上。西装上衣的衣扣有一定的系法：双排扣西装上衣的衣扣，应当全部系上；单排两粒扣西装上衣的衣扣，应当只系上边的那粒衣扣；单排三粒扣西装上衣的衣扣，则应当系上边的两粒衣扣，或者单系中间的那粒衣扣。穿西装背心时，最下边的那粒衣扣一般可以不系。如果要使一身西装穿得有味道，重要的是要使之合身。要想做到这一点，除了要量体裁衣，比照自己的身材选择外，还须切记，最好不要在它的里边再穿上多件衣物。在穿西装时，最好不要内穿羊毛衫。万一非穿不可，则只允许穿一件单色薄型的 V 领羊毛衫。不要在西装里面穿开领的、花哨的羊毛衫，特别是不要同时穿上多件羊毛衫。

在穿长袖衬衫时，需要注意的问题有：下摆在正式场合一定要束在裤腰或裙腰之内。袖管不仅不可以挽起来，而且袖扣也一定要系上。不穿西装上衣，或是穿西装上衣未打领带时，领扣则通常可以不系。

在打领带时，需要注意的问题有：领带结的大小，最好与衬衫衣领的大小成正比。领带打好之后，其下端应当正好抵达皮带扣的上端。这样的话，它就不会从西装上衣下面露出去。打领带时，并不是非使用领带夹不可的。如果使用它的话，应使其处于领带打好后自上而下看的黄金分割点上。其位置大致是在七粒扣衬衫自上而下数的第四、第五粒衣扣之间。将领带夹夹在那里之后，系上西装上衣的衣扣，它通常是应当“含而不露”的。

在穿套裙时，一定要穿衬衫，并配以皮鞋、丝袜。不可以内衣外穿，不可以光腿、光脚，不宜穿露脚趾、露脚后跟的鞋子。在公共场合，外衣的扣子一定要系上。

了解并遵守着装的搭配技巧

有一位大名鼎鼎的服装设计师曾说：“服装的效果是搭配出来的，而不是穿出来的。”他的这句名言，充分地说明了涉外人员掌握服装搭配技巧的必要性。

例如，在国外，人们在评价一位男士的服饰品位时，往往要看其是否遵守“三一定律”。所谓“三一定律”，就是要求男士在正式场合露面时，应当使自己的公文包与鞋子、腰带色彩相同。它所强调的，实际上就是色彩搭配的问题。

再如，男士在正式场合的着装，通常有必要遵守“三色原则”的要求。所谓“三色原则”，是指全身上下的衣着，应当保持在三种色彩之内。它所规范的，依旧是色彩搭配问题。

又如，对于女士在正式场合的着装的评价，人们往往关注于一个细节，即她是否了解不应使自己的袜口暴露在外。不仅在站立之时袜口外露不合适，就是在行走或就座时袜口外露也不合适。有鉴于此，专家告诫那些常穿裙装的女士，最好穿连裤袜或长筒袜。这一问题的实质，就是袜子与裙子的搭配正确与否。

二、食的礼仪

在涉外交往中，用餐的问题尽管极其普通，但却十分重要。在宴请外宾时，如果对用餐的问题考虑不周，就会令对方产生不满。而在出席外国友人的宴请时，若是在用餐之时举止失当，则又会见笑于人。

考虑到涉外人员的实际需要，以下将分别介绍涉外人员在设宴时和赴宴时所应当注意的主要事项。

(一) 有关设宴的规范

在以东道主的身份设宴款待外国人士时，需要注意的问题主要有菜单的选定、就餐的方式、宴会的位次、用餐的环境等。

▌确定宴请的菜单

在宴请任何人时，唱主角的通常都是菜肴，所以一定要对菜单加以精心考虑。在宴请外国人时，除了要注意节省开支、量力而行的问题之外，最重要的是要对对方爱吃什么与不吃什么心中有数。

1. 不适于宴请外国人的菜肴

虽说人与人大不相同，口味上难求完全一致，但外国人所不爱吃的东西还是有其规律性的。大体而言，不宜宴请外国人的菜肴主要有下列四类。

(1) 触犯个人禁忌的菜肴

不少人在饮食方面都有个人的禁忌，例如，有人不吃鱼，有人不吃蛋，有人不吃葱，有人不吃辣椒，等等。对此一定要在宴请外宾之前有所了解，免得出力不讨好。在宴请多名外宾时，对每个人的个人禁忌都要有所了解。对其中主宾的饮食禁忌，尤其需要一清二楚。

(2) 触犯民族禁忌的菜肴

世界上许多民族，都有自己本民族的饮食禁忌。例如，绝大多数欧美人不吃鸡胗、鹅头、鸭掌、鱼头煲、毛血旺、大闸蟹、豆腐乳、龟苓膏。再如，多数美国人不吃羊肉和大蒜，多数俄罗斯人不吃海参、海蜇、墨鱼、木耳，多数英国人不吃狗肉和蛇肉，多数法国人不吃鱼翅和无鳞无鳍的鱼，多数德国人不吃韭菜，多数日本人不吃羊肉和皮蛋，等等。掌握这种具有普遍性的饮食禁忌，往往有助于更好地款待外宾。

(3) 触犯宗教禁忌的菜肴

在所有的饮食禁忌之中，宗教方面的饮食禁忌最为严格，而且绝对不容许有丝毫违犯。在涉外交往中，对于这一点尤其要高度重视。对于穆斯林忌食猪肉、忌饮酒，印度教徒忌食牛肉，犹太教徒忌食动物蹄筋并讲究“肉乳不同食”等一系列重要的与宗教密切相关的饮食禁忌，千万不可掉以轻心、疏忽大意。

(4) 令用餐者有所不便的菜肴

下列五种菜肴，往往令用餐者品尝时多有不便：一是骨多者；二是壳多者；三是刺多者；四是筋多者；五是渣多者。除此之外，核多、籽多的水果，在重要的宴请中通常也不宜安排。

2. 适宜于宴请外国人的菜肴

按照一般规律，可用以宴请外国人的菜肴基本上可以分做下列四类。

(1) 具有民族特色的菜肴

一般来讲，在国内所进行的涉外宴请，大都是安排外宾吃中餐。在安排中餐菜单时，可酌情选择一些具有中华民族特色的菜肴与主食。诸如春卷、元宵、水饺、锅贴、龙须面、扬州炒饭、北京烤鸭、松鼠鳜鱼、清炒豆芽、糖醋里脊、鱼香肉丝、宫保鸡丁、麻婆豆腐、咕咾肉、酸辣汤等既简单又具备中华民族特色的菜肴，往往最受外国人的欢迎。

(2) 具有本地风味的菜肴

我国地大物博，在饮食方面讲究的是“南甜，北咸，东辣，西酸”。各地的菜肴往往有着不同的风味。西安的“酸汤饺子”，成都的“龙抄手”“赖汤圆”，开封的“灌汤包子”，蒙自的“过桥米线”，西双版纳的“菠萝饭”等，都在国内久负盛名。它们均可用以款待外国友人。

(3) 自己比较拿手的菜肴

餐馆有餐馆的“特色菜”，各家有各家的“看家菜”。在宴请外宾时，若是条件允许，均应以之作为菜单上的主角。不仅如此，当此类菜肴上桌时，主人还需细说其有关的掌故，并且郑重其事地向客人们进行推荐。这样的做法，可以更好地向对方表达我方的尊重与敬意。

(4) 外宾本人所喜欢的菜肴

有道是“众口难调”，宴请外宾时亦应重视这一点，尽量多安排一些对方爱吃的菜肴。需要强调的是，有的外国人不爱吃中国菜；有的外国人吃多了中国菜，又想吃家乡的菜了。考虑到这一点，在宴请外宾时，在有条件的时候，可在以中国菜为主的同时，上一些对方所钟爱的家乡菜。

选择就餐的方式

所谓就餐的方式，指的是采用哪一种具体方法用餐的问题。目前，世界上主要存在三种就餐方式：一是使用筷子就餐；二是使用刀叉就餐；三是使用右手直接就餐。

在以中餐宴请外国人时，一般选择以筷子就餐的方式。同时，亦应充分尊重对方的生活习惯，告诉对方既可以试一试筷子，也完全可以采用自己传统的就餐方式，千万不要非逼着对方使用筷子不可，总之，要“悉听尊便”。考虑到这一点，在餐桌上不但要准备筷子，还要同时准备外宾所习惯使用的刀叉或以右手直接就餐前洗手时专用的水盂。

具体而言，在使用筷子就餐时，又可细分为下列四种具体形式。它们适用于不同的情况，所讲究的礼仪往往也多有不同。

(1) 混餐式的就餐方式

混餐式，也叫合餐式，具体指的是用餐者各执自己的餐具，围坐在一起，取用同一份菜肴。它的优点是易于产生和睦、温馨的气氛，其缺点则是不够卫生。一般来看，它仅适合于家人在一起用餐，并不适宜在宴请外人时采用。

(2) 分餐式的就餐方式

分餐式，有时人们亦称之为“中

餐西吃”。它的方法是：在用餐时，不论菜肴还是主食，一律每人每样一份。在用餐时，人们使用自己专用的餐具独享自己的食物。它的主要优点是既卫生又公平。举行正式宴会时，它通常是一种最佳的选择。

(3) 自助式的就餐方式

自助式，通常也叫自助餐。在国外，酒会、茶会、冷餐会等，其实与自助餐都是大同小异的。它的方法是：菜肴与主食被统一放置在一起，所有用餐者须自行排队，并依照自己的口味、食量自由取用。节省开支，节省人力，不排座次，不拘礼仪，都是其明显的长处。在举行大规模涉外活动时，应优先考虑这种就餐方式。

(4) 公筷式的就餐方式

所谓公筷式就餐方式，是指用餐时用餐者仍须取用同一份菜肴，但与混餐式就餐方式所不同的是，必须在取用时使用公用的餐具，如公筷、公匙等。在安排此种就餐方式时，公用的餐具务必具有明显的标志，免得用餐者将它混同于自己的餐具。由于它既文明，又有中国家庭聚餐时的亲密气氛，可在举行款待外宾的家宴时采用。

排定宾主的座次

越是正式的宴请，往往就越是离不开宾主的座次安排问题。对于宴会的组织者来讲，宴会的座次问题，又可以进一步地分为座次的排列与座次的通报两个方面的具体问题。

座次排列技巧

1. 排列宴会的座次

宴会的座次实际上都会具体涉及桌次的安排与位次的安排。一般而言，它们各自都有一套自己的规矩。即使在国内，各地的讲究与做法往往也大为不同。以下，介绍的是目前国内所通行的宴会座次排列方法。

在排列桌次时，通常讲究采用圆桌，并且各桌的就餐者宜为双数。在一般情况下，主桌可采用较大一些的圆桌，其他餐桌须大小一致。通常，各桌的就餐者不宜超过 10 人，并且宜为双数。

一方面，在正式的宴会厅内安排桌次时，主要有以下几项规矩。

(1) 居中为上

居中为上，即各桌围绕在一起时，居于正中央的那张餐桌应为主桌。

(2) 以右为上

以右为上，即各桌横向并列时，以面对宴会厅正门时为准，右侧的餐桌高于左侧的餐桌。

(3) 以远为上

以远为上，即各桌纵向排列时，以距离宴会厅正门的远近为准，距其越远，餐桌的位次便越高。

(4) 临台为上

临台为上，即宴会厅内若有专用的讲台时，应以背靠讲台的餐桌为主桌。若宴会厅内没有专用的讲台，有时亦可以背临主要画幅的那张餐桌为主桌。

另一方面，在排列每张桌子上的具体位次时，主要有面门为主、右高左低、各桌同向三项基本的礼仪惯例。

（1）**面门为主**

面门为上，在此是指在每一张餐桌上，以面对宴会厅正门的正中那个座位为主位，通常应请主人在此就座。若宴会厅无正门时，则一般以面对主屏风的正中的那个座位为主位。

（2）**右高左低**

右高左低，在此是指在每张餐桌上，除主位之外，其余座位位次的高低，应以面对宴会厅正门时为准，右侧的位次高于左侧的位次。如果单就某一侧的座位而言，则距离主位越近，位次越高；距离主位越远，位次便越低。在一般情况下，可将主宾排在主人右首，而将主宾夫人排在其左首。主人的夫人则往往被安排在主宾的右侧就座。

（3）**各桌同向**

各桌同向，在此是指在举行大型宴会时，其他各桌的主陪之位，均应与主桌主位保持同一方向。

2. 宴会座次的通报

在排定宴会的座次之后，应及时地采用一切行之有效的方法向全体应邀赴宴者通报，防止届时令其坐错了座位而产生不快。通报宴会的座次，一般有下列四种常规方法。

（1）在请柬上注明每一位赴宴者所在的桌次。

（2）在宴会厅入口处附近悬挂宴会桌次的具体示意图。

（3）在现场安排引位员，由其负责来宾尤其是贵宾的引导。

（4）在每张餐桌上放置桌次牌以及每一位用餐者的姓名卡，以便大家“对号入座”。桌次牌，通常应采用阿拉伯数字书写。姓名卡则应双面书写，而且每一面均应采用中、英两种文字，中文在上，英文在下。有时，姓名卡的书写还可以中、英文各具一面。具体摆放时，应使中文的一面面对他人、英文的一面面对来宾。

重视现场的环境

在宴请外宾时，必须明确，不是为吃而吃，更重要的是要营造出一种有利于宾主双方进行进一步交流的气氛。要做到这一点，首先就有必要对宴请现场的环境予以充分重视。

宴会的组织者必须认识到，在宴会上，特别是在重要的宴会上，用餐的环境不仅仅是一道“菜”，而且还是最关键、最重要的一道“菜”。倘若用餐环境不佳，往往会直接降低宴会的档次，破坏来宾的食欲，有碍宾主之间的交流，而且还会使整个宴会被蒙上阴影，甚至劳而无功。

安排涉外宴请的用餐环境，主要需要注意四点。

(1) **环境要幽静**

若有可能，一定要尽量避免在车水马龙、人声鼎沸之处用餐。用餐之处，理应安安静静，没有任何噪音。

(2) **环境要雅致**

从某种意义上讲，现代人用餐，其实“吃”的是环境。所以宴请的周边环境理当高雅脱俗，既有特色，又有文化气息。

(3) **环境要整洁**

宴会的现场，包括宴会厅、休息室、卫生间及其停车场，都要干干净净、整整齐齐、大大方方、有条不紊。

(4) **环境要卫生**

卫生，永远都是宴会环境的第一要旨，也是用餐者所普遍关注的一大焦点。从菜肴、餐具、灶具的卫生，直到厨师、侍者的卫生，均应一一考虑在内，从严要求，认真把关，绝不马虎。

(二) 有关赴宴的规范

在以来宾的身份出席涉外宴请时，需要注意的主要问题大致上包括宴请的类型、付费的方法、点菜的规矩、用餐的餐序、就餐的举止、进餐的技巧等。

1. 宴请的类型

在国际交往中，宴请往往具体划分为多种不同的类型。类型不同的宴请在菜肴、人数、时间、着装等方面，通常会有许多不同的要求。

就目前而论，涉外宴请主要分为以下三种类型。

(1) **宴会**

宴会，通常是一种最正式、最隆重的宴请，可在早、中、晚举行，并以晚宴档次最高。举办宴会时，要提前发出请柬。届时，不仅宾主要发表讲话，乐队要演奏音乐，就连餐具、酒水、菜肴道数、餐厅陈设、用餐者的装束、侍者的仪态等，都有一系列详尽的规定。在一般情况下，宴会分为国宴、正式宴会、便宴、家宴四种具体形式。

(2) **招待会**

所谓招待会，是指只备一些食物、饮料，而不备正餐、不排座次的一种较为自由的宴请形式。它所用的时间较短，具体时间可早可晚，对用餐者的穿着打扮要求也不多。它的具体形式，主要包括冷餐会、酒会、茶会、咖啡会四种。

(3) **工作餐**

工作餐，是目前流行于国际社会的一种特殊的非正式宴请的形式，类似于我国国内的会餐。在用工作餐时，只请有关人员，而不请其配偶以及其他无关者。它的时间较短，菜肴较少，用餐者可以边吃边谈，而且还可以分摊餐费。由于它多在午间举行，所以也被不少人称为工作午餐。

2. 付费的方法

在应邀参加涉外宴请时，对于付费的具体方法，最好事先有所了解。

一般而论，国外宴请时来宾的付费方法主要有下列三种。

（1）**不必付费**

在一般情况下，宴会，尤其是正式宴会，大多采用此种付费方法。即一概由主人掏腰包，对客人则分文不取。

（2）**定额付费**

参加便宴或招待会时，尤其是参加那些因公举行或具有慈善性质的宴请时，每个人往往需要支付一定数额的现金。有时，支付额甚至还会大大地超过实际消费额。

（3）**各自付费**

各自付费，在国外又称AA制。它是指用餐的全部费用，由全体用餐者平均分摊。有时，也可以大家分别为自己所吃的东西付费。外国人在享用工作餐时，通常都是采用这种付费方法的。所以，当外国人邀你“我们一起去用餐”时，一定要先弄清楚到底如何付账。

除此之外，还要了解，在国外外出用餐时，人们有付给侍者一定数额的小费的习惯。不给小费，不仅会让人瞧不起，而且还难以享受到应有的服务。

3. 点菜的规矩

不论出席便宴，还是参加工作餐，往往会被要求自行点菜。在国外点菜时，中国人一般会碰上三重难题：一是不懂外语；二是不知道菜名的实际内涵；三是不清楚菜肴的实际价格。在不少国家，侍者递给宾主的菜谱往往有所不同。递给请客者的菜谱，上面标有菜价；而递给被请者的菜谱，则不标菜价。

在这种情况下，如果不懂规矩，而又贸然行事，则很有可能会大出洋相，或者让请客者下不了台。事实上，中国人到了国外，连点五道汤者有之，想点菜却给自己点了四首钢琴曲者有之，乱点高档菜而让预算失控的东道主走不了者亦有之！

赴宴时，如果主人要求自己点菜，作为客人一般有以下两种明智的应对办法。

（1）**客随主便**

一般而言，客人应当直接告诉主人，自己完全客随主便，由对方全权定夺即可。届时客人可以告诉主人：自己没有任何特殊的要求，只是建议对方少点一些菜，简单一些。事实上，主人肯定早已有所安排。

（2）**仅点一道**

若主人诚心诚意地非让自己点菜不可，则可选点一道菜，恭敬不如从命。但是，只点一道即可，千万不要多点。每位用餐者各点一道菜，通常即可凑成一席。需要指出的是，此刻只宜“独善其身”，对于他人所点的菜肴，切勿随意给予建议、指责或否定。

当自己单独在国外用餐时，若对菜单缺乏了解，则不妨请侍者相助。如有必要，可根据侍者的提议，来为自己点菜。选用套餐或自助餐，也不失为一种好方法。

4. 用餐的餐序

国外的各类宴请，对于用餐时取用每一道菜肴的具体先后顺序，往往有一定之规。对此如不加以遵守，不但会显得莽撞无礼，而且往往也会吃得不好、吃得不饱，甚至大倒胃口。

一般正规的餐序，主要有以下几种。

（1）西餐正餐的常规菜序

一顿正规的西餐正餐，大体上应当依次包括开胃菜、汤、海鲜、主菜、甜品、水果、红茶或咖啡等几道菜式。它们通常缺一不可，而且其先后顺序不容颠倒。在一般情况下，这样的一顿西餐正餐不但花费不菲，而且还往往要用上至少两个小时的时间。

（2）西餐便餐的常规菜序

一般而言，人们在日常生活中所接触的西餐多为便餐。它既经济实惠，又可以节省时间。一顿正规的西餐便餐，大体上应当依次包括头盘（开胃菜）、汤、主菜和甜品等几道菜式。

（3）西式自助餐的常规菜序

在享用自助餐时，其正规的用餐顺序，依次应当为冷菜、汤、热菜、点心、甜品和水果。

（4）酒水与菜肴的常规搭配方式

在国外，西式宴会上的主角是酒水。它们不仅价格比较昂贵，而且被要求以不同的品种去搭配不同的菜肴。在西式宴会上饮用酒水时，其酒具、酒温、持杯与品酒的方法，都有一定的章法与程式。最基本的讲究是，在正式的宴会上，每吃一道菜，便要换上一种酒水。在宴会上所选用的酒水，皆为不同类型的葡萄酒。它们大体上可分为下列三类：一是餐前酒。可在吃开胃菜时享用，主要有鸡尾酒、香槟酒等。二是佐餐酒。具体的要求是，吃海鲜时喝白葡萄酒，吃肉菜时喝红葡萄酒。三是餐后酒。可在吃完甜点后用以化解油腻，主要有利口酒、白兰地等。

5. 就餐的举止

在涉外宴请中，尤其是在那些较为正式的涉外宴请之中，人们在就餐时的举止，是备受关注的。因此，每一位就餐者均须努力纠正自己那些不文明、不礼貌、不规范的举止，同时应尽力使自己的举止文明、礼貌、规范。

一般来说，在涉外宴请之中，抛弃自己身上的那些“非礼之举”，对涉外人员而言往往是更为重要的。按照礼仪规范，以下10种就餐时的举止均属于“非礼之举”。有人亦称之为“就餐时的举止十忌”。

(1) 在用餐时口中或体内发出巨大的声响。

(2) 当众整理自己的衣饰，或是化妆、补妆。

(3) 在用餐期间吸烟，或接打、把玩手机。

(4) 再三劝说别人饮酒，甚至起身向别人灌酒。

(5) 用自己的餐具为别人夹菜、舀汤或选取其他食物。

(6) 乱挑、翻拣菜肴或其他食物。

(7) 用餐具对着别人指指点点，或者把餐具相互敲打，搞得铿锵作响。

(8) 直接以手取用不宜用手取用的菜肴或其他食物。

(9) 毫无遮掩地当众剔牙。

(10) 随口乱吐嘴里的不易下咽之物。

6. 进餐的技巧

在参加涉外宴请时，有必要学习、掌握一些常用的进餐技巧，以防届时无从下手，或者弄巧成拙。

(1) 餐巾的使用。在使用餐巾时，应当了解到：只能将它对折之后平铺在大腿上，而不可将其掖在领子上、围在脖子上或者系在裤腰上。允许以其揩嘴或揩手，但不可以其揩拭餐具或是揩脸。在用餐期间暂时离开一会儿，应将餐巾放在自己所坐的椅面上，以示自己很快就将去而复返。若是将餐巾放在餐桌上，则表示的是自己已经吃好，去了就不再回来了。

(2) 刀叉的使用。在使用刀叉时，应当注意到：吃正餐时，它们往往不止一副，通常吃一道菜便要换上一副刀叉。取用刀叉时，可从自己面前的餐盘两侧由外向内依次取。在吃菜时，可左手持叉、右手握刀，自左而右地逐步切割。随后用刀切下一块，以叉送入口里一块。也可以一口气将菜肴全切好，然后放下右手所握的餐刀，将左手所持的餐叉换到右手，叉取食物。在用餐时，若有必要与别人交谈，可将刀叉呈汉字的“八”字状摆在自己面前的餐盘里，意为“尚未吃好”。若不想再吃某道菜肴了，则可将刀叉并排放置在自己面前的餐盘里。

(3) 匙的使用。在使用匙时，应当掌握的要点有：不可将其含在嘴里，搭放在杯、盘、碗上，或是直立、插放在杯、盘、碗之中。吃西餐时，不同的菜式要使用不同的匙。它们通常放在餐盘右侧，亦可由外侧向内侧依次取用。饮咖啡，切不可以匙舀取咖啡而饮。

(4) 筷子的使用。在使用筷子时，则应当明确：不可以之直接插取食物，不可将之相互敲击，不可将其插立于饭菜之中，不可以之代替牙签剔牙。

三、住的礼仪

在涉外交往中，有关住宿方面的礼仪主要包括两个方面的基本内容。其一，在国内时安排来宾的住宿。其二，出访外国时安排自己的住宿。

住宿注意事项

（一）来宾住宿的安排

在国际交往中，接待外国来宾时，安排其住宿问题，主要有两种方法。方法之一，由来宾自行解决住宿。方法之二，由接待方以主人的身份为来宾安排住宿。至于具体采用哪一种方法，通常应由双方事先议定。

根据礼仪规范与国际惯例，在为外国来宾安排住宿的具体过程中，一般应当注意三个方面的问题。

了解外宾的生活习惯

不同的国家有不同的风俗，每一个人也有自己独特的生活习惯。为外宾安排住宿时，对于这一方面的问题，务必认真地加以了解。

例如，来自西方国家的外宾，是不习惯于与成年的同性共居于一室的。他们认定，只有同性恋者，通常才会那么做。

一般而论，外宾对于个人卫生大都十分重视。对于他们而言，拥有随时可以洗热水澡的浴室、单独使用的干净清洁的卫生间，是自己的临时居所应具备的基本条件。

如果在生活习惯方面考虑不周，或是难以满足外宾基于个人生活习惯所提出的正常要求，往往就会使对方对接待方的工作表示不满。

慎选外宾的住宿地点

依照惯例，在国内所接待的外宾，通常应当被安排在条件优越、设施完备的涉外饭店里住宿。在一般情况下，因公正式接待的外国来宾，不应被安排到住宿条件较涉外饭店稍逊一筹的旅馆、招待所中住宿。直接请外宾住在自己家中，往往也未必合适。

需要安排外宾在涉外饭店里住宿时，有不少问题需要接待方认真对待。除需要照顾外宾的个人生活习惯、尊重其特有的风俗、满足其特殊的要求之外，尚有如下几点应当注意。

（1）为外宾安排住宿所需要的经费预算状况。

（2）拟住宿地点的实际接待能力。

（3）拟住宿地点的口碑与服务质量。

（4）拟住宿地点的周边环境。

（5）拟住宿地点的交通条件。

（6）拟住宿地点距接待方及有关工作地点的远近。

照顾外宾的生活需要

作为礼仪之邦，中国传统的待客礼仪最讲究的就是宾至如归。它的含义是：应当想方设法让客人抵达之后，感觉到像是回到了自己的家中一样。这种境界，在今天接待外宾时，依旧是东道主所应当追求的。

就为外宾安排住宿而言，在可能的情况下，要对对方的各种生活需要尽可能地予以满足。体贴入微、善解人意等中国人的传统美德，理当在接待人员的身上得以发扬光大。

除了要经常了解外宾的生活难题，并及时帮助其解决之外，还可以主动向其介绍一下本地、本饭店的特点，尤其是可以向对方推荐一些有关饮食、娱乐、观光等方面的特色项目。

应当注意的是，对外宾的关心、照顾，应以不妨碍对方私生活为准，并应以不限制、不妨碍、不影响对方个人自由为限。

（二）出访的住宿安排

前往国外进行参观、访问、工作或学习时，中国人大都会住宿在宾馆、饭店之内。在个别情况下，也有人有可能直接在外国人家里住宿。下面，就分别来介绍一下在国外住宿饭店和在外国人家里住宿时的有关注意事项。

国外住宿饭店须知

正式前往国外进行参观、访问时，尤其是进行为期较短的参观、访问时，一般都会在饭店里住宿。国外的饭店虽说差别很大，但大都设施完备，条件较好。特别是那些上了星级的饭店，可以为每一位住店客人提供优质的服务。不过，与此同时，在国外住宿饭店时，也有许多人人皆须认真遵守的礼仪规范。

一般而言，通行于世界的住宿饭店的礼仪主要包括下列四点。

1. 礼貌待人

在饭店里住宿，对于自己所遇到的一切人，都应当以礼相待。在饭店里，早上碰上了其他人，不论与自己相识与否，均应主动向对方问上一声“早安”。若是对方先向自己问了“早安”，则应当立即回应对方。

在通过走廊、出入电梯或是接受饭店里所提供的各项服务时，要懂得礼让他人。对于妇女、儿童、老年人和残障人士，在力所能及的条件下，应主动给予关心或帮助。

对于为自己服务的各类饭店工作人员，要充分地予以尊重和体谅。切勿对对方居高临下、尖酸刻薄、挑三拣四。当对方为自己提供了服务之后，应当即刻向其道谢。在许多国家里，人们在住宿饭店时，必须付给为自己提供了服务的客房服务员、行李员、餐厅侍者一定数目的小费。在这些国家里，付不付小费，往往意味着尊重不尊重饭店服务人员。到了那里，中国人最好还是入乡随俗。

2. 保持肃静

饭店是专供住宿者进行休息的处所，因此，保持肃静被视为饭店的基本规矩。在住宿饭店时，对此务必随时随地加以注意。

在饭店内部的公共场所，例如，前厅、商场、咖啡厅、电梯、楼道、走廊、花园、阳台等，个人进行休息、消费，或者与客人相会时，一定要降低自己说话的音量，走路要轻手轻脚。千万不要在这些地方粗声大气、大声喧哗、高谈阔论。放声尖叫、大声呼喊、狂笑不止、引吭高歌、午夜狂奔等，都是不合时宜的表现，故此均应禁止。否则不但会令人瞠目结舌，而且也有失个人风度。

即使在自己住宿的客房里活动，亦应自觉保持安静，不制造与周围环境不和谐的噪音。不要大声说笑、狠跺地板、拍打墙壁，或是在客房内唱歌跳舞。看电视、放音乐、听广播、玩游戏时，也不要音量过高。在一般情况下，进入自己所住的客房之后，即应关闭房门，以防自己活动的声音扩散出去。

3. 讲究卫生

在饭店里住宿时，保持良好的个人卫生习惯，通常会显得十分重要。它不仅与个人教养直接相关，而且往往涉及对其他人，尤其是饭店服务人员的尊重问题。

具体来讲，在卫生方面，住宿饭店时应注意的问题主要有：在饭店之内，包括在本人住宿的客房之内，最好不要吸烟。在饭店内部明文规定禁止吸烟的公共场所活动时，更是要自觉地遵守这项规定。

不要在本人住宿的客房之内开火做饭，或是任意点火焚毁个人物品。在一般情况下，国外的饭店对此大都是严格禁止的。有不少饭店的客房里还设有专门的烟火监视或自动报警装置。

不要在本人住宿的客房之内洗涤、晾晒个人衣服，尤其是不要将其悬挂在公用的走廊里，或是临街的窗子之外、阳台之上。

不要在本人住宿的客房之内乱丢乱扔私人物品，或是将废弃之物扔到地上和窗外。不要随地吐痰，或是随意损坏、污毁公用之物。不要到处乱涂、乱抹、乱刻、乱写、乱画。在饭店之内的公共场所活动时，亦应注意这一问题。

4. 严守规定

凡事都有一定之规，饭店自然也是如此。在国外的饭店下榻时，首先要对有关的规定有所了解，然后需要对其严格遵守。

国外的饭店，尤其是高档的星级饭店，通常都有下述规定。

（1）不建议两名已经成年的同性共居于一室之内。唯有一家之人，方可例外。

（2）不允许客人在自己住宿的客房之内，随意留宿其他外来之人。

（3）不提倡客人在自己住宿的客房之内会晤来访的人士，特别是不提倡客人在自己的客房之内会晤异性来访者。在一般情况下，饭店的前厅或咖啡厅，被视为住店客人会客的理想场所。

（4）不提倡互不相识的住店客人相互登门拜访。随意去素不相识之人的住处串门，或是邀其来自己住的客房一起进行娱乐，都是十分冒昧的。

（5）不允许住店客人身着内衣、睡裙、背心、裤衩、拖鞋之类的“卧室装”，在饭店内部的公共场所活动。在室外打赤膊或是衣冠不整，同样也不允许。

（6）不允许将客房或饭店之内其他场所的公用物品随意带走或占为己有。

在住宿国外的饭店时，还有三点注意事项。

（1）多人一同出访时，切勿分散住宿，而应住在同一家饭店之内，最好还要住在同一个楼层。这样做，大家可以互相关照，也有利于集体行动。

（2）要尽量多了解一些国外饭店的特殊规矩。例如，有些国家的饭店概不供应开水，有些国家的饭店则不负责向住客提供牙具或一次性拖鞋。

（3）在使用饭店内部的设施时，要注意不懂就问，切莫冒充内行、莽撞出错。例如，有的客房卫生间之内，除了便桶之外，还有一个专用的洗涤盆。后者与前者的最大区别，除了无盖之外，便是打开水龙头后，水会从盆内向上喷。如果不加区分地乱用后者，弄不好就会非常难堪。

在外国人家里住宿须知

在一般情况下，在外国人家里住宿主要有以下三点需要注意。

（1）两相情愿

在国外直接住宿在外国人的家里，一般在私人出访时才会出现。因公出访时，通常不允许那么做。在外国人家里住宿时，住宿者与房东二者之间往往若非私交，就是租赁关系。在这两种情况下，最重要的是双方要完全情愿，并且最好有约在先，并签署合同或协议。由于外国人强调个人隐私，忌讳他人妨碍自己的私生活，因而不大喜欢让外人在自己家里留宿。如若外国朋友没有主动提议，则最好不要自己首先提出来，甚至赖着不走。当然，即使对方盛情相邀，自己不愿意的话，也不必勉强。

（2）**支付费用**

对一般人来说，不论在什么状况下在外国朋友家里住宿，均应自觉地为此支付一定数额的费用。与房东之间若是存在租赁关系，需要履约付费，则更是自不待言的。即使与房东是关系密切的私交，亦应支付一定的费用。如果住宿时间较长的话，则对于这一点更加应当注意。哪怕是房东不要自己付房租，平日自己的水电费、电视费、电话费、上网费、传真费等，至少还是应当自掏腰包的。在许多国家里，连亲生的成年子女在父母家里住宿都要交房租，借住者交房租就更显得再正常不过了。

（3）**自我约束**

在外国人家里住宿，不论时间是长是短，不论本人与房东是熟人还是以前素昧平生，均应注意自己的表现，并处处好自为之。不要由于自己的不自觉而制造矛盾、惹是生非，更不要因为自己的行为不慎而招致非议。在这个方面，最重要的是要注意下列三点：一是要遵守约定。对于住客与房东之间的约定，不论书面的还是口头的，大到交付房租的日期，小到对于住客生活习惯上的具体要求，都要严格遵守。二是要尊重房东。要尊重房东，除了要对其以礼相待之外，还要注意不要有碍其私生活。不要擅自闯入其室内，或是乱拿、乱动、乱借、乱用其私人物品。三是要爱惜物品。在国外，房屋在出租时，往往会连同家具一同出租。借住在外国人家中时，不论交付房租与否，都要对属于房东的物品自觉地加以爱护。

四、行的礼仪

与外国人进行交往应酬时，往往不能不涉及有关出行的礼仪。在涉外场合，目前有关出行的礼仪具体上又可以分为步行的礼仪、乘车的礼仪、驾车的礼仪与乘机的礼仪四个主要方面。

（一）步行的礼仪

有关步行的礼仪规范，通常是出行的礼仪的核心内容之所在。具体而言，它涉及一个人行走之时的各个环节。就重点而论，涉外人员特别应当关注下述几点。

▌检点步行时的仪态

人们常言：站有站相，坐有坐相。在行走之时，每个人亦应注意自己的仪态与风度。一个人在行走时要做到仪态优雅、风度不凡，重要的是要做到稳健、自如、轻盈、敏捷。要保持的基本姿态是，脊背与腰部要伸展放松，脚跟要首先着地。

具体而言，要做到正确而优美地行走就应当注意下列几个步骤。

(1) 走动时应当是上体前趋，以腰动带动腿与脚。

(2) 行进时应当将腿伸直，而要做到这一点，就要使膝盖伸直。

(3) 行走时应当上身挺直，并且始终目视自己的正前方。

(4) 走路时应当将注意力集中于后脚，并且使脚跟首先触地。

(5) 步行时应当保持一定的、相对稳定的节奏，不论是步幅、步速还是双臂摆动的幅度，均须注意此点。

(6) 前进时应当保持一定的方向。从理论上讲，行走的最佳轨迹，应当是双脚的脚后跟落地之后恰在一条直线上。

在行走之时，不雅的仪态主要有如下七种：一是上看下看，左顾右盼。二是东跑西颠，方向叵测。三是驼背弯腰，缩脖摆胯。四是连蹦带跳，手舞足蹈。五是摇摇晃晃，东倒西歪。六是跑来跑去，虚张声势。七是走路带响，震耳欲聋。至于在行进时接打手机、查看手机，往往既影响他人，又有可能有碍本人安全，则更属不雅的仪态。

关注步行的方位

任何人走路，都会碰上一个前、后、左、右的具体方位问题。在涉外交往中，需要注意的步行时方位问题，主要包括两个方面。

1. 与交通规则有关的方位问题

在任何国家里，每个人都有遵守交通规则的义务。要遵守交通规则，首先就必须对其有一定程度的了解。在世界各国，与步行方位有关的交通规则主要有以下两类。

一是具有普遍性的交通规则。它们在世界各国广为通行，并无二致。例如，在横穿马路时，必须依照规定，走过街天桥、地下通道，或是走人行横道。不允许随意穿行马路或是跨越隔离栏。

在通过人行横道时，要注意交通指示灯，并且严格地遵守“红灯停，绿灯行”的惯例。

在街道上行走时，一定要走人行道。在机动车道上走来走去，则是违规的行为。

二是具有特殊性的交通规则。它们往往适用于某些国家，而在另外一些国家则不一定适用。

例如，就行进方向而言，目前世界上就存在着两种模式。一种称为英式，以英国为代表，行进时要求居左而行。另一种则称为美式，以美国为代表，行进时则要求居右而行。

再者，有的国家往往会划出一些道路作为专用通道，如仅供盲人专用的盲道。还有一些国家，则对外国人划出了一些禁区。它们都是不可擅闯乱行的。

2. 与礼仪惯例有关的方位问题

与他人同时行进时，居前还是居后，居左还是居右，通常都是同礼仪直接相关的。对于这方面的一定之规，务必严格遵守。

在一般情况下，尤其是在人多之处，往往需要单行行进。在单行行进时，通常讲究的是前尊后卑，即以前为尊，以后为卑。也就是说前面行走的人，在位次上高于后面行走的人。因此，一般应当请客人、女士、尊长与职位较高者行走在前，主人、男士、晚辈与职位较低者则应随后而行。

单行行进时，有以下两个特殊之点务请注意：一是行进时应自觉走在道路的内侧，以便让他人通过。二是在客人、女士、尊长与职位较高者对行进方向不了解或是道路较为坎坷时，主人、男士、晚辈与职位较低者则须主动上前带路或开路。

倘若道路状况允许两人或两个以上的人并排行走时，一般讲究以内为尊，以外为卑，即以道路内侧为尊贵之位。倘若当时所经过的道路并无明显内侧、外侧之分时，则可采取以右为尊的国际惯例，以行进方向而论，将右侧视为尊贵之位。

当三个人一起并排行进时，有时亦可以居于中间的位置为尊贵之位。以前进方向为准，并行的三个人的具体位次，由尊而卑依次应为居中者、居右者、居左者。

避免步行时的禁忌

在涉外交往中，尤其是在国外，步行时既要遵守礼仪规范，更要避免触犯某些易于惹来麻烦、导致误会的禁忌。在一般情况下，在下述几个方面尤其应当防微杜渐，谨慎从事。

(1) 忌行走之时与其他人相距过近，尤其是要避免与对方发生身体碰撞。万一发生了这种情况，务必及时向对方道歉。

(2) 忌行走之时尾随于其他人身后，甚至对其窥视、围观或指指点点。在不少国家，此举会被视为“侵犯人权”或“人身侮辱”。

(3) 忌行走之时速度过快或者过慢，以致对周围的人造成一定的不良影响。

(4) 忌在私人居所附近进行观望，甚至擅自进入私宅或私有的草坪、森林、花园。此举在一些国家被定为违法之举。

(5) 忌行走之中连吃带喝，或是吸烟不止。那样做，不仅自身失仪，而且还会有碍于人。

(6) 忌与早已成年的同性在行走时勾肩搭背、搂搂抱抱。在某些西方国家，只有同性恋者才会这样做。

（二）乘车的规范

轿车位次

在国际交往中，不论是乘坐轿车、公共汽车、火车还是地铁，都要遵守相关的礼仪规范。有关乘车的礼仪规范，主要包括乘车时的座次与礼待他人两个方面的内容。

车辆座次

乘坐轿车与乘坐公共汽车、火车、地铁时的座次，通常各有其不同的讲究。

1. 轿车的座次

相对来讲，在乘坐轿车时，因其档次较高，较为舒适，因而在座次方面要更为讲究一些。

确定轿车的座次关键，是要看乘坐何种车辆。轿车的类型不同，乘车时座次的排列便大为不同。以下所述，均以中国大陆（轿车方向盘居左）为例。

在乘坐吉普车时，前排驾驶员身旁的副驾驶座为上座。车上其他的座次，由尊而卑，依次应为：后排右座，后排左座。

在乘坐四排座或四排座以上的中型或大型轿车时，通常应以距离前门的远近来确定座次，离前门越近，座次越高；离前门越远，座次越低。换而言之，应当以前排，即驾驶员身后的第一排为尊，其他各排座位由前而后依次递减。而在各排座位之上，则又讲究右高左低，即座次的尊卑，应当从右而左依次递减。简单地讲，可以归纳为：由前而后，自右而左。

在乘坐双排座或三排座小型轿车时，座次的具体排列则又因驾驶员的身份的不同而具体有所区别。

一般而言，小型轿车的座次排列可以分为以下两种情况。

第一种情况，是由所乘轿车的车主亲自驾驶轿车。在这种情况下，双排五座轿车上其他的四个座位的座次，由尊而卑依次应为：副驾驶座，后排右座，后排左座，后排中座。

三排七座轿车上其他的六个座位的座次，由尊而卑依次应为：副驾驶座，后排右座，后排左座，后排中座，中排右座，中排左座。

三排九座轿车上其他的八个座位的座次，由尊而卑依次应为：前排右座，前排中座，中排右座，中排中座，中排左座，后排右座，后排中座，后排左座。

当主人亲自驾车时，若一个人乘车，则必须坐在副驾驶座上；若多人乘车，则必须推举一个人在副驾驶座上就座，不然就是对主人的失敬。

第二种情况，是由专职司机驾驶轿车。在这种情况下，双排五座轿车上其他的四个座位的座次，由尊而卑依次应为：后排右座，后排左座，后排中座，副驾驶座。

三排七座轿车上其他的六个座位的座次，由尊而卑依次应为：后排右座，后排左座，后排中座，中排右座，中排左座，副驾驶座。

三排九座轿车上其他的八个座位的座次，由尊而卑依次应为：中排右座，中排中座，中排左座，后排右座，后排中座，后排左座，前排右座，前排中座。

根据常识，轿车的前排，特别是副驾驶座，是车上最不安全的座位。按惯例，在社交场合，该座位不宜请妇女或儿童就座。而在公务活动中，副驾驶座，特别是双排五座轿车上的副驾驶座，则被称为“随员座”，循例专供助理、秘书、翻译、警卫、陪同等随从人员就座。

2. 公共汽车、火车与地铁的座次

在乘坐公共汽车、火车与地铁时，有些需要对号入座，座位可供选择的余地并不太大。比较而言，有关座次的讲究也相对较少。

基本的规矩是：临窗的座位为上座，临近通道的座位则为下座；与车辆行驶方向相同的座位为上座，与车辆行驶方向相反的座位则为下座。

在有些车辆上，乘客的座位分列于车厢两侧，而使乘客对面而坐。在这种情况下，应以面对车门一侧的座位为上座，以背对车门一侧的座位为下座。

礼待他人

在乘坐车辆时以礼待人，不单是一种要求，而且应当落实到乘坐车辆时的许多具体细节上，具体而言，在涉外交往中，特别需要注意下列三个方面的问题。

1. 上下车的先后顺序

在涉外交往中，尤其是在许多正式场合，上下车的先后顺序不仅有一定的讲究，而且还必须认真遵守。

在乘坐轿车时，按照惯例，应当恭请位尊者首先上车、最后下车，位卑者则应当最后登车、最先下车。后者这样做的目的，是为了便于照顾前者。在轿车抵达目的地时，若有专人恭候在此，并负责拉开轿车的车门，则位尊者亦可率先下车。

在乘坐公共汽车、火车或地铁时，通常由位卑者先上车、先下车，位尊者则应当后上车、后下车。这样规定的目的，同样是为了便于位卑者寻找座位，照顾位尊者。

2. 就座时的相互谦让

不论乘坐何种车辆，就座时均应相互谦让。争座、抢座、不对号入座都是非常失礼的。在相互谦让座位时，除对位尊者要给予特殊礼遇之外，对待同行之人中的地位、身份相同者，也要以礼相让。

倘若座位有尊有卑，座位所处的具体位置有好有坏，或者座位不够时，应当请妇女、儿童、老年人、残障人士或身体欠佳者优先就座。即便对方不认识自己，在必要的时候，也应当自觉地让座于人。

在让座时，应当表现得大大方方、光明磊落，不要虚情假意、拉拉扯扯。倘若对方让座给自己，则不论对方与自己相识与否，均须立即向对方致谢。

3. 乘车时的律己敬人

在乘坐车辆时，尤其是在乘坐公用交通工具时，必须将其视为一种公共场合。因此，必须自觉地讲究社会公德，遵守公共秩序。对于自己，处处要严格要求；对于他人，时时要友好相待。这就是所谓乘车时的律己敬人。

具体而言，要做到律己，特别应当注意下述几点：在乘坐车辆时，切勿携带违禁物品。上下车的时候，与其他乘客要相互礼让，排队依次而行，千万不要争先恐后、排队加塞，或是破窗而入。乘车期间，不要多占座位，或在不属于自己的座位上就座。在放置私人物品时，应当不对其他人构成影响。在车上切勿当众更衣、脱鞋，或是吸烟、吐痰。废弃之物应当放在指定之处，不要扔在地上或抛到车窗之外。带小孩乘车时，应对其严加看管，不要让他随地大小便，或骚扰其他人。不论是行动或交谈，均不得影响到别人的休息。此外，不要在车上吃气味刺鼻的食品。

要做到敬人，需要强调的问题则主要有：上下车时，如需别人让道，应当先对对方说一声“对不起，请让一下”。在对方让道之后，则还须再说一声“谢谢”。万一碰撞、踩踏了别人，要立即向对方道歉。若他人为此而向自己道歉时，则应当说“没关系”。寻找座位时，如打算坐在他人身旁，应当先问一下对方“这里有没有人?”或是“可以坐在这里吗?”。在放置私人物品时，如有必要挪动他人之物，务必首先征得对方的同意。要是其他乘客需要这么做时，应当来者不拒；有必要时，还要施以援手。在自己的座位上就座后，应主动向周围不认识的人问一声好。当别人这么做时，应当予以呼应。万一有人需要自己帮助，应当尽力而为。在自己下车之时，应当向周围的人道别。对于车上专职的服务人员，既要尊重，又不宜要求过高。

（三）驾车的规范

在境内外参与涉外活动时，涉外人员往往需要亲自驾驶各种机动车。在驾车时，务必遵守相关的礼仪规范。

（1）**技术要合格**

凡驾驶车辆者，一定要事先取得资格，拥有驾驶证书。在国外驾车时，亦应在此方面获得所在国的认可。

（2）**车辆要达标**

凡正式驾驶外出的车辆，务必提前经过检验、保养与维护。

（3）**法规要遵守**

对有关交通的法律、法规，以及有关国家、地区的特殊规定，必须了解清楚并自觉地予以遵守。

（4）**路况要了解**

驾车上路之前，对相关的道路状况，尤其是易堵、易发生事故的路段的情况，要尽可能地有所了解。

（5）**安全要重视**

在驾车时，必须始终谨记安全第一，既要充分树立安全意识，又要采取必要的安全措施。

(6) **管理要服从**

对交通管理机关尤其是交警的管理，必须予以无条件的服从。

(7) **他人要礼让**

对路人、非机动车与其他机动车，均应坚持一律“礼让三先”。

(四) 乘机的规范

在所有正规的交通工具之中，飞机最为舒适，其档次也最高。当前，在出国访问时，它通常是人们的优先选择。在乘坐飞机时，必须要认真遵守乘机礼仪规范。具体来讲，主要应当在维护乘机安全、从严要求自己两个方面多加注意。

▌维护乘机安全

在维护乘机安全方面，最重要的是要提高对其重要性的正确认识。同时，还要以自己的实际行动，为乘机安全尽一己之力。在下列几点上，每位乘客均须注意。

(1) **上机时不得违规携带有碍飞行安全的物品**

在乘坐飞机时，通常都规定：任何乘客均不得携带枪支、弹药、刀具以及其他一切武器或凶器，不得携带一切违规的液态物质，不得携带一切易燃、易爆、剧毒、放射性物质以及其他任何有碍于航空安全的危险物品。在交付托运的行李之中夹带锂电池、充电宝等物品，也是绝对不许可的。

(2) **登机时应当认真配合例行的安全检查**

在世界各国，乘机者在办理完毕登机手续之后，还必须接受例行的安全检查，此后方可登机。在进行安全检查时，每位乘客都要通过安全门，而其随身携带的行李则需要通过监测器。如有必要，安检人员还有可能对乘客或其随身携带的行李使用探测仪进行检查，或者进行手工检查。在接受此类检查时，不应当拒绝合作或无端进行指责。

(3) **飞行时务必遵守有关安全乘机的各项规定**

在飞机飞行期间，一定要熟知并遵守各项有关安全乘机的规定。当飞机起飞或降落时，一定要自觉地系好自己的安全带，并且收起自己面前的小桌板，同时将座椅调直，将自己附近的窗户的遮光板打开。当飞机受到高空气流的影响而发生颠簸、抖动时，一定要将安全带系好，而切勿自行站立、走动。在飞机起飞、降落以及飞行期间，移动电话、手提电脑、激光唱机、微型电视机、调频收音机、电子玩具、电子游戏机等电子设备，均严禁使用。违反此项规定者，在不少国家要受到法律的制裁。

(4) **乘机时需要对安全设备有一定程度的了解**

在飞机起飞前，所有的客机均会

由客舱乘务员或通过播放电视录像片，向全体乘客介绍氧气面罩、救生衣的位置及正确的使用方法。此外，还将介绍机上紧急出口所在的位置及疏散、撤离飞机的办法。在每位乘客身前的物品袋内，通常还会备有有关上述内容的专门图示。对此一定要洗耳恭听、认真阅读，并且牢记在心。更重要的是，切勿乱摸、乱动机上的安全用品。偷拿安全用品或私开安全门，不仅有可能犯法，而且还有可能因此危及自己和机上其他乘客的生命安全。

▌从严要求自己

在从严要求自己方面，乘客则应当处处以礼律己、以礼待人。作为档次最高的交通工具，飞机要求它的每一名乘客都要使自己的所作所为与其相称，时时表现得彬彬有礼。

在上下飞机时，要注意依次而行。在机上放置自己随身携带的行李时，与其他乘客要互谅互让。大件的行李，最好提前交付托运。在自己的座位上就座时，要维护自尊。不要当众脱衣、脱鞋，尤其是不要把腿、脚乱伸乱放。当自己休息时，千万不要使身体触及他人，或是将座椅调得过低，从而有碍于人。在与他人交谈时，说笑声切勿过高。不要在机上吸烟，或者乱吐东西。万一晕机呕吐，务必使用专用的清洁袋。

对待客舱服务员和机场工作人员，要表示理解与尊重。不要蓄意滋事，或向其提出过高要求。跟身边的其他乘客可以打一打招呼，或是稍作交谈，但应不影响到对方的休息。不要盯视、窥视素不相识的乘客，也不要与其谈论令人不安的劫机、撞机、坠机事件。

五、访的礼仪

在涉外交往中，相互拜访是一种常见的形式。在拜访之时，尤其是在进行正式拜访时，有着一系列完备的礼仪规范必须恪守。

有关拜访的涉外礼仪，大体上包括两个部分，即从宏观上来进行规范的出访要则和从微观上来进行规范的走访须知。

（一）出访要则

所谓出访要则，指的主要是有关正式出国访问时，特别是在进行具体的准备工作时，所应遵守的惯例和规定。

在进行出国访问时，通常必须做好下列八项工作。

（1）确定出访国与出访日期

在国际交往中，凡重要的出访活动，按惯例均须由有关双方通过外交渠道商定。而一般性的出访，则既可以通过外交渠道联系，又可以由有关单位直接进行联系、商定。至于出访的具体日期与天数，通常应由访问方提出，并在与东道主协商后确定。在一般情况下，出访的具体日期，最好应当避开东道主一方重要的节假日与重要的活动时间。

（2）经过报批并通报给东道主

目前，在我国凡正式因公组团出国访问，必须依照有关方面的规定，报请上级主管部门审核、批准。在正式出访之前，还需要以传真或电子函件的形式，将我方的出访通报给东道主。其内容应当包括：访问的性质与目的，访问的日期与停留天数，抵离目的地的航班或车次，全部出访者的名单。按照国际惯例，出访者的正式名单，必须按礼宾序列进行排定。

（3）办妥护照与签证

护照，是一国公民出入本国国境和在境外进行旅行时必须持有的国籍证明和合法身份证件。目前，中国护照分为外交护照、公务护照、普通护照三种。对其使用对象与发照单位，国家均有严格的规定。在领取护照后，要认真查验其有无误差。在使用期间，要注意其有效期，并严防丢失。签证，指的是一个主权国家的主管部门，为同意持有合法护照的外国人出入或过境本国领土，而正式颁发的签注式证明。当前，世界各国的签证主要分为礼遇签证、外交签证、公务签证和普通签证四种。有些国家之间，根据外交协定，还可按照护照的不同种类而免于办理签证。除互免签证的国家之外，出国访问者在办理护照后，只有获得了前往国的签证，方可成行。在办理签证时，要提交必要的文件、资料与本人的照片。必要时，还须缴纳一定数额的“签证费”。

（4）制定具体而详尽的访问日程

按照常规，来访者在访问国进行访问的日程，应由宾主双方经过协商之后，由东道主根据来访者的意愿制定。其内容大致应当包括：举行迎送仪式，安排宴会，进行会见、会谈，出席签字仪式，外出观光游览，召开记者招待会，举办晚会，会见东道国领导人或各界贤达，等等。在一般情况下，出访之前，出访者可就某些重要的访问日程，提出自己的建议或要求。

（5）确定出访时乘坐的交通工具

在国际交往中，出访时来回乘坐的交通工具均应由出访者自行负责解决。在具体确定选择何种交通工具时，最重要的，是要以安全、省时、经济为要旨，并且选择合理而方便的时间、地点与路线。在一般情况下，要尽量避免在晚间，特别是后半夜抵达目的地，并且还要尽可能地减少过境停留的次数，以乘坐直达目的地的交通工具为佳。

（6）**准备必要的卫生检疫证明**

当前，为了严防疾病的侵害，世界上多数国家通常都对入境本国的人员实施鼠疫、霍乱、黄热病、艾滋病等恶性传染病的卫生检疫。因此，出访人员在出国之前，除了要按规定注射疫苗、携带预防药品之外，还应办理《健康证明书》《预防接种证明书》《艾滋病检验证明书》，并且随身携带，以备入境他国时查验之用。

（7）**认真做好安全保密工作**

通常，出访期间，特别是重要代表团出访期间，有关其安全、保卫方面的一切事项，均由东道国方面全权负责。出访者所要注意的，主要是要在这一方面给予东道国有关人员以协助、配合。尽管如此，每一位出访者对于自己与其他同行者的人身安全问题，还是不可掉以轻心。在国外期间，尽量不要个人单独行动，尤其是不要前往不安全区域活动或是夜晚外出活动。与此同时，还需注意，在出访期间，应对保密问题给予高度重视，严防泄密。在一般情况下，出访时不准私自携带涉密的文件、资料以及一切与此相关的笔记、图表、录音、录像、软件、USB 闪存盘。在确有必要携带时，应经本单位或上级有关领导批准，并妥善保管。在一切可能泄密的场所，如饭店、商店、餐馆、酒吧、机场、车站以及交通工具之上，切勿阅读涉密文件或谈论涉密事宜。在使用公用通信工具时，亦应注意此点，严防他人窃密。

（8）**充分了解出访国的风土人情与主要交往对象的个人状况**

在出国访问之前，应集中拿出一段时间，专门系统而认真地学习有关出访国的国情、习俗等方面的知识。对于主要交往单位及其个人的状况，亦应有一定程度的掌握。此外，还须进行必要的外事纪律和对外政策的学习。

（二）走访须知

所谓走访须知，在此指的是在国内外，因公或因私前往外国人的办公地点或者私人居所进行正式拜访之时，所应当恪守的基本礼仪规范。

简而言之，在登门拜访外国人时，需要严格遵守的走访须知，主要涉及下述六点。

▌有约在先

在社会飞速发展的今天，时间对于每一名现代人而言，既是效率，也是财富。因此，若非受到拜访对象的专门邀请，则务必在进行拜访之前，与对方事先约定，并且在具体时间上应请对方定夺，或者双方进行共同协商。这样的话，就不至于打乱对方的工作计划，影响对方的日常生活。

在拜访外国人时，切勿不邀而至。也不要在对方难以安排或缺乏准备时间的情况下执意登门造访，否则会令对方勉为其难。外国人大都强调个人生活至上，讨厌一切外来干扰，因此，应当尽量避免前往其私人居所进行拜访。

在约定拜访外国人的具体时间时，通常应当主动地避开节日、假日、用餐时间、非办公时间、过早或过晚的时间，以及其他一切让对方不方便的时间。

守时践约

在拜访外国人时，重要的不仅仅是要预先约定，守时践约也是做人所应具备的基本教养。需要特别指出的是，进行涉外拜访时之所以要守时践约，不只是为了讲究个人信用、提高办事效率，而且也是对交往对象尊重的重要表现。

要做到守时践约，最重要的是要准时在宾主双方预先约定的地点亮相，既不可迟到或失约，也不必早到。迟到是一种非常不礼貌的行为，在拜访外国友人时，千万不可发生。万一因故不能准时抵达，务必及时通知拜访对象，以免对方久候。必要的话，还可将拜访另行改期。在这种情况下，一定要记住向对方郑重其事地道歉。在涉外拜访中失约不至，从哪个方面讲，都必须避免出现。与此同时，还须注意：矫枉不可过正，提前在拜会地点出现也是不必要的。那样做，有可能会打乱被拜访者的安排，令其措手不及。

平时，外国人往往喜欢选择酒吧、餐馆、咖啡厅或饭店的前厅为会客地点。倘若对此处环境、路线不太熟悉，则不妨提前五分钟抵达现场，确认地点无误后，可先在附近稍候片刻，随即正点出场。

进行通报

在进行拜访时，倘若抵达约定地点之后，未与拜访对象直接见面，或是对方没有派人在此迎候，则在进入对方的办公室或私人居所的正门之前，有必要先向对方进行一下通报。

具体而言，在前往大型的公司、企业拜访他人，尤其是拜访职高位显的要人时，应首先前往接待处，向接待人员进行通报。或者先行前往秘书室，由秘书代为安排、通报。若对方一时难以分身，不妨暂时稍候片刻。

在前往饭店、宾馆拜访他人时，按照人们约定俗成的做法，首先应当在拜访对象下榻的饭店、宾馆的前厅打一个电话给对方，由对方决定双方见面的具体地点。切勿直奔对方的客房而去。

在前往私人居所或普通人的办公室进行拜访时，最忌讳在附近大声喊叫对方的姓名，在房门上拍拍打打；或是一声招呼不打，便莽莽撞撞地推门而入。得体的做法是：要首先轻叩一两下房门，或是轻按一两下门铃，得到主人允许之后，再推门而入。叩门或按门铃时要保持耐心，不要三番四次，或者二者并用。国外有些私人居所的门上，为安全考虑装有监视器、对讲机或门镜，登门拜访时，不要对此乱摸、乱动，不要在此处胡闹或者吓唬主人。

登门有礼

在登门拜访外国友人时，不论与对方是深交还是初识，是因公会晤还是因私小聚，均应遵守基本的礼节，切忌不拘小节、失礼失仪。

当主人开门迎客时，务必主动向对方问好，并且要与对方互行见面礼。倘若主人一方早已恭候于门口，并且不止一人之时，则对对方的问候与行礼，必须在先后顺序上合乎礼仪惯例。其标准的做法，通常有如下两种。

（1）先尊后卑

所谓先尊后卑，即先向地位、身份高者问候、行礼，后向地位、身份低者问候、行礼。

（2）由近而远

所谓由近而远，即先向距离自己最近者问候、行礼，然后依次而行，最后再向距离自己最远者问候、行礼。

在此之后，应在主人的引导之下，进入指定的房间，并且在指定的座位上就座。如果主人开门之后并未请来宾进入室内，切勿擅自闯人，尤其是不应当进入主人并未指定的房间之内。在就座之时，要与主人同时入座，不要目空一切地一马当先、抢先就座。

倘若自己到达后，发现主人之处尚有其他客人在座，应当先问一下主人，自己的到来会不会影响对方。必要时，可以改日再来，或在别的房间内稍候。若主人恳请自己与先到的客人见面，应依礼向对方行礼、问好。可能的话，在不妨碍对方的情况下，应主动与其稍事交谈。

为了不失礼、不失仪，在拜访外国友人之前，应随身携带一些备用的物品。它们主要包括纸巾、擦鞋器、袜子与爽口液等，此四者往往被人简称为“涉外拜访四必备”。

进入外国友人的办公室或私人居所之后，循例应当将自己身上的几件衣物或饰品脱下来，以示对对方的敬意。它们主要是指帽子、墨镜、手套和外套。此种具体做法，有时也被叫做“入室后的四除去”。

举止有方

在拜访外国友人时，于其办公室或私人居所之内进行停留的时间里，一定要注意自尊自爱，并且时刻以礼待人。

在与主人或其家人进行交谈时，要慎择话题，切勿信口开河。特别重要的是：不要跟对方滥开玩笑，不要出言无忌、开口伤人。在与异性交谈时，更要讲究分寸。不要有意回避他人，或是故意压低声音。

对于在主人家里所遇到的其他客人，不论对方来得比自己早，还是到得比自己晚，不论对方是熟人，还是陌生人，都要表示尊重，并全心全意地友好相待。不要在有意无意之间冷落对方，更不要对对方视若不见、置之不理。那样的话，不仅有失风度，而且对于主人也是很不尊重的。

若遇到的其他客人较多，既要以礼相待，也要一视同仁。切勿明显地表现出厚此薄彼，更不能只顾与某些有地位的或者年轻可人、相貌出众的异性客人攀谈，而本末倒置地将主人抛在一旁。

在主人家里，不要随意脱衣、脱鞋、脱袜；也不要大手大脚，动作嚣张而放肆。未经主人允许，不要自作主张地在主人家中四处乱闯，尤其是不应当进入其卧室之中。随意乱翻、乱动、乱拿主人家中的物品，也是严重的不合乎礼仪规范的行为。

▌适可而止

在拜访他人时，尤其是在进行较为正式的拜访时，一定要注意在对方的办公室或私人居所里停留的时间长度。

从总体上讲，应当具有良好的时间观念。不要因为自己停留的时间过长，从而打乱对方既定的其他日程。

具体来讲，若宾主双方事先并未议定拜访的时间长度，则拜访者自身需要自觉把握好时间。在一般情况下，礼节性的拜访，尤其是初次登门拜访，应控制在一刻钟至半小时之内。在正常情况下，最长的拜访通常也不宜超过一个小时。

有些重要的拜访，往往需要由宾主双方提前议定拜访的具体时间长度。在这种情况下，务必严守约定，绝不要单方面延长拜访时间。

在自己提出告辞时，虽主人表示挽留，仍须执意离去。但要向对方道谢，并请主人留步，告之不必远送。

在拜访期间，若遇到其他重要的客人来访，发生重要事件，或主人一方表现出厌客之意，应当机立断，知趣地告退。

六、购的礼仪

出国访问期间，人们通常免不了外出购物。在国外购买商品，有时是出于工作与生活的需要，有时是为了留作纪念，有时则是打算携带回国以馈赠亲朋好友。

在国外购买商品时，既要了解不同国家的不同规矩，又要熟悉国际社会所通行的做法。唯有如此，才能够真正做到买得称心、用得放心。

就一般情况而论，我方人员，尤其是缺少出访经验者在国外进行现场购物时，主要应当在商店简况与购物技巧方面对相关的情况与规则有所了解。

（一）了解商店的简况

从广义上讲，所有的商品售卖之处均可称之为商店。与我国的商店相比，外国的商店往往具有不少自己的特色。

以下，将着重介绍一下国外的名牌精品店、特色品商店、折扣品商店、廉价品市场、仓储俱乐部、按目录购物、大型购物街以及免税品商店的情况。对于与国内相差不大的百货公司、超级市场、连锁商店或网上商店的情况，此处将不再介绍。

名牌精品店

名牌精品店，在此是指那些专营名牌高档商品的商店。在有的国家里，它也被叫做奢侈品商店。大名鼎鼎的爱马仕、香奈儿、普拉达、路易威登等，就是其代表。

这类名牌精品店的共性主要是：环境幽雅豪华、商品精美上乘、价格昂贵无比、服务质量甚佳、所处位置优越。

特色品商店

所谓特色品商店，顾名思义，在此是指专门经营某一品种或某一类型商品的商店。有时，它亦称专卖店。例如，有的特色品商店专门销售 CD，有的特色品商店专门销售运动鞋，有的特色品商店则专门销售孕妇服装。在市场经济发达的国家，此类商店几乎无处不在。

特色品商店之所以存在的主要原因有三个。

（1）经销品种集中专一，顾客在品牌、规格、价格上有较大的选择余地。

（2）经销品种统一进货，其质量往往不容置疑。

（3）销售人员见多识广，通常可以向消费者提供颇为内行的建议或忠告。

折扣品商店

在国外，特别是在西方国家，折扣品商店往往大受中低收入者的欢迎。所谓折扣品商店，简称折扣店，在此是指专门经营打折商品的商店。在国内，目前它被称为“奥特莱斯”。在此类商店里，所售商品之所以打折，并非因为质量方面存在问题，而是由于其或者过时，或者积压。正因为如此，折扣品商店与旧货商店并非同一类商店。

在广大消费者看来，折扣品商店的独特价值一是在于其商品售价低廉，往往只有精品店、专卖店所售同类商品的一半，甚至 10%；二是在于对其商品质量一般不必担心。它的美中不足之处，只是款式稍微落伍一些而已。

廉价品市场

廉价品市场，在国外又叫跳蚤市场或马路市场。它通常是指在某一道路旁边所自发形成的露天市场。在这种市场上，销售者主要销售自家的旧货。

在不少国家，廉价品市场颇受社会各阶层人士的欢迎。它的长处主要有四点：一是所售商品价格便宜；二是买卖双方可以讨价还价，甚至可以以货易货；三是如果精心选择，随时可以发现令人心动之物；四是家中废旧之物因此而有一定的去处。

仓储俱乐部

在国内，各种名为“客隆”的仓储商店并不鲜见，实际上，它是一种较大型的折扣商品超市。而仓储俱乐部与国内的仓储商店是有所区别的。仓储俱乐部往往具有如下五大特征：其一，大量统一进货；其二，商品通常批量销售；其三，内部环境宽大简洁；其四，地理位置相对偏僻；其五，顾客实行会员制，并且往往需要定期付费，非会员顾客通常不予接待。

仓储俱乐部的主要优点有两个：一是所售商品价格十分低廉，顾客可以获得较大实惠；二是经销商品种类繁多，顾客能有较大的选择余地。

按目录购物

按目录购物，是当前国外购物的一种新时尚。它的具体做法是，由商家将所售商品制成目录，并将其对外发布，然后由消费者依照该目录，以一定的方式来向商家订购某种商品，再由商家派人将该种商品送至消费者手中。

根据商家发布所售商品目录方式的不同，或是消费者订购商品方式的不同，按目录购物目前存在着一些不同的类型，例如，电话购物、电视购物、网上购物，它们都颇受广大消费者的青睐。

按目录购物的主要优点有三点：一是方便消费者；二是可送货上门；三是能节省时间。不过消费者必须选择口碑良好的商家，才能真正维护自己的合法权益。

大型购物街

20世纪60年代之后，大批美国人从市区迁往郊区，商店因此也随之向市郊扩展。此时，一些地产商想出建设大型购物街的主意，即将许多不同类型的商店集中组合在一处，使之宛如一条购物长街。在国内，它也被音译为“摩尔”。它也像一家巨大无比的百货公司，所不同的是，它往往既有精品店又有折扣店，既有咖啡馆又有电影院，有的还设有大型停车场。当前，这种大型购物街已遍布欧美。许多大型的购物街通常可以容纳千家以上的各种类型的商店。

大型购物街的长处有三点：一是各类商店众多，消费者可以各取所需；二是服务设施齐全，顾客可以购物兼娱乐；三是购物环境较好，便于顾客合家消费休闲。

免税品商店

目前，世界各国大都设有免税品商店。它们一般设在国际机场或港口，有的国家也将其开设在大宾馆、国际会议中心或境外顾客较多的零售中心。一般而言，此类商店主要为来自境外的顾客服务。

免税品商店，显然是以免税商品为销售对象。事实上，它主要是免付烟酒的关税，其他商品则免付国内税。与其他商店相比，免税品商店所销售的烟酒在价格上可便宜一半左右，其他商品则只便宜10%～20%。

免税品商店的具体经营方式有两种：一种是商品递送系统。它由顾客凭机票、护照购物，其所购商品由商店直接送往顾客所乘的归国航班。另外一种则是传统商店系统。它一般设在国际旅客易于抵达的区域，例如国际机场，由顾客购物后直接将其带走。

免税品商店的主要优点有三个：一是物价较为低廉；二是商品质量甚佳；三是服务较为周到。

（二）掌握购物的技巧

众所周知在国外购物本是一桩快事。但如果对国外购物的技巧不甚了解，即便在国内是一位经验丰富的老买家，也难免会做出不理智的选择。

一般而言，在国外现场购物时，我方人员主要须对如下七个方面的购物技巧有所了解。

少用现钞

中国顾客通常都习惯用现钞进行支付，然而在国外这一做法却未必可以畅行无阻。

准备在国外尝试一下购物乐趣的中国顾客必须切记，在国外购物不但通常应当使用外币，而且一般都不使用现钞付账。

除了随身携带少许外币现钞，准备向服务人员给付小费或购买报刊、水果等小件商品外，我方人员出国时最好备上外币信用卡或外币支票簿。它们不仅使用安全、支付方便，而且广受欢迎。近年来，在境外的一些国家、地区，带有“中国银联”标志的国内的人民币信用卡、借记卡亦可使用。但是，目前国内十分普及的、利用消费者本人手机进行支付的移动支付方式，在国外往往并不通行。

使用本币

出于维护国家尊严与国家安全的考虑，世界上绝大多数国家都明确规定，在本国国境之内，只准使用本国法定货币。除个别特许的免税品商店之外，外国货币一律不准流通。

对于此项规定，我方人员必须注意以下几点。

（1）在一般情况下，不要使用非本币在国外购物。

（2）在购物之前，通常应当将自己随身携带的外币合法兑换为该国货币。

（3）必须充分考虑到国际汇率的变化与货币在兑换过程中的损失，尽量进行定量兑换，并努力减少货币兑换的次数。

货比三家

经验老到的购物高手都清楚，任何国家的商品价格都不会一成不变。由于种种原因，在国外同一类商品的价格在同一个城市的商店或是同一条街道上的商店中往往也有可能相差悬殊。因此，在国外购物之前，既要注意向当地人了解情况，更要坚持货比三家。

在正常情况下，国外下述地区的商品售价往往偏高：一是旅游景点；二是机场、港口；三是星级宾馆；四是繁华路段；五是高档商店、购物中心；六是国外旅客相对集中的区域。除非不得已，一般不要在这些地方购物。

需要强调的是，免税品商店内的商品价格，并不见得低于普通商店所售商品的价格。其实，所谓免税，主要指的是商店进货免税。

在很多国家，除超级市场与百货公司外，顾客在购物时可以讨价还价，切忌自行放弃此项“权利”。

控制数量

国外的不少商品，或是因为具有独特设计、异域风情，或是因为物美价廉，往往深得国人喜爱，因此许多初出国门者在国外购物时往往眼花缭乱、“欲壑难填”。倘若如此，实在是犯了国外购物之大忌。

必须谨记：在国外购物之前，一定要先制订购物计划，并且严格遵守。特别应当重视在国外购物的数量控制。其原因主要是，购物数量过多，通常会使自己的行动自由受到限制，在某种程度上拖累了自己。此外，各国对于普通外国旅客或本国旅客出入海关时所携商品数量往往都有专门规定。一旦超标，难免要被海关追加关税、禁止出入或者被罚没。

关注税额

在国外购物时，相关的各种税收几乎无处不在。对此，经验不多的我方人士在准备购买自己中意的商品时，切勿忽略。一般而言，下述三点尤应注意。

（1）了解购物附加税

不少国家在买东西时，顾客在标价之外，还应交纳附加税。国家不同，商品不同，其税率往往存在差别，但大体上在商品售价的5%～15%之间。所以在国外购物前，必须确认商品标价是否已经包括了附加税。

（2）办理免税手续

国外少数商店可为出示外国护照的顾客办理购物的免税手续。所购的此类商品，在出境时最好随身携带，以便出关时与免税单一并交验。

(3) **办理退税手续**

在一些国家，外国旅客一旦携带自己所购的该国商品离开该国国境，即可凭购物单据要求退税。

维护权益

在国外购物，必须善于维护自身的合法权益。对于如下三点，每一名消费者都切莫掉以轻心。

(1) **价格是否诚实无欺**

在购物时，不仅要看清楚标价，而且还必须妥善保存收费单据，以备必要时进行核查。对虚假标价、模糊标价、虚夸标价、虚假折价、模糊赠售等常见的价格欺诈方式，没有必要委曲求全。

(2) **质量是否有所保障**

对于购物时所附的产品说明书、质量保证书等，均应认真阅读，并且仔细保留下来。

(3) **商家是否言而有信**

对于商家口头或书面上进行的各项承诺，既要细心地听取，又要保存证据。

万一遇到需要维护个人相关权益的问题，可与商家协商解决，也可诉诸法律、寻求仲裁或者向有关方面进行投诉。但其具体手段必须文明、理智、合法，切勿草率从事。

讲究规则

在国外购物时，通常如下五项基本的购物规则必须遵守。

(1) **不歧视销售人员**

尽管顾客身为“上帝”，但也不宜恃“宠”而骄，切切不可歧视、侮辱、刁难销售人员。

(2) **不乱动乱摸商品**

对贵重商品、易破或易碎商品，尽量不要乱动乱摸，以免惹祸上身。

(3) **不乱拆商品包装**

对包装完好的商品，切勿随意擅自开启。

(4) **不随意试用商品**

未经许可，不要贸然试用待售商品。

(5) **不购买非法之物**

购物时，亦应遵守所在国法律。应谨记不在非法之处购物，不购买非法之物。

七、小费礼仪

在国外，特别是在许多发达国家，服务行业通常十分发达。在那里，人们可以享受到形形色色的极其周到的服务。对于这一点，凡有出国访问经历的人都有同感。

然而我方人员在国外享受外方周到服务的同时，往往会对一种情况颇不习惯，那就是对对方服务人员致谢的方式。在国内，人们向服务人员道谢，往往口称“多谢”即可。可是在国外，人们向服务人员道谢的常规方式，却是必须在正常支付费用的同时，付给对方一定金额的小费。对于这一做法，不少初次出访的中国人既不适应，又不情愿，但又不得不照此办理。

小费礼仪

所谓小费，一般是指消费者在享受服务人员为自己提供的服务时，所额外付给服务人员的金钱。在国外，付给服务人员小费，不仅是对对方热情、周到服务的一种肯定，而且也是获得对方迅速而优质的服务的一种手段。

目前，在一些国家的服务行业中，小费不但成为服务人员所获得报酬之中的固定的一项，而且还往往会占服务人员所获报酬中的一大部分。所以，在出访期间享受国外服务行业的各项服务时，我方人员既要懂得给小费，又要会给小费。在那些人们寸步离不开小费的国度里，若疏忽了这一点，必将自寻烦恼。

要付给小费，主要应当对其给付的场合、给付的方式、给付的金额与相关的事宜等四个方面的问题了解清楚。

（一）给付的场合

给付小费的问题之一，是什么时候应当向服务人员给付小费。

大体而言，在许多国家几乎所有的服务行业都流行给付小费的做法。就具体情况而论，给付小费最为常见的场合主要有以下几种。

住宿酒店

出国访问，不能不住酒店。在下榻酒店时，小费通常不可或缺。在住宿酒店时，对下述人员往往必须付给小费。

（1）**门童**

当门童为客人叫出租车或者为其开关车门、大门时，一般应付给其小费。

（2）**行李员**

行李员为客人搬送行李之后，通常应付给其小费。

（3）**送餐者**

有些客人习惯于在客房内用餐，为此必须付给送餐者小费。

（4）**客房服务员**

客房服务员每天需要定时打扫、整理客房，因此应付给其小费。

餐馆用餐

出访之际，在餐馆用餐时给付小费，往往是届时消费支出总额之中的一个大项。其具体的给付人员有下列几种。

(1) **领位员**

假定需要一个自己中意的位置，那么向领位员支付小费常常是必需的。

(2) **侍者**

对于忙来忙去的侍者，自然必须支付小费。

(3) **乐手**

有些餐厅里有专业乐手为就餐者演奏，给付小费往往是顺理成章的事。

(4) **卫生间保洁员**

如果中途去卫生间方便一下，那么有时亦须付给在卫生间内服务的保洁员小费。

美容美发

在国外，美容美发是人们的重要日常活动项目之一。其需要给付小费的人员主要有下列几种。

(1) **美容师**

有的国家不需要给美容师小费，有的国家则相反。

(2) **发型师**

在绝大多数流行给付小费的国家，都有付给发型师小费的习惯。

(3) **泊车者**

如果需要泊车者代替自己泊车的话，那么亦应向其支付小费。

乘坐出租

许多国家，在乘坐出租车时，不但应当全额支付车费，而且还应当付给出租车司机小费。

观看影剧

在国外观看较为高档的影剧时，通常也必须向有关服务人员给付小费。需要给付者有以下几类。

(1) **衣帽厅侍者**

在享受存放衣帽的服务后，一般应付给衣帽厅侍者小费。

(2) **节目单发放者**

遇到在演出厅外发放节目单的工作人员，往往应付给其小费。

(3) **剧场领位员**

在需要有关工作人员为自己引领寻位时，应给付对方小费。

旅游观光

在国外旅游观光时，小费通常必不可少。具体需要给付者主要有以下两类。

(1) **导游员**

给付导游员小费，早已成为一项惯例。在国外参加团队旅游时，对此不应置疑。

(2) **驾驶员**

在国外随团旅游时，必须给付旅游车驾驶员以小费，因为旅途的方向在其“掌握”之中。

除了上述六类给付小费最为普遍的场合之外，还有其他一些服务场合也需要给付小费。倘若该付小费而未支付，则往往很难得到迅速提供的服务，而且所得到的服务也难以保质保量。

(二) 给付的方式

在不同国家、不同行业中，往往流行着具体不同的小费给付方式。对此如果缺乏了解，或者自己所采取的给付小费的方式不正确，都会直接破坏给付小费的效果。

一般而言，当前国外所流行的给付小费的具体方式主要存在下述几种。

(1) **列入账单**

在宾馆住宿、餐厅就餐时，所应支付的小费，通常都会明码实价地列入账单之中。除宾馆、餐厅外，此种给付小费的方式并不多见。

(2) **不取找零**

在一些地方，人们习惯在消费之后，结算账目时只取回大额整款，而将小额零钱充当小费。有时，全部找回的金额亦可充当小费。

(3) **多付现金**

有人在结账前，明明早已知道具体的消费金额，可是偏偏还要多付一些现金。其目的，就在于告知服务人员此乃付给对方的小费，“不用找了”。

(4) **私下给付**

在有些地方，人们惯于私下给付小费。其具体做法，通常是由消费者悄悄把一定数额的小费塞到服务人员的手中，而不是在众目睽睽之下给付。

(5) **由其自取**

在国外，人们私下付给服务人员小费的另外一种方式，是将其置于某一约定俗成之处，例如，床头、茶盘或酒杯之下，由服务人员自己取走。

(6) **变相支付**

有的国家明令禁止小费，有的职业则不准收取现金小费，于是人们往往会向有关人员赠送一些适当的小礼物，以之替代小费。

(三) 给付的金额

在国外，向服务人员给付小费的具体金额颇有讲究。它往往既不可以少给，也不必多给。给付的小费金额过少，会被人视为吝啬鬼；给付的小费金额过多，则又会被人视为有意炫耀富有。

在正常情况下，在国外向服务人员给付小费的具体付费方式有以下两种，其给付金额亦各自不同。

▌按比例付费

在国外，向服务人员给付消费通常都是由消费者依照本人的消费总额的一定比例来支付，即所谓按比例付费。就一般情况而论，按比例给付服务人员的小费，通常可占消费者消费总额的10%～20%。具体而言，在不同场合按比例给付服务人员的小费所占消费者消费总额的具体比例，往往又有所不同。例如：

在住宿酒店时，账单上通常明确地标有需要收取消费者消费总额的10%～15%作为小费。

在餐馆就餐时，消费者需要按自己消费总额的5%～20%付给服务人员小费。付给领班的小费，则应为消费总额的5%左右。

在搭乘出租车时，一般应当按照车费的15%付给出租车司机小费。

去酒吧时，付给侍者与管酒人的小费应各为自己消费总额的15%。

在美容美发时，消费者往往需要按本人消费总额的10%～20%付给小费。

▌按定额付费

除按比例付费之外，在国外，小费还可以按照定额付给服务人员。对于一些特定工作岗位上的服务人员而言，采用此种方式通常会更受欢迎。所以，我方人员在国外时随身携带一定数额的小额现钞，往往是非常必要的。

在一般情况下，鉴于按定额给付小费这一方式之中的“定额”约定俗成，在服务人员与服务对象之间已经达成默契，因此它更加易于操作。不过，在不同国家，由于人们的消费能力有所不同，付给同一工作岗位上服务人员的小费的具体定额往往会有所不同，但是其差距也不会过大。举例而言：

在住宿宾馆时，付给门童的小费应在1美元左右；付给客房服务员的小费应为1～2美元。

在机场、港口、火车站，请行李员替自己搬运行李时，一般应当按自己所带行李的具体件数给付小费，一件行李大体应当给付0.5～1美元小费。此外，付给存车者的小费应为1美元。

在观看影剧时，付给节目单发放者与领位员的小费，应为0.5～1美元。

在卫生间方便之后，付给保洁人员的小费，则应为0.5美元左右。

（四）相关的事宜

在给付服务人员小费时，尚有如下五项相关事宜必须为我方人员所知晓。

（1）**尊重对方**

给付服务人员小费，意在表彰其工作成绩。因此，应对对方不失尊重，切勿居高临下地侮辱、戏弄对方。

（2）**悄然给付**

在向服务人员给付小费时，宜悄然进行，切忌在大庭广众之下公开操作。

（3）**掌握时机**

给付小费的时机，往往直接制约着服务的效果。有经验的人通常都会"先入为主"，在服务开始前或服务之初付给服务人员小费。

（4）**按质付费**

给付小费，亦须"按质论价"。当服务质量下降或欠佳时，可以减少小费的具体数额或者拒付小费。

（5）**有所区别**

在国外，并非所有国家、所有行业都要求给付小费。目前，在中国国内接待外方来宾时，通常不应向其索要小费。

八、宗教礼仪

宗教礼仪，简单地说，是宗教的信仰者们为了表达对崇拜对象的崇敬和热爱所举行的各种例行的活动和仪式，以及一些与宗教相关的特定的讲究与禁忌。

马克思主义认为，宗教是人类社会发展到一定阶段时所出现的一种社会的、历史的现象。我国《宪法》明确规定："中华人民共和国公民有宗教信仰自由。""国家保护正常的宗教活动。"所谓宗教信仰自由，在此是指我国的每一位公民，既有信仰宗教的自由，又有不信仰宗教的自由。对于某一种宗教，既有信仰这一教派的自由，又有信仰那一教派的自由；既有过去不信仰宗教而现在信仰宗教的自由，又有过去信仰宗教而现在不信仰宗教的自由。这些规定，都是在对待宗教信仰问题时应该采取的正确态度。

不同的宗教，其礼仪往往千差万别。宗教礼仪既是一个宗教区别于其他宗教的显著标志，也是宗教用以扩大宗教组织、培养宗教信仰、增强宗教感情的重要的常规手段。离开了宗教礼仪，宗教的信仰者与宗教的日常联系将是不可设想的。

对于宗教礼仪，尤其是在外事活动中有可能接触到的外国宗教信仰者所遵行的宗教礼仪，需要在下述两方面予以注意：一方面，应当从思想上对宗教礼仪树立正确的认识。另一方面，应当对经常有机会接触到的宗教礼仪有基本的了解。

（一）端正个人认识

对宗教礼仪，首先要从思想上树立正确的认识。

尊重为本

当今世界约有70多亿人口，而宗教的信仰者在其中就占了二分之一以上。仅此一点，就提醒人们，对宗教礼仪的尊重是多么的重要。

在世界各国，宗教文化与世俗文化通常是相互影响、相互作用的。有学者甚至认为，习俗本身就是退化了的宗教，而宗教则是固定化的习俗。由此可见，宗教对于各国习俗都有深刻的影响。例如，在有些国家，男子有出家的习俗，它与佛教就是密不可分的。

不仅如此，宗教礼仪对于人们的思想、文化、道德乃至日常生活都有所渗透、有所作用。例如，有些国家或民族，全国或全民族信仰某种宗教，甚至还会确定某种宗教为该国国教。这样一来，包括宗教礼仪在内的一切宗教教义，就成了该国家、该民族共同的行为准则，这时宗教的意识就直接影响着该国的国家意识或该民族的民族意识。

综上所述，宗教礼仪是宗教的主干和宗教精神的体现。通过对它的遵守，可以体现出信仰者信仰宗教的虔诚，因此宗教的信仰者对于本宗教的宗教礼仪都是严格遵守的。对宗教礼仪表示尊重，不仅能够真正地体现我国的宗教信仰自由政策，而且能够更好地表示对宗教信仰者的友好与敬重。

不得干涉

目前，我国实行宗教信仰自由的政策，因此不论宗教信仰者还是非宗教信仰者，对于正当的宗教礼仪活动，尤其已经潜移默化为民俗性、群众性的宗教礼仪活动，都不能任意加以制止或干预。否则，就是一种违法行为。

在涉外交往中，还须看到，某些宗教已经成为区域性、民族性的宗教，其中有的已成为一些国家法定的国教。在这些地方，宗教不仅已经成为当地风土人情的一大内容，而且还关系着民族的感情与国家的尊严。在世界历史上，出于宗教原因而爆发的战争屡见不鲜。因此，涉外人员在涉外交往中，更须注意自己对于交往对象所信仰的宗教及其礼仪的态度。对不同于我国的外国宗教礼仪，应予以尊重。

应当记住，对于外国人的宗教礼仪，不懂就是不懂，不要装懂，既不要指手画脚，也不要对人家的做法随便模仿。对于外宾有关宗教礼仪的讲究与禁忌，千万不要出言不逊，或是强人所难。不要有意违反对方有关宗教礼仪的禁忌与讲究。

遵守法规

尊重宗教礼仪，一定要符合我国的有关法律、法规的规定。对于宗教礼仪予以尊重，对其不得干涉、不得非议，是为了表示对宗教信仰者的尊重、友好与敬意。但是，在我国境内所举行的宗教礼仪活动，必须遵守我国的宪法与法律，不得妨碍政府执行合法的公务，不得影响人民群众的工作、生活，不得危及社会的稳定与国家的尊严。

我国《宪法》规定：“任何国家机关、社会团体和个人不得强制公民信仰宗教或者不信仰宗教，不得歧视信仰宗教的公民和不信仰宗教的公民”。与此同时，在我国，宗教团体和宗教事务不受外国势力的支配，任何人不得利用宗教进行破坏社会秩序、损害公民身体健康、妨碍国家教育制度的活动。这类规定，都是判断宗教礼仪活动合法与否的重要依据。在我国，举行任何形式的非法的宗教礼仪活动，都是不容许的。

我国目前规定：按照宗教习惯，在宗教场所以及教徒家中进行的一切正当的宗教活动，均应由宗教组织或教徒自理，他人不得进行任何形式的干预。但是在宗教场所之外，则不允许任何宗教组织或信徒进行传教、布道活动。

在涉外交往中，我国宗教界的方针是：独立自主，自办教会，不许外来势力进行干涉，尤其是不允许国外的宗教组织及其所控制的机构以任何方式在我国传教或进行宗教宣传。

按规定，我国公职人员在我国境外参加国际交往时，未经上级机关批准，或非经东道主安排或邀请，一般不应主动要求参加当地的宗教礼仪活动。即使参加国外的宗教礼仪活动，亦应事先对其概况和性质有所了解，并应以不触犯当地法律、不干涉所在国内政、不介入当地的宗教纠纷、不损害我国的国家尊严、不危害我国的国家利益作为先决条件。

（二）三大宗教的礼仪

不论是在国内执行公务还是在国外参与国际交往，都有必要对可能接触到的基本的宗教礼仪具有一定程度的了解。只有对宗教礼仪有一定的了解，才能够真正地做到对其表示尊重。

当前，世界上流行的宗教有数千种之多，在各个方面，它们都有着许许多多的不同。仅从宗教礼仪来讲，它们大都包括礼拜、忏悔、祝福、祭献、节庆、禁忌等基本内容。

考虑到实际情况，以下主要对目前世界上影响最大、分布最广、信仰者最多的三大宗教——基督教、伊斯兰教、佛教的基本状况与基本礼仪进行简要介绍。

基督教的礼仪

基督教，是现在世界上信仰人数最多的一种宗教。据美国皮尤数据库 2015 年数据，全世界基督教教徒约有 23 亿，占世界总人口的近三分之一，分布在世界上 150 多个国家和地区之中。

基督教在公元 1 世纪产生于巴勒斯坦，相传它的创始人是耶稣基督。它的主要经典是《圣经》，象征性标志是十字架，主要的节日则是圣诞节和复活节。

（1）**基本流派**

在将近 2 000 年的演化过程中，基督教分别形成了今日并存于世界的天主教、东正教和新教三大基本流派。这三大派别，在基本教义与信条上有着一定的差别。三大流派的各自特点与区别如下。

其一，天主教。它主要流行于意、法、德、比、西、葡、波、匈、美、加以及拉美各国。它的特点是：崇拜俗称上帝的天主和天主圣子耶稣基督，并尊玛利亚为圣母。它以梵蒂冈为中心，奉担任梵蒂冈首脑的教皇为"基督在世的代表"，并由其充当全世界天主教徒的精神领袖。在一些国家中，驻有教皇所派遣的使节，称做教廷大使。他亦为外交使节中较为特殊的一种。天主教强调，所有教徒必须服从教会的权威，教士拥有授自天主的神秘权力，可代表天主对教徒进行定罪或赦罪。此外，它还拥有一整套等级森严的教阶制度。

其二，东正教。有时也称希腊正教或正教。它主要分布在中欧和东欧的俄、罗、保、希、塞等国，主要的特点是：否认教皇是全世界基督教徒的首脑，而只视其为西部教会的"牧首"和罗马主教。在教义与信条上，它与天主教大体相仿，但主张除主教之外的其他一切神职人员均可结婚。

其三，新教。它是 16 世纪欧洲宗教改革运动后，脱离天主教而产生的许许多多新教派的统称。新教现今主要在英、美、德、挪、芬、澳、新等国流行。其特点是：否认教皇的权威，拒绝梵蒂冈的统一领导，反对"炼狱"和"变体论"之说。其教会制度多样化，宗教仪式简单化，神职人员可以婚娶，教徒可以直接与上帝相沟通，而不必由牧师担任中介人。

（2）**主要禁忌**

在与基督徒有所接触时，通常应注意的讲究与禁忌有以下几点。

不要混淆其不同教派的不同教条。例如，神父与牧师分别是天主教与新教对神职人员的不同称呼，二者是不可混为一谈的。

不宜对其尊崇的上帝、基督、圣母以及圣事说长道短。例如，在向基督徒赠送的礼品上，不应有其他宗教所信仰、崇拜的偶像。

基督教的教堂允许非教徒参观，但首先应当尊重对方的意愿。在进入教堂后，应当脱帽，并摘下太阳眼镜。着装不应过分暴露，并不得乱打、乱闹和大声喧哗，不得妨碍教堂内正常的宗教活动。

有些基督徒有守斋之习。在守斋时，他们是不吃肉食、不饮酒的。在用餐前，他们多要进行祈祷。此刻，非教徒虽不必跟进，但也不宜抢先进食。

数字 13 与星期五，在基督徒眼中都是不详的。要是 13 日与星期五恰巧同为一天，他们则常常会闭门不出。

伊斯兰教的礼仪

伊斯兰教在公元7世纪时，由穆罕默德创立于阿拉伯半岛。据美国皮尤数据库2015年数据，全世界的伊斯兰教信徒约有18亿；他们主要分布在西亚、北非、中亚、南亚、东南亚等地区。在上述区域中有数十个国家，伊斯兰教都是其法定的国教。

（1）基本流派

伊斯兰教的教派也有很多，但是它们都以《古兰经》作为自己的主要经典，并且都以宰牲节和开斋节作为自己的主要节日。

（2）主要讲究

在同穆斯林交往时，应牢记如下这些讲究。

穆斯林是禁止偶像崇拜的，所以不应将雕塑、画像之类的物品相赠。不应邀请对方看电影、电视、录像、照片，或参与拍摄。

在许多伊斯兰国家，有“男尊女卑”的讲究，因此穆斯林妇女一般不外出参加社交活动，更无驾驶汽车外出的权利。当在与外人见面时，她们还要戴盖头，罩面纱，使他人“不识庐山真面目”。因此，不应在与穆斯林的交往中主动问候女主人，或向女主人赠送礼品。在伊斯兰国家，妇女在着装上应避免袒胸露肩，或穿短裙或短裤。

许多穆斯林认为：人的左手不洁，所以与之握手时不要使用左手，尤其是不要单用左手。在用餐与接触对方时，亦须注意此点。

在斋月期间，尽可能不要主动前去打扰对方守斋。

在饮食上，穆斯林通常讲究：不饮酒，不食自死之物，不食动物血液，以及不食未诵安拉之名宰杀的牛、羊、驼、鸡、鸭和飞禽，等等。还须注意的是，非清真的餐具、茶具，也不能用以招待穆斯林。

佛教的礼仪

佛教，相传公元前6世纪左右创立于尼泊尔南部地区。其创始人本名悉达多，姓乔达摩，被佛教徒称为“释迦牟尼”，意为“释迦族的圣人”。

佛教是当今世界上最古老的宗教之一。目前，它主要流行于东亚、南亚与东南亚一带。我国佛教徒的数量也不少。据美国皮尤数据库2015年数据，全世界佛教徒的总数约为5亿。

（1）基本流派与经典

佛教的基本流派是：小乘佛教和大乘佛教。前者具有保守性与排他性，主张自我解脱，不谈普度众生，主要流行于南亚与东南亚。后者则具有改良性与自主性，力主多神、多佛、多救世者、普度众生，主要流行于西亚、东亚、东北亚。

由于历史悠久，佛教的经典现在不胜枚举，主要分为经藏、律藏、论藏三部分，是历代佛教徒的集体智慧的结晶。它的代表性节日，有佛诞节、成道节等。

(2) **主要礼仪**

佛教的基本礼节是合十礼，它主要用于教徒彼此之间表示敬意。对于佛与菩萨，则讲究行顶礼，即所谓的“五体投地”。佛教徒的头顶，绝对不能触摸。

一般的佛教徒为了“广种福田”，往往要向佛者与他人赠送财物，此之谓“布施”。

(3) **基本禁忌**

在与佛教徒交往时，应注意的禁忌通常有以下几点。

其一，要了解其“五戒”，即不杀生、不盗窃、不邪淫、不饮酒、不妄语。

其二，要遵守有关饮食的规定，例如，讲究过午不食，不吸烟，吃素食，忌酒，忌食葱、蒜、韭、薤(藠头)、兴渠等“五荤”。至于佛教徒禁止食肉的讲究，则仅为我国汉族地区所独有。

其三，进入寺院后，应举止检点，慢步轻声，并须牢记：不乱闯，不拍照，不干扰佛教徒的礼佛之事。

1. 如何按场合着装?
2. 怎样选定菜单?
3. 步行有何相关礼仪?
4. 乘车有何相关礼仪?
5. 登门拜访外国人时有哪些基本的礼仪规范?
6. 给付小费有哪些基本的方式?
7. 如何正确地认识宗教?

第三章 接待礼仪

接待礼仪，在此指的是接待外宾时具体所须遵守的基本的行为规范。接待礼仪的基本要求是：认真做好外宾的接待工作，并且确保礼待宾客、宾至如归。具体而言，它涉及迎、晤、谈、娱、赠、译、陪等对外宾迎来送往的各个方面。

学习目的

- 重视外宾的接待工作。
- 规范外宾的接待工作。
- 掌握基本的接待礼仪。
- 在外宾接待中遵守接待礼仪规范。
- 避免在外宾接待中贻笑大方。

本章要点

- 本章所讲授的是接待礼仪。它在此是指接待外宾时所必须遵守的行为规范。接待礼仪的基本要求是：认真做好外宾的接待工作，并且确保礼待宾客、宾至如归。
- 本章第一部分讲授的是迎的礼仪。它具体要求做好准备、规范操作。
- 本章第二部分讲授的是晤的礼仪。它具体要求在介绍、行礼、互换名片、座次排列等方面依礼而行。
- 本章第三部分讲授的是谈的礼仪。它具体要求关注交谈的态度、称呼的使用、内容的选择、电话的常规等。
- 本章第四部分讲授的是娱的礼仪。它具体要求在文艺晚会、交谊舞会、游览观光等场合表现得体。
- 本章第五部分讲授的是赠的礼仪。它具体要求重视礼品的挑选、馈赠的方法、礼品的接受等。
- 本章第六部分讲授的是译的礼仪。它具体要求提高个人自身素质、讲究临场发挥。
- 本章第七部分讲授的是陪的礼仪。它具体要求规范个人行为、掌握陪同技巧。

在涉外交往中，一项十分重要的经常性工作是在国内接待外国来访者。涉外接待工作不仅政策性很强，而且处处与礼仪规范有关。接待礼仪，指的就是在涉外交往活动中，当我方身为东道主时所应当遵守的涉外接待的行为规范。为操作、落实接待礼仪而具体进行的一系列活动，通常又称为礼宾活动。礼宾的本意，就是要以礼接待宾客。

接待礼仪的核心之点是：礼待宾客，宾至如归。它指的是通过给予来宾与其身份、地位相符的礼遇，向对方表达主人的热情好客之意。

具体而言，接待礼仪涉及涉外接待工作的一切方面，它们环环相扣、彼此制约，都会对涉外接待工作的总体效果产生重要的影响。需要强调的是，运用于涉外交往中的接待礼仪，与运用于国内公务活动中的接待礼仪多有不同。下面，将择其要点介绍接待礼仪之中最为关键的一些环节。

一、迎的礼仪

中国人自古以来就以热情好客而著称。孔子“有朋自远方来，不亦乐乎”的名言，就道尽了中国人待客的真诚。在涉外接待中，迎接来宾不仅是第一个环节，而且往往是其至关重要的一个环节。要在迎接外宾之时表现得出色，除了要继承、发扬我国礼待宾客的优良传统之外，还须同时借鉴国际上通行的礼宾惯例。

从总体上看，迎接来宾的礼仪大体上分为两个主要部分。一是迎宾前的礼仪准备；二是迎宾时的礼仪操作。欲使外国来宾的接待工作不出纰漏，则对这两个方面的礼仪规范均须严格遵守。

（一）迎宾前的礼仪准备

就总体而言，迎接外国来宾之前的礼仪准备大致包括以下五个具体方面。

确定邀请规格

在正式对外方发出邀请之前，必须首先明确邀请的规格，即此次邀请的具体标准。按惯例，它的确定主要需要兼顾来宾的具体身份与来访的主要目的。在一般情况下，发出正式邀请时，需要讲究规格对等。

规格对等的基本含义是：在正式向外国来宾发出邀请时，我方出面进行邀请的人士的职务、地位、身份，应当大体上与被邀请者的职务、地位、身份相当。我方出面进行邀请的人士的职务、地位、身份既不必较被邀请者为高，但在一般情况下也不应低于被邀请者。

邀请规格和礼宾序列

例如，邀请外国政府首脑来华进行访问，一般应由我国国务院总理正式向对方发出邀请。邀请外国部长级官员来华进行访问，则须由我国国务院对口部的部长出面向对方发出邀请。

排定礼宾序列

礼宾序列，又称礼宾次序，它具体所指的是，在同时接待来自不同国家、不同地区、不同单位的外国团体或个人时，必须按照国际惯例和本国的常规做法，来排定其尊卑先后的具体顺序，并且据此给予对方以相应的礼遇。

在不同的国家，礼宾序列的具体排列往往采用不同的方法。目前，我国在排列礼宾序列时一般采用下述做法。

(1) 依照来宾的具体地位的高低，来排列其次序。在正式的政务、商务、文化、科技、学术、军事交往中，均可采用此种方法。若外国来宾系组团前来，则应按照团长的具体地位的高低来排列其次序。

(2) 依照来宾所在国家或地区的名称的汉语拼音字母或拉丁字母的先后，来排列其次序。在举行大型的国际会议或体育比赛时，通常可以采用此种排列方法。

(3) 依照来宾抵达现场的具体时间的早晚，来排列其次序。当各国大使同时参加派驻国的某项活动时，一般均以其到任的具体时间的早晚来排定其礼宾序列。在非正式的涉外活动中，亦可采用此种排列方法。

(4) 依照来宾告知东道主自己决定到访的具体时间的先后，来排列其次序。在举办较大规模的国际性的招商会、展示会、博览会时，大都可以采用这一排列方法。

(5) 不排列。所谓不排列，亦称不进行排列，其实也是一种特殊的排列方法。当上述几种方法难以应用之时，便可采用这种排列方法。

在礼宾实践中，上述五种方法可以交叉采用。但是，不论采用何种排列方法，均应事先向外国来宾进行通报。

慎重悬挂国旗

为了维护本国的国家尊严，任何主权国家均不允许在本国国境之内随意悬挂或摆放外国国旗。除国际法的有关规定之外，我国目前仅允许在下列五种场合悬挂或摆放外国国旗。

(1) 外国国家元首、政府首脑正式到访。

(2) 外国贵宾访问期间我国举行重要的礼仪活动。

(3) 国际会议在我国举行。

(4) 重大的国际活动在我国举行。

(5) 为在我国所进行的重要的国际经济项目而举行的庆典或仪式。

对外国使领馆、国际组织、外籍公民、外国企业在华所使用的外国国旗或国际组织旗帜，我国也有一系列专门的规定。

在我国境内悬挂外国国旗，乃是我国给予对方的一项礼遇。依照国际惯例，我国规定：在中国境内悬挂外国国旗时，必须同时升挂中国国旗。在同时悬挂中外国旗时，其高度要相等，其面积要大致相似，以示相互平等。

悬挂或摆放中外国旗的常规是，如并排升挂两国国旗，应以国旗自身面向为准，以右为上，以左为下。例如，在我国举行国宴时，一般将外国国旗悬挂在右侧，而将我国国旗悬挂在左侧，此举意在表示对外方的尊重。

在并排升挂三面或三面以上国旗时，依然讲究以右为上。应当按照礼宾序列，自右而左，依次升挂。通常，东道国国旗往往居于末尾，即最左侧。不过在举行国际会议时，按惯例并无宾主之分，因此东道国国旗不必居后。

应当强调的是，国旗象征着国家，因此在涉外交往中升挂国旗时，绝不容许将任何一方的国旗弄错或挂错。此外，按惯例不允许使用污损的国旗，不准倒挂国旗，不准在墙壁上交叉悬挂或竖挂国旗。

拟订接待计划

在接待外国来宾之前，应当认真草拟一份周详的接待计划，以便减少接待工作的周折，从而更好地按部就班地进行。

在拟订接待计划之前，要充分了解来访者有无特殊要求。本着互助互利、交往对等的原则，在力所能及的情况下，应当尽可能地满足来访者的一切正当而合理的要求，并且将其列入接待计划之中。

在一般情况下，一份外事接待活动的计划，就是接待工作的指南和行动纲领。它大体上应当包括：膳宿安排、交通工具、会见会谈、参观访问、文娱活动、异地游览、新闻报道、记者招待会、安全保卫、应付突发事件、礼品准备、人员配备、经费预算等基本内容。

正式的接待计划一经拟订，应尽快报请上级主管部门批准。此后，应立即报送与接待工作有关的外事、公安、安全、交通、新闻、接待等具体工作部门。在必要时，还须告之我驻外机构。

与此同时，亦应将我方接待计划的主要内容通报给外方，并听取其建议、意见或要求。

掌握人员状况

毋庸置疑，在包括涉外交往在内的一切人际交往中，最重要、最活跃的因素是人。因此，要做好外事接待工作，就必须具体地掌握好外方与我方相关人员的状况。

详而论之，一方面应当对来访者的状况有一定程度的了解。对于来访的外宾的基本情况，尤其是其中主要人物的基本情况，接待方必须尽可能地有所了解。

对于对方的姓名、性别、年龄、婚否、籍贯、民族、性格、宗教信仰、社会声望、政治倾向、所属党派、职务级别、学历学问、业务能力、专长爱好、个人经历、主要禁忌以及特殊的人际关系等，接待人员一定要在事先有所了解。若来访者以前曾经来华进行过访问，则最好对当时我方的接待规格、接待方案进行必要的借鉴。

另一方面，则应当对我方负责接待工作的人员进行精心的选择。在准备接待工作时，必须确定专门负责此事的工作人员。如有必要，还须组成专门的接待班子，以便专司此事、专负其责。

在挑选接待人员时，尤其是在挑选那些直接面对外国来访者的迎送人员、翻译人员、陪同人员、安全保卫人员以及司机时，要优中选优，切勿滥竽充数。除了仪表堂堂、身体健康、政治可靠、业务上乘之外，还应将反应敏捷、善于交际、责任心强列入用人的基本条件之内。

接待人员一经确定后，要进行专门的业务培训，并要对其进行必要的外事纪律、安全保密和国际礼俗等方面的教育。

（二）迎宾时的礼仪操作

迎接外国来宾时的礼仪操作通常会涉及以下三个主要方面。

▍举行欢迎仪式

在外国国家元首、政府首脑或军队将帅正式来访时，东道国通常应为其举行隆重的欢迎仪式。举行这类欢迎仪式，一般应遵循国际惯例，因此各国的欢迎仪式在程序上往往大同小异。

目前，我国欢迎外国国家元首或政府首脑的仪式的具体程序基本如下：在国宾抵达北京首都机场或北京火车站时，由我国政府陪同团团长前往迎接，并陪同对方前往钓鱼台国宾馆下榻。在国宾抵达的当天或次日，在人民大会堂东门外广场为其举行专门的欢迎仪式。若天气不佳，可将欢迎仪式改在人民大会堂内北大厅举行。因欢迎仪式为双边外交活动，故不邀请其他各国驻华使节出席。仪式举行时，现场悬挂两国国旗，地面上铺设红地毯，有关人员列队迎候。我国领导人与外国来宾亲切见面，少年儿童向国宾献上花束。随后，在我国领导人的陪同下，国宾登上检阅台，奏两国国歌，鸣放礼炮，检阅三军仪仗队。

当普通外宾应邀来访时，虽不必专门为其举行欢迎仪式，接待方亦应派人前往其抵达的机场、车站或码头迎接对方，并陪同其前往下榻之处。通常，可向来宾献花。

▍举办专门宴会

按照国际惯例，在接待外国来访者时，应为其举办专门的宴会。为外国来宾专门举办的宴会最常见的有两种。一种是在外宾抵达之后所举行的宴会，故称欢迎宴会。另外一种则是在外宾离去之前所举行的宴会，称为送别宴会。目前，我国为简化涉外接待礼仪，节省人力物力，一般只安排欢迎宴会，而不安排送别宴会。

凡举办宴请外宾的正式宴会，务必提前发出请柬、准备菜单、排好座次，并且安排好我方出席宴会作陪的人员。在这些重要的细节上精益求精，到时候才不会方寸大乱。

为外国来宾所举行的宴会的具体程序主要有：在宴会正式开始前，主人及其东道主一方的少数重要人员应当排列成行，专门在宴会厅或休息厅门口迎接客人。宾主双方见面后，可前往休息厅内稍事交谈或休息，或者直接步入宴会厅。

当主人陪同主宾一行进入宴会厅，并在主桌上就座后，宴会即可宣告开始。当宾主一同入场时，其他出席宴会作陪的人员应起立鼓掌。在宴会正式开始时，应由主人首先致欢迎词，然后再请主宾致答词。此后，即可开始用餐。

在宴会结束时，主宾可起身向主人赠送礼品。此后，主人应向主宾回赠礼品。接下来，客人即可告辞离去。

在主宾起身告辞后，主人应陪同其走出门外，并与其握手道别。原列队于门口迎宾的人员，可以原定顺序再次排列于宴会厅门口，与其他客人握手话别。

热情话别送行

做好接待工作，讲究的是一如既往、有始有终。在外国来宾结束了在本地的访问即将离别之际，接待方必须热情地做好话别与送行工作。

按照涉外礼仪的规范，当外宾正式离开本地的前一天，主人应当专程前往其下榻之处进行探望，并且正式与其话别。有时，话别也可以安排在外宾正式离开下榻之处之前进行。

在可能的情况下，主人应当专程陪同外宾乘车前往机场、车站或码头，亲自为外宾送行。倘若一时难以分身，则除了要向外宾提前致歉之外，还须委托专人，代表自己前去为外宾送行。

外宾在正式登机、登车或登船离开本地之前，前往送行的有关人员应按照一定的顺序列队与对方一一握手道别，并预祝对方旅途愉快。届时，还可以向外宾敬献鲜花。

当外宾乘坐的交通工具正式启程离去之后，送行的人员方可离去。若提前离去，对于送行对象来讲则是很不礼貌的。

二、晤的礼仪

在涉外交往中，不论在正式场合还是在非正式场合同外国友人相会，都应当遵守既定的会晤礼仪。根据常规，在涉外交往中所应遵守的会晤礼仪，又称会面礼仪、见面礼仪或相见礼仪，它主要涉及介绍、行礼、互换名片以及座次的排列四个方面的具体内容。

（一）介绍的礼节

在涉外交往中，当交往双方互不相识时，显然有必要通过介绍使其彼此相识。所谓介绍，指的是通过一定的方式使交往双方相互结识，并且各自对对方有一定程度的了解。通常，介绍又可分为自我介绍与介绍他人两种具体情况。

自我介绍

自我介绍，一般指的是主动向他人介绍自己，或是应他人的请求而对自己的情况进行一定程度的介绍。它的特点主要是单向性和不对称性。

在涉外交往中进行自我介绍，通常需要重视以下两个方面的问题。

（1）具体时间

具体时间，在此包括两层意思：一是进行自我介绍时，在具体时间上于己、于人应当彼此方便。这样做才会发挥正常，并且易于为对方所倾听。二是进行自我介绍时，一定要把握好所用时间的长度。如无特殊原因，最好宁短勿长，将一次自我介绍的时间限定在一分钟甚至半分钟以内。届时，千万不要东拉西扯、滔滔不绝、过分跑题、浪费时间。

（2）主要内容

在不同的场合，所做的自我介绍在内容上理当有一定的差别。该说的，不说不行；不该说的，说了也没有必要。在涉外活动中所使用的自我介绍，仅就其具体内容而言，大体上可以分为以下两种：一是应酬型的自我介绍。其内容，仅包括本人姓名这一项。它多用于应付泛泛之交，或者在不愿与他人深交的情况下使用。二是公务型的自我介绍。其内容，由本人姓名、工作单位、所在部门、具体职务等四项基本要素所构成。在因公进行涉外交往时，只宜采用这一类型的自我介绍。

介绍他人

所谓介绍他人，通常指的是由某人为彼此素不相识的双方相互介绍、引见。它的主要特点是双向性和对称性。

在涉外交往中介绍他人时，一般有必要注意下列四个方面的问题。

（1）关注介绍者的身份

在正式交往之中，对介绍者的身份有着一定的讲究。在正式的外事访问中，介绍者一般应为东道主一方的礼宾人员。在普通的社交活动里，介绍者则通常应当是女主人。

在多方参与的正式活动中，可由各方负责人将己方人员一一介绍给其他各方人士。

（2）**尊重被介绍者的意愿**

介绍者在有意为他人相互引见时，最好先征求一下被介绍者双方的个人意愿。如果贸然行事，往往有可能会好心办坏事。

（3）**遵守介绍的先后次序**

在介绍他人相识时，先介绍谁、后介绍谁，是一个礼节性极强的问题。正规的做法是：首先介绍身份较低的一方，然后再介绍身份较高的一方。即先介绍主人，后介绍客人；先介绍职务低者，后介绍职务高者；先介绍男士，后介绍女士；先介绍晚辈，后介绍长辈；先介绍个人，后介绍集体。总之，是要令被介绍双方之中地位较高的一方拥有“优先知情权”。

在接待外国来访者时，若宾主双方皆不止一人，则为其双方进行介绍时，还是需要先介绍主人一方，然后介绍来宾一方。不过在具体介绍各方人士时，通常应当由尊而卑，按照其职务的高低依次而行。

（4）**重视具体的表达方式**

在介绍他人相识时，介绍者既可以只介绍双方的姓名，也可以将双方的姓名、工作单位、所属部门、具体职务一并予以介绍。前者稍显随便，后者则比较正式。不论如何进行介绍，在介绍双方时的主要内容都应基本对称，大体相似。切勿只介绍一方，而忘记介绍另一方；或者在介绍一方时不厌其详，而在介绍另一方时则过分简单。

（二）行礼的方式

在交往应酬之中，与外国友人相见时，尤其是与其正面接触、应酬时，往往需要向对方行礼致意。根据目前的涉外活动实践，中国人在对外交往中与外国友人互行见面礼节时，特别需要关注问候与握手的具体操作。

▌问候的具体操作

问候，又称问好、问安或打招呼。它是指以语言或动作向他人询问安好，进行致意，是向对方表示关切与友好的一种常规方式。在向外宾进行问候时，有以下三点注意事项。

（1）**慎选问候的具体内容**

由于国情的不同，中国人过去常用的一些问候的具体内容，诸如“吃过饭没有”“身体怎么样”“正在忙什么”等，在涉外交往中并不适用。一般而言，在问候外国人时，可问候对方“你好”，或者说“很高兴认识你”“见到你很高兴”。具体问候对方“早安”“午安”“晚安”，一般也是可行的。

（2）**讲究问候的先后次序**

按照惯例，在交往双方相见时，通常应由身份较低的一方首先问候身份较高的一方。即主人应当首先问候客人，职务低者应当首先问候职务高者，男士应当首先问候女士，晚辈应当首先问候长辈。若同时需要问候许多人时，可以由尊而卑或者由近而远，依次而行。当他人率先问候自己时，应立即予以回应。

（3）**重视问候的态度表现**

在交际场合与他人相见时，一定要主动而热情地问候对方。要真正做到这一点，在问候他人时至少要注意以下三点：一是要面含真诚的微笑；二是要神态大方地正视对方的双眼；三是说话声音要清晰而爽朗。

握手的具体操作

▌握手的具体操作

在涉外交往中，选择何种具体的见面礼节颇有讲究。对中国人而言，既可以沿用自己的习惯做法，也可以比照交往对象的特殊做法，对其加以模仿。

当前，中国人在日常生活中所采用的见面礼节主要有握手礼、拱手礼、举手礼、脱帽礼、注目礼、起身礼等，其中尤以握手礼较为广泛地适用于涉外交往活动。

与外国友人在交际场合握手为礼时，需要关注以下三点。

（1）**专心致志**

在与外国友人握手时，一定要从表情、动作、握力、时间等几个方面，表现出对对方的关注与重视。在一般情况下，握手之时应当面含笑意，起身站立。用右手与对方的右手完全相握后，上下晃动两三下。用力应不重不轻，时间需要三至五秒钟。最重要的是，握手时务必正视对方的双眼，并与对方稍事寒暄。

（2）**留意次序**

握手之时，由何人首先伸出手来，是有一定讲究的。基本的规则是：应由握手双方之中身份为尊的一方首先伸出手来。即职务高者与职务低者握手时，应由职务高者首先伸手；女士与男士握手时，应由女士首先伸手；长辈与晚辈握手时，应由长辈首先伸手。较为特殊的是，当来宾抵达时，应由主人首先伸手；而在来宾告辞时，则应由来宾首先伸手。

（3）**回避禁忌**

在涉外交往中与外国友人握手时，应避免下列禁忌：一是不要戴着手套握手；二是不要戴着墨镜握手；三是不要用左手握手；四是尽量不要用双手与初次相识的异性握手；五是不要在多人握手时交叉握手；六是与人握手时不要仅仅捏着对方的手指或毫不用力。

（三）名片的互换

在现代社会中，每一位成年人都应当备有自己的名片，以供交往应酬之用。

参加一般性的涉外交往，与外国人互换名片时，通常在下述几个方面必须严格地遵守礼仪规范。

（1）**随身必备名片**

按照惯例，在涉外活动中，一般不宜主动向外国友人索取名片。然而，当对方主动提议互换名片，率先将名片递送过来，或是我方有必要进行较为周详的自我介绍、在拜访外方人员需要经由他人代为通报时，都需要使用自己的名片。因此，在参加涉外活动前，即应将本人的名片装入专用的名片包，或是放在上衣口袋之中，以供随时取用。

（2）**递送彬彬有礼**

在需要将本人名片递交给外国友人时，应当起身站立，走向对方，面含笑意，以右手或双手捧着或拿着正面面对对方的名片，以齐胸的高度，不紧不慢地递送过去。与此同时，嘴里应当说明“请多关照”，“请多指教”，或是“希望今后保持联络”。同时向多人递送本人名片时，可由尊而卑或由近而远，依次而行。

（3）**接受毕恭毕敬**

当他人主动将名片递给自己时，一定要表现出自己的恭敬、重视之意。首先要起身站立，迎上前去，口称“谢谢”。然后，务必用右手或双手并用将对方的名片郑重其事地接过来，捧到面前，从头至尾仔仔细细地默念一遍。最后，应将对方的名片收藏于自己的名片包或上衣口袋之内，并随之递上自己的名片。在接受他人名片时，最忌讳用左手去接，或是接过来之后看也不看，便随手乱丢乱掖。此外，接受他人名片之后，如果不递上自己的名片，也是非常失礼的。

（4）**熟知名片的特殊用途**

在国际交往中，私人名片除用以自我介绍和保持联系之外，经常还可以发挥下列几种特殊作用：其一，可以之代替私人书信。其二，可以之代为引荐他人。其三，可以之代替送礼时专用的礼单。其四，可以之在拜访时代为通报或代替留言。其五，可以之向亲朋好友通知本人的有关情况变动。

（四）座次的排列

与外国友人相见时，往往不可避免地要涉及宾主双方座次的排列问题。具体而言，在涉外交往中，会见、谈判、举行签字仪式、进行合影留念时，各自都有自己特殊的位次排列方法。

会见

会见，也叫礼节性会面。它一般所用时间较短，宾主双方仅仅是出于礼貌而与对方应酬一番。就本质而言，它属于一种务虚性活动，其参与者往往不会就实质性问题进行专门的商谈。

正式的涉外会见，通常都安排在专门的会客室或会见厅之内举行。其位次排列的方法，主要有以下三种。

（1）**相对式**

相对式，此处是指宾主双方在会见时面对面而坐。它的长处是：便于双方面对面地直接进行沟通与交流。以相对式排列会见时的具体位次，一般应以会客室或会见厅的正门为准。面对正门的一方为上，应请来宾就座；背对正门的一方为下，应请东道主就座。若宾主双方俱不止一人，则除主人与主宾之外，双方其他人员均应按照具体身份的高低，由尊而卑、自右而左地依次排列在主人或主宾的两侧。

（2）**并列式**

并列式，在此是指宾主双方会见时面对会客室或会见厅的正门并排而坐。其优点，在于可显示出双方的平等与亲密。它的具体排列方法是：主人居左，主宾居右。宾主双方的其他人员按照具体身份的高低，依次在主人、主宾的一侧排开。

（3）**自由式**

自由式，通常是指会见时不排列具体位次，而请宾主自由就座。在举行多边会见时，此种方法尤为适用。

谈判

谈判，亦称会谈。它指的是有关各方为了各自的利益，通过接触与磋商，就某些实质性的问题达成协议或者妥协。

各类谈判往往都有很高的礼仪要求，其中位次排列的问题备受人们的重视。目前，我国所采用的谈判的位次的排列方法，主要有下列三种。

（1）**相对式**

相对式的位次排列，主要适用于双边谈判，届时宾主双方面对面而坐。具体又分为两种情况。一是谈判桌横放，客方面对正门而坐，主方背对正门而坐。二是谈判桌竖放，以进门时面向为准，右侧为上，请客方就座；左侧为下，则请主方就座。在谈判时，双方的主谈者应居中而坐，其他人员则应遵循右高左低的惯例，依照各自实际身份的高低，自右而左地分别就座于主谈者的两侧。按惯例，各方的译员应就座于主谈者的右侧，并与之相邻。

（2）**主席式**

主席式的位次排列，主要适用于多边谈判。届时，可在谈判厅内面对正门设置一主席台，其他各方人员均应背对正门，分片就座于主席台的对面。在谈判进行过程中，各方发言者须依次走上主席台，面对大家阐述自己的见解。其状况，犹如大会发言。

（3）**圆桌式**

圆桌式的位次排列，通常也适用于多边谈判。在谈判现场仅设置一张圆桌，由各方人员不分座次地自由就座。

举行签字仪式

举行签字仪式，是条约、合同、协议生效的必经步骤，也是礼仪性极强的一项活动。举行签字仪式时位次排列的讲究是，签字桌横放，客方签字者面对正门居右而坐，主方签字人则应面对正门居左而坐。双方的助签者，应站立在各自一方签字人的外侧。其他人员则按职务高低，自左至右（客方）或自右至左（主方）地排列成一行，站立于己方签字人的身后。有时，他们也可以以一定的顺序就座于己方签字人的正对面。

合影留念

在我国国境之内会见外宾时，如安排中外双方人员合影留念，一般应请双方人员列成一行，客方人员按其身份自左而右居于右侧，主方人员则按其身份自右而左居于左侧。若一行站不完人时，则可参照“前高后低”的规则，排成两行或三行。有个别国家或个人，对合影或有抵触、反感。遇到此种情况时，可不必安排此项活动。

三、谈的礼仪

一个正常人如果要同其他人打交道，就必须使用语言工具与对方进行交谈。不论从何种意义上来讲，交谈都是人们彼此之间进行沟通的重要渠道之一。在涉外交往中，情况更是如此。

在涉外交往中与外国友人进行交谈，仅凭自己的常规经验肯定是行不通的。重要的是要了解并遵守有关交谈的国际惯例。简而言之，涉外人员所应当掌握的有关交谈的礼仪规范主要涉及交谈的态度、称呼的使用、内容的选择、打电话的常规等四个具体方面。

（一）交谈的态度

交谈的态度，在此指的是一个人在与别人交谈的整个过程中的基本表现，它主要涉及举止、表情，以及由此而体现出来的个人修养和对待交谈对象的基本看法。人所共知，在人际交往中，态度往往决定一切。从某种程度上讲，交谈的态度有时甚至比交谈的内容更为重要。在涉外交往中，尤其是在与外国人初次打交道时，交谈的态度通常会更受对方的关注。

对每一位参与涉外活动的中国人来讲，要想使自己交谈的态度符合要求，就必须注意以下五个要点。

（1）讲究语言

与外国人进行交谈时，选择何种语言，通常是大有讲究的。在一般情况下，可以使用通行于世界的英语，或是直接采用交往对象所在国的国语。而在正式的官方活动中，为了体现一个主权国家的尊严，则只能使用自己国家的国语，然后再通过译员进行翻译。有些时候，不一定非要精通交往对象所在国的国语，在非正式场合哪怕是临时学上几句，然后现学现用，也可以令对方倍感亲切。需要注意的是，不要对交往对象使用低级、庸俗、不文明的语言，或是使用对方根本听不懂的语言。

(2) **讲究语态**

此处所谓的语态，特指交谈时的神态，即表情与动作。与外国友人交谈时，在神态上要既亲切友善，又舒展自如。在自己讲话时，要注意不卑不亢、恭敬有礼。当对方讲话时，则要专心致志、洗耳恭听。不论自己处于“说”的位置上，还是处于“听”的位置上，都不要表现得心不在焉、敷衍了事，或是态度夸张、咄咄逼人。特别要注意，自己的眼神与手势不可过于随便。不要举目四顾、双眼不敢与交谈对象对视，不要张牙舞爪、指手画脚，不要对对方指指点点、拍拍打打。

(3) **讲究语音**

在涉外交往中，人们普遍对交往对象的语音十分重视。语音不仅被视为一个人教养与素质的直接体现，而且被与是否尊重交往对象直接挂上了钩。在语音方面的基本礼仪规范是：与别人进行交谈时，尤其是在大庭广众中与别人进行交谈时，必须有意识地压低自己说话时的音量。说话的声音，最好是低一些、再低一些，只要交谈对象可以听清楚即可。在交谈时，特别是在公共场所与别人交谈时，如果底气过壮、粗声大气，不仅有碍于他人，而且也说明自己缺乏教养。

(4) **讲究语气**

在与别人交谈时，讲话的口气不可不慎。此即所谓语气问题。同外国友人交谈时，在自己的语气方面一定要注意平等待人、谦恭礼貌。富兰克林认为，谦虚会让伟人赢得更多的尊敬。交谈之中，在不故作姿态的前提下，应当尽量多使用一些谦辞、敬语和礼貌用语。既不要在交谈时表现得居高临下、盛气凌人、装腔作势、套话连篇、忽悠别人，对对方呼来喝去、任意训斥，也不宜在语气上显得奴颜婢膝、曲意逢迎，不要一味讨好对方、迁就对方、附和对方，而不顾自己的国格人格。

(5) **讲究语速**

语速者，讲话之速度也。在交谈之中，自己的语速是否合乎常规，往往直接地同自己交谈的效果联系在一起。在涉外交往中，不论使用自己的母语，还是使用某一种外语，都需要保持正常的语速。即既使之快慢适中、舒张有度，又令其在一定的时间内保持匀速。也就是说，语速应当相对保持稳定。这样做，不仅可以使自己的语言清晰易懂，而且还可以显示出自己成竹在胸、有条有理。语速过快、过慢或者忽快忽慢，均应力戒。

（二）称呼的使用

常用的称呼

称呼，此处指的是人们交谈时所使用的用以表示彼此关系的名称。有时，它亦被称为称谓。在涉外交往中，称呼的运用与对待交往对象的态度直接相关，对此千万不要马虎大意、随心所欲。

与外国人进行交往应酬时，尤其是在比较正式的场合，应当选用的称呼主要有如下几种。

泛尊称

泛尊称，通常是指可被广泛使用的尊称。几乎适用于任何场合，主要包括“先生”“小姐”“夫人”“女士”。应当强调的是，在称呼一位妇女时，最好根据其婚否，分别以“小姐”或“夫人”相称。若一时难以判断，则可称之为“女士”。在有的国家，“阁下”这一泛尊称也可以使用。

许多时候，泛尊称可与姓名、姓氏或行业性称呼分别组合在一起使用。例如，“康纳德·特朗普先生”“希拉里·克林顿女士”“梅德韦杰夫先生”“史密斯小姐”“参议员先生”“秘书小姐”等。它们一般使用于较为正式的场合或初次交往应酬之时。

荣誉性称呼

在人际交往中，若交往对象拥有在社会上备受重视的学位、学术性头衔、专业技术性头衔、军衔、爵位，例如“博士”“教授”“医生”“律师”“法官”“工程师”“将军”“公爵”等，均可用作称呼。

有时，此类荣誉性称呼还可以与姓氏、姓名分别组合在一起使用。例如，“乔治·马歇尔教授”“黑格将军”，等等。

公务性称呼

在公务活动中，一般可以直接以对方的职务相称。例如，可称其为“部长”“总理”“经理”“总裁”“科长”“主任”等。不过，有的国家并不习惯采用此类称呼。

平时，此类公务性称呼，可以分别与泛尊称、姓氏、姓名组合在一起使用。例如，“普京总统”“马克龙总统”“特鲁多总理”“默克尔总理”，等等。

一般性称呼

一般性称呼，主要适用于普通场合，即直接称呼他人的姓氏或姓名。例如，“希拉克”“鲍威尔”“麦当娜”“塞缪尔·亨廷顿”“亨利·米勒”，等等。

特殊性称呼

特殊性称呼，在涉外场合中主要是指对于王室成员或神职人员的专门性称呼。例如，“陛下”“殿下”“王后”“公主”“教皇”“大主教”“神父”“牧师”“阿訇”“拉比”，等等。

必须强调的是，在涉外交往中自称或称呼他人时，有以下两类称呼切勿使用。

（1）不要使用容易产生误会的称呼。例如，“老外”“爱人”“同志”“小鬼”“老人家”，等等。

（2）不要使用具有侮辱歧视性质的称呼。例如，“黑人”“鬼子”“洋妞”“老毛子”，等等。此外请注意，若与交往对象仅有一面之交，一般不宜直呼其名。

（三）内容的选择

在进行交谈时，最重要的当推其具体内容。在与外国友人进行交谈，特别是与其进行较为自由的非正式交谈时，必须对其内容斟酌再三。

适选的内容

与外国友人交谈，显然有必要发出中国好声音、讲述中国好故事、传播中国正能量。此外，还须对交谈的内容有所斟酌。一般认为，与外国友人交谈之时，适合选择以下四个方面的具体内容。

（1）对交谈对象的祖国表示敬意的内容

任何一个国家，都拥有自己光荣的历史、优良的传统、特殊的习俗、杰出的文化、突出的成就。在与外国人交谈时，倘若涉及这方面的内容，无疑会令对方感到自豪和愉快。

（2）格调高雅的内容

世人皆知：“言为心声”，一个人说话之时涉及的具体内容，自然与其思想境界相关。因此，在与外国人交谈时，宜选哲学、历史、地理、文学、音乐、绘画、建筑等格调高雅的内容。

（3）欢快轻松的内容

有些时候，特别是在非正式场合跟别人闲聊时，往往不宜选择过于深奥、枯燥、沉闷的话题，以防曲高和寡、令人不悦。此时此刻，不妨谈论一些令人感到欢快的内容，例如，娱乐、休闲、时尚、影视、赛事、烹饪等。有时，亦可以天气作为交谈的具体内容。

（4）交谈对象确有所长的内容

常规的人际交往，应当以交往对象为中心。在交谈中直接向交谈对象进行讨教，不仅可以找到对方感兴趣的内容，而且还可以借机向对方表达自己的敬意。只要讨教的具体内容确为对方之所长，通常都会令其倍感受到重视。

忌选的内容

务请切记：下列七个方面的内容，是在与外国友人交谈时必须主动予以回避的。

（1）涉及对方所在国家内部事务

在国际交往中，既然讲究互相尊重国家主权，那么就不应该对别国的内部事务说长道短。必须切记：客不责主！在交谈中，切勿干涉他国的任何内部事务。

（2）涉及对方自身弱点与短处

任何一个有自尊心的人，都不会希望自身的弱点与短处被别人当众曝光。即使是对此表示关心，往往也会令对方深感不快。

（3）涉及对方个人隐私

外国人普遍讲究个人至上，其个人隐私绝对不容干涉。在与其交谈时，对于此类内容切勿主动涉及。

（4）涉及他人短长

一般而言，在背后对其他人进行非议，是许多外国人深为忌讳的。他们认为，唯有品德不良的人，才会在背后飞短流长，议论别人。

（5）涉及庸俗下流

在与外国友人交谈时，对于一切低级下流的，特别是与色情相关的内容，均不宜有所涉及。

（6）涉及凶杀惨案

凶杀、惨案、灾祸、疾病等令人不快不安的内容，外国人通常在交谈时会避免涉及。他们认为，谈论这方面的内容，可能说明自己心理不健康，而且也是对受灾、受难、患病者的不尊敬。

（7）涉及政治、宗教或民族事务

外国人通常认为，政治倾向、宗教信仰、民族认同均属十分敏感的私人问题，故此不应予以干涉。在谈话中涉及此类问题，显然不妥。

（四）打电话的常规

在国际交往中，电话是人们经常使用的主要通信工具。在涉外交往中使用电话时，通常必须认真遵守下述几个方面的礼仪规范。

斟酌通话的时间

打电话时应当注意的时间问题，具体又可以分为两个方面。

（1）通话时间的选择

在一般情况下，与外国友人通话时，不宜有碍其工作、生活和休息。因公与其通话时，最好不要选择对方下班之后的时间；因私与其通话时，则尽量不要占用对方上班的时间。

此外，还应当注意到通话对象所在国与我国存在的时差问题。若无要事相告，则千万不要在节假日或对方休息、用餐的时间给对方打电话。

（2）通话的时间长度

与外国友人通话时，在时间长度上应自觉地有所限制。应当做到有备而谈、长话短说，并且删繁就简。可能的话，一次通话的时间最好不要超过三分钟。没话找话，絮絮叨叨，随想随说，通话时间过长，都是打电话之大忌。

检点通话的表现

人们在通电话时，虽然未必能够见面，但其此时此刻的种种表现，仍然与每个人的自身形象密切相关。欲使自己在通话时表现得体，至少需要注意如下几点。

（1）发话人的表现

当自己作为发话人主动拨打电话时，首先要使用必要的礼貌用语。电话接通后，首先要问候对方“你好”，接下来必须主动自报家门。如果电话需要接转，或是需要受话人代找某人，切勿忘记以“请”相求，并且一定要向对方道谢。如果通话时中途掉线，或是拨错了号码，则当时就要主动承担责任，并向有关人员致歉。在通话结束前，先要对受话人道一声“再见”，随即方可双手轻轻地将电话挂上。

（2）受话人的表现

倘若自己是受话人，则在接听电话时，必须处处以礼待人。可能的话，最好要在电话铃响三次左右时去接听电话。万一因故难以分身而使对方久等，则务必向对方讲明原因，并且道歉。接听电话之初，通常亦应先说“你好”，然后再略做自我介绍，以便对方确认是否拨错号码。若对方拨错了号码，要耐心地向对方说明。若发话人找的不是自己，可及时代为寻找对方所要找的人。要是那个人不在的话，应向对方说明，并询问对方要不要自己帮忙。对方若请自己传一个口信的话，一定要当场笔录下来，并且复述一遍。在通话结束时，不要忘记说“再见”，不要抢先挂断电话。在一般情况下，应由通话双方之中地位较高的一方负责中止通话。

规范手机的使用

在涉外交往中，使用手机是非常普遍的。重要的是，使用手机时一定要注意以下四点。

（1）不妨碍别人

在一切公共场所及办公地点，都应当使手机“禁声”，至少也不应使其噪声扰人。

（2）不有碍安全

在乘坐飞机、驾驶汽车、经过加油站或前往医院探视病人时，均不得使用手机，否则将有碍自己与他人的人身安全。

（3）**不怠慢他人**

不论是拜访他人、接待来宾，还是在其他场合参加聚会时，都不要在他人面前使用手机。将其放在面前的桌面上或反复查看，也有对他人心不在焉之嫌。

（4）**不滥用附加功能**

有必要使用手机的短信、微博、微信、推特、拍照、录像、上网以及其他功能时，必须合法，必须入乡随俗。再者，使用手机时，还须谨防其泄密。

四、娱的礼仪

在涉外交往中，往往会特意为交往对象安排一些文娱活动。不论组织还是应邀参加此类活动，都应当掌握有关的礼仪规范。下面，将重点介绍有关文艺晚会、交谊舞会、游览观光等的礼仪规范。

（一）文艺晚会

文艺晚会，简称为晚会。它所指的一般是晚上所举行的以综艺性文艺演出为主要内容的联欢性集会。在涉外交往中，特别是在接待外国贵宾时，为其专门组织一场文艺晚会，不仅是提供一项娱乐活动，而且也是给予对方的一种礼遇。

有关文艺晚会的礼仪规范主要涉及节目的安排、座位的选择、具体的程序、出席的须知四个方面。

节目的安排

为外宾所组织的文艺晚会，必须要事先精心安排好节目。安排节目的基本原则有六。

（1）考虑外宾来访的性质。
（2）兼顾双方的相互关系。
（3）尊重外宾的风俗习惯。
（4）照顾外宾的特殊爱好。
（5）宣传本国的传统文化。
（6）符合己方的实际能力。

一般而言，晚会上演出的节目应以具有本国特色的音乐、歌曲、戏剧、舞蹈为主。必要之时，可以加演一两个来宾所在国家的知名节目或来宾本人喜爱的节目。为了保证质量，避免问题，应在正式演出前组织专人审看节目。在演出时，还应印制专门的节目单，并保证人手一份。在节目单上，最好对节目的内容略做介绍，以便外宾有所了解。

座位的选择

为了便于外宾欣赏节目，有必要为其选择适宜观看演出的座位。选择座位时，重点应当兼顾下列四个方面。

（1）**便于进行安全保卫**

在接待重要外宾时，此乃头等重要之事。

（2）**座位应当视野最佳**

一般而言，在正规的剧场内观看文艺演出，通常最好的座位在第七排至第九排之间，并以其中间的座位为佳。

（3）**安排宾主集中就座**

宾主届时若分散就座，或者仅请外宾自己观看而无人作陪，是不合乎礼仪的。

（4）**进场、退场比较方便**

外宾就座之处，应当进场、退场均较为方便。

倘若上述选择座位的条件难于满足，则宁肯不做安排，也不要勉为其难。

具体的程序

在一般情况下，为外宾安排的专场文艺晚会，大致应当包括下列程序。

（1）在外宾抵达时，礼宾人员与陪同人员应在剧场门口迎候。

（2）宾主一起进入休息厅后，可稍事休息与交谈。

（3）主人陪同外宾步入剧场就座时，其他观众应起立鼓掌欢迎。

（4）文艺演出正式开始。

（5）演出结束，主人应陪同外宾一起走上舞台，向演员献花，并且与主要演职人员见面、合影。

（6）主人陪同外宾退场时，演职人员与其他观众一起欢送。

出席的须知

出席涉外性质的文艺晚会时，通常应当注意以下五点。

（1）**打扮文雅大方**

在置身于此种场所时，一般不允许身着便装，穿着不宜过于随意。

（2）**提前进场就座**

演出一旦开始，便不准再进场寻找座位，在演出期间也不得提前退场。

（3）**不准制造噪声**

交谈、走动、吃东西、打电话、手机乱响，都是有碍演出效果的。

（4）**不准拍照、摄像**

在文艺晚会上随意拍照、摄像，不但会影响其他人的观看，而且还有可能会侵犯演出方的著作权。

（5）**尊重演员劳动**

不允许在观看演出时乱喊乱叫；乱鼓掌乱跺脚，乱扔东西，乱往台上跑，乱对演员或节目加以评论，亦为失敬。

（二）交谊舞会

交谊舞会，又称交际舞会，它是指以社交为主要目的而举办的舞会。在涉外交往中，它一向被视为高雅而重要的社交联谊活动形式之一，因此涉外人员有必要对舞会礼仪规范有所了解。

▌舞会举办的时间

在一般情况下，涉外性质的交谊舞会既可以单独举办，也可以作为宴会、晚会的压轴节目。比较而言，单独举办的交谊舞会显得更加正式一些。根据惯例，交谊舞会应当安排在晚间举办。每场交谊舞会的具体时间长度一般以两个小时左右为宜。人们普遍认为，晚上 7 点至 9 点，或者 8 点至 10 点，是最适合举办交谊舞会的时间。没有特殊的原因，一场正规的交谊舞会不宜长于两个小时，而且也不应当延续到子夜时分。

为了便于控制交谊舞会举行的时间，并且使全体舞会的参加者对此有所了解，舞会的主办者有必要提前选定舞会的曲目。它不仅应当快慢交错、风格独具，而且还应当与既定的时间长度大体相称。按照国际惯例，凡交谊舞会大都以《友谊地久天长》这首舞曲作为结束曲。当这首舞曲奏响时，舞会的参加者们便会意识到：自己需要跟朋友们道别了。

▌舞会参加的人员

组织一场交谊舞会，必须对具体的参加人员进行精心的选择。一般而论，参加交谊舞会的人员大致上可以分为以下三个部分。

（1）**来宾**

一般认为，来宾的多少与其个人身份的高低，决定着舞会的档次。确定来宾的名单后，应提前向对方发出正式的请柬。根据惯例，邀请每位来宾时，须同时请其再邀请一位异性一同前来。之所以这样做，主要是为了确保舞会的全体参加者在性别上大体保持比例的均衡。

（2）**主人**

任何一场正式的交谊舞会，都必须拥有一位名义上的主人。因公举办交谊舞会时，应以举办单位的正职负责人为舞会的主人；因私举办交谊舞会时，则大都由男主人充当舞会的主人。在任何情况下，舞会的主人都不应当是单身。无论如何，都要约请一位异性届时与其一同合作，担任男主人或女主人。

（3）**工作人员**

舞会的工作人员，主要包括礼宾人员、接待人员、安全保卫人员、舞曲演奏人员、音响与灯光工作人员等。倘若应邀参加交谊舞会的来宾多为单身时，还可酌情约请一些异性，临时充当对方的舞伴。

对于全体舞会的参加人员，都要提前一一予以落实。特别重要的是，在向全体来宾发出约请时，一定要考虑舞会举办场地的实际容纳能力。来宾人数过多或过少，而与舞场的大小不相称，都会令人扫兴。

舞会临场的表现

在参加交谊舞会时，不论自己身为主人还是身为来宾，均须令自己临场的表现合乎礼仪、令人称道。

（1）重视服饰仪表

在参加舞会前，一定要换着一套干净整洁的服装。男士可以穿西装，女士可以穿裙装。在一般情况下，不宜穿便装，也不要穿有碍于跳舞的服装。与此同时，人人都要修饰仪表。男士应当梳理好头发，剃去胡须；女士则应当在做好发型的同时，进行认真的化妆。大家都应剪好指甲，并在必要时剪短鼻毛。最好再提前洗一次澡。

（2）邀约舞伴得法

在涉外舞会上，邀约舞伴一定要合乎国际惯例。通常，应由男士主动邀请女士，但女士可以婉拒；女士也可以邀请男士，但男士不得予以拒绝。同性一般不宜共舞。在舞会上，头一支舞曲必须同自己约请参加舞会的异性共舞。此后，即应通过交换舞伴，去扩大自己的交际面。一般来说，只能请一位异性跳一支舞曲。在邀请舞伴时，首先要征得其同意。不要勉强对方，更不能争抢舞伴或是跳舞中途换人。

（3）充分尊重异性

在舞会上遇到熟人或与某人结识，一定要争取邀请对方或与其一同参加舞会的异性一次。来宾最好请一次主人，主人则务必请一次重要的来宾。最好不要回绝他人的邀请。非那样做不可时，则应当婉言相告。在与他人共舞时，言行一定要检点，不可失敬于对方。对自己的舞姿与双方身体之间的距离，尤其需要注意。一曲舞毕，男士应将女士送回原处，并向其道谢。此外，当乐队奏完一支舞曲后，全体跳舞者须先在原地立定，面向乐队鼓掌致谢后，方可离去。

（三）游览观光

游览观光，有时亦称观光游览，它一般是指参观风景、名胜，特别是前往外国或外地进行参观。

为外宾安排游览观光

在涉外交往中，为应邀来访的外国客人适当地安排一些游览观光活动，既可以调剂对方的生活，也可以借此机会使对方进一步了解东道国的历史文化、风土人情和建设成就。人们早已公认，它是有利于对外宣传和对外树立形象的一项重要活动。

在为外国客人安排游览观光时，大体上需要做好以下几方面的具体工作。

（1）**选择好具体地点**

在为外国客人安排游览观光的具体地点时，要兼顾对方的兴趣与我方的条件，并且以我方为主。事先最好征得外方同意，并向我方其他的有关部门与接待单位进行通报。

（2）**安排好陪同人员**

在进行游览观光之前，东道主务必安排好称职负责的陪同人员、翻译人员、安全保卫人员、司机以及其他辅助性工作人员。若外宾身份较高，则应安排身份与之对等者出面陪同或接待。

（3）**联系好交通工具**

在本地进行参观时，要提前准备好车辆与船只。它们既要大小适度、舒适方便，又要性能良好、安全快捷。在前往外地进行参观时，则一定要先期定妥机票、车票或船票，在网上提前购买预定参观场所的门票，并联系好当地前来迎接的车辆。

（4）**准备好讲解介绍**

在进行参观前，不仅要安排好称职的讲解人员，而且还要要求其根据外宾的特点进行具有针对性的介绍。全体陪同人员亦应对参观地点的特殊之处耳熟能详，以便在为外宾答疑时可以对答如流。

此外，对于天气变化、交通状况、膳宿问题，往往也需要有所考虑，以便有备无患。

我方人员出国游览观光

在国外进行游览观光时，我方人员通常有如下三点注意事项。

（1）**穿着得体**

按惯例，游览观光时宜着便装。即使穿西装，也一般不要系领带。不论穿什么服装，都要干净整洁。有些地方对参观者的衣着会有一定的要求，如要求脱鞋、不得过于裸露等，届时一定要认真遵守。

（2）**行为检点**

在国外参观时，务须遵守有关规定，检点自己的举止。不要吸烟、吐痰、乱扔废物，不要采折花木、逗捕动物，不要乱涂、乱刻，不要乱爬、乱蹬，不要践踏草坪，不要乱摸、乱拿。在要求肃静的场所，切勿大声喧哗。

（3）**摄录慎重**

国外的不少风景、名胜，往往禁止摄影、录像。此类场所，一般都有明显的禁止摄影、录像或禁止使用闪光灯的标志。对此务必观察清楚，并严守规定。国外的私宅、军营与许多公共场所，往往禁止外国人摄影、录像。在未经同意的情况下拍摄外国人的活动，往往也会招惹是非。

五、赠的礼仪

赠送、接受礼品的礼仪

在涉外交往中，交往双方往往会遇上对方以礼相赠的情况。在许多涉外场合，“礼尚往来”是十分必要的。在涉外交往中，赠送外国友人的礼品，意在表达我方对对方的尊敬友好之意。而要争取做到这一点，就不能不遵守有关赠送礼品的礼仪规范。

一般而言，赠送礼品的礼仪规范，主要包含礼品的挑选、馈赠的方式、礼品的接受三个方面的内容。

（一）礼品的挑选

在馈赠行为中，主角自然非礼品莫属。倘若挑选礼品时不讲章法、敷衍了事，要想使馈赠取得成功肯定就是空谈。

指导原则

在挑选赠送给外国友人的礼品时，一般在指导思想上必须恪守以下四项基本原则。

（1）突出礼品的纪念性

在涉外交往中，送礼依然要讲究“礼轻情义重”。有时，“江南无所有，聊赠一枝春”，往往更受对方的欢迎。因为在许多国家，都不时兴赠送过于贵重的礼品。如果礼品过于贵重，则很可能会让受礼者产生受贿之感，甚至被其法律所明文禁止。

（2）体现礼品的民族性

有人曾说：“最有民族特色的东西，往往就是最好的礼物。”向外宾赠送礼品，其实也是一样。中国人司空见惯的风筝、笛子、剪纸、筷子、抽纱、织锦、图章、书画、茶叶、唐装、旗袍等，一旦到了外国人手里，往往便会备受青睐，甚至身价倍增。

（3）明确礼品的针对性

送礼的针对性，是指挑选礼品应当因人、因事而异。因人而异，在此指的是选择礼品时，务必充分了解受礼人的性格、爱好、修养与品位，尽量使礼品受到受礼人的欢迎。因事而异，在此指的则是在不同的情况下，向受礼人所赠送的礼品应当有所不同。例如，在国务活动中，宜向国宾赠送鲜花、艺术品。在出席家宴时，宜向女主人赠送鲜花、土特产和工艺品，或是向主人的孩子赠送糖果、玩具。在探视病人时，则宜向对方赠送鲜花、水果、书刊、CD等。

（4）重视礼品的差异性

向外国人赠送礼品，是绝对不能有悖于对方的风俗习惯的，涉外人员应当务必将此点视为送礼之时的头等大事。此即涉外礼品的差异性问题。要解决好这一问题，就要对受礼人所在国风俗习惯有所了解，并且在挑选礼品时，主动回避对方有可能存在的下述七个方面的禁忌：一是与礼品品种有关的禁忌；二是与礼品色彩有关的禁忌；三是与礼品图案有关的禁忌；四是与礼品形状有关的禁忌；五是与礼品数目有关的禁忌；六是与礼品包装有关的禁忌；七是与礼品寓意有关的禁忌。这七个方面的禁忌，有时亦称“涉外交往择礼七忌”。

忌送之物

在为外国友人挑选礼品时，除了应当严守以上四项基本原则之外，还应当了解：下列八类物品一般不宜被选作送给外国人的礼品。

(1) 一定数额的现金、有价证券

一些国家明确地规定，在对外交往中必须拒收现金与有价证券。因为人们普遍认为，接受这类礼品难免有受贿之嫌。

(2) 天然珠宝与贵重金属首饰

忌送此类物品，究其原因，与第一类物品大体相似。

(3) 药品与营养品

在国外，身体健康状况乃属“不可告人”的个人隐私。因此，将药品与营养品赠送给外国人，通常都是不受对方欢迎的。

(4) 广告性、宣传性物品

将带有广告词、宣传用语或明显的公司标志的物品送给外国人，往往会适得其反，被对方误解为是在利用对方，或是借机进行商品推销或广告宣传。

(5) 易于引起异性误会的物品

在向关系普通的异性送礼时，千万不要弄巧成拙地误送示爱的物品或对对方不恭的物品。

(6) 为受礼者所忌讳的物品

在送礼时，若礼品有违受礼者的宗教禁忌、民族禁忌、职业禁忌或个人禁忌，自然也会功亏一篑。

(7) 涉及国家机密或商业秘密的物品

若将此类物品随意赠予外国人，不论自己有意还是无意，都有损于国家利益或本单位的利益，而且还有可能触犯法律。

(8) 不道德的物品

将不道德的物品送给别人，不但坑人，而且也会害己，因而是绝对应当禁止的。

以上八类不宜送给外国人的物品，亦可称之为“涉外交往八不送”。

(二) 馈赠的方式

向外籍人士赠送礼品，不仅要重视具体品种的选择，而且一定要注意赠送礼品时的具体方式。

根据礼仪惯例，涉外交往中馈赠的方式，具体是指在礼品的包装、送礼的时机、送礼的途径等三个方面必须表现得中规中矩。

重视礼品的包装

以前，中国人送礼，往往是只重货色，而不重包装的。不论多么高档的礼品，大都“赤条条来去无牵挂”，或者顶多用报纸一包、硬纸盒一装了事。这种做法，是不符合国际惯例的。

在国际交往中，礼品的包装是礼品的有机组成部分之一。它被视为礼品的外衣，在送礼时绝对不可或缺。否则，就会被视为随意应付受礼人，甚至还会导致礼品自身因此而“贬值”。

有鉴于此，送给外国友人的礼品，一定要事先进行精心的包装。包装时所用一切材料，都要尽量择优而用。与此同时，送给外国人的礼品的外包装，在其色彩、图案、形状乃至缎带结法等方面，都要与尊重受礼人的风俗习惯联系在一起考虑。

把握送礼的时机

依照国际惯例，把握送礼的最佳时机，最重要的是要对具体情况进行具体的分析。在涉外交往中，由于宾主双方关系不同，具体所处的时间、地点以及送礼的目的不同，送礼的具体时机自然也不能以不变应万变，不宜千篇一律。

(1) 在会见或会谈时，如果准备向主人赠送礼品，一般应当选择在起身告辞之时。

(2) 向交往对象道喜、道贺时，如拟向对方赠送礼品，通常应当在双方见面之初相赠。

(3) 出席宴会时向主人赠送礼品，可在起身辞行时进行，也可选择餐后吃水果之时。

(4) 观看文艺演出时，可酌情为主要演员预备一些礼品，并且在演出结束后登台祝贺时当面赠送。

(5) 游览观光时，如果参观单位向自己赠送了礼品，最好当场向对方适当地回赠一些礼品。

(6) 为专门的接待人员、工作人员准备的礼品，一般应当在抵达当地后尽早赠送给对方。

(7) 作为东道主接待外国来宾时，如欲赠送一些礼品，可在来宾向自己赠送礼品之后进行回赠。也可以在外宾临行的前一天，在前往其下榻之处进行探访时相赠。

区分送礼的途径

送礼的途径，此处是指如何将礼品送交受礼者。在涉外交往中，送礼的途径主要被区分为以下两种：其一，当面亲自赠送；其二，委托他人转送。这两种送礼的途径，往往适用于不同的情况。有时，它们各自往往还有某些特殊的要求。

在一般情况下，送给外国友人的礼品，大都可以由送礼人亲自当面交给受礼者。

有些时候，例如，向外国友人赠送贺礼、喜礼，或者向重要的外籍人士赠送礼品，亦可专程派遣礼宾人员前往转交，或者通过外交渠道转送。

如果有必要，礼品可以在相关的重要活动开始之前被送达受礼者的手中。

通常，送给外国友人礼品时，尤其是委托他人转送给外国友人礼品时，应附上一枚送礼人的名片。它既可以放在礼品盒之内，也可以放在一枚写有受礼者姓名的信封里，然后再设法将这枚信封固定在礼品的外包装之上。此亦国际惯例。

有可能的话，尽量不要采用邮寄或快递的途径向外国友人赠送礼品。

（三）礼品的接受

在涉外交往中接受外国友人所赠送的礼品，我方人员大致上有如下四个方面的问题需要注意。

欣然接受

当外国友人向自己赠送礼品时，一般应当大大方方、高高兴兴地接受下来，没有必要跟对方推来推去，或过分地进行客套。在接受受赠的礼品时，应当起身站立、面含笑容，以双手接过礼品，然后与对方握手，并且郑重其事地为此而向对方道谢。在接受礼品时，面无任何表情，用左手去接礼品，或者接受礼品后不向送礼人致以谢意，都是非常失礼的表现。

启封赞赏

在国际社会，特别是在许多西方国家里，受礼人在接受礼品时，通常大都习惯于当着送礼人的面，立即拆启礼品的包装，然后认真地对礼品进行欣赏，并且对礼品适当地赞赏几句。这种中国人以前难以接受的做法，已经逐渐演化为受礼人在接受礼品时所必须讲究的、国际社会通行的一种礼貌。在许多国家，接受礼品之后若不当场启封，或是暂且将礼品放在一旁，都会被视为失礼之至。在涉外交往中接受礼品时，对此务必予以注意。

拒绝有方

一般而言，外国人赠送的以下五类物品不宜接受：

（1）违法、违规、违俗、违禁物品。

（2）有辱我方国格、人格的物品。

（3）可能使双方彼此产生误会的物品。

（4）价格过分昂贵的物品。

（5）一定数额的现金、有价证券。

如果不能接受外方赠送的礼品，应当即向对方说明原因，并且将礼品当场退还。可能的话，最好不要在外人面前那么做。若对方并无恶意，在退还或拒绝礼品时，还须对对方表示感谢。

▌事后致谢

在接受外方人员赠送的礼品后，尤其接受了对方所赠送的较为贵重的礼品后，最好在一周之内写信或打电话给送礼人，向对方正式致谢。若礼品是由他人代为转交的，则上述做法更是必不可缺的。以后有机会再与送礼人相见时，不妨在适当之时，再次当面向对方表示一下自己的谢意；或者是告诉对方，他所送给自己的礼品，自己不仅十分喜欢，而且还经常地被自己所使用。这种令对方感到他的礼品“物有所值”、备受重视的做法，会令对方极其开心。

六、译的礼仪

翻译应具备的素质

在涉外活动中，翻译的确切称呼应当是涉外翻译，亦称外事翻译。它的含义是：在对外交往中，将一种语言文字的意思用另外一种语言文字表达出来。

众所周知，目前世界上有200多个国家和地区，近2 000个民族，所使用的语言文字多达三四千种。一个不容回避的客观现实是，语言文字相同的国家、地区和民族，可以直接进行交流；但语言文字不同的国家、地区和民族要进行交流、往来，就必须借助于翻译。

在涉外活动中，我方人员必然要同外方人士进行口头或书面的对话。若双方语言文字相通，就可以直接交流彼此的想法和看法；若双方语言文字不通，则必须借助于翻译。由此可见，翻译工作在外事活动中发挥着双向转换语言文字、消除交往障碍、传递双方信息的重要作用。

就礼仪规范而言，要做好涉外翻译工作，必须在提高自身素质、注意临场发挥这两个方面多下功夫。

（一）提高自身素质

在涉外活动中，每一名翻译既是专职翻译，又是外事工作者。此种特殊的双重身份，要求翻译不仅需要具备专职翻译的素质，而且还需要具备外事工作者的素质。具体而言，对政治坚定、业务过硬、准备充分、知识面宽这四个方面的要求，每一名尽职尽责的翻译都要努力争取做到。

政治坚定

在涉外活动中，每一名翻译都必须具有坚定正确的政治立场。做不到这一点，便难以成为一名称职的翻译。对翻译而言，政治上的坚定具体应当体现于下述三个方面。

(1) 站稳立场

在具体工作中，外事翻译必须忠于祖国，忠于人民，忠于政府。与此同时，还必须热爱党，热爱社会主义，维护本国、本政府、本单位的利益。这一原则立场，绝对不可动摇。

(2) 掌握政策

对于中国党和政府的路线、方针、政策，尤其是中国的外交、外事政策，外事翻译不仅要及时了解、认真学习，而且还应当深入体会、全面理解、忠实执行。

(3) 提高警惕

在从事翻译工作的具体过程中，翻译一定要遵守外事纪律，严守外事机密，保持高度的政治敏锐性，在任何情况下，都不得将我方内部情况向外方人士随意泄露。

业务过硬

做好翻译工作，业务过硬是自不待言的。业务上过硬，在此主要是指精通语言文字，达到专业标准，并且讲究职业道德。

(1) 精通语言文字

要做一名合格的翻译，首先必须具有深厚的语言文字功底。具体来讲：其一，翻译至少应当精通一门外语，并且最好还能再掌握第二门、第三门外语。其二，翻译必须拥有较高的本国语言文字修养，不但要精通现代汉语，而且还应该精通古代汉语。其三，翻译还应掌握一定的翻译技巧。

(2) 达到专业标准

早在 1896 年，我国近代著名翻译家严复就提出了翻译的三条专业标准：信、达、雅。所谓信，意即忠于原文，翻译准确；所谓达，意即译文通顺，翻译流畅；所谓雅，意即语言典雅，翻译优美。直到今天，这些标准仍然对翻译工作起着重要的指导作用。需要强调的是，在翻译工作中，必须将信置于首位，同时对达、雅予以兼顾。

(3) 讲究职业道德

作为一名翻译，必须严格遵守职业道德，对下述五点尤须特别注意：其一，不得忘记身份，喧宾夺主。其二，不得任意删改，偷工减料。其三，不得滥竽充数，不懂装懂。其四，不得随心所欲，篡改原话原意。其五，不得生编滥造，无中生有。

准备充分

要做好翻译工作，事先做好必要的准备乃是一个重要的步骤。在一般情况下，准备工作做得越好，完成翻译任务的把握就越大。对口译工作而言，情况则更是如此。

翻译的准备工作，特别是口译准备工作的具体范围甚广。在通常情况下，它主要包括下述五个要点。

（1）明确具体任务

在翻译工作开始之前，应当对具体的翻译任务加以明确。有可能的话，还应当对翻译的基本内容、服务的主要对象，以及工作的具体时间和地点予以明确。

（2）了解相关环节

在遵守有关规定的前提下，翻译人员应当对本人工作的基本环节有所了解，以便为每项具体环节所有可能涉及的内容或问题提前做好翻译上的准备。

（3）熟悉有关背景

对于翻译对象的有关背景，例如，其个人特点，双边关系，我方意图，近期大事，国内外政治与经济发展的新动向、新问题，都应当尽可能地予以熟悉。

（4）适应现场环境

如果条件允许，翻译人员应当提前到达工作现场，以便对有关工具、设备进行调试或者试用，并做好其他有关的临场准备工作。

（5）掌握语言特点

对于有关作者的写作特点，有关人员的口音特征，有关语言文字在翻译方面的主要疑难之处，翻译人员亦应尽量加以掌握。

知识面宽

一名称职的翻译人员，必须具有丰富的专业知识与社会知识。唯其如此，才能使自己在具体工作中得心应手，游刃有余。下述四点翻译人员尤须重视。

（1）学习国学知识

从事翻译工作，一定要具备有关中国传统文化的知识。对有关名著、典章、制度、人物、诗词、谚语、习俗等，都应当努力学习掌握，加强积累。

（2）学习国际知识

从事翻译工作，还必须努力学习与本职工作有关的国际知识。通过学习，了解相关交往对象，开阔视野，提高翻译工作水平。

（3）学习外事知识

对于与涉外工作有关的一切知识，翻译人员都要认真学习，以求精益求精，更好地担负起翻译工作的重任。

（4）学习当今时事

对于当今时事政治、国内外大事，翻译人员均应了如指掌，并且能够迅速地判明其是非曲直。

（二）注意临场发挥

在许多情况下，翻译的临场表现十分重要。在从事翻译工作的具体过程中，每一名翻译人员既要认真遵守具体的工作规则，又要注意临场发挥。若临场表现不佳，往往会导致重大失误。

下面，将分别介绍我方口译人员与笔译人员在具体的翻译过程中所应注意的有关事项。

口译人员的注意事项

口译，又称口头翻译。它是指在涉外活动中，由译员对我方人员与外方人士的交谈、讨论或者发言，在现场即席进行口头翻译，所以说它是一种现场翻译，故口译的临场表现十分关键。

具体看来，口译主要分为如下两种：在中外双方进行交谈、讨论时，它通常表现为交替传译；而当一方人员在国际会议上发言时，它则往往表现为同声传译。

从总体上讲要做好口译工作，主要应注意下述几点。

（1）**注意个人态度**

在从事现场翻译的具体过程中，口译人员应当始终保持热情、友好、愉快、诚恳、谨慎的态度。既要旗帜鲜明地维护国家荣誉、尊重政府权威、捍卫自身利益，又要使外方人士真切地体验到我方的友善与诚意。

（2）**始终全神贯注**

在工作岗位上，口译人员必须聚精会神，恪尽职守。要确保翻译的忠实、准确，不改变其内容、本意，不擅自对其进行增减，不随意在其中掺杂个人意见。要对有关人员的谈话、发言要点做好笔记。不要主动与外方人士交谈，或为其解答问题。遇到未听清之处时，应提出或问明。在翻译确有困难时，应告知谈话人或发言人，不要主观臆断、不懂装懂、以讹传讹。对我方谈话人、发言人所具体表述的内容如有意见，可向其提出，请对方三思，但必须以其见解为最终见解。

（3）**坚持有主有次**

在现场翻译过程中，维护我方利益的具体要求之一，就是要求口译人员尊重我方在场的负责人员，并严格服从其领导。在正式会谈、谈判中，除我方主谈人及其指定发言者之外，对我方其他人员的插话、发言，只有在征得主谈人同意后，才可以进行翻译。在工作之中，若外方人士问及译员个人问题时，应适时地告知当时在场的我方负责人，并请其定夺答复与否。在这一点上，既要克服个人的无组织作风或虚荣心理，又要注意灵活掌握，以免令外方人士产生错觉。

（4）**待人有礼有度**

在接触外方人士时，口译人员既

要讲究礼仪，更要注意分寸，既要防止机械、生硬，更要防止崇洋媚外。对对方所提出的一切要求，均应及时报告上级，切忌擅自允诺或拒绝。当我方不能满足外方要求时，可转述我方负责人的意见，并做出合乎情理的解释。若外方人士发表了不正确的言论，应据实全部报告我方负责人。若对方单独向译员发表了错误见解，在对方不了解具体情况或并无恶意的前提下，可实事求是地对其做出说明；若对方确有恶意，则应坚持正确立场，义正词严地阐明我方态度；本人若存在一定难处，也可暂不作答，而迅速报请上级处置。

笔译人员的注意事项

笔译，亦称书面翻译。与口译相比，笔译的不同之处在于它以书面译文为成果，因此要求翻译工作更为正确、严谨、地道。尽管笔译人员在外事活动中通常居于幕后，但其重要程度并未因此而降低。

要做好笔译工作，一般需要对如下三点予以注意。

（1）**文字标准**

在正常情况下，笔译人员应将所接触的书面文字译为交往对象所正式使用的文字，或者是中外双方经过协议所指定的其他正式文字。不论使用何种文字，均应令其标准无误。

（2）**忠于原文**

在翻译过程中，笔译人员必须一丝不苟地忠实原文，忠于本意。为此，必须反复推敲、用词严谨。切勿随意转译，无中生有，或者肆意删减。在翻译重要文件、资料时，此点尤须注意。

（3）**集思广益**

在笔译过程中，如果遇到难题，例如，对字、词、句意难以把握时，应当不耻下问，向他人求教，以求集思广益。若他人为此求教于自己，亦应鼎力相助。

七、陪的礼仪

在涉外活动中，我方人员经常要陪同外方人士。除一些人员临时从事此项工作外，还有一些人员以此项工作为专职。不论是临时从事陪同工作还是专职从事陪同工作，都必须对其高度重视，并掌握相关的礼仪规范。

一般而言，在涉外活动中，我方人员在陪同外方来宾时主要需要注意下述两个问题。

(一) 严格要求自己

在对外交往中，我方陪同人员往往需要与外方来宾长时间相处。在外方人士眼里，我方陪同人员的个人形象往往代表着我方全体人员乃至我方单位、行业、地方、民族、国家的形象。有鉴于此，我方陪同人员在工作岗位上必须注意严于律己。

谨慎从事

外事接待工作，是体现我国外交方针、外交政策的一项重要工作，陪同则是其重要组成部分之一。因此每一名陪同人员都绝不可对自己的工作掉以轻心、麻痹大意，而应当高度重视、谨慎从事。

服从领导

不论集体活动还是单独与外方人士相处，陪同人员都必须遵守有关纪律，严格执行请示报告制度，服从上级领导。在工作中，要按照政策办事，服从国家与集体利益，切勿掺杂个人兴趣或感情。

少说多听

子曰："仁者，其言也讱。"他的本意是：善于处理人际关系者，通常都是慎言之人。众所周知，少说多听，是对全体外事人员的普遍性要求。对陪同人员来讲，它往往更具有现实意义。为防止喧宾夺主、言多语失，陪同人员在与外方人士相处时，一定要谨言慎行，既要事事争取主动，又要充分考虑自己一言一行的直接后果；宁肯不说、少说、慢说，也不胡说、瞎说、乱说。在一般情况下，要尽可能地避免发表不必要的个人意见。有道是：贵人语迟。在正式场合面对外方人士开口之前，务必先要自行斟酌一下：非要说吗？能不说吗？说了之后对方会有何感受或反应？如此三思而后言，于人于己均有益无害。

计划周全

在陪同外方人士外出或参加重要活动时，一定要布置周密，提前制订工作计划，对可能出现的情况、问题估计要充分，对对方可能提出的要求要做到心中有数。与此同时，还要采取必要的安全措施，保证外方人士的安全，避免发生令人遗憾的意外事故。

注意保密

平时，陪同人员应加强个人的政治、时事、业务学习，认真掌握有关涉外保密工作的具体规定。与外方人士共处时，要口头保密与书面保密并重。切勿在外方人士面前议论内部问题，一般不与外方讨论双方不宜讨论的问题；有关内部情况的文件、资料、笔记、日记乃至笔记本电脑，非因公尽量不要随身携带，更不要交予他人看管或直接借给他人。

▌距离适度

在与外方人士共处时，陪同人员必须不卑不亢，与其保持适当的距离。一方面，在生活上要主动关心、照顾对方，努力满足对方的一切合理要求；另一方面，则要维护自己的国格、人格，切不可与外方人士不分彼此。不要借工作之便与外方讨价还价，提出不合理要求，索取财物，或在其他方面随意求助于外方；也不要对外方的一切要求不加任何区分地有求必应。

（二）掌握陪同技巧

在陪同外方来宾的具体过程中，我方人员不但要具有高度的责任心，而且还应当掌握一定的陪同技巧。在道路行进、上下车船、出入电梯、通过房门、就座离座、提供餐饮、日常安排、业余活动等方面，特别应当遵守相应的礼仪规范。

▌道路行进

正式在路上行进时，礼仪上的位次排列可分做两种。一是并排行进。它讲究以右为上，或居中为上。由此可见，在并排行走时陪同人员应当主动走在外侧或两侧，而让被陪同对象走在内侧或中央。二是单行行进。它讲究居前为上，即应请被陪同对象行进在前。但若被陪同对象不认识道路，或道路状态不佳，则应当由陪同人员在左前方引导；引导者在引路时应侧身面向被引导者，并在必要时提醒对方“留神脚下”。

▌上下车船

在乘坐轿车、火车、轮船、飞机时，其上下的具体顺序颇有讲究。上下轿车时，通常应当请被陪同者首先上车，最后下车；而陪同人员则应当最后上车，首先下车。不过，在具体执行时，应以方便来宾为宜。上下火车时，在一般情况下，一般应由被陪同者首先上车，首先下车，陪同人员应当居后。在必要时，亦可由陪同人员先行一步，以便引导被陪同者或为其开路。上下轮船时，其顺序通常与上下火车相同。不过若舷梯较为陡峭时，则应由被陪同者先上后下，陪同人员后上先下。上下飞机时，与上下火车的讲究基本相同。

出入电梯

出入电梯的顺序

在进入电梯时，陪同人员理当照顾并服务于被陪同者。具体而言，在进入无人驾驶的电梯时，陪同者应当首先进入，并负责开动电梯。进入有人驾驶的电梯时，陪同者则应当最后入内。离开电梯时，陪同者一般应当最后一个离开。不过若是自己堵在门口，首先出去亦不为失礼。

通过房门

在通过房门时，陪同人员通常应当负责开门或关门。具体而言：一是进入房间时。若门向外开，陪同人员应当首先拉开房门，然后请被陪同者入内；若门向内开，则陪同人员应首先推开房门，进入房内，然后请被陪同者进入。二是离开房间时。若门向外开，陪同人员首先出门，然后请被陪同者离开房间；若门向内开；陪同人员则应当在房内将门拉开，然后请被陪同者首先离开房间。

就座离座

就座与离座的先后顺序，在礼仪上早就有所规定：一是同时就座离座。若陪同者与被陪同者身份相似，则双方可以同时就座或同时离座，以示关系平等。二是先后就座离座。若被陪同者的身份高于陪同者时，一般应当请前者首先就座或首先离座，以示尊重对方。

提供餐饮

在提供餐饮时，陪同者与被陪同者所受到的具体礼遇往往会存在不同。一是零点餐饮时。在单独点菜或点饮料时，按惯例陪同者应当请被陪同者首先来点。二是供应餐饮时。在上菜或者上酒水时，标准的顺序应当是：为被陪同者先上，然后再为陪同者上。

日常安排

一般而言，外方来宾的具体活动日程早已排定，陪同人员无权对其加以变更。若外方人士要求变更活动安排，陪同人士不宜擅自做主，而应当及时向上级报告，并执行上级决定。

若陪同人员发现被陪同者的活动日程的确存在不足之处，可向有关方面进行反映，但不宜直接与被陪同者就此问题进行沟通，更不宜在对方面前随意发表个人意见。

业余活动

在正常情况下，我方所接待的外方来宾在其工作之余，可在遵守我国法律的前提下进行自由活动。在必要时，我方陪同人员可为其提供方便。

若外方人士要求陪同人员为其业余活动提供建议时，陪同人员既要抱着热情、主动、积极的态度，也要具体考虑我方的有关规定、活动现场的治安状况以及活动的具体内容是否健康、合法、安全、方便。

若外方人士要求陪同人员为其业余活动提供方便时，陪同人员既要力求满足对方的合理请求，又要善于拒绝对方的不合规定、不合情理的请求。无论如何，都不允许陪同人员帮助外方人士在华从事违法犯罪的活动。

1. 怎样排定礼宾序列？
2. 在介绍他人时有什么具体要求？
3. 在交换名片时有何注意事项？
4. 在与外国友人交谈时应如何选择其具体内容？
5. 在舞会上邀请舞伴时有何基本礼仪规范？
6. 哪些物品不宜作为礼品送给外国友人？
7. 翻译人员应如何提高自身素质？
8. 陪同人员应掌握哪些基本技巧？

下编　各国礼仪习俗

《礼记》上说："礼从宜，事从俗"在学习涉外礼仪时，除需要掌握通行于国际社会的国际交往惯例之外，还必须对各国大相径庭、形形色色的具体礼仪习俗有所了解。此二者之间的关系，实际上也是共性与个性的关系：共性寓于个性之中，个性则又反映着共性。在涉外交往中，若只了解国际交往惯例，而对各国礼仪习俗知之甚少，则不仅难于深入理解、贯彻、操作国际交往惯例，而且还往往会使"入乡随俗""客随主便""相互尊重"成为空谈。

有鉴于此，本编专门撰写了有关各国礼仪习俗的内容，以供学习和参考。在这一部分中，被介绍的共有50个国家。它们有的是我国的友好国家，有的是我国的重要贸易伙伴，有的是我国的近邻，有的则在国际性、地区性事务中具有一定的影响。

对这50个国家的礼仪习俗的介绍，均各自分为基本概况、社交礼仪、服饰礼仪、餐饮礼仪、习俗禁忌五个部分。之所以如此进行划分，主要是为了便于读者对这些国家的具体的礼仪习俗能够有一个较为全面的认识，并且有助于与这些国家的人员进行各种交往。

由于国际交往中各个国家之间的相互影响，以及宗教、民族、语言、文化和历史诸方面的原因，在所介绍的50个国家的礼仪习俗之中，往往会有一些大同小异之处，甚至还有极个别的完全雷同的地方，为了使介绍求全、求准、求细，故不避此类"似曾相识"的情节。

在50个国家的顺序排列上，为系统起见，特分为五章，按亚洲、非洲、美洲、欧洲、大洋洲这一国内约定俗成的排列方法进行排列。在本编的各章之中排列具体的国家顺序时，则采取了按其各自国名的汉语拼音的第一个字母的先后顺序为序的方法。

第四章 亚洲国家

亚洲的全称，是亚细亚洲。“亚细亚”一词，来源于古代西亚等地古人的闪米特语，意思是“东方日出的地方”。相传，这个名称是由古代腓尼基人所起的。

亚洲位于东半球的东北部，东濒太平洋，南临印度洋，北滨北冰洋，西达大西洋的属海地中海和黑海。亚洲面积为 4 400 多万平方公里，占世界陆地总面积的 29.4%，是世界面积最大的一个洲，也是世界上跨纬度最广的一个洲。

亚洲地形以山地、高原为主，它们约占全洲面积的四分之三。其平均海拔近 950 米，地形起伏很大。它的地势中部高，四周低。亚洲是世界上大江、大河汇集最多的大陆，并拥有世界最高峰珠穆朗玛峰和最低的洼地死海。

2016 年，亚洲的总人口约为 44.63 亿，占世界总人口的 60%，是世界人口最多的一个洲。其居民主要是黄种人，占全洲人口五分之三以上；其次为白种人和黑种人。全洲大小民族、种族共有约 1 000 个，约占世界民族、种族总数的一半。其中既有拥有十几亿人口的汉族，也有人数仅几百人的民族或部族。

亚洲还是世界文明古国中国、印度和巴比伦的所在地，同时也是世界三大宗教基督教、伊斯兰教和佛教的发源地。

亚洲现有 47 个主权国家。按其地理位置，亚洲可以分为东亚、东南亚、南亚、西亚、中亚以及外高加索等几个次区域。中国属于亚洲国家，并位于东亚。截至 2017 年底，与中国建立了正式外交关系的亚洲国家为 45 个，仅不丹未与中国建立外交关系。

一、阿富汗

（一）基本概况

阿富汗的正式名称，是阿富汗伊斯兰共和国。它位于亚洲的中西部地区，东部与中国为邻，北部连接乌兹别克斯坦、塔吉克斯坦、土库曼斯坦，西部同伊朗接壤，南部与东南部则和巴基斯坦交界。阿富汗是一个内陆国，其全国总面积约为 64.75 万平方公里。

阿富汗这一国名，据说来自古代一个酋长的名字。在波斯语中，“阿富汗”含有“山上人”之意；在梵语中，它的意思则是“骑士”。因此，阿富汗也被人们称做“山人国”或者“骑士国”。

阿富汗的行政区划是，全国一共分为 34 个省。在省以下，设立大县和县。阿富汗的首都现为喀布尔。关于“喀布尔”的命名，一说它来自波斯语，意为“干草之桥”。另外的一种说法则认为它的名称是由印度商人所起，意为“贸易中心”。

阿富汗全国总人口 2016 年为 3 465 万，由普什图人、塔吉克人、乌兹别克人、土库曼人、俾路支人、哈萨拉人等30多个民族构成。在阿富汗各民族中，普什图人和塔吉克人所占人数最多，分别达全国总人口的40%和25%。

阿富汗的国教是伊斯兰教。全国居民之中约有99%的人信奉伊斯兰教。在阿富汗穆斯林中，80%左右的人属于逊尼派。

阿富汗的官方语言是普什图语和达里语。达里语是波斯语的一种。其货币为阿富汗尼。2016年，阿富汗人均GDP为542美元，在世界上列第179位。

阿富汗目前实行总统制共和政体。其国庆日为8月19日。

1955年1月20日，阿富汗同中国正式建立了大使级外交关系。

（二）社交礼仪

阿富汗人普遍讲究礼貌，并且热情好客。对于交往对象，不论其信仰如何、出身如何，阿富汗人都主张不偏不倚、一视同仁。

在人际交往中，阿富汗人一般不与他人握手为礼。他们的独特的具有其民族传统的见面礼节可以被称为“抚胸礼”。它的具体做法是：在同交往对象会面时，先以右手按抚在自己的胸部，然后再向对方频频点头，并且在口中祝福对方：“愿真主保佑你！”

有些时候，在行“抚胸礼”之后，阿富汗人还会与交往对象进行拥抱。碰上了亲密的朋友，他们还往往会与对方进行亲吻，或者碰额两次为礼。

在行见面礼时，阿富汗人通常不摘自己的帽子。依照他们的看法，戴着帽子行礼，才是讲究礼貌的。

在与他人相见时，阿富汗人有一个良好的习惯：在他们的脸上，总是会洋溢着发自内心的微笑。他们认为，若不这样做，便会失敬于人。

乐善好施的阿富汗人，在碰上外乡人时，往往会将其请入自己的帐篷，用最好的食物招待上三天。然后，还会问寒问暖，打听其去向，并且尽量满足其请求。不过，在阿富汗人家里做客之后，切不可马上再去别的人家拜访，不然就会让主人感到无地自容。

阿富汗人的姓名，多以本人名字、父名和姓氏等三个部分组成。其全称平日极少使用。在对其进行称呼时，可以其姓氏或名字加上职衔。

（三）服饰礼仪

阿富汗人的穿着打扮，从总体上讲，显然受到了伊斯兰教的深刻影响。与此同时，也有着自己鲜明的民族特征。

阿富汗人穿着打扮的一大特征，是其可以体现出着装者社会地位或身份的不同。例如，阿富汗的官员、商人和知识分子，在交际应酬中往往会穿西装、皮便鞋，留着小胡子，并且经常戴着船形的羊羔皮帽。阿富汗的平民百姓们，在其日常生活中，则绝大多数都身穿竖条花大褂，脚蹬厚重的牛皮鞋，留着又浓又黑的大胡子，头上则往往缠着粗布头巾。一般而言，阿富汗男子一辈子都是不剃胡须的，而小孩子们则不大穿鞋子。

由于阿富汗是一个伊斯兰国家，所以阿富汗妇女在一生之中均须戴上面纱。她们在需要外出办事时，尤其非要戴上面纱不可。通常，阿富汗妇女所戴的面纱极长，从头顶一直要拖至脚跟，以便将她们的整个身躯都严严实实地裹在里面。她们所戴的面纱，一般仅在其头部的正面开有两个小洞，使其可以借此观察外部的环境。在乡间，有些阿富汗妇女外出劳作时也不戴面纱。但是，她们一旦碰上了陌生的男子，便会立即罩上自己的面纱，或是赶紧捂上自己的脸部，迅速躲藏起来。

在阿富汗，广大妇女都有佩戴金银首饰的爱好。在某些地区，男人们还有在送别嘉宾时以自己的衣服或者佩刀相赠的传统。客人们若穿着首领们所赠的服装或佩戴着首领们所赠的刀子，在其辖区之内，不但会畅行无阻，而且往往还会因此而受到特殊的照顾和保护。

阿富汗的普什图人历来骁勇崇武，加上阿富汗内战连年不断的缘故，该族的每个成年男子都养成了全副武装的习惯。他们平常总是肩上挎着枪支，腰上缠着子弹袋，年年如此，月月如此，天天如此。他们的这身打扮，大有演变成该民族日常着装之势。

（四）餐饮礼仪

阿富汗人的饮食习惯，往往因其地位、身份的不同有着明显的区别。就主食而论，普通的阿富汗人一般都以面食为主。他们大都爱吃烤面饼，尤其是爱吃一种用玉米粉制作的烤面饼。至于上流社会的阿富汗人，则以食用大米与牛羊肉为主。

在招待来宾时，阿富汗人一般都会以羊肉宴客。在必要的时候，他们则会用全羊来招待客人，以表示对对方格外尊敬。在阿富汗赴宴时，只有大吃特吃、一吃再吃，才会令主人大为开心。

阿富汗人所做的菜肴，大多采用烤、炸、烧、烩等烹饪方法。他们在口味上偏爱微辣之物，但却不能吃特别咸的东西。

根据伊斯兰教教规，阿富汗人禁食猪肉，禁食自死之物，不吃动物的血液，不吃未诵安拉之名而宰杀之物。马、驴、骡、狗、蛇的肉，食肉的其他禽兽，酒及一切含有酒精的其他饮料，亦在其禁食、禁饮之列。

除上列禁食之物以外，阿富汗人通常还不吃鱼、虾、蟹和一切海味。

在条件允许时，阿富汗人爱吃水果，并且酷爱饮茶。在他们的日常生活之中，茶是一日不可或缺的。他们认为，最好的茶当推“无籽葡萄茶”。在平时，牛奶也是他们的常规饮料。

在日常性交往中，阿富汗人有以茶待客的习惯。在会客时，他们往往讲究敬客要敬三杯茶。在他们看来，第一杯茶用于止渴，第二杯茶表示友谊，第三杯茶则是礼节性的。这三杯茶，客人都必须喝掉。

某些时候，阿富汗人还会请客人吸烟，尤其是宾主同抽一袋水烟。

阿富汗人用餐的主要方式是：坐在地毯上，以右手抓食。在餐前与餐后，他们讲究以水洗手。宾主同洗时，主人往往要恭请客人首先洗手。

（五）习俗禁忌

郁金香是阿富汗的国花。阿富汗人对色彩绚丽、坚硬无比的青金石情有独钟，因此特意将其选定为国石。

与许多国家不同的是，黑色是阿富汗人最喜欢的一种色彩。阿富汗人认为，它是一种谦逊的颜色，并且象征着庄严和隆重。此外，他们喜欢的色彩还有红色和绿色。他们所不喜欢的色彩，则主要是灰色与黄色。

阿富汗人忌讳的数字是 13 与 39。他们认为，这两个数字都具有消极的含义。

在向阿富汗人赠送礼品时，千万不要送酒类、雕塑和女人的照片。猪皮、猪鬃制品，带有猪、狗图案的东西，亦在禁送之列。

在阿富汗，千万不要随意对妇女或住所进行拍照或摄像。在斋月期间，阿富汗人白天通常是不吃不喝的，因此此时此刻切勿打扰他们。

在与阿富汗人打交道时，不要以左手触摸对方，不要边走、边谈，或是滥发脾气。宗教、战争、疾病、民族矛盾、部落冲突、男女关系，都是阿富汗人通常所不愿意聊的话题。如果谈一谈旅行见闻或生意经，他们则大多乐于积极参与。

二、巴基斯坦

（一）基本概况

巴基斯坦的正式国名，是巴基斯坦伊斯兰共和国。它位于南亚次大陆西北，东邻印度，西接伊朗，东北同中国交界，西北连接阿富汗，南部则濒临阿拉伯海。巴基斯坦的国土面积约为 79.61 万平方公里，海岸线长约 980 公里。

对于巴基斯坦这一名称的来历，人们有着不同的解释。目前，最流行的有以下两种讲法：其一，是说它出自波斯语或乌尔都语。在这两种语言中，它的含义都是“清真之国”。其二，则说它是由组成巴基斯坦的八个主要民族名称的第一个字母拼写在一起而成的。在民间，它还被人们理解成含有“纯洁的土地”

之意。

巴基斯坦的行政区划是，全国分为 4 个省、7 个中央直辖的部落区和联邦首都。该国首都为伊斯兰堡。它的本义是“伊斯兰教之城”。

巴基斯坦的全国总人口 2016 年约为 1.93 亿。其主要民族，有旁遮普人、普什图人、信德人、巴丹人、俾路支人等。

巴基斯坦宪法规定：伊斯兰教为该国国教。目前，巴基斯坦全国总人口的 96%左右都信仰伊斯兰教。在巴基斯坦，伊斯兰教的各个教派都拥有自己的势力范围。其中以逊尼派的影响最大，它的信徒已占到该国穆斯林的一半以上。

巴基斯坦的国语是乌尔都语，英语则是其官方语言。巴基斯坦明文规定：各个省均有权使用本地语言作为对国语的补充。其货币为巴基斯坦卢比。2016 年，巴基斯坦人均 GDP 为 1 443 美元，在世界上列第 151 位。

现在，巴基斯坦实行内阁制共和政体。它是英联邦成员国与上海合作组织成员国之一。巴基斯坦的国庆日是 3 月 23 日。其国徽格言为：“虔诚、统一、戒律。”

1951 年 5 月 21 日，巴基斯坦同中国正式建立了大使级外交关系。

（二）社交礼仪

在巴基斯坦，人们在见面之时通常要先说一句“真主保佑”，这是伊斯兰教徒的习惯做法之一。

在社交活动中，巴基斯坦人所行的见面礼节主要是握手礼。但是，当遇到巴基斯坦妇女时，千万不要主动与对方握手。在有必要向其致意的时候，通常含笑向其点头即可。由于巴基斯坦是一个伊斯兰国家，在那里所举行的社交聚会，参加者几乎清一色的都是男子。按照伊斯兰教教规，妇女是不宜在公共场合抛头露面的，因此在该国很少有妇女参与社交活动。男士在巴基斯坦出席社交活动时，以不带夫人为宜。即使乘坐公共汽车，在巴基斯坦也是男女分开的。

巴基斯坦人与故旧久别重逢的时候，往往以拥抱为礼。巴基斯坦人所行的拥抱礼颇具特色。具体来讲，他们在拥抱对方时先将头靠左边拥抱一次，接着再向右边拥抱一次，最后还要再向左边拥抱一次。巴基斯坦妇女在与亲属见面时，除行拥抱礼以外，还要互吻对方的面颊和额头。

有的时候，一些巴基斯坦的穆斯林还会向熟人或来客行“抚胸礼”。它的基本做法是：向交往对象躬身点头，口诵“真主保佑”之词，并且同时用右手按住自己的左胸，以此来表示对对方衷心的祝福。

在巴基斯坦，男士一定要切记：不要问候巴基斯坦的成年女子。在公共场合，男女千万不要在大庭广众之下拥抱亲吻。那样做的结果是，不仅会让人嗤之以鼻，而且还有遭到囚禁的可能。顺便提一下，在巴基斯坦，在公共场合有意无意接触了妇女的身体，往往也是不妥的。

巴基斯坦人在欢迎嘉宾时，有在对方脖子上挂上一条用鲜花制成的花环的习俗。这种做法，是给予嘉宾的一种礼遇。

需要称呼巴基斯坦人时，应按照当地的习惯做法，不宜直呼对方的名字，而是称呼其姓氏，同时加上某些适当的头衔。在巴基斯坦，将长辈称为“大叔”“大妈”，表示尊重；将同辈称为“弟兄”“姐妹”，则表示亲切。

在有必要对巴基斯坦人使用统称时，最得体的做法是将其统称为“巴基斯坦人”，而不宜以具体民族相称。在巴基斯坦，伊斯兰教徒被称为“穆斯林民族”或“多数民族”，非伊斯兰教徒则被叫做“少数民族”。在跟当地人打交道时，务必尊重他们的此种习惯。

在人际交往中，能讲一口流利的英语的人深受巴基斯坦人的敬重；反之，则会被视为没有受到过良好教育，因而会受到冷遇。

（三）服饰礼仪

巴基斯坦人的穿着打扮，时时、处处都必须严格地恪守伊斯兰教教规，丝毫不得与之相悖。

在日常生活中，巴基斯坦男子一年四季大都穿着淡色宽松的长衫、长裤。夏天的时候，他们绝不会穿背心、短裤，更不会打赤膊，但往往会穿凉鞋，甚至赤脚。天冷之时，他们通常会身披一条毯子御寒，但却不喜欢穿棉衣或是毛衣。

依照伊斯兰教教规，妇女除手、脚之外，身体的其他部位不得暴露在外。因此，巴基斯坦妇女的日常穿着，主要是一件不露胳膊、不露腿部的宽大的长袍。出门在外时，她们还必须以面纱遮盖自己的面容，仅仅允许将双眼露在外面。在巴基斯坦，妇女是不允许穿裙子的。不然的话，就会被当做“坏女人”看待。

尽管如此，巴基斯坦妇女依旧尽一切可能想方设法地打扮自己。平日，她们喜欢将手指甲和脚指甲染成深红色，并且大量地佩戴耳饰、颈饰、臂饰、鼻饰、足饰等各式各样的首饰。有时，她们所佩戴的首饰往往还被赋予某种特别的寓意，例如，佩戴鼻环，便是已婚的标志。

在跟巴基斯坦人打交道时，切勿穿着黄色的服装。因为他们认为，那种色彩通常为僧侣所专用。

在巴基斯坦的公共场所行动时，尽量不要穿背心、短衫或短裤。参拜清真寺时，尤须着装严谨。在进入清真寺之前，通常还必须脱去鞋子。

（四）餐饮礼仪

在饮食方面，巴基斯坦人的主食是面食和大米，并且爱吃粗面烙饼和抓饭。在副食方面，他们主要吃牛肉、羊肉、鸡肉和鸡蛋，同时也很爱吃豆制品、蔬菜泥。

巴基斯坦人做菜时，往往以煮、炸为主，但他们从来不吃炒菜。有时，他们还有生食蔬菜之习。从口味上来讲，他们偏爱吃甜、辣之物，不喜欢吃过咸之物。

巴基斯坦人平日爱喝奶茶、牛奶和酸奶。在进餐之时，他们往往以冰水佐餐。有时，他们甚至还以之同他人“干杯”。

在一般情况下，巴基斯坦人用餐时喜欢用右手直接地抓取食物。不过，在正规的宴请中，他们也能够使用刀叉。

从饮食禁忌上讲，巴基斯坦人不吃不饮教规禁止之物。通常，他们还不抽香烟。

使用左手取用食物，在巴基斯坦亦属非礼之举。

(五) 习俗禁忌

茉莉花是巴基斯坦的国花。它原产于巴基斯坦，因其芬芳迷人而广受喜爱，不仅全国各地广为种植，而且也是人际交往中的最佳礼品。

在巴基斯坦，人们普遍喜爱绿色、新月和星星的图案，因为它们都是穆斯林吉祥、幸运的象征，并且是该国国旗重要的组成要素。

巴基斯坦人认为黑色象征着消极，因而对其没有任何好感。除绿色之外，他们最为喜爱的色彩还有金色、银色和其他一些鲜艳之色。

13 和 420 这两个数字，在巴基斯坦被视为会给人们带来灾难与厄运的不祥之数。在一般情况下，巴基斯坦人碰见它们时都会很不高兴。在每个星期五，他们还往往不办公。

巴基斯坦人不欢迎的礼品，有酒、猪皮或猪鬃制品、带有女性图片的书刊和雕塑等。巴基斯坦人还非常讨厌被赠送手帕，他们认为手帕是人们悲伤之时擦眼泪所使用的。必须切记的还有，在巴基斯坦尽量不要给女主人送礼物。

平时，巴基斯坦人对拍照、录像、摄制电影没有多大兴趣。未经允许，千万不要擅自对他们那么做。尤其要切记，在巴基斯坦，万万不可对妇女拍照、摄像或拍摄电影。

在一般情况下，巴基斯坦人在交谈时不喜欢涉及政治、军队、党派和宗教问题。对于印巴两国关系，尤其是克什米尔争端和两国之间的核竞赛，则更是不愿提及。

巴基斯坦人对于拍打别人后背的动作极度反感，因为在该国，只有警察在抓人时才会如此这般。通常，他们在人际交往中有凝视对方的习惯，但却忌讳在此刻双手握拳，或是露出自己的鞋底。

女子在街上行走时，不宜乱眨眼睛或四处乱瞥，不然就会被人误认为是行为不端。

巴基斯坦人极爱洗澡，但他们只习惯于淋浴或以壶盛水冲洗，而绝不洗盆澡。他们认为：那样做是很不干净的。

三、朝鲜

（一）基本概况

朝鲜的正式名称，是朝鲜民主主义人民共和国。它位于亚洲东北部的朝鲜半岛北部。它的北部与中国相邻，东北部同俄罗斯接壤，西南部与韩国交界，东侧临日本海，西部濒临黄海。朝鲜的国土总面积约为12.3万平方公里，海岸线全长约18 313公里。

朝鲜这一国名，在该国语言中具有“朝日鲜明”之意。因此，朝鲜意即“朝日鲜明之国”。有时，它亦被称为“清晨之国”或“晨曦清亮之国”。在欧美，它常常被人们以其古称“高丽”相称，其本义为“山高水丽”。

按照全国的行政区划，朝鲜目前分成9个道、1个直辖市和2个特别市。朝鲜的首都是平壤。在朝鲜语中，“平壤”的含义是“平原”或“平坦的土壤”。

朝鲜全国总人口2016年为2 537万，民族是单一的朝鲜族。

朝鲜的国语是朝鲜语。它是朝鲜人民单一的民族语言。其货币为朝鲜元。

朝鲜实行社会主义制度。它的国庆日是9月9日。

1949年10月6日，朝鲜即同中国正式建立了大使级外交关系。

（二）社交礼仪

朝鲜人在公共场合非常注重礼仪。按照其民族传统，朝鲜人与外人相见时所行的见面礼节是鞠躬礼。在行鞠躬礼时，必须首先站直，双手置于身体两侧，然后向行礼对象躬身致意，并且同时问候对方“您好”。在行礼时，通常不准头戴帽子、手提物品。在一般情况下，主人要先向客人施礼，晚辈、下属则要先向长辈、上级施礼。与此同时，对方也必须鞠躬还礼。

受西方文化的影响，目前朝鲜人在社交场合大多以鞠躬礼、握手礼并用，来作为其见面礼节。在行礼时，他们一般是先鞠躬，后握手。在握手时，可用双手，也可以单用右手。在一般情况下，朝鲜妇女不与男子握手，而只是鞠躬为礼。朝鲜男子与外国妇女握手，则是被许可的。

在日常生活中，朝鲜人有着尊老、敬老的良好传统。在朝鲜民间，晚辈在拜见长辈时，有时要行跪拜礼。路遇长辈时，晚辈要首先上前问候对方，并在必要时为其让路。在公共场所，将上了年纪的人尊称为“老爷爷”“老妈妈”，是一种应有的礼貌。

在日常交往中，称呼朝鲜人时最好采用尊称或称其职务、职称。至于直呼其名的做法，他们则是不习惯的。

朝鲜人的姓名与中国人的姓名类似，一般由两三个字组成，姓氏在前，名字在后。在朝鲜，目前姓“金”“李”“朴”“崔”“郑”的人最多，它们合称“朝鲜五大姓”。在初次见面时，朝鲜人对姓氏相同、籍贯相同的人，往往会感到格外亲切。

需要强调的是，在与朝鲜人提及“李”这个姓氏时，切勿采用“十八子”这种提法。在朝鲜语中，“十八子”的发音同一个很下流的词发音相同，故令人颇为反感。

（三）服饰礼仪

目前，朝鲜人在工作、交往之中，特别是在商务活动或对外活动中，一般都穿西式的服装。但是，在节日和喜庆之时，他们则有穿着本民族服装的习惯。在公共场合，他们不习惯于穿背心、短裤。

在节庆日，妇女通常都穿短袄、长裙。她们所穿的短袄，通常短小紧身、小巧玲珑，领子呈圆形，袖子呈灯笼状，下摆呈弧形，衣襟倾斜，并饰有飘带；在领口、袖口、下摆和飘带上，均镶有宽边。她们所穿的长裙则一般上至胸口、下至脚面，是一种多褶裙。

朝鲜男子的民族服装，有袄、裤、坎肩、长袍等。在平时，他们上身穿袄。它长袖而无领，穿时右襟在里、左襟在外，以带子结成活扣。在它的外边，有时可加上一件无领、无袖的坎肩。他们的下身则大都穿裤腿宽大的长裆裤。穿的时候，裤脚要由里往外绾，再在外面系上腿带。出门在外的时候，朝鲜男子还习惯于披上一件长袍，并且头上再戴一顶小礼帽。

过去，朝鲜人所穿的民族服装一向以白色为主。由于他们酷爱白色服装，故此在世界上有“白衣民族”之称。朝鲜也因此被人称作“白衣之国”。

在一般情况下，朝鲜人在家中待客时宾主大都席地而坐。由于拜访朝鲜人时进门必须先脱鞋，所以切记：此前一定要穿上一双无异味、无破洞的干净袜子，不然肯定会当场出丑。在朝鲜，在外人面前不穿袜子是一种失礼行为。

（四）餐饮礼仪

平时，朝鲜人的饮食极富民族特色。他们的主食，以米、面，米饭、打糕、冷面、饺子汤最受欢迎。打糕，是一种手工打制而成的米糕。冷面，是一种用荞麦面做成的凉面。饺子汤，则是将在牛肉汤里煮熟的大馅饺子连饺子带汤一起上桌。它们都是待客时的最佳之选，往往不可或缺。

朝鲜人爱吃的菜肴，大多偏辣、偏酸。他们做菜时忌油腻，不放糖，不加花椒，爱吃清淡之物。在朝鲜菜中，名声最大的有泡菜、烤牛肉、人参鸡等。一般而论，朝鲜人还大都爱吃狗肉。在朝鲜人的餐桌上，土豆是蔬菜、主食两相宜的，土豆饼、土豆汤、土豆年糕、土豆冷面等都颇受欢迎。

朝鲜人一般都爱喝酒，其日常饮料则为凉白开水或清茶。在用餐时，他们通常不喝清汤。

朝鲜人主要的饮食禁忌是：不吃鸭子、羊肉或肥猪肉；讨厌吃稀饭；吃热菜时，不喜欢加醋。对可口可乐等西式饮食，朝鲜人一般都不感兴趣。

朝鲜人的主要餐具，是筷子和碗。在一般情况下，他们都讲究冬用铜碗，夏用瓷碗。在用餐时，他们大多围坐在一张矮桌周围。但是，在民间则有公公与儿媳、大伯与弟媳不同桌用餐的讲究。

用餐的时候，讲究尊老的朝鲜人，一定要先给长辈盛饭。在长辈动筷子之前，其他人是不准开吃的。

在宴客饮酒时，朝鲜人的主要礼节是：斟酒要按照年龄、辈分、地位的顺序，依次由高而低地进行。在敬酒时，敬酒人必须先向对方鞠躬，然后再致祝词。在碰杯时，杯子必须较对方为低。敬酒之后，则应当先向对方鞠躬，然后方可离去。

（五）习俗禁忌

出于对本国领袖的热爱，朝鲜人异常喜爱金日成花与金正日花，二者分别是属于兰科与秋海棠科的特殊花卉品种。此外，朝鲜人对金达莱花有着特殊的感情，认为它是民族的化身，并且象征着繁荣昌盛、幸福永存。金达莱花，实际上就是人们通常所说的杜鹃花、映山红，通常被视为朝鲜的国花。

朝鲜人最欣赏的动物是熊和虎。前者，被视为其民族的祖先；后者，在民间则被当作山神。

在正式场合，朝鲜人往往佩戴领袖纪念章。但是，外国人不得向其索取或要求与之交换。过去，朝鲜人普遍崇拜太阳神，并且往往以太阳神的子孙自称。朝鲜人还认为白色代表着太阳光，所以他们对白色厚爱无比。

朝鲜人很不喜欢 4 这个数字，因为它的发音与“死”类似，被视为预示着厄运。在朝鲜语中，与“死”发音相近的还有“私”“师”“事”等几个字，有不少朝鲜人对它们也很忌讳。

在公共场所，通常不允许外国人随意拍照、录像。

尽管朝鲜人不禁止吸烟，但是他们不允许晚辈在长辈面前吸烟，尤其是不允许孩子在父母面前吸烟。

在朝鲜，递接东西以用双手为佳。在他人面前，不得吐痰、擤鼻涕、掏耳朵。

朝鲜人能歌善舞。压跷板、荡秋千、摔跤为其传统体育项目。妇女擅长头顶重物行走。

对于非议尊长、男女关系、个人崇拜、国内困难、北南统一、控制核武，以及称道美、日、韩诸问题，朝鲜人则大都不愿涉及。

四、菲律宾

（一）基本概况

菲律宾的正式国名，是菲律宾共和国。它位于亚洲的东南部，是一个由7 100多个岛屿组成的群岛国家。它北隔巴士海峡与我国的台湾遥遥相对，南与马来西亚、印度尼西亚等国隔海相望，西部濒南中国海，东部则面临太平洋。其国土面积为29.97万平方公里，海岸线约18 533公里。

菲律宾既是国名，同时也是群岛的名称。它还是亚洲唯一一个用外国人名命名的国家，具体而言，它是以16世纪西班牙国王菲利普二世之名命名的。在世界上，菲律宾因其风光秀丽、盛产瓜果，还有“东方明珠”“世界椰王”“太平洋果盘”等美称。

从地理上讲，菲律宾全境可分为吕宋岛、米沙鄢群岛、棉兰老岛等三大部分。根据行政区划，全国则分为18个地区，并下设81个省。菲律宾的首都是马尼拉。在菲律宾语中，它的含义是“有靛蓝的地方”。

菲律宾的全国总人口2016年约为1.03亿，包括80多个民族。其中马来人为全国总人口的85%以上，华人则有150多万。此外，还有少量的印度尼西亚人和阿拉伯人。

菲律宾全国总人口的85%左右信仰天主教，是故它又有“亚洲唯一的天主教国家”之称。

菲律宾的国语是菲律宾语，亦称他加禄语。英语与菲律宾语，在该国并列为官方语言。其货币为菲律宾比索。2016年，菲律宾人均GDP为2 951美元，在世界上列第127位。

菲律宾现行的是总统制共和政体。它是东盟成员国之一。它的国庆日是6月12日。

1975年6月9日，菲律宾同中国建立了正式的大使级外交关系。

（二）社交礼仪

菲律宾人天性和蔼可亲，作风大方，并且非常善于交际。在公共场合，他们往往会主动与别人打招呼。在跟菲律宾人进行交际应酬时，务必自然一些、随和一些、开心一些。若面无表情、三缄其口，则会被对方误解为不愿意与其打交道。

许多菲律宾人在跟别人打招呼时，惯于抬起眉头，以示问候对方。这一动作，有时表示“我明白你的意思”，有时则表示对某事感到惊奇。当菲律宾人以这一动作向自己打招呼时，应做出相应的动作，以示礼貌。

在社交活动中，菲律宾人采用最多的会面礼节是握手。在与熟人或至交相见时，他们往往显得非常随便，甚至连握手也会省去。有些相熟的男子相见，还会相互拍一下对方的肩膀，以示亲切和打招呼。不过，在需要提请菲律宾人注意某事时，可千万不要拍对方的肩膀，不然就是失敬于对方。

平时，菲律宾人对长辈是极其尊重的。晚辈见到长辈时，有的要恭恭敬敬地向对方欠身鞠躬，有的则会上前轻吻对方的手背，以示其敬重之意。年轻姑娘见到长辈时，则往往会上前轻吻对方的两颊为礼。

受西方文化的影响，在菲律宾的上流社会中，“女士优先”十分流行。不论问候、行礼还是迎来送往，男人们都会对女士照顾有加。但在乡村之中，妇女的地位依旧很低，并且难以受到种种礼遇。

菲律宾的穆斯林不是很多。他们在见面时，往往会行“捂头礼”。由于天气炎热之故，菲律宾的穆斯林有时在室外不戴帽子。但不戴帽子的穆斯林在室外与人相见致意时，必须先用左手捂住自己的头部，以示对对方的敬重。

一般而言，菲律宾人非常好客。在欢迎远道而来的嘉宾时，他们通常会将用茉莉花所编成的花环敬献给对方，并且将其挂在对方的脖子上。这一做法，在当地表示主人对客人充满了纯真的友谊。

由于在历史上有相当长的一段时期菲律宾曾是西班牙的殖民地，故此西班牙文化至今在当地仍有一定的影响。以称呼而论，菲律宾人的姓名大多数都是西班牙式的。

菲律宾人对有着真才实学的人极为尊重，所以在跟拥有教授、博士、律师、医生、法官、工程师之类学衔或专业职称的菲律宾人打交道时，最好直接以此相称。这样做，往往会令对方大为开怀。

（三）服饰礼仪

在大凡正规一些的场所，有身份的菲律宾人都讲究穿着本国的国服。菲律宾男子所穿的国服名叫“巴隆·他加禄”。它是一种丝制的敞领衬衫，袖子有长有短，两侧开衩，腰部略窄。它的前面有两行刺绣，并有两只大口袋，色彩多为白色或淡黄色。穿这种服装，不仅凉爽，而且也非常方便。它可配以长裤，但不必扎领带。它的正规穿法是：下摆不宜扎在裤腰之内，而应令其自然下垂于裤外。

菲律宾女子所穿的国服叫做“特尔诺”，它是由菲律宾前总统阿基诺夫人身体力行所推广开的。它的外形，犹如一件圆领短袖的连衣裙。但是，它两袖挺直，两边高出肩部不少，好似蝴蝶展翅，因而也叫“蝴蝶服”。

在平时，菲律宾男子上身爱穿色彩鲜艳的宽松上衣，下身则围以长至踝部的沙笼。在他们的头上，通常要系一块手帕，并且要在右边打结。菲律宾妇女则往往爱穿一件白色或其他浅色的、长到脚部的、宽大的裙式棉布长衫。由于天气四季炎热，在不少情况下，菲律宾人往往不穿鞋子。平时，他们多爱穿拖鞋。

在对外交往中，菲律宾人常穿西式服装。平时，他们不允许在公共场所着装过于随便。穿着短裤、无袖服装或是过分艳丽的服装上教堂去，绝对是被禁止的。在公共场合打赤膊，往往也会令人侧目。

（四）餐饮礼仪

在饮食习惯上，仅有少数上层人士平日爱吃西式菜肴，绝大多数的菲律宾人，通常还是喜欢吃具有本国风味的饭菜的。

具体说来，菲律宾人的主食大体上以米饭为主，有些人平常也喜欢吃一些玉米饭。就副食而言，肉类、蛋禽、海鲜、蔬菜等，都深受他们的喜爱。在一般情况下，绝大多数菲律宾人是不忌肉食的，然而也有一些人却一点儿也不吃。生姜、动物内脏、腥味大的东西、整条而未分割开的鱼，许多人也不吃。

在总体上讲，菲律宾人的口味趋向于清淡。可是，在用餐之时，他们中的绝大多数人却惯于在菜肴里多放调味品，尤其是那些香辣的调味品。除此之外，他们还喜吃鲜嫩一些的菜肴，并且爱吃各种水果。

在日常生活中，菲律宾人对于各式各样的饮料大都来者不拒。极其特别的一点是：他们不分男女老幼，大都十分爱喝啤酒。

平日，菲律宾人很爱嚼甘蔗。嚼食槟榔，则更是他们的普遍习俗。在招待客人时，他们也往往要上一些槟榔。除此以外，菲律宾的伊戈罗人平时还喜欢咀嚼烟叶。

在一般情况下，许多菲律宾人习惯用叉和匙并用进食。他们的具体做法是：左手执叉，右手握匙。只有在上流社会，人们才用刀叉进餐。在广大乡村，不少人依旧习惯于直接用右手抓食食物。

在宴请活动中，菲律宾人有一些比较特别的讲究。邀请菲律宾人赴宴，务必多次进行邀请，不然就会被理解为纯属客气，从而遭到婉言谢绝。出席菲律宾人举行的宴请时，在主人第一次敬酒或为自己上菜时，同样也要谦让一下。当主人第二次这样做时，方可接受。另外，还务必记住，不要抢在主人之前落座。当主人以手示意自己该在何处就座时，才可以从命。

（五）习俗禁忌

在菲律宾，人们最喜欢的鲜花是茉莉花。它被确定为国花，并被人们视为革命的标志和自由的象征。在日常生活中，茉莉花还是男女之间表达爱情的一种信物。

与此同时，菲律宾还有自己的国树、国果和国石，它们分别是纳拉树、芒果和珍珠。对于上述物品，千万不要有失敬之举，否则就会被视为对菲律宾人的一种侮辱。

在人际交往中，菲律宾人喜欢在登门拜访时赠送一些礼品。工艺品、酒类、糖果、水果等，皆为适当之选。赠送过分贵重的礼品，则是不必要的。在接受他人所赠的礼品时，菲律宾人通常不会当场打开礼品的外包装。

在闲谈的时候，赞美家庭生活的乐趣，是家庭观念甚强的菲律宾人最欢迎的话题。议论该国政治、宗教、民族、腐败问题，评论第二次世界大战、南海诸岛的归属、菲美关系以及外国援助等的话题，则最好不要涉及。

菲律宾人认为，13 这一数字是厄运、灾难的象征，因此对它讳莫如深。他们还认为，人的左手是不干净的，所以绝对不可以其接触他人。

在菲律宾，站立时双臂交叉于身前，或是长时间与他人对视，均为失礼之举。前者意味着发脾气，后者则会被理解为蓄意进行挑衅。

在拜访菲律宾人时，进门前最好脱鞋。同时还要记住，不要窥视主人的卧室和厨房。去卫生间时，务必征得主人首肯。

红色与茶色被菲律宾人视为不祥之色，白色则备受其珍爱。

五、哈萨克斯坦

(一) 基本概况

哈萨克斯坦的正式名称，是哈萨克斯坦共和国，亦简称为哈萨克斯坦。它位于亚洲中部地区，北部与俄罗斯相连，南部同土库曼斯坦、乌兹别克斯坦、吉尔吉斯斯坦交界，东部与中国接壤，西部则濒临里海。目前，哈萨克是世界上最大的内陆国。其国土总面积约为 272.49 万平方公里。

从国名方面来讲，哈萨克斯坦是一个以其主体民族的名称命名的国家。具体而言，“哈萨克”一词来自突厥语，其含义为“自由之民”。“斯坦”一词，在突厥语中则含有“国家”之意。因此，“哈萨克斯坦”意即“自由之民的国家”。

在行政区划上，哈萨克斯坦目前设有 14 个州。现在，哈萨克斯坦的首都是阿斯塔纳。“阿斯塔纳”在哈萨克语中意即“垦荒城”。

哈萨克斯坦 2016 年全国总人口约为 1 780 万，由哈萨克人、俄罗斯人、乌兹别克人、乌克兰人、鞑靼人等 131 个民族组成。在哈萨克斯坦，主体民族是哈萨克人，它约占全国总人口的 64%。俄罗斯人也占到哈萨克斯坦全国人口总数的 23.7%。在我国，哈萨克族也是中华民族大家庭的成员之一。

哈萨克斯坦人的主要宗教信仰是伊斯兰教，哈萨克斯坦的穆斯林，多属于逊尼派，此外也有一定数量的人信奉东正教。

哈萨克斯坦的国语是哈萨克语，哈萨克语与俄语并列为通用语。其货币为坚戈。2016 年，哈萨克斯坦人均 GDP 为 7 713 美元，在世界上列第 79 位。

哈萨克斯坦目前实行总统制共和政体。它是独联体和上海合作组织成员国之一。哈萨克斯坦的国庆日是 12 月 16 日。

1992 年 1 月 3 日，哈萨克斯坦同中国建立了正式的大使级外交关系。

（二）社交礼仪

在人际交往中，哈萨克斯坦人极其重视讲文明，讲礼貌。他们待人接物的信条是：对长者要尊敬，对幼者要扶持，对友人则要忠诚。

哈萨克斯坦人在交往应酬中所采用的见面礼节，往往会因为交往对象的不同而有所不同。他们常用的见面礼节，主要有以下几种。

（1）**握手礼**

它多用于正式的社交场合，并且多见于男子之间使用。

（2）**亲吻礼**

它一般用于亲朋好友之间。性别不同、长幼不同的人，亲吻的部位往往会有所变化。平辈人相互之间，往往互吻面颊。晚辈对于长辈，通常是亲吻手背，或者互吻面颊。长辈对于晚辈，则吻其前额或眼部为礼。

（3）**注目礼**

它是夫妻之间在大庭广众之下所采用的见面礼节。

（4）**屈膝礼**

在一般情况下，哈萨克妇女在行见面礼时，是不习惯直接与交往对象进行身体接触的。面对对方，欠身屈膝便是她们所采用最多的见面礼节。

（5）**抚胸礼**

在遇到尊长或接待来宾时，哈萨克人的传统礼节是右手按胸，躬身约 30 度施礼，口中讲出吉祥祝颂之语，然后再与对方相互握手。此即所谓抚胸礼。

需要指出的是，哈萨克人在与他人相见的时候，有两个自己的独特做法。在同他们打交道时，对此以心中有数为宜，免得对其产生误会。

第一点，哈萨克人在与别人见面或者交谈时，大都忌讳脱去自己的帽子。在他们来看，在外人面前脱去帽子乃是不礼貌的行为。他们的这一独特讲究，被有人戏称为“戴帽礼”。它与国际上所通行的“脱帽礼”相比较，显然恰恰相反。

第二点，哈萨克人在问候别人时，一般都是首先问候对方“牲畜平安”，接下来才会问候对方“全家平安”。他们之所以对牲畜重视有加，主要是由于过去牲畜与以游牧方式为生的他们息息相关。

（三）服饰礼仪

在交际应酬中，尤其是在商务活动和对外交往中，哈萨克人大都穿着西装或者套裙。不过从式样上来讲，他们所穿的西装、套裙大都较为传统、保守一些。

在民间，尤其是在传统节庆活动中，哈萨克人往往会穿上自己本民族的服装。他们日常所穿的民族服装主要是：男子夏穿白色的宽大衬衫、宽裆裤子，外罩一件齐膝的无袖长衣，头戴绣花小帽或是浅色尖顶软毡帽；在冬季，则在外面穿上一件皮大衣，并且头戴皮帽，脚穿毡袜和高统皮靴。女子大都喜欢穿用白布或丝绸缝制而成的连衣裙，头戴用毛皮镶边的尖顶帽，或是上边插有飞禽羽毛的皮帽，并脚蹬软皮靴。短小的上衣、绣花丝绒的坎肩、裤脚带褶的灯笼裤，通常也是她们喜爱的着装。哈萨克妇女非常喜欢各种装饰之物。她们往往爱在自己的上衣胸前钉上一连串光彩夺目的银色扣子，并且爱戴手镯、项链和耳环。

崇尚勇武的哈萨克人，素有使用动物的毛皮来装扮自己的习惯。例如，有些哈萨克男孩子的衣扣是用鹰爪做成的，以期将来像鹰一样勇敢。有的哈萨克女孩子的帽子顶上插着猫头鹰的羽毛，则表明她希望自己像猫头鹰一样机敏。

（四）餐饮礼仪

在哈萨克斯坦，不同的民族饮食习惯往往会有所不同。一般而论，哈萨克人平日以肉食为主、面食为辅。除城里人之外，其他人极少会吃蔬菜。

哈萨克人所吃的肉食，主要是羊肉，兼以牛肉。有一部分人也吃马肉、驼肉。他们最爱吃的东西叫“金特”，它是将幼畜肉用奶油混合之后，装入马肠之内煮成的。各种乳制品，诸如奶皮子、奶豆腐、奶疙瘩等，都是哈萨克人的平常之食。哈萨克人一般都爱吃一种叫做“馕”的烤面饼，并且喜食抓饭与偏粗、偏硬的面条。

在一般情况下，哈萨克人所吃的蔬菜品种不多，其中主要有黄瓜、西红柿、葱头、卷心菜等。在制作菜肴时，他们口味较重，偏好甜、辣、酸，并且酷爱添加胡椒和番茄酱。

在哈萨克，不同民族的饮食禁忌大不相同。哈萨克族、乌兹别克族多为穆斯林，遵守教规中的饮食规定。

俄罗斯族的人通常都不吃海参、海蜇、乌贼和木耳。有不少的人，还不吃虾和鸡蛋。不过，他们不禁酒，也不禁食猪肉。他们平日以面食为主，并且最爱吃面包。

鞑靼族人的禁食之物，与哈萨克族人大致相近。他们主要不吃猪肉、驴肉和骡肉。

在设宴招待来宾时，哈萨克人一般都讲究要上羊肉。在宰羊前，他们常会牵过羊来让客人过目。在他们的眼中，羊头乃是席上之珍。因为这一原因，在宴客的时候，他们一定会乐于将羊头摆上宴席。他们认为，唯有用羊头来招待客人，方能表达自己对待客人的赤诚之心。吃过羊头之后，他们才会吃其他部位的羊肉。

按照哈萨克人的民族传统，牛奶、羊奶、马奶、酸奶和奶茶，都是最佳的饮料，并且可被用于待客。在参加哈萨克人的宴请时，最好记住先从自己的盘子里取一些羊肉，请女主人品尝。此举在哈萨克人看来，意味着客人对主人的敬重和感谢之意。有时，客人还须切下一只羊耳朵，送给在场的最年轻的男子。此举意在叮嘱其孝敬父母。

哈萨克人在用餐时，往往不摆桌子，而是直接在地毯上铺上一大块方巾，然后大家围坐在它的四周。在一般情况下，哈萨克人爱用右手直接抓取食物而食。因此，在他们那里才出了大名鼎鼎的“手抓肉”和“手抓饭”。只有在很正规的社交宴请中，哈萨克人才以刀叉取食。

（五）习俗禁忌

在色彩方面，哈萨克人最喜爱的是绿色。他们认为，绿色象征着积极向上，并且可以给人们带来吉祥与幸福。哈萨克人不喜欢的色彩，主要是被认为丧葬活动专用的黑色。

对于动物，哈萨克人有着自己的特殊眼光和品位。他们最喜欢的是猫头鹰。在他们看来，猫头鹰不仅仅是一种益鸟，而且还象征着坚定、勇敢和一往无前。在日常生活中，哈萨克人往往将猫头鹰的羽毛或图案作为珍贵之物，用来进行居所和服装的装饰。对于猪、狗及其毛皮制品或图案，哈萨克的穆斯林们都是非常忌讳的。

哈萨克人还有一个特殊的禁忌，即不允许用脚去踢羊，或是用脚去踩踏动物和食盐。

当哈萨克人在场时，切勿用手指或棍棒对其指指点点，特别是不要用手指或棍棒对他们指指点点地清点人数。他们认为，这是成心将人视做牲畜，是一种污辱人的表现。

在同哈萨克人进行交谈时，切勿自作多情地当面称道对方的孩子和家中饲养的牲畜。在他们看来，这种做法只会给他们的孩子和家中所饲养的牲畜带来厄运。与哈萨克人谈论苏联问题、国内民族矛盾、周边国家的历史纠葛以及俄罗斯与哈萨克斯坦的特殊关系，都不受欢迎。

在哈萨克斯坦，人们历来讲究“右高左低”。因此，人们出门、进门时要先迈右腿，服务、致礼时要使用右手，就连穿衣服时也要先伸右胳膊、右腿。用左手接触他人，则是被绝对禁止的。

当穆斯林做礼拜时，绝对禁止别人从其面前通过。

六、韩国

（一）基本概况

韩国的正式名称，是大韩民国。它位于亚洲东北部的朝鲜半岛的南部，北接朝鲜，东、西、南三面分别为日本海、朝鲜海峡和中国黄海所环绕，并且隔海与俄罗斯、日本、中国遥遥相望。韩国的国土总面积约为 10 万平方公里，约占朝鲜半岛总面积的 45%，海岸线约长 17 300 公里。

韩国作为国家的名称，乃出自其历史上李氏王朝时高宗李熙于 1897 年所定之国号“大韩”。进而言之，它又与该国主体民族韩族的族称有关。

韩国目前的行政区划，是全国分为 9 个道。它的首都是首尔。在韩语中，“首尔”的含义是“首位的城市”，亦即“都城”。过去，中国人往往习惯于将韩国的首都称为“汉城”。对此称呼，韩国人十分反感。他们认为，那种叫法带有明显的“大汉族主义倾向”。在世界上，首尔有“皇宫之城”之称。

韩国全国总人口 2016 年约为 5 125 万，民族为韩族。所谓韩族人，其实就是朝鲜族人。

韩国的主要宗教是佛教。除此之外，也有一些韩国人信奉儒教、天主教、基督教或天道教。

韩国的官方语言是韩语，亦即朝鲜语。在韩国，有不少人，其中尤以上年纪者居多，懂得一点儿中文。其货币为韩国元。2016 年，韩国人均 GDP 为 27 539 美元，在世界上列第 31 位。

韩国目前实行的是总统制共和政体。它是二十国集团与经合组织成员国之一。韩国的国庆日是 8 月 15 日。

1992 年 8 月 24 日，韩国与中国正式建立了大使级外交关系。

（二）社交礼仪

在人际交往中，韩国人的常规礼仪既保留了自己的民族特点，又受到了西方文化与中国儒家文化的双重影响。

在大凡正规一些的交际场合，韩国人一般都采用握手作为见面礼节。在行握手礼时，他们讲究使用双手，或单独使用右手。当晚辈、下属与长辈、上级握手时，后者伸出手来之后，前者须先以右手握手，随后再将自己的左手轻置于后者的右手之上。韩国人的这种做法，是为了表示自己对对方的特殊尊重。

韩国妇女在一般情况下不与男子握手，而往往代之以鞠躬或者点头致意。韩国小孩子向成年人所行的见面礼，大抵也是如此。

与朝鲜人一样，韩国人在不少场合有时采用先鞠躬、后握手的方式，作为与他人相见时的礼节。

在同他人相见或告别时，若对方是有地位、身份的人，韩国人往往要多次行礼。行礼三五次，也不算多。有个别的韩国人，在这种时候，甚至会讲一句话，行一次礼。

在一般情况下，韩国人在称呼他人时爱用尊称和敬语，但很少会直接叫出对方的名字。要是交往对象拥有能够反映其社会地位的头衔，那么韩国人在称呼对方时一定会屡用不止。

在社交场合，韩国人，特别是年轻一代的韩国人，大部分都会讲一些英语，并且将此视为有教养、受过良好教育的标志之一。

在与外人初次打交道时，韩国人非常讲究预先约定、遵守时间，并且十分重视名片的使用。

目前，韩国人非常讲究保护个人隐私，诸如体重、身高、住处、手机号码等等，都绝对不宜向其打听。

（三）服饰礼仪

平时，韩国人非常看重自己留给交往对象的印象如何。为了维护个人形象，他们对社交场合的穿着打扮十分在意，不少妇女甚至不惜重金为自己整容。

除个别墨守成规的老年人之外，韩国人在交际应酬中通常都穿着西式服装。但是，他们的着装很讲究朴素整洁，并且较为庄重、保守。例如，在商务活动中，韩国男子都会穿深色的西装套服，而韩国妇女的着装则绝对不会过于前卫。在韩国，邋里邋遢、衣冠不整的人，与着装过露、过透的人一样，都是让人看不起的。

在某些特定的场合，尤其是在逢年过节的时候，韩国人往往会穿自己本民族的传统服装。在乡村里、老年人中，这种情况尤为多见。在休闲时，年轻人的衣着则较为另类。

韩国人的传统民族服装是：男子上身穿袄，下身穿宽大的长裆裤。外面有时还会加上一件坎肩，甚至再披上一件长袍。过去，韩国男子外出之际还喜欢头戴一顶斗笠。韩国妇女则大都上穿短袄，下着齐胸长裙。

在韩国，参加社交活动时光脚穿鞋子，或者在裙、裤之外裸露一截小腿，都是典型的失礼的行为。其实，在韩国的社交活动中穿袜子，往往还有一个好处，即进屋之际需要脱鞋时，不至于过分尴尬。

进屋之前需要脱鞋时，韩国人是不准将鞋尖直对房间之内的。不然的话，会令对方极度不满。

（四）餐饮礼仪

在正常的情况下，韩国人的饮食以辣和酸为主要特点。具体而言，韩国人的主食主要是米饭、冷面。他们爱吃的菜肴，则主要有泡菜、炸鸡、烤牛肉、明太鱼、辣炒年糕、石锅拌饭、人参鸡汤等。不过，就总体来说，韩国菜的品种并不太多，而且其中的绝大多数都比较清淡。有的韩国人，甚至爱吃冷菜、生菜。在该国的全罗道，自行发酵后的鳐鱼片尽管奇臭无比，却被当地人视为顶级食材。

韩国人的饮料较多。韩国的男子通常酒量都不错，对烧酒、清酒、啤酒往往来者不拒。韩国妇女则多不饮酒。平日，韩国人喝的较多的是茶和咖啡。许多韩国人还喜欢喝大麦茶或凉开水。但是，韩国人通常不喝稀粥，并且不喜欢喝清汤。究其原因，则是因为他们认定只有穷人才会如此。

韩国人一般都不吃过腻、过油、过甜的东西，并且不吃鸭子、羊肉和肥猪肉。至于熊肉、虎肉，他们则绝对不敢吃。

在用餐的时候，韩国人是用筷子的。为了环保，韩国的餐馆里往往只向用餐者提供铁筷子。关于筷子，韩国人的基本讲究是：与长辈同桌就餐时不许先动筷子，不可用筷子对别人指指点点，在用餐完毕后要将筷子整齐地放在餐桌的桌面上。一般来说，韩国平时所用筷子入口的那一头，往往都是尖的。

韩国人认为，吃饭的时候不宜边吃边谈、高谈阔论。吃东西时嘴里响声大作，也是非常丢人的。

韩国人在自己家中设宴招待来宾时，宾主一般都是围在一张矮腿方桌周围，盘腿席地而坐的。在此种情况下，切勿用手摸脚或悄悄脱袜子。将双腿直伸开来，或是双腿叉开，也都是不允许的。

（五）习俗禁忌

韩国人大都珍爱白色，并且对熊与虎十分崇拜。在韩国，人们以无穷花为国花，以松树为国树，以喜鹊为国鸟，以老虎为国兽。所谓无穷花，其实就是木槿花。对此，不要妄加非议，更不能当着韩国人的面对其不恭不敬。

由于发音与“死”相同的缘故，韩国人对 4 这一数字十分厌恶。受西方习俗影响，也有不少韩国人不喜欢 13 这个数字。

在与韩国人交谈时，发音与“死”相似的“私”“师”“事”等几个字最好不要使用。将“李”这个姓氏按汉字笔画称为“十八子”，也不合适。在妇女面前，尤其不要这么做。需要对其国家或民族进行称呼时，不要将其称为“南朝鲜”“南韩”或“朝鲜人”，而宜分别称为“韩国”或“韩国人”。在韩国，不宜谈论的话题，主要有政治腐败、经济危机、意识形态、政党矛盾、南北分裂、韩美关系、韩日关系、日本之长等。

韩国人的民族自尊心很强。他们强调所谓“身土不二”，即反对崇洋媚外，倡导使用国货。在韩国，一身外国名牌的人往往会被韩国人看不起。在需要向韩国人馈赠礼品时，宜选择鲜花、酒类或工艺品。但是，最好不要送日本货，尤其是不要特意向对方指出这一点。在接受礼品时，韩国人大都不习惯于当场打开其外包装。

在主流社会，尽管韩国人已十分西化，但在韩国民间仍讲究“男尊女卑”。进入房间时，女人不可走在男人前面。进入房间后，女人必须帮助男人脱下外套。男女一同就座时，女人应自动坐在下座，并且不得坐得高于男子。通常，女子还不得在男子面前高声谈笑，不得从男子身前通过。

韩国人和中国人一样，也有着过春节、清明、端午、中秋等传统节日的习惯。

七、吉尔吉斯斯坦

（一）基本概况

吉尔吉斯斯坦的正式名称，是吉尔吉斯斯坦共和国。有时，人们也采用它的另一个名称吉尔吉斯。吉尔吉斯斯坦位于亚洲中部地区的东北部，它北部连接哈萨克斯坦，西部与乌兹别克斯坦相交，南部与塔吉克斯坦接壤，东南部则与中国交界。吉尔吉斯斯坦是一个内陆国家，它的国土总面积大约是19.99万平方公里。

吉尔吉斯斯坦，是一个由其主体民族吉尔吉斯族的族名而得名的国家。我国境内也有吉尔吉斯族人，但其却被称为柯尔克孜族。在吉尔吉斯语中，“吉尔吉斯”是由“草原”与“流浪”两个词所构成的一个词。它的含义，即“草原上的游牧民”。由于“斯坦”一词意即“国家”，所以“吉尔吉斯斯坦”的本义便是“草原游牧民之国”。

吉尔吉斯斯坦在行政区划上，下设7个州、2个市。它的首都是比什凯克。以前，比什凯克被叫做伏龙芝。在吉尔吉斯语中，“比什凯克”意即“牛奶棒”，而“伏龙芝”则是一位苏联十月革命时期杰出将帅的名字。

吉尔吉斯斯坦2016年全国总人口约为608万，由吉尔吉斯人、俄罗斯人、乌兹别克人等80多个民族所构成。吉尔吉斯人是吉尔吉斯的主体民族，在全国总人口中，吉尔吉斯人大约占71%。

吉尔吉斯斯坦的主要宗教为伊斯兰教。吉尔吉斯斯坦人口的70%以上信仰伊斯兰教，并且多数属于逊尼派。

吉尔吉斯斯坦的国语是吉尔吉斯语，吉尔吉斯语与俄语并列为该国的通用语。其货币为索姆。2016年，吉尔吉斯斯坦人均GDP为1 077美元，在世界上列第 159 位。

吉尔吉斯斯坦目前实行总统制共和政体。它是独联体与上海合作组织成员国之一。吉尔吉斯斯坦的国庆日是 8 月 31 日。

1992 年 1 月 5 日，吉尔吉斯斯坦与中国正式建立了大使级外交关系。

（二）社交礼仪

在待人接物方面，吉尔吉斯人总的特点是：耿直诚恳，爽快奔放，乐于交际，彬彬有礼。对于远道而来的客人，他们不论亲疏，一律都会热情相待，并且给予对方无微不至的关怀。

吉尔吉斯人在人际交往中，不论迎来送往还是会面告辞，都会主动向交往对象施礼，以示自己对对方敬重有加。与此同时，他们还必定会向对方致以亲切而友好的问候或祝愿。

就见面礼节而论，其不同的民族往往又有各自不同的做法。吉尔吉斯族、乌兹别克族的人，在日常生活中所用最多的是“抚胸礼”。在行礼时，他们要以右手按住自己的胸部，然后再向交往对象鞠躬为礼。只有在比较正规的社交活动中，他们才与别人相互握手，但该国的妇女们大都不与外人握手，尤其是不会与成年男子握手。由于这两个民族的人多为穆斯林，因而他们在见面时往往会虔诚地祝颂交往对象：“真主保佑你!”

该国俄罗斯族的人，在与他人见面时通常都习惯握手为礼。倘如与亲朋好友相见，他们还喜欢热情地与对方拥抱并且亲吻。

（三）服饰礼仪

在吉尔吉斯斯坦，人们在日常生活中，尤其是在正式一些的交际应酬之中，都已经习惯于穿西装、套裙以及皮鞋。爱美的妇女们，有时还爱穿各式各样的连衣裙。

然而在欢度各民族的传统节日，或是举行盛大的庆祝活动时，吉尔吉斯人也有穿着自己本民族服装的习惯。

吉尔吉斯族的男子，平日最爱穿羊皮袄、长袍子和牛皮软靴。该族的妇女，通常则爱穿宽松肥大的连衣裙和灯笼裤，并且往往还外罩坎肩，再披上一件丝绒长袍。在长袍之外，还习惯于系上一条开襟的绣花围裙。她们所穿的鞋子，则大多是牛皮软靴。在一般情况下，吉尔吉斯族人不分男女，都不喜欢让自己的头顶暴露在外。他们处理此事的方法是：必须头戴帽子，并且天天如此。他们所戴的帽子，通常有毡帽、皮帽和绣花帽等。

由于宗教信仰方面的原因，在吉尔吉斯，女性若穿着过分暴露、过分短小、过分透明的服装，不仅会惹来非议，而且往往还会令一般人敬而远之。

吉尔吉斯人还认为，妇女绝对不应在他人面前撩裙而坐。那样的话，不但会露出大腿有碍观瞻，而且还有引诱男人和伤风败俗之嫌。

（四）餐饮礼仪

吉尔吉斯人的饮食习惯，与其他中亚国家人民的饮食习惯大体相似。吉尔吉斯人所吃的主食，一般以面食为主、大米为辅。他们最爱吃的食物，有烤面饼和手抓饭。

在肉类方面，吉尔吉斯人比较爱吃羊肉、牛肉和鸡肉。其中的“代表作”，有烤全羊、手抓肉、烧牛肉等。他们爱吃的蔬菜，则主要有西红柿、黄瓜、土豆、胡萝卜和卷心菜。一般而论，他们的口味比较重，不忌油腻，并且爱吃辛辣之物。在用餐时，他们通常使用右手取食。

吉尔吉斯人的饮料有奶茶、酸奶、马奶等。用砖茶加奶烹煮而成的奶茶，则最受其欢迎。

吉尔吉斯斯坦的穆斯林忌食猪肉，忌食自死之物、动物的血和未诵安拉之名宰杀之物，并且忌饮酒。其他的人，则一般不吃狗肉、驴肉、骡肉、海参、海蜇和乌贼。

（五）习俗禁忌

吉尔吉斯人非常爱马，并且将其视为吉祥的象征。吉尔吉斯斯坦的乌兹别克人，则对狼极为崇拜。他们将狼视为神的化身，将它当做本民族的标志，并把自己看成狼的“善男信女”。成年的乌兹别克人往往怀揣狼牙、狼爪和狼尾，并且习惯于将其作为礼品赠送与人。

对于绿色，吉尔吉斯人非常偏爱。他们认为，绿色乃是生命之色，并且象征着美好和吉祥。他们忌讳的色彩是黑色。其原因在于：黑色被视为死亡的化身。

在公共场所中，吉尔吉斯人认为，个人的举止行为必须文明大方。在他们看来，在众人面前剔牙、挖鼻孔、吐痰或是掏耳朵，都是令人作呕的不雅之举。

吉尔吉斯人还主张：递接物品或与人握手时，仅能使用其右手。若使用其左手去做这些事，必定会令其大为不满。

八、老挝

（一）基本概况

老挝的全名，是老挝人民民主共和国。它位于亚洲东南部的中南半岛的西北部，北面与中国相接，南面与柬埔寨接壤，东面与越南为邻，西面和西南面则分别与缅甸、泰国交界。老挝的国土面积为 23.68 万平方公里，是一个内陆国家。

老挝这一国名，来自该国主要民族老挝族之名。从词义上讲，它表示“人”或“人类”。有时，人们也将老挝称为寮国。由于老挝过去大象很多，故被人们称为“万象之邦”。其国土面积的 80%左右都是高原或山地，所以它又有“印度支那屋脊”之称。

老挝全国分为上寮、中寮和下寮三个部分。在行政区划上，则分为 16 个省，1 个行政特区和 1 个直辖市。老挝的首都是万象，万象又称“月亮之城”。

老挝 2016 年全国总人口大约为 679 万。全国的主要民族共有三个，即老龙族、老听族和老松族。老挝人数最多的民族是老龙族，它又叫老挝族或寮族。据统计，在全国总人口中，老龙族约占 60%。除此之外，老挝还生活着 3 万多华人。

老挝人普遍信奉佛教，因此可以说佛教是老挝的主要宗教。

老挝的官方语言是老挝语，法语也是一种在老挝广为通用的语言。其货币为新基普。2016 年，老挝人均 GDP 为 2 353 美元，在世界上列第 136 位。

老挝目前实行社会主义制度。它是东盟成员国之一。它的国庆日是 12 月 2 日。其国徽格言为：“和平、独立、民主、统一、繁荣昌盛。”

1961 年 4 月 25 日，老挝即同中国正式建立了大使级的外交关系。

(二) 社交礼仪

在人际交往中，老挝人大都态度诚恳、待人谦恭。在社交活动中与别人见面时，他们所行最多的见面礼节是合十礼。在行合十礼时，他们通常还要互问“您好!”

在对外交往中，或是年轻人居多的社交场合，老挝人有时也采用握手礼。但是，绝大多数的妇女还是习惯于采用合十礼。即使异性之间相互握手，男子也不可重重地紧握女子的手。异性之间的亲吻、拥抱，老挝人并不习惯。

老挝民间有一种传统的祝福礼仪——拴线。老挝人拴线的范围甚广，迎宾送客、婚嫁喜庆、逢年过节、出门远行等皆在其列。拴线的主要作用是：系住魂灵，祛祸除邪，聚福集祉。其具体的做法是：先默诵祝词，再由年轻姑娘或老大娘将浸过香水的洁白棉线先左后右地拴在被祝颂者的手腕上。拴线之后，最好任其自行脱落，至少也要把它戴上三天，才会有成效。当老挝人给予自己拴线的礼遇以后，勿忘当场向其行合十礼致意。

老挝人认为，直接称呼他人的姓名，是不尊重对方的行为。在一般情况下，有必要那样做时，他们一定会先在对方姓名之前加上某些表示亲切或尊重的称呼，例如意为“先生”的“探”，意为“大爷”的“仑”，意为“大妈”的“把”，意为“大叔”的“吞”，意为“大婶”的“那”，意为“大哥”的“艾”等。

在社交场所，老挝妇女通常表现得极其恭顺。在一般情况下，她们绝对不会在来宾面前横着穿行。在向客人递送物品时，她们通常都要采用蹲姿，有时甚至会跪在客人面前。

（三）服饰礼仪

由于老挝的天气一年四季潮湿炎热，因此老挝人的服饰便有着明显的热带特色。此外，不同民族的人，在着装方面还有显著的不同。

老龙族人的日常着装是：男子上身穿无领对襟上衣，下身劳作时穿长裤，休闲时则穿沙笼。平日，他们还时常将一条水布盘在头上，或是系在腰间。女子一般上身穿无领上衣，下身则围以一条筒裙。同时，还讲究从右肩穿过左腋围上一条披肩，并在腰间系上饰有银制带花的腰带。

老听族人的日常服装则是：男子上穿衬衣，下穿深色长裤，或是围上一条很薄的红色布巾。女子喜欢穿色彩鲜艳的短上衣，黑色条纹布的花裙，或蓝色的裙子，并时常佩戴珠串一类的饰物。

在老挝的很多地方，妇女对又粗又大的木制耳环情有独钟。她们认为，越是粗粗大大的耳环才越是漂亮。在这一习俗的影响之下，不少老挝妇女的耳孔被粗大的耳环坠得非常宽大，有些人的耳朵甚至因此垂到了肩膀之上。

（四）餐饮礼仪

老挝人的饮食讲究实惠，总体上来讲较为简单。平日，他们吃得最多的是米饭和鲜鱼。只有逢年过节时，他们才会杀猪宰羊。

在口味方面，老挝人偏好稍为酸、辣、甜一些的食物。以炒、烧、烤、氽等方法烹制的菜肴，他们均是乐于接受的。

在老挝民间，有一些很有特色的饭菜，例如，竹筒饭、棕榈粑粑等。竹筒饭，是以竹筒盛入大米之后做成的米饭。棕榈粑粑，则是用棕榈粉制饼，在烧热的石块上烤制而成的。

在日常生活中，老挝人很喜欢吸烟、嚼槟榔，并且大都能够喝酒。在老挝的许多地方，待客的一种主要礼仪是：宾主共饮一坛主人所自制的糯米酒。在饮这种酒时，宾主要席地而坐，各自依次通过插入酒坛中的一根竹管来吸饮坛中之酒。老挝人认为，这种做法不但能够制造出一种亲切而热烈的气氛，而且还有助于宾主之间加深感情。

老挝的佛教徒极多。他们在饮食方面的主要讲究是：日进两餐，过午不食；不禁酒，不必食素，但遵守所谓“忌食十肉”。

在进餐之际，老挝人不用刀、叉、匙，而惯用右手抓食。有许多老挝人也会用筷子，只是他们使用筷子的具体方法与中国人大为不同：在吃饭的时候，他们往往用同一双筷子的一头夹饭，另一头则夹菜。

（五）习俗禁忌

在老挝，占芭花被视为国花。但人们对白色印象不佳，视白色为一种很不吉利的色彩。通常，老挝人家里不会挂白色蚊帐，睡觉的时候也忌盖白色被子。

由于老挝人普遍信奉佛教，因此在跟老挝人打交道时，务必了解佛门的禁忌，并且认真加以遵守。一般而言，以下四点尤需特别引起重视。

（1）不要对佛教进行非议。

（2）不要对佛像有所不恭。尤其需要牢记：不要用手和身体下部去触摸佛像，不要攀登或蹬踩佛像，不要乱丢佛像或是将其放进口袋里。

（3）不要对僧侣有失敬意。不要站得或坐得高于僧侣，不要对僧侣出言不逊。妇女还要切记：不要与僧侣平起平坐，或是触碰对方。

（4）不要对佛寺不加尊重。参观佛寺时，进门前要脱下鞋子，不要大声说笑，不要穿得过分随便。

在历史上，老挝与法国、越南都曾有过一段极其特殊的关系，老挝人对此都有自己的一定看法。在与其进行交谈时，切勿涉及此类问题。

老挝人认为：头是神圣之处，不容他人触摸；脚是下贱的部分，坐下来后不仅不应乱动，而且最好别让人看到。在老挝，用下巴指向某处意味着“请注意”。用左手接触东西，或从坐卧之人身上跨过去，均为严重的失礼行为。在与别人交谈时，将手放在口袋里或者手舞足蹈，也是极其不礼貌的。

在人际交往中，老挝人经常面含微笑。但是，他们的微笑往往有着不同的寓意：有时表示问候，有时表示窘迫，有时则表示感兴趣。

九、马来西亚

（一）基本概况

马来西亚国家的正式名称，是马来西亚。它位于东南亚地区的南端，北部与泰国、文莱为邻，南接新加坡、印度尼西亚。其国土地处热带，并且绝大部分为海洋所环绕。马来西亚国土总面积为 33.03 万平方公里，海岸线总长达 4 192公里。

在马来语中，“马来”一词带有“黄金”之意。“马来西亚”这一名称意即“黄金之国”，这说明当地盛产黄金。出于同样的原因，盛产橡胶和锡的马来西亚有时也被人们称做“橡胶王国”或“锡的王国”。在 19 世纪下半叶，欧洲人便开始使用“马来西亚”一词，不过他们那时是将它与马来群岛画等号的。有些海外华人惯于称其为“大马”。

目前，马来西亚全国划分为 13 个州、3 个联邦直辖区。从地理位置上看，人们惯于将全境被南中国海分为东西两大部分的马来西亚国土，分别称为“东马”和“西马”。“东马”包括沙巴、砂拉越等两个州，位于加里曼丹岛的北部。“西马”则包括了其余的 11 个州，位于马来半岛的南部。马来西亚的首都是吉隆坡，它位于“西马”。在马来语中，“吉隆坡”一词的本义是“泥泞的河口”。

马来西亚 2016 年全国的总人口约为 3 119 万，其中马来人占 61.5%，马来西亚籍华人和华侨则占 24.6%。除此之外，还有少量的印度人和巴基斯坦人。

马来西亚是一个以伊斯兰教为国教的国家，全国总人口的一半以上都信奉伊斯兰教，并且属于逊尼派。在马来西亚，马来人基本上都是虔诚的穆斯林。

马来西亚的官方语言是马来语，英语和华语则是其通用的语言。其货币为林吉特。2016 年，马来西亚人均 GDP 为 9 508 美元，在世界上列第 69 位。

从政体上看，马来西亚是一个实行君主立宪制的联邦制国家。其国家元首由 13 个州首脑所组成的统治者会议推选而出，任期 5 年。目前，马来西亚仍为英联邦成员国之一，并且也是东盟成员国之一。马来西亚的国庆日是 8 月 31 日。其国徽格言为：“团结就是力量。”

1974 年 5 月 31 日，马来西亚与中国正式建立了大使级外交关系。

（二）社交礼仪

在马来西亚，不同民族的人采用不同的见面礼节。马来人的常规做法是：向交往对象轻轻点头，以示尊重。除男人之间的正式交往以外，马来人很少相互握手，男女之间尤其不会这样做。以左手与别人握手或接触，则更是马来人之大忌。马来人传统的见面礼节，是所谓“摸手礼”。它的具体做法是：与人相见时，一方将双手首先伸向对方，另一方则伸出自己的双手，轻轻摸一下对方伸过来的双手，随后将自己的双手收回胸前，稍举一下，同时身体前曲呈鞠躬状。与此同时，他们往往还会郑重其事地祝愿对方“真主保佑”，或“一路平安”。被问候者则必须回以“愿你也一样好”。

马来西亚的华人与印度人同外人见面时，大多以握手作为见面礼节。

在马来西亚民间，人们见面时经常会问对方：“你到哪里去?”它的真实含义与我国许多地方略同，仅仅是一种一般性问候而已。对此，既可以回答，也可以不回答。

马来人的姓名颇具特点，他们通常只有自己的名字，而没有固定的姓氏。在一般情况下，马来人总是儿子以父名为姓，父亲则又姓祖父的名字，因此一家几代人的姓氏会各不相同。

由于屡遭外来侵略之故，马来人在对外交往中往往会显得有些敏感多疑，对外国人轻易不会信任。在无人介绍时，他们不爱主动与外国人交谈。即使在商务谈判中，他们也是问得多、答得少。在一般情况下，不宜与其谈论马来西亚国内政治、马来西亚与新加坡或西方国家的关系，不宜谈论党派之争，不宜议论宗教或民族问题，尤其不宜对在马华人的地位进行点评。但在与熟人交往时，他们却以“笑口常开”作为一种基本礼貌。他们认定，在与别人打交道时，若面无表情、不苟言笑，则往往意味着对别人不怀好意。

（三）服饰礼仪

平日，马来西亚人习惯于身穿天然织物做成的服装。马来西亚人最具代表性的服装，是一种被称为“国服”的叫做“巴迪”的长袖上衣。它多以蜡染的花布做成。在很正式的交际场合，穿这种衣服也不为失礼。

在一般情况下，马来人习惯穿着本民族的传统服装。马来族男子通常上穿“巴汝”，即一种无领、袖子宽大的外衣。他们的下身则围以一大块布，被叫做“沙笼”。他们的头上往往还非要戴上一顶无檐小帽不可。马来族的女子则一般要穿无领、长袖的连衣长裙。她们的头上必须围以头巾。

在社交场合，马来西亚人可以穿着西装或套裙。但是，在正规的场合中，绝对不允许人们露出胳膊和腿部来，所以背心、短裤、短裙都是忌穿的。

平时，马来西亚人的服饰偏好红色、橙色和其他一些鲜艳的颜色。他们认为，黑色属于消极之色，黄色也不适于作为服装之色。受伊斯兰教影响，马来人对绿色十分喜爱。

马来人喜欢佩戴短剑。他们认为，短剑象征着力量、勇敢与智慧。去马来西亚人家里做客，进门前必须先脱下鞋子，并且摘下墨镜。在参观清真寺时，亦须牢记这一点。

（四）餐饮礼仪

在马来西亚，由于以伊斯兰教为国教，因此在饮食习俗上首先必须了解并尊重穆斯林的相关禁忌。通常，马来西亚的穆斯林是绝对不饮酒的。他们喜欢的饮料，有椰子水、红茶、咖啡，等等。在一般情况下，他们不惯于饮用开水。在宴请之中需要干杯时，他们会以茶或其他软饮料来代替酒。

受伊斯兰教教规影响，马来西亚的穆斯林不吃猪肉、狗肉，不吃自死之物和动物血液，不吃一切未按教规宰杀之物，不使用一切猪制品。由于他们认为猪、狗是会带给人们厄运和瘟疫的肮脏动物，乌龟则是一种象征“春药”或“色情”的不吉祥的动物，所以都不吃。平时，他们爱吃米饭，喜食牛肉，极爱吃咖喱牛肉饭，并且爱吃具有其民族风味的“沙爹”烤肉串。

马来西亚的印度人通常不吃牛肉，但可以吃羊肉、猪肉和家禽肉。

马来人一般十分好客，他们认为，客人在主人家里若不吃不喝，等于不尊敬主人。对此，必须牢记。

在用餐时，马来人习惯于将食物置于放在地上的毯子或席子上，然后环绕其而坐。在具体的坐姿上，他们讲究男女有别：男子通常应当两脚交叉在前，盘腿而坐；女子则必须屈膝而坐，只有上年纪之后方可例外。

只有在十分正规的宴请中，马来西亚人才以刀、叉、匙进餐，平常他们用餐时只用右手抓取食物。由于左手被视为"不洁之手"，因此禁止使用其取用食物或饮料。万不得已需以左手帮助右手之前，应向在场之人表示歉意。以左手直接向其他人递送食物或饮料，在任何情况下都是不被许可的。在一般情况下，马来西亚的印度人也惯于抓取食物，而不使用任何餐具。

在用餐时，马来西亚人很讲究卫生。在用餐前，他们必定先用清水冲手。在餐桌上，则多备有水盂，以供人们用餐时涮洗手指。对以湿毛巾擦手，他们是不习惯的。

（五）习俗禁忌

扶桑花，在马来西亚叫做"班加拉亚"，被定为马来西亚的国花，广受马来西亚人的喜爱。

要了解马来西亚的习俗禁忌，总体而言，特别需要注意下列两点。

首先，伊斯兰教在马来西亚具有举足轻重的影响。马来西亚虽为东南亚国家，但却是一个地地道道的伊斯兰国家。伊斯兰教的教规教义在马来西亚具有最高的法律效力，并为人民所严格遵守。在日常生活中，该教的作用几乎无所不在。

例如，尽管深受西方文化的影响，并且一年四季气候炎热，马来西亚人平时却非常讲究着装严谨、衣冠端正。在公共场合，过度裸露肢体是绝对不允许的。

此外，在马来西亚，人们还有"男女授受不亲"的讲究。在社交场合，不准许男女进行身体接触。即使夫妻或情侣在大庭广众之下勾肩搭背、挽臂而行，或是拥抱、亲吻，也在禁止之列。

其次，马来人的礼仪习俗在社会生活中居于支配地位。在马来西亚，马来人不仅人口最多、政治影响最大，社会地位通常也最高。他们的语言与宗教，亦分别成为国语与国教。在某种意义上讲，马来西亚的礼仪习俗主要就是马来人的礼仪习俗。因此，在马来西亚，千万不要非议马来人的特殊地位，不然便会自找麻烦。对马来人的习俗，以多多了解为宜。在跟马来人接触时，下列五个要点务请留意。

(1) 不要触摸被其视为神圣不可侵犯的头部与背部。

(2) 不要在其面前跷腿、露出脚底，或用脚去挪动物品，因为他们认为人体各部位中脚的地位最为低下。

(3) 不要用一手握拳，去打另一只半握的手，这一动作在马来西亚人看来是十分下流的。

(4) 在与其交谈时，不要将双手贴在臀部，不然会让对方勃然大怒。

(5) 不要当众打哈欠。在万不得已要打哈欠时，务必先以手遮挡住口部，否则便是失敬于人的。

十、缅甸

(一) 基本概况

缅甸的正式名称，是缅甸联邦共和国。它位于亚洲东南部的中南半岛西部，北部和东北部与中国接壤，西北与印度、孟加拉国为邻，东南同老挝、泰国交界，西南则濒临孟加拉湾与安达曼海。缅甸国土总面积为 67.66 万平方公里，海岸线约长3 200 公里。

缅甸作为国家的名称，出自该国主体民族缅族之名。从本义上讲，“缅”字具有“敏捷”“强壮”与“遥远”之意。而“甸”字，则意为“山间谷地”。所以从字面上看，缅族即“坚强、勇敢之族”，“缅甸”意即“遥远的山间谷地”。由于缅甸盛产稻米，并且一半以上的国土面积为森林所覆盖，在世界上，它还有“稻米之国”“森林之国”等称呼。有人还称之为“佛塔之国”。

缅甸目前的行政区划，是将全国分为 7 个省、7 个邦和联邦区。缅甸首都以前为仰光。在当地语言里，“仰光”的含义是“战乱平息”。现已迁都至内比都，“内比都”的含义则是“国王住的地方”。

缅甸 2016 年全国总人口约为 5 289 万，由缅族、掸族、克伦族等 135 个民族组成。缅甸的主体民族是缅族，其人数约占全国总人口的 65%。

缅甸的主要宗教是佛教，全国居民的 85%左右都信奉佛教，并且大都属于小乘佛教的信徒。

缅甸的国语是缅语。在该国，有不少懂英语的人。其货币为缅币。2016 年，缅甸人均 GDP 为 1 196 美元，在世界上列第 157 位。

缅甸目前实行共和政体。它是东盟成员国之一。缅甸的国庆日是 1 月 4 日。1950 年 6 月 8 日，缅甸同中国正式建立了大使级外交关系。

(二) 社交礼仪

缅甸人在人际交往中待人十分谦恭、友好,他们所采用的见面礼节主要有下述三种。

(1) **合十礼**

由于缅甸人大多信奉佛教,因此他们在社交活动之中,一般都习惯于向交往对象行合十礼。在缅甸,关于行合十礼,有两点需要强调:一是在见到僧侣时,对其只能行合十礼。二是在行合十礼时,不仅要问候对方,而且戴帽子的人还必须先将帽子摘下来,并且夹在腋下。

(2) **鞠躬礼**

缅甸人在见到长辈、上级或学者时,大都要向对方行鞠躬礼,以表示自己特殊的敬意。

(3) **跪拜礼**

在民间交往中,缅甸人在参见父母、师长或者僧侣时,往往讲究要"五体投地",向对方施跪拜大礼。这种礼节,其实出自佛门。按照佛教教规,在行跪拜礼时,行礼者须使自己双手、双脚、双肘、双膝、额头同时接触地面,并且在此前后双手合十举至头顶。

在日常生活中,缅甸人对长辈尊重有加。他们讲究的是:晚辈在向长辈递送东西时,必须使用双手。在递小件物品时,可单用右手,但应同时以左手托扶右手下部。在长辈面前通过时,晚辈应当躬身低首、轻轻走过,不允许昂首阔步或是奔跑通过。长辈来到室内时,晚辈必须迅速起身迎候。向长辈告辞时,晚辈先要躬身施礼,然后后退两步,方可离去。

缅甸人对于男女之间的交际观念较为保守。在缅甸,男女通常不握手,不接触对方的身体。在公共场合,男女若是在举止动作上过于亲密,例如,携手而行、相拥相抱、热烈亲吻,都会令人侧目而视。

在称呼缅甸人时,应对其"姓名"首先有所了解。严格地讲,缅甸人是有名而无姓的。在缅甸人的名字之前,往往会加上一些特定的词,它们类似于尊称,但绝非姓氏。

例如,"吴",意为"先生";"杜",意为"女士";"哥",意为"兄长";"貌",意为"弟弟";"玛",意为"姐妹";"塞耶",意为"老师";"道达",意为"博士";"德钦",意为"主人";"耶博",意为"同志"。它们都是缅甸人平日里所常用的"称呼"。

举例而言,若一位缅甸男子名字叫做"刚",则长辈会称其为"貌刚",同辈会称之为"哥刚"。要是他有了一定的社会地位,人们会称之为"吴刚"。如果他是一位军官或者教师,则人们还有可能称其为"波刚",或者"塞耶刚"。

根据缅甸的民间传说,中国人与缅甸人本是同胞兄弟。是故缅甸人对待中国人不但极为亲切、友好,而且往往还会直接以"胞波"相称。"胞波"一词,在缅语里意即“同母所生的亲戚”，或是“同胞兄弟”。

（三）服饰礼仪

缅甸人只有在极为正式的场合才会穿着西式的套装、套裙和皮鞋。在日常生活之中，绝大多数缅甸人都喜欢穿着自己的民族服装。其基本特征是：衣无领，裤无裆，鞋无帮。

缅甸男子的着装通常为：上穿对襟无领长袖短外衣，下穿以方格布缝制而成的类似于筒裙的沙笼，并且在正面打结束好。在他们的头上，往往要裹上一块素色的扎头巾，名为“岗包”。

缅甸妇女的着装，则大多是上穿斜襟长袖短衫，内衬白色胸衣；下穿花布长身筒裙，并且在侧面束住，但不用腰带。她们的上衣往往透明，或者半透明。出门在外时，大多还要披上一条彩色披巾。

缅甸妇女很爱梳起又高又光的发髻，并且对各种金首饰倍加青睐。在缅甸的一些地区，妇女以脖子细长为美。于是那里的女孩子自小开始，便不断往脖子上面套铜环，以便促使自己的脖子变得颈长。

由于天气炎热，缅甸人一般都不穿鞋袜，至多穿上一双拖鞋罢了。缅甸的警察执行公务时头戴钢盔，妇女们脸颊上往往要涂上一块用以装饰的植物粉浆，人们不分男女老幼出门时大多挎上一只布包。如此种种，均与当地天气炎热直接相关。

在拜访缅甸人时，进门前最好首先脱鞋；在参拜佛寺时，则非得这么做不可。

（四）餐饮礼仪

在一般情况下，缅甸人均以米饭为主食，而且喜食水产品。缅甸人普遍爱吃米饭，并且喜欢将菜拌入饭中一道吃。加入椰子汁的椰浆饭，拌有椰丝、虾松、姜黄粉的糯米饭，都是他们平时最爱吃的。

在用餐时，缅甸人通常讲究质精、量少。他们的口味，大多偏重于酸、辣、甜，不爱吃太咸的食物。吃饭时，多爱加辣酱入内。

信仰小乘佛教的缅甸人通常并不忌肉食，但他们不得杀生。缅甸人一般都不吃猪肉、狗肉、牛肉，并且不吃动物内脏。他们所吃的肉食，主要是鸡肉、鸭肉、鱼肉、虾以及鸡蛋等。缅甸的一些少数民族，例如克钦族，则还有烤食兽肉之习。

平时不少缅甸人不饮酒，但他们一般都爱喝汽水、咖啡和热茶。他们所喝的热茶其实是一种“怪味茶”，它是以茶叶拌入黄豆粉、虾肉松、虾酱油、洋葱末、熟辣椒籽，然后冲兑而成的。

在用餐时，缅甸人主要以手抓食。有时，也用一下勺子和盘子，但不用碗。只有在待客时，才会预备刀叉。用餐的时候，缅甸人通常围绕矮桌而坐，每人面前均会备有一碗清水，用于在进餐前涮洗手指。

缅甸人大都讲究饭菜上齐后才可开始用餐。在用餐时，排列座次讲究的是男左女右。在端菜盛饭的过程中，不能令饭菜越过用餐者头顶。在用餐时，尤其是抓食饭菜时，仅可使用右手，绝对忌用左手。唯有父母、来宾开始进食后，子女、主人才能跟进。在吃饭的时候，不允许讲令人作呕的话。发现饭菜中有脏东西，宜悄然处理，不应当声张。

（五）习俗禁忌

缅甸人非常珍爱东亚兰、柚木和红宝石，这三种东西分别被定为缅甸的国花、国树与国石。在缅甸人面前，切不可对它们有失敬意。此外，他们还非常敬重榕树，将其当做佛塔看待。

在缅甸，白象与黄牛受到人们的普遍崇拜。在缅甸人心中，白象代表着吉祥与幸福，因此选定它为国兽。而黄牛则被他们奉为神明，非但禁止宰杀、食用，而且不得役使或鞭打。孔雀与猫头鹰，同样也是缅甸人所喜爱的动物。在该国，乌鸦也被视为“神鸟”而大受保护。

有三种人，在缅甸是不可予以轻视的。

（1）**僧侣**

信奉佛教的缅甸人历来敬重僧侣，每个男子一生之中都要出家为僧一次。因此，在任何情况下都不得对僧侣失敬，并且在任何场合都要主动对其礼让三分。

（2）**妇女**

妇女在缅甸地位较高，她们可以自主婚姻，并且拥有经济收入，对于缅甸妇女，千万不要歧视。

（3）**军人**

缅甸军人，一向在国家的政治生活中拥有极大的权力。对军人失敬，往往会惹火烧身。

缅甸的佛门弟子做生意时，一般有如下五项戒规：一不得出售各种杀生武器；二不得出售大象、马匹、佣人；三不得出售供食用的鸡和鸟；四不得出售酒；五不得出售毒药。

与其他人一同就座时，缅甸人忌讳坐得高于僧侣，并且不允许露出膝盖或者大腿。过“泼水节”时，他们通常有向别人身上泼洒清水，以此祝颂对方消灾纳福的习惯。

十一、蒙古

（一）基本概况

蒙古的正式名称，是蒙古国。它位于亚洲中部地区，其国土东、西、南三面与中国接壤，北面则同俄罗斯为邻。蒙古是世界第二大内陆国，它的国土总面积约为156.65万平方公里。

蒙古这个国家的名称，是由该国主体民族喀尔喀蒙古族的名称演变而来的。在蒙古语中，“蒙古”一词是由“勇敢”与“朴素”两个词素组合而成的。有人认为，“蒙古”一词还拥有“永恒”“银”“我的火”等许多不同的含义。

蒙古全国目前设立有21个省。该国首都是乌兰巴托。乌兰巴托是“乌兰巴托霍托”的简称。从字面上看，后者的本义是“红色英雄城”。

蒙古2016年全国总人口约303万，由蒙古、哈萨克、俄罗斯等民族构成。喀尔喀蒙古族是蒙古人数最多的民族，它约占全国总人口的80%。

蒙古的主要宗教是喇嘛教，它是佛教的主要流派之一。在蒙古，还有极少数人信仰伊斯兰教和东正教。

蒙古的国语是喀尔喀蒙古语。由于历史原因，不少蒙古人都懂得俄语。其货币为图格里克。2016年，蒙古人均GDP为3 694美元，在世界上列第115位。

蒙古目前实行总统制共和政体。目前，它还谋求成立永久中立国。该国的国庆日是7月11日。

1949年10月16日，蒙古即同中国正式建立了大使级外交关系。

（二）社交礼仪

在人际交往中，蒙古人极为热情好客。在正式场合，蒙古人有时也与别人握手为礼。不过，在许多情况下，他们往往更爱采用具有自己民族特色的见面礼节。

在一般情况下，蒙古人所采用的具有其民族特色的见面礼节主要有下列三种。

（1）请安礼

它的具体做法是：男子单曲右膝，右臂自然下垂；女子则须双膝弯曲。

（2）躬身礼

在行躬身礼时，首先要将双手高举过头，随后将右手捂在胸前，同时躬身，以示敬意。

（3）拥吻礼

拥吻礼，即与行礼对象拥抱并亲吻。

前两种见面礼节，适用迎接贵客。后一种见面礼节，则多适用于亲友之间。在行见面礼时，蒙古的习惯做法是不脱帽子的。但是，骑马的人必须下马，乘车的人则必须下车。行礼双方，届时都必须这样做。

好客的蒙古人在欢迎嘉宾时，通常还会举行下列三种迎宾仪式。

（1）献哈达

哈达，是一种丝巾。蒙古人献给贵宾的哈达是蓝色的，并且讲究不宜过长。届时首先要将它折上两下，其开口处要朝着对方。

（2）敬奶茶

敬奶茶，往往与献哈达同时进行。奶茶往往讲究用银碗盛放，客人宜将其一饮而尽。

(3) **吸鼻烟**

蒙古人爱吸鼻烟。久而久之，请客人吸鼻烟，竟然演化为一项仪式。它的做法是：蒙古男子在家中接待男宾时，要与对方互递鼻烟壶。若对方为平辈，应以双手或右手递上，并以同样的方法躬身接过对方的鼻烟壶。将其认真欣赏后，倒出一点鼻烟，抹在鼻孔里品味，然后把它还给对方。若对方为长辈或身份高者，则应先跪一足，以右手递上自己的鼻烟壶，然后再以双手接过对方的鼻烟壶取而吸之。

在蒙古民间，与他人相见时所用的问候语，往往不是询问对方身体怎么样、工作忙不忙，而是打听“牲畜是否平安”。这主要是因为蒙古是一个以畜牧业为主的国家，牲畜是蒙古人的主要经济支柱，所以“牲畜是否平安”这一问题不能不引起他们的高度重视。

(三) 服饰礼仪

在日常生活中，蒙古人主要穿着其民族服装蒙古袍。蒙古袍又叫做“台里”，实际上是一件长袍。其袖子宽松长大，领子较高，纽扣在右侧。它的领子、袖口和边沿，往往由漂亮的花边予以点缀。夏季穿的蒙古袍多为浅色单夹袍，冬季所穿的蒙古袍则大半是深色的皮里棉袍。

蒙古袍的穿法极有讲究。其标准的做法是：从左向右裹在身上，然后再在腰上扎上一根宽大的、色彩与蒙古袍相协调的绸腰带或棉腰带。男子扎腰带时，讲究把袍子往上提，以便显得精悍洒脱。女子扎腰带时，则往往要让袍子向下舒展，以显得身材苗条。实际上，扎腰带的最大好处是可以以之保暖，并防止蚊虫“长驱直入”。

穿蒙古袍时，蒙式的帽子与靴子往往必不可少。通常，蒙古人十分爱戴一种尖顶或圆顶的护耳皮帽。在帽子后面，常饰有两条宽大的红色丝带。蒙古人经常穿的鞋子是一种名叫“古都尔”的牛皮靴，它的底子很厚，既防寒又防水，靴头大都向上弯起，在靴筒上面绘有民族色彩极浓的图案。

在对外交往中，蒙古人有时会穿蒙古袍，有时则会穿样式极为保守的西装或套裙。

(四) 餐饮礼仪

蒙古人平日所吃的主食，主要是肉类和乳制品。在肉类中，他们最爱吃的是羊肉，同时也吃牛肉。但是，在一般情况下，蒙古人不大吃猪肉和马肉。与此同时，他们还忌讳吃鱼，因为它被视为神的化身。他们禁吃的，通常还有虾、蟹、海味，以及“三鸟”的内脏。所谓“三鸟”，按蒙古人的说法，即鸡、鸭、鹅。还有不少人不爱吃米、面、青菜。

通常，蒙古人都有较大的食量。他们大都口味较重，不怕油腻，爱吃烧、烤、焖的菜肴。不过，他们一般不吃油炸类食物，也不吃糖醋类的菜肴。

“手扒肉”“烤全羊”“石烤肉”“羊背子”等，都是蒙古人的传统佳肴。在款待嘉宾时，他们通常要设“全羊席”。届时，由主人首先动手，其他人则应按一定顺序进食。

在吃肉时，蒙古人一般用手撕而食之，或以刀子割食。在吃著名的“手抓饭”时，则必须以手直接进行抓食。

一般而论，蒙古人没有喝汤的习惯。他们的主要饮料，有马奶酒和茶。蒙古人非常重视马奶酒。在祭祀祖先和天地神佛时，一定要敬献马奶酒。蒙古人所喝的茶，其实是一种奶茶。对他们而言，奶茶与其说是一种饮料，不如说是一种食品，因为他们一日不可或缺。有时，他们问候他人的话语便是“喝茶了吗”。

蒙古人大多数善于饮酒。在向贵宾敬酒时，他们往往同时载歌载舞，客人则是绝对不能不喝的。在敬酒时，他们讲究右手举杯，并以左手托扶右肘。

（五）习俗禁忌

蒙古人对于本民族的伟大祖先成吉思汗无比敬重。对成吉思汗的任何非议，都会令他们忍无可忍。除此以外，蒙古还讳谈蒙古与苏联的特殊关系、蒙古与中国的渊源，以及堕胎等问题。

在蒙古，蒙文原采用回鹘式字母，后因与苏联关系特殊而改用俄式的基里尔字母。目前，该国又在酝酿新的文字改革。

蒙古人十分爱马，他们被外人称为“马背上的民族”。因此在他们面前，切勿表现得不爱护马匹。

在色彩上，蒙古人对红色十分崇拜，并且视之为本民族的标志。他们还认为，白色代表一帆风顺，蓝色表示忠贞、永恒，黄色则象征荣华富贵，所以非常喜欢这些色彩。他们将黑色列为禁忌之色，因为它被视为敌人、丧事的化身。送其黑色礼品，或穿黑色服装，都会令其不快。

蒙古人即使对过路的陌生人也会殷勤款待，因此人们说：“在蒙古，一个一文不名的人，也能旅行三个月。”但在拜访蒙古人居住的蒙古包时，切记下列六点。

（1）不要倚坐在蒙古包上。

（2）在进蒙古包前，须将马鞭或棍杖放在门外。

（3）进入蒙古包后，可不脱帽。若脱下帽子，则切勿将其朝着门口放下。

（4）在就座时，最好是盘腿而坐。如不习惯，可将双腿伸向门口，但绝不要双腿朝内。

（5）在与蒙古人交谈时，慎勿以鼻烟壶或手指对其指指点点。

（6）不要劝说蒙古人将自家牲畜的乳汁卖掉。

与上述几点有违，通常会被蒙古人视为人身侮辱。

十二、尼泊尔

(一) 基本概况

尼泊尔的正式名称，是尼泊尔联邦民主共和国。它位于南亚地区，北邻中国，东、西、南三面皆同印度相交。尼泊尔是一个内陆国家，国土面积为14.7万平方公里。

对于“尼泊尔”这一名称的来历，人们的解释有所不同。有人说，它出自尼泊尔语，意为“中间的国家”，即夹在中国与印度两国之间之意。有人说，它出自尼瓦尔语，意为“丛山中的国家”。还有人则认为它来自藏语，意为“羊毛之家”。因为尼泊尔位于世界屋脊喜马拉雅山南麓，全国面积二分之一在海拔1 000米以上，7 600米以上的山峰有50多座，所以它又以“喜马拉雅山国”之名而著称于世，并且有“亚洲山国”之称。由于尼泊尔一年之中节日极多，节日全部加在一起居然达100多天，因而又有人称其为“节日之邦”。

从地形上讲，尼泊尔可被分成南部平原、中部河谷和北部山地三个地区。在行政区划上，该国则分为5个发展区、14个专区。尼泊尔的首都，是有“山国春城”之称的加德满都。在尼泊尔语中，“加德满都”意即“树林和庙宇”。除此之外，还有人将其理解为“边界地区”之意。

尼泊尔2016年全国总人口约2 898万，由尼泊尔人、尼瓦尔人、印度人等30多个民族构成。尼泊尔的主体民族是尼泊尔人，它占到全国总人口的一半以上。尼泊尔人的另外一个称呼叫做廓尔喀人。除尼泊尔人外，尼瓦尔人的数量也不少，大约为其全国总人口的30%。

尼泊尔宪法规定，印度教为该国国教。印度教徒约占尼泊尔全国人口总数的86.2%，另有7.8%左右的尼泊尔人信奉佛教。在尼泊尔，有的人既信仰印度教，同时又信仰佛教。

尼泊尔的国语是尼泊尔语，英语则为其通用语。其货币为尼泊尔卢比。2016年，尼泊尔人均GDP为729美元，在世界上列第170位。

尼泊尔目前实行内阁制共和政体。它的国庆日是5月28日。国徽格言是：“祖国胜于天堂。”

1955年8月1日，尼泊尔同中国正式建立了大使级的外交关系。

(二) 社交礼仪

在尼泊尔，人们相见时所采用的见面礼节多种多样。西式的握手礼，在城市里，尤其是在知识阶层中才较为通用。除非对方属于至交，尼泊尔妇女一般是不同交往对象握手的。

在日常生活中，尼泊尔人所采用的极具民族特色的见面礼节通常有下列五种。

（1）**合十礼**

在行合十礼时，尼泊尔人往往同时要向行礼对象说上一句“纳马斯得”。它的意思是“你好”。

（2）**摸头礼**

它是以前国王在接见臣民时所行的礼节，即用右手去抚摸臣民的头顶。过去在尼泊尔，一个人若能得到国王的抚摸，将是其终生的荣幸。

（3）**掬手礼**

它是下属、晚辈、身份低者在拜见上司、长辈、身份高者时所使用的见面礼节。其具体做法是：面对行礼对象俯首躬身，同时双手呈掬水状，并以双手指尖触及自己的额头。

（4）**吻足礼**

它限于晚辈拜见长辈之用。具体做法是：晚辈跪在长辈身下，然后去亲吻其足。

（5）**吐舌礼**

它的做法是：在欢迎初次相见的客人时，吐出鲜红的舌头，以示舌红心红，自己在以赤诚之心欢迎对方。

在欢迎贵宾时，尼泊尔还有一种隆重的仪式，他们会特别安排圣洁的童女迎候宾客，并由其向对方献花。在尼泊尔，向来宾敬献花环，是一种祝福对方的常规做法。在欢迎嘉宾的时候，他们往往还会点燃酥油灯、篝火或红蜡烛，以此来向对方表示“光明”“温暖”和“友情”。

通常，在尼泊尔，人们的姓名均由三个部分构成。其中第一个部分是本名，第二个部分是本人的爱好、意愿或信仰，第三个部分才是其姓氏。在一般情况下，通过一个尼泊尔人的姓名，即可对其祖先的职业、信仰、民族和种姓略知一二。

（三）服饰礼仪

在一般情况下，尼泊尔男子的常见服饰是：上身穿白色细布制成的系有带子的对襟衬衫，外面套上一件西装上衣，但不打领带。与此同时，他们的下身往往会穿一条白色的上宽下窄的、类似于马裤的裤子，脚上则穿皮鞋。有趣的是，他们绝不会将衬衫的下摆掖进裤腰内，而是任其在裤子之外自然下垂，甚至长出西装上衣许多。平日，尼泊尔男子还喜欢戴上一顶黑色或花色的圆顶小帽。只有在服丧时，他们才戴白色的小圆帽。

在尼泊尔乡间，男子往往会上穿一件无袖的、类似于坎肩的、被称为“褂子”的短袄，下穿一条短裤，并且在腰间系上一根带子。同时，他们还经常会腰挂一把廓尔喀腰刀。

尼泊尔妇女对于西方的现代服饰已普遍接受，她们的日常着装是：上身穿一件紧身的长袖胸衣，下穿一条以各种长度的布缠成的直筒式裙子，在头上则系上一条色泽艳丽的围巾，或是将其披于肩头后背。

尼泊尔妇女穿着打扮的一大特点，是喜欢首饰、讲究化妆。平时，她们非常喜欢佩戴五颜六色的项链、手链，并且爱戴大大的耳环和鼻环。在日常生活中，她们在化妆时还喜欢在额头上涂上一点朱砂，并且将其称为吉祥痣。

（四）餐饮礼仪

通常，尼泊尔人每天只吃两顿饭。他们的早餐主要是吃饼干，饮奶茶。晚餐才被视为他们的正餐，并且广受重视。

尼泊尔人的主食是米饭，有时也吃一些面食、玉米。他们的副食，主要有羊肉、鸡肉、鸭肉，爱吃的蔬菜则是西红柿、洋葱、辣椒、土豆、鲜笋等。他们爱吃香、脆而实惠的菜肴，并且喜欢让它酸、甜、辣一点。对于过咸的菜肴，他们则往往兴趣不大。

尼泊尔人忌食的主要是牛肉。海参和姜等东西，他们也是绝对不吃的。在一般情况下，他们往往还不吃猪肉。

在用餐的时候，尼泊尔人不用刀叉和筷子，而是喜欢用右手直接地抓取食物而食。当他们宴请客人时，通常讲究让客人自己动手去盛饭。在一般情况下，客人最好添上两次饭。要是只添一次的话，主人通常会不高兴。

尼泊尔人还讲究：在用餐完毕以后，每个人均须自行将本人用过的餐具收放于餐桌之下。他们之所以这样做，主要是为避免那些用过的餐具会被别人错用。

（五）习俗禁忌

杜鹃花是尼泊尔的国花。它被尼泊尔人称为“高山玫瑰”，是他们最喜爱的鲜花。尼泊尔人认为，它代表着美好、幸福和吉祥。

虹雉，又名“九色丹飞”。在尼泊尔，它是法定的国鸟。此外，尼泊尔人还对乌鸦另眼相看，认为它是一种吉祥之鸟，并且具有为人类奉献的高贵品格。

黄牛，是尼泊尔地位至尊的兽类。它不仅由宪法明文规定为国兽，受到国家所正式颁行的《国兽保护法》的保护，而且在现实生活中也受到尼泊尔人的真心爱护。

在尼泊尔，黄牛被尊为神牛。它身上所有的一切，亦被视为神圣之物。在尼泊尔人眼里，黄牛的两角是“两座圣山”，黄牛的双眼是“日月神”，黄牛的奶是“圣海”，黄牛的尿是“圣河”，黄牛的屎是“吉祥之物”，黄牛的毛则是“三亿三千万个神”。在尼泊尔，人们对于黄牛可以说是顶礼膜拜，对其不得拴缚、不得宰杀、不得食肉，并且不得以其皮制革。凡伤害黄牛者、不敬黄牛者，必定会受到法律的惩罚。在与尼泊尔人打交道时，务必不要以牛皮制品相赠，不要请其坐牛皮沙发。在参观尼泊尔的寺庙时，则不要穿牛皮鞋入内。

除黄牛之外，尼泊尔人对狗也极有好感。他们认为：狗不仅忠实、可靠，而且还是一种吉祥的动物。在他们眼里，水牛、公羊、公鸡都是邪恶的象征，故此对其敬而远之。他们还认为，动物的毛皮是不洁净的，故不使用任何皮革制品。

尼泊尔人非常偏爱深红色。在该国宪法之中，深红色被定为尼泊尔的国色。在尼泊尔人过洒红节时，他们相互之间会往对方身上泼洒兑了红颜料的水。一个人身上被泼洒的红水越多，往往表明他越受尊重。

在人际交往中，尼泊尔人赠人的礼品很有讲究。在见客之初，他们会送对方一顶尼泊尔小帽，表示重视对方。在送客之时，他们会送对方一双手工精制的鞋子，预示着对方前程似锦。有时，他们还会送人一把廓尔喀腰刀。

尼泊尔人在向其他人递送物品时，讲究一定要用双手奉上。当采用双手递送确有不便时，才可以用右手递上。此时，还应同时以左手指尖抵住右臂。

在交谈中，尼泊尔人讲究的往往是“点头不算摇头算”，即其点头表示反对，其摇头则表示赞成。

十三、日本

（一）基本概况

日本的正式名称，是日本国。它是位于亚洲东部、太平洋西侧的一个群岛性国家，全境由本州、北海道、九州、四国等四个大岛和 7 200 多个小岛组成。隔着东海、黄海、朝鲜海峡和日本海，它分别与中国、韩国、朝鲜、俄罗斯等国遥遥相望。日本国土总面积为 37.8 万平方公里，海岸线总长约为 3 万公里。

日本国名的含义是“太阳升起的地方”，即“日出之国”。由于盛产樱花，贸易发达，造船工业与钢铁工业在世界上处于举足轻重的位置，故此它有着“樱花之国”“贸易之国”“造船王国”“钢铁王国”等世人皆知的别称。日本有 200 多座火山，其中活火山占四分之一，而且地震多发。故此，它又被称为“火山地震之邦”。

日本目前的行政区划，是将全国分为一都、一道、二府和 43 个县。日本的首都是东京，从字面上讲，“东京”意即“东部的京城”。

日本 2016 年全国总人口约为 1.28 亿，由大和族人、阿伊努人、朝鲜人和华人所组成。大和族是日本的主体民族，它约占日本全国总人口的 99%。

日本的主要宗教是神道教和佛教。神道教是日本固有的宗教。它所崇拜的是象征着太阳的所谓“天照大神”。在日本，大部分居民都信奉该教，因此它在日本人的日常生活中，尤其是在礼仪习俗方面，影响甚大。日本人所信奉的佛教属于大乘佛教。

日本的国语是日语。其货币为日元。2016 年，日本人均 GDP 为 38 900 美元，在世界上列第 23 位。

日本现在实行君主立宪政体。它是八国集团、二十国集团与经合组织成员国之一。日本的国庆日是 12 月 23 日。这一天，实际上是日本现任天皇明仁的诞生之日。

1972 年 9 月 29 日，日本与中国建立了正式的大使级外交关系。

（二）社交礼仪

在人际交往中，日本人通常都习惯于以鞠躬作为见面礼节。在行鞠躬礼时，日本人不但讲究行礼者必须毕恭毕敬，而且在鞠躬的度数、鞠躬时间的长短、鞠躬的次数等方面还有其特殊的讲究。一般而言，日本人在行鞠躬礼时鞠躬度数的大小、鞠躬时间的长短以及鞠躬次数的多少，往往会同对对方所表示的尊敬的程度成正比。日本人在行鞠躬礼时，还讲究手中不得拿东西、头上不得戴帽子，把手插在衣袋里亦不允许。

有的时候，日本人还会一面与人握手一面鞠躬致敬，或是仅仅与他人握手为礼。不过在一般情况下，日本妇女，尤其是日本的乡村妇女，与别人见面时，是只鞠躬而不握手的。在行见面礼时，日本人讲究必须同时态度谦恭地问候交往对象。总之，日本人是绝对地认为“礼多人不怪”的。

在日本民间，尤其是在乡村之中，人们在送别亲友时，往往还会向对方行跪礼或摇屐礼。跪礼，即屈膝下跪，它是妇女所行的礼节。摇屐礼，即手持木屐在空中摇动，它则是男子所行的礼节。

日本人在与他人初次见面时，通常都要互换名片，否则即被理解为是不愿与对方交往。因此，有人将日本人的日常见面礼节归纳为：“鞠躬成自然，见面递名片。”在一般情况下，日本人外出时身上往往会带上好几种印有自己不同头衔的名片，以便在交换名片时可以因人而异地使用。

日本人在人际交往中对清洁十分重视，对他们来讲，每天都非得洗澡不可。不仅如此，日本人还有请人一起去浴室泡温泉的习惯。用他们的话来讲，这叫作“裸体相交”。他们认为，这一做法可以使人减少束缚，坦诚相交。由于日本人坚信“优胜劣汰”，所以在交际中他们十分尊重强者。

日本人姓名的组合顺序与中国人姓名的组合顺序一样，二者都是姓在前、名在后的。不过，日本人的姓名字数往往较多，并且以四字的最为多见。日本妇女婚前姓父姓，婚后则改姓夫姓。

称呼日本人时，可称其为“先生”“小姐”或“夫人”。也可以在其姓氏之后加上一个“君”字，将其尊称为“某某君”。只有在很正式的情况下，称呼日本人时才须使用其全名。

在交际场合，日本人的信条是“不要给别人添麻烦”。因此，他们忌讳高声谈笑、接打手机。但是在外人面前，他们则大都要满脸笑容，而不论自己是否开心。日本人认为，这也是做人的一种基本的礼貌。

（三）服饰礼仪

日本人在交际应酬中，对穿着打扮十分介意。在商务交往、政务活动以及对外交际的场合，日本人通常要穿西式服装。而在民间交往中，他们有时也会穿着自己的国服。

日本的国服名为和服，它是大和民族的一种传统服装。和服的基本特点，在于它是由一块布料缝制而成，并且没有什么线条。它领口很大，袖子宽短，腰身广阔。穿和服的时候，一般都要脚穿木屐或草屐，并且配以布袜。日本妇女在穿和服时，通常还必须腰系彩带，腰后加上一个小软托，并且手中打伞。唯其如此，它才能产生一种特殊的和谐美。

过去，在等级森严的日本，和服的色彩、图案、款式、面料乃至穿着方法，无一不与穿着者的地位、身份相关，因此人们在穿和服时，一点儿也不敢马虎大意。而今，随着社会的进步，人们对此已不甚讲究了。

与日本人打交道时，在衣着上有四点必须予以注意。

（1）日本人认为衣着不整齐便意味着没有教养，或不尊重交往对象。所以在与日本人会面时，一般不宜穿着过于随便，特别是不要光脚或穿背心。

（2）到日本人家里做客时，进门前要脱下大衣、风衣和鞋子。在日本人家里，不仅进门就要换上拖鞋，而且进入客厅、餐厅或卫生间时往往还要换上不同的拖鞋。

（3）在拜访日本人时，切勿未经主人许可而自行脱去外衣。

（4）在参加庆典或仪式时，不论天气多么炎热，都要穿套装或套裙。单穿衬衫夹克、T恤，穿短袖衫，或是将长袖衬衫袖管卷起来，都会被日本人视为失礼。

（四）餐饮礼仪

在饮食方面，日本菜可以说是完全自成一体，世人一般称之为和食或日本料理。

和食的主要特色，曾被人归纳为“五味”“五色”与“五法”。所谓“五味”，是指在不同的季节中，日本人饮食的口味往往各有不同的侧重，通常讲究的是春苦、夏酸、秋滋、冬甜，此外还有人好食涩味。所谓“五色”，是指和食注重外形，讲究色彩搭配要赏心悦目，并且在不同的季节也有不同的侧重，一般的要求是绿春、朱夏、白秋、玄冬，再就是黄色的广泛运用。所谓“五法”，则是指和食的烹饪方法主要有蒸、烧、煮、炸、生等五种。

具体而言，和食以大米为主，多用海鲜、蔬菜，讲究清淡与味鲜，忌讳油腻。典型的和食，有寿司、拉面、刺身、天妇罗、铁板烧、煮物、蒸物、酢物、酱汤等，此外还有饭团与便当。其中，尤以刺身即生食鱼片最为著名。在日本，最受欢迎的中餐品种，则有天津炒饭、中式煎饺、麻婆豆腐、干烧虾仁、糖醋里脊等。

平时，日本人的饮食禁忌不是很多。他们主要是不吃肥猪肉和猪的内脏，也有一些人不喜欢吃皮蛋、羊肉、兔肉和鸭肉。

日本人非常爱喝酒，西洋的红酒、中国的白酒和日本清酒统统都是他们所爱。日本男子下班后，先去酒馆大喝一通，几乎成了“例行公事”。在日本，斟酒讲究满杯。多喝几杯，甚至喝得酩酊大醉，人们也会见多不怪、不以为耻。但是，日本人最喜饮的酒是日本所独有的清酒。

在日本，人们普遍爱好饮茶，久而久之，形成了讲究“和、敬、清、寂”等四规并重的茶道。茶道具有参禅的意味，重心在于陶冶人们的情趣。它不仅要求幽雅自然的环境，而且还有一整套特有的点茶、泡茶、献茶、饮茶的具体方法。

日本人在用餐时，要摆上一张矮桌，然后男子盘腿而坐于地下，女子则跪坐而食。日本人吃饭是用筷子的，但是他们所用的筷子入口的一端不是平头，而是尖头。在使用筷子时，日本人有“忌八筷”之说。所谓“忌八筷”，即下述八种使用筷子的方法，在日本是绝对禁止的。

（1）忌舔筷，即不准用舌头舔筷子。

（2）忌迷筷，即不准拿着筷子在饭菜上晃来晃去、举棋不定。

（3）忌移筷，即不准夹了一种菜又接着去夹另一种菜，而不去吃饭。

（4）忌扭筷，即不准将筷子头调转过来、含在口里。

（5）忌插筷，即不准将筷子插在饭菜里，或是把它当做叉子，叉起饭菜吃。

（6）忌掏筷，即不准用筷子在饭菜里扒来扒去地挑东西吃。

（7）忌跨筷，即不准把筷子跨放在碗、盘上。

（8）忌别筷，即不准把筷子当牙签用。

除此之外，日本人还忌讳使用同一双筷子让大家依次夹取食物。

平时，日本人在宴客时，大都忌讳将饭盛得过满，并且不允许一勺盛一碗饭。作为客人，则不能仅吃一碗饭。哪怕是象征性的，也要再添一次饭。否则，就会被视为宾主无缘。

（五）习俗禁忌

在日常生活中，日本人非常推崇插花艺术，称之为花道。平时，日本人对樱花无比厚爱，而对荷花则非常反感。原因主要在于：樱花是日本的国花，而荷花在日本则仅用于丧葬活动。花瓣数为 16 的菊花，即所谓“16 瓣菊”在日本是皇室的标志；盆花和带有泥土的花则被理解为隐含“扎根”之意，因此，不要将前者送给日本人，不要把后者送给日本的病人。在日本，探望病人时送山茶花、仙客来花、白色的花和淡黄色的花，通常也是不受欢迎的。

晶莹剔透的水晶，是日本的国石。日本人很喜欢猕猴和绿雉，并且分别将其确定为国宝和国鸟。同时，他们对鹤和乌龟也好评如潮，认为二者都是长寿、吉祥的代表。但是，日本人对金色的猫以及狐狸和獾极为反感，认为它们是“晦气”“贪婪”与“狡诈”的化身。

自古以来，日本民间便非常推崇书法与剑术，并且分别称之为“书道”“剑道”。它们与“茶道”“花道”一起，被日本主流社会视为其民族文化的主要化身。

一般而论，日本人大都喜爱白色与黄色。他们讨厌的色彩主要是绿色和紫色。在日本，绿色与紫色都具有不祥与悲伤的意味。

“奥运”在日本被称为“五轮”。日本人有着敬重 7 这一数字的习俗，可是对于 4 与 9 却不然。原来，4 在日文里的发音与“死”相似，而 9 的发音则与“苦”相近。在三人并排合影时，日本人谁都不愿意在中间站立。他们认定，被人夹着是不祥的征兆。

在日本，卫生间通常被称为“化妆间”，而不是别的什么名字。

日本人很爱给人送小礼物，但下列物品不应被包括在内：梳子、圆珠笔、T 恤衫、火柴、广告帽。在包装礼品时，不要扎蝴蝶结。

即便自己是吸烟者，日本人也不愿意让别人给自己敬烟。同时，他们也绝对不会给别人敬烟。

同他人相对时，日本人觉得目不转睛地注视对方双眼是失礼的。因此，他们绝不会直勾勾地盯视对方，而通常只会看着对方的双肩或脖子。

当日本人用右手的拇指与食指合成一个圆圈时，绝对不是像英美人那样，是在表示“OK”，而只不过是在表示“钱”。

十四、沙特阿拉伯

（一）基本概况

沙特阿拉伯的正式名称，是沙特阿拉伯王国。它位于亚洲西南部的阿拉伯半岛上。它西临红海，东濒波斯湾，同约旦、伊拉克、科威特、阿拉伯联合酋长国等几个国家为邻。沙特阿拉伯的国土总面积约为225万平方公里，海岸线则长达2 437公里。

沙特阿拉伯的得名，来自目前统治该国的沙特家族之名。在阿拉伯语中，“沙特”意即“幸福”，而“阿拉伯”则含有“沙漠”之意。因此，“沙特阿拉伯”的意思是“幸福的沙漠”。由于沙特阿拉伯的石油储藏量极其丰富，它在世界上还有“石油王国”的美称。沙特阿拉伯曾因石油开发而致富，并且其全国总面积一半左右为沙漠所覆盖，因此有人也称之为“沙漠之国”或“沙漠超级富国”。

沙特阿拉伯的行政区划，是将全国分为13个地区。它的首都是利雅得。在阿拉伯语中，“利雅得”意为“花园”。也有人将其解释为“空旷的谷地”，或者“益于放牧的低洼地”。因为沙特阿拉伯外交部与各国使馆均设在吉达，所以有人将吉达叫做该国的“外交之都”。在阿拉伯语中，“吉达”一词的发音与“祖母”一词相仿。沙特阿拉伯的麦加是伊斯兰教创始人穆罕默德的诞生地，故此它被人们称为该国的“宗教之都”。在阿拉伯文中，“麦加”意即“吮吸”。

沙特阿拉伯2016年全国总人口约为3 228万。其中大约70%的人是沙特阿拉伯人，其余则多为其他阿拉伯国家的移民。

沙特阿拉伯的国教是伊斯兰教，国家实行政教合一的制度。全国居民的98%都信仰伊斯兰教，其中大部分属于逊尼派。

沙特阿拉伯的国语是阿拉伯语，通用英语。其货币为沙特里亚尔。2016年，沙特阿拉伯人均GDP为20 028美元，在世界上列第40位。

沙特阿拉伯目前实行君主政体。它是阿拉伯联盟与二十国集团成员国之一。它的国庆日是9月23日。国旗格言为：“万物非主，唯有真主。穆罕默德，真主使者。”

1990年7月21日，沙特阿拉伯与中国正式建立了大使级外交关系。

(二) 社交礼仪

在人际交往中，沙特阿拉伯人通常表现得热情友好、落落大方。只是由于受伊斯兰教教规的限制，沙特阿拉伯的妇女极少抛头露面，并且不得与家人以外的异性进行接触。所以在与沙特阿拉伯人打交道时，必须注意下列两个方面的问题。

(1) 遇到沙特阿拉伯妇女时，通常不宜主动向其问候或行礼。自己若是一位男士的话，尤其需要注意这一点。此外，在与沙特阿拉伯男子打交道时，切勿问候其夫人或恋人，并且不要向她们赠送礼品。

(2) 由于沙特阿拉伯人普遍“重男轻女”，因此，尽量不要派女性去与其接触或交际。不然的话，就很有可能会事与愿违、事倍功半。

沙特阿拉伯人同别人相见时，一般首先都会互问对方：“您好!”随后，他们还会同对方握手，并且接着问候对方：“身体好!”有些时候，沙特阿拉伯人还会以阿拉伯世界流行的问候语，即“在你面前的，是你的亲人”，或者“在你面前摆着的，是平坦的大道”，诚恳地去问候他人。

假如见到亲朋好友，沙特阿拉伯人通常还会将自己的左手放到对方的右肩之上，然后轻吻对方的面颊。这种见面礼节，通常体现着交往双方的关系非同寻常。

沙特阿拉伯的贝都因人，还有一种独特的见面礼——“碰额礼”。当贝都因人与他人相见时，彼此首先要用自己的鼻子去触碰对方的额头，然后再紧紧地拥抱在一起。但这一见面礼节，并不适合妇女使用。

外国人在沙特阿拉伯时，在行礼时务必入乡随俗。异性之间最好不要当众拥抱亲吻。在公共场合表现得过分亲昵，也是应予避免的。但是，沙特阿拉伯男子却往往喜欢与本民族或其他民族的男子手拉着手走在一起。沙特阿拉伯人认为，这说明双方关系亲密无间。

拜访沙特阿拉伯人之前，需要预约。然而，他们对于时间观念却有自己比较独特的见解。与他人相会时，沙特阿拉伯人往往要晚到一会儿。在别人看来，这叫时间观念不强；而在他们看来，这却是做人的一种风度。

沙特阿拉伯人赴约之时，通常还喜欢自作主张，带上几个未被邀请的人一同前去。他们觉得自己这么做，是给会面对象面子。

沙特阿拉伯人的姓名通常由三个部分或四个部分所构成。自前而后，它们依次分别为：本人名字、父名、祖父名和姓氏。沙特阿拉伯人用做姓名的词语，其本身往往都有一定的含义。例如，“哈桑”的意思是“好”，“阿明”的意思是“忠诚”，“萨利赫”的意思是“正直”，“赛义德”的意思是“先生”，“马哈茂德”的意思则是“受赞扬”，等等。

称呼沙特阿拉伯人时，在正式场合应称其全名。在一般情况下，可略去其祖父名，或是将其祖父名与父名一道略去。需要简称时，可只称对方的本人名字。不过，若对方拥有一定的社会地位，则最好以其姓氏作为简称。

（三）服饰礼仪

沙特阿拉伯人的穿着打扮，与其他阿拉伯国家人们的穿着打扮相比，可以讲是大同小异，基本相仿。

沙特阿拉伯男子的传统服装，是一种长垂及地的大袍。它宽松肥大，无领长袖。平时，他们所穿的袍子以白色为主。只有在参加丧葬活动时，他们才会穿黑色的袍子。在穿长袍的时候，沙特阿拉伯男子还要在头上自右而左缠上一条长约1米的薄纱头巾。它通常也是白色的。

按照伊斯兰教教规，妇女的全身均须被长袍和面纱遮盖起来。因此，沙特阿拉伯妇女通常会身穿一件黑色长袍，将自己的周身包裹得严严实实。她们头上所戴的黑色面纱有三角形、正方形、五角形等多种形状，但必须严密地遮盖住面容，仅仅允许双眼露在外面。

前往沙特阿拉伯时，尽量不要穿过分随便、过分暴露身体的服装，妇女特别要谨记这一点。

由于天气过分炎热，在一般情况下，沙特阿拉伯人大都习惯于穿拖鞋，有的人甚至还会赤脚。在沙特阿拉伯，拖鞋也被分为三六九等，不同身份的人会穿不同档次的拖鞋。只有在极为隆重的活动中，人们才会穿皮鞋。

（四）餐饮礼仪

沙特阿拉伯人的主食，有面饼、面包、面条等。在肉类方面，他们则大多以牛肉、羊肉、鸡肉为主。在沙特阿拉伯人的心目中，甜一些、辣一点的东西最好吃。在他们看来，羊眼乃是席上之珍、美味之最。

按照伊斯兰教教规，沙特阿拉伯人忌食多种食物。

在饮料方面，沙特阿拉伯人酷爱喝驼奶、红茶、咖啡。在拜访沙特阿拉伯人时，主人劝饮的咖啡是不可不喝的。

用餐之时，沙特阿拉伯人一般席地而坐，并习惯以右手取用食物。有些时候，他们也会设置用餐专用的桌椅，只不过绝对禁止用脚蹬踩。

在每年的斋月中，沙特阿拉伯人白天是不许吃东西的。届时，白天一切餐馆都不准开门营业。

（五）习俗禁忌

沙特阿拉伯人对于绿色与蓝色十分喜爱。他们认为，绿色代表生命，蓝色象征着希望，二者都是吉祥之色。他们最喜欢的宠物是隼。

在与沙特阿拉伯人进行交际应酬时，务必记住下列五点注意事项。

（1）**不宜提倡娱乐**

沙特阿拉伯人认为，娱乐令人堕落。所以切莫与其谈论休闲、娱乐，或是邀其参加舞会、去夜总会玩乐。

（2）**宜回避以色列**

沙特阿拉伯与以色列两国矛盾重重，因此切莫对以色列加以好评，或是将与以色列有关的十字形、六角星图案送给沙特阿拉伯人。

（3）**禁止偶像崇拜**

依照伊斯兰教教规，沙特阿拉伯禁止偶像崇拜。因此，那里的人不看电影，不喜欢拍照、录像，并且对雕塑、洋娃娃等礼品十分忌讳。

（4）**男女授受不亲**

在公共场合，沙特阿拉伯人主张“男女授受不亲”。因此，不论坐车、乘电梯还是上银行，男女往往都是需要各自分开的。

（5）**不下国际象棋**

沙特阿拉伯人是不下国际象棋的。因为他们认定，那种玩法对国王有失恭敬。

在与沙特阿拉伯人交谈时，切莫提及王室状况、对美关系、中东政治、宗教矛盾、女权运动、石油政策以及堕胎等问题，尤其是不要涉及王位继承、伊斯兰国家的内部矛盾与伊斯兰教不同教派之间的冲突。

过去沙特阿拉伯禁止本国妇女驾驶汽车，直至 2017 年 9 月，该国才对此开禁。

在向沙特阿拉伯人赠送礼品时，忌送酒类、雕塑、公仔、猪皮与猪毛制品、美女照、带有熊猫图案的东西。切记不要夸奖沙特阿拉伯人的某件东西，那样做，往往会被视为向其索取。

十五、塔吉克斯坦

（一）基本概况

塔吉克斯坦的正式名称，是塔吉克斯坦共和国。它位于中亚地区的东南部，西北部和西部与乌兹别克斯坦相连，南部与阿富汗交界，北部和东部则分别同吉尔吉斯斯坦和中国接壤。塔吉克斯坦是一个内陆国，其国土总面积是 14.31 万平方公里，其中 90%以上的领土都是山地。

塔吉克斯坦作为国家的名称，被认为是来自该国的主体民族塔吉克族的名称。在塔吉克语中，“塔吉克”意为“戴绣花小圆帽的人”。

塔吉克斯坦现行的行政区划，是设有 3 个州、1 个区、1 个直辖市，首都是杜尚别。在波斯语里，“杜尚别”意为“星期一”

塔吉克斯坦 2016 年全国总人口目前约为 873 万。该国的主要民族，有塔吉克族、乌兹别克族、俄罗斯族、吉尔吉斯族等。塔吉克族是塔吉克斯坦的主体民族，它的总人数约占该国总人口的 79.9%。而乌兹别克族的总人数也将近占到该国总人口的 15.3%。在我国境内，也生活着塔吉克人，他们也是中华民族大家庭的重要成员之一。

塔吉克斯坦的主要宗教是伊斯兰教，其全国总人口的绝大多数都信奉伊斯兰教，并且大部分人属于逊尼派。

塔吉克斯坦的国语是塔吉克语。塔吉克语与俄语，则并列为通用语。其货币为索莫尼。2016 年，塔吉克斯坦人均 GDP 为 795 美元，在世界上列第 165 位。

塔吉克斯坦当今所实行的是总统制共和政体。它是独联体上海合作组织成员国之一。塔吉克斯坦国庆日是 9 月 9 日。

1992 年 1 月 4 日，塔吉克斯坦与中国正式建立了大使级外交关系。

（二）社交礼仪

塔吉克人在人际交往中极其重视礼仪。在待人接物的一系列环节上，他们通常表现得直爽、豪放、热情、自尊。塔吉克人极具艺术天分，有人称之为“能说话就会唱歌，能走路就会跳舞”。

在塔吉克斯坦，人们相遇之时，往往会因人而异地采用下列几种见面礼节。

在一般性的交际应酬中，特别是在对外交往中，塔吉克人大都会以握手作为见面礼节。

亲朋好友相见之时，塔吉克人也惯于彼此握手。但在相互握手之后，他们往往还会使用一些附加的、表示亲密关系的礼节。例如，男性在握手之后往往互吻对方的右手手背，女性在握手之后则大都彼此拥抱亲吻。

在迎接宾客时，塔吉克人一般会采用其传统的见面礼节——“抚胸礼”。在行礼时，男子要先用右手按住自己的胸部，然后再向来宾躬礼致敬；女子则须同时以双手按在自己胸前，然后再躬身向宾客施礼。

在人际交往中，塔吉克人有以下两处极具特色。

（1）对长辈倍加尊重

在公众场合，晚辈若见到长辈，均应首先上前去问候长辈，并且主动先向长辈行礼。

（2）平时极为好客

塔吉克人极为纯朴、热情，即使遇到了不相识的人，他们往往也会主动问候对方，或者向其首先无比热诚地致意。

（三）服饰礼仪

在一般情况下，塔吉克人在比较正式的场合都喜欢穿着式样保守、色彩偏深的西装或套裙。故在访问塔吉克斯坦时，宜在正式场合穿着式样保守一些的服装。在参拜清真寺时，尤须注意此点，并且进门前要脱鞋。

每逢节日庆典，或者是迎送嘉宾之际，塔吉克人也会穿上其传统的民族服装。平时，除乡村外，城里人已很少这样做了。

塔吉克人在日常生活中所穿的民族服装，大体上具有如下特色。

男子往往上着宽松肥大的白衬衣，下穿灯笼裤，外罩长袍，腰系又宽又长的花腰带，并且头戴绣花小帽，脚穿软皮鞋。

女子则大半都会上穿长衬衣，下穿裙子或灯笼裤，腰系花纹腰带，脚蹬软皮鞋，头戴圆形的绣花小帽。在外出之时，她们还多会披上一块大而长的披肩。在一般情况下，少女的披肩多为黄色，新娘的披肩多为红色，而中老年妇女的披肩则多为白色。此外，塔吉克妇女还非常喜欢佩戴各种珠宝饰物。

塔吉克人在交际场合不但爱戴帽子，而且在戴帽子方面还有自己的一个特殊讲究：在问候他人或与之进行交谈时，塔吉克人不讲究“脱帽为礼”。相反，他们认为在此时此刻依旧头戴帽子，才是有礼貌的表示。

（四）餐饮礼仪

塔吉克人在饮食方面的基本特点是：平日以肉和奶为主食，并且爱吃烤面饼和手抓饭。在塔吉克斯坦，肉食被认为是最佳的食物。

在肉食方面，塔吉克人能吃羊肉、牛肉、鸡肉和鸭肉。此外，他们也能吃一些蛋类。不过，对于塔吉克人来说，天下最好吃的肉食莫过于羊肉。不论待客还是平日自食，羊肉，尤其是烤全羊、手抓羊肉等，都是其优先的选择。

从口味上来讲，塔吉克人爱吃甜、酸、辣之物。其口味偏咸，讲究菜肴的鲜嫩酥香，并且注重肉多与量足。

在奶制品方面，塔吉克人爱吃奶皮子、奶疙瘩和酸奶。平时，除直接饮用鲜奶之外，他们还喜欢饮用加入大量鲜奶制作而成的奶茶。此外，他们还爱喝羊肉汤与鲜果汁。

除在正规的宴会上使用刀叉之外，塔吉克人在用餐时一般都使用右手进行抓食。

通常，塔吉克人忌食猪肉、狗肉、驴肉、骡肉，并且不吃自死之物、动物的血液以及未诵安拉之名宰杀之物。按照伊斯兰教教规，穆斯林忌饮酒。此外，还有许多人不吃鱼、虾、蟹、海参、海蜇与乌贼。

（五）习俗禁忌

平时，塔吉克人一般都很喜欢绿色与白色。在他们看来，前者代表美好与幸福，而后者则是纯正洁净的化身。

对塔吉克人而言，象征着勇敢与坚强的鹰乃是动物界的英雄。在该国民间，鹰受到许多人的崇拜。

往昔以游牧为生的塔吉克人，其日常生活之中，在与牲畜有关的许多方面，都有一定的讲究。在塔吉克斯坦，羊在产羔时，通常应禁止观看。用脚踢羊亦为大忌。骑马穿过羊群，或是骑马接近塔吉克人的羊圈，都是对塔吉克人失敬的行为。

用脚踢、踩食盐与食物，在塔吉克也是犯忌的事。

在向塔吉克人赠送礼品时，勿选酒类、雕塑以及猪皮、猪毛制品和女人像。

与其打交道时，勿以左手接触对方，勿以左手对对方指指点点。在交谈时，提及其国内政治危机、民族矛盾、宗教冲突及塔俄关系、塔中边界问题、塔吉克斯坦与乌兹别克斯坦两国之间的历史纠葛等都会令塔吉克人不快。

十六、泰国

（一）基本概况

泰国的正式名称，是泰王国。它位于亚洲东南部，地处中南半岛的中南部。其东北部与老挝毗邻，东南部同柬埔寨接壤，西部和西北部与缅甸交界，南部与马来西亚相邻。它的东南临泰国湾，西南濒安达曼海。其国土面积为51.3万平方公里，海岸线约长2 705公里。

在历史上，泰国曾被称为“暹罗”。泰国人有时还将泰国叫做“孟泰”。在泰语之中，“孟”的意思是“国家”，“泰”则具有“自由”之意。因此，在泰国人看来，泰国即为“自由之国”。除此之外，在世界上，泰国还有“佛教之国”“黄袍佛国”“千佛之国”“白象之国”“大象之邦”等称呼。

泰国目前设有77个府、1个直辖市，首都是有着“东方威尼斯”之称的曼谷。在泰文里，曼谷具有“天使之城”的含义，而且只是一个简称。若是将它的全称译为拉丁文，则一共有142个字母，可谓世界上名称最长的首都。

泰国2016年总人口约6 886万，由泰族、老挝族、马来族、高棉族、华裔泰人等30多个民族构成。其中，泰族人占全国总人口的40%，华裔泰人和华侨也占到全国总人口的10%左右。黄叶族人口不足百人，为世界最小民族之一。

泰国以佛教为国教，全国总人口的94%以上都信奉佛教，并且属于小乘佛教的信徒。

泰国的官方语言是泰语，英语则为通用语。其货币为铢。2016年，泰国人均GDP为5 910美元，在世界上列第89位。

自1932年起至今，泰国实行君主立宪制，泰王是国家元首和国家的象征。它是东盟成员国之一。泰国国庆日为12月5日。

1975年7月1日，泰国与中国正式建立了大使级外交关系。

（二）社交礼仪

由于信仰佛教的缘故，泰国人在一般的交际应酬中不喜欢与人握手。他们所用最多的见面礼节，是带有浓厚佛门色彩的合十礼。

在行合十礼时，必须站好立正，低眉欠身，双手十指相互合拢，同时问候对方“您好”。行合十礼的最大讲究是，合十于身前的双手所举高度不同，给予交往对象的礼遇便有所不同。通常，合十的双手举得越高，表示对对方越尊重。

目前，泰国人所行的合十礼大致可以分为四种具体规格。

(1) 双手举于胸前，可用于长辈向晚辈还礼。

(2) 双手举到鼻下，可在平辈相见时使用。

(3) 双手举到前额之下，仅用于晚辈向长辈行礼。

(4) 双手举过头顶，限用于平民拜见泰王之时。

在一般情况下，行合十礼之后不必握手。在行合十礼时，晚辈要先向长辈行礼，身份、地位低的人，要先向身份、地位高的人行礼。对方随后亦应还之以合十礼，否则即为失礼。只有佛门弟子可以不受此例限制。

在交际场合，泰国人习惯以“小姐”“先生”等国际上流行的称呼彼此相称。只是有一点较为特殊，那就是他们在称呼交往对象的姓名时，为了表示友善和亲近，不惯于称呼其姓，而是惯于称呼其名。例如，他们不会称交往对象为“庞先生”“曹小姐”，而会将其称为“光华先生”“敏娜小姐”。

在跟外人打交道时，深受佛教影响的泰国人颇有涵养，一贯讲究“温、良、恭、俭、让”，并且总是喜欢面含微笑，是故泰国在国际上亦称“微笑之国”。在交谈时，泰国人总是喜欢细声低语。在泰国人看来，跟旁人打交道时面无表情、愁眉苦脸，或者高声喧哗、大喊大叫，都是失敬于人的。在与泰国人交际时，越谦虚、越讲礼貌，往往便越受欢迎。

(三) 服饰礼仪

泰国的各个民族都有自己的传统服饰。在正式一些的场合，泰国人讲究穿着自己本民族的传统服饰，并且以此为荣。

从总体上讲，泰国人的服饰喜欢采用鲜艳之色。在泰国，有用不同的色彩表示不同的日期的讲究。例如，黄色表示星期一，粉色表示星期二，绿色表示星期三，橙色表示星期四，淡蓝色表示星期五，紫色表示星期六，红色则表示星期日。因此，泰国人常按不同的日期，穿着不同色彩的服装。

由于气候炎热，泰国人平时多穿衬衫、长裤与裙子。只有在商务交往中，他们才会穿深色的套装或套裙。但是，在公共场合，尤其是在参观王宫、佛寺时，穿背心、短裤和超短裙则是被禁止的。

去泰国人家里做客，或是进入佛寺之前，务必记住先在门口脱下鞋子。此外，在泰国人面前，不论是站是坐，都不要让鞋底露出来，尤其不要以其朝向对方。泰国人对此是深为忌讳的。在去泰国旅行时，最好自带拖鞋。按惯例，那里的饭店不向住客提供拖鞋。

(四) 餐饮礼仪

平时，泰国人是不喝热茶的。他们的做法是，在茶里加上冰块，令其成为冻茶。在一般情况下，他们绝不喝开水，而习惯于直接饮用冷水。在喝果汁的时候，他们往往还有在其中加入少许盐末的偏好。

在口味方面，泰国人不爱吃过咸或过甜的食物，也不吃红烧的菜肴。从总体上讲，泰国人喜食辛辣、鲜嫩之物。在用餐时，他们爱往菜肴之中加入辣酱、鱼露或味精。他们最爱吃的食物，当数具有其民族特色的“咖喱饭”。他们最有代表性的汤则是又辣又酸的“冬阴功汤”。在用餐之后，他们往往喜欢吃上一些水果。

中国人所爱吃的海参，泰国人通常是不吃的。此外，他们一般也不太爱吃香蕉。

在泰国民间，人们用餐时多惯于围绕着低矮的圆桌跪膝而坐，并以右手抓取食物享用。在泰国，人们普遍认为“左手不洁”，所以绝对不能以其取用食物。而今，有些泰国人用餐时往往叉、勺并用，即左手持叉，右手执勺，两者并用。

（五）习俗禁忌

在泰国，睡莲是国花，桂树是国树，白象则是国兽。对于这些东西，千万不要表示轻蔑，或是予以非议。

泰国宪法规定：国王神圣不可侵犯，任何人都不得对其进行指责和控告。在泰国，泰王深受人民的尊敬与爱戴。在正式集会时，必须率先演奏歌颂国王的颂歌。届时，全场必须肃立，不得走动或交谈，不然必受严惩。在宴会上致祝酒词，必须首先预祝国王身体健康。尽管泰国实行言论自由，人们对一般人甚至政府首脑都可以说三道四，但对泰王和王室的其他成员，则绝对不允许任意评说。此外，王位继承问题也不得随意议论。目前，红色奔驰车在泰国仅为王室所专用，其他任何人均不得使用。

泰国人笃信佛教，具体而言他们所信奉的是小乘佛教。在社会生活各方面，佛教都对泰国人发挥着重要的影响。例如，他们的历法所采用的是佛历。泰国男子年满 20 岁后，都要出家一次，当三个月的僧侣，即使国王也不能例外，否则就被人看不起。几乎所有的泰国人脖子上都佩有一件据称可令其趋吉避邪的佛饰。

有鉴于此，在与泰国人进行交往时，千万不要信口开河地非议佛教，或对佛门弟子有失敬意，特别是切勿对佛祖释迦牟尼表示不恭。在泰国参观佛寺时，除了进门前要脱鞋之外，还要摘下帽子和墨镜。在佛寺之内，切勿高声喧哗，切勿随意摄影、摄像。特别需要牢记，不要爬到佛像上去进行拍照。抚摸佛像或是妇女接触僧侣，也在禁止之列。

在泰国，军人的地位很高，并深受尊重。因此，不要对其进行议论。对于“暹罗”这一泰国旧称，泰国人普遍不感兴趣。与泰国人交谈时，切勿卖弄学问将泰国称为“暹罗”，或将泰国人叫做“暹罗人”。对于泰国华人的社会地位及其在泰国历史上所做的贡献，最好也不要加以评论。

泰国人非常喜爱红色和黄色，但在泰国境内，外国人还是少穿红色或黄色服装，免得被视做政见对立的“红衫军”或“黄衫军”而惹是生非。平时，泰国人对蓝色颇有好感，在他们看来，蓝色象征着“永恒”与“安定”。在泰国的三色国旗上，蓝色居中，并且代表着王室。对于褐色，泰国人则比较忌讳。通常，他们还忌讳用红色的笔签字，或是用红色刻字，因为他们视其为死人所受的待遇。

在泰国举行聚会时，参加者的数目有时是有讲究的。官方举行活动时，参加者通常为双数。私人举行活动时，被邀请的人数则常为单数。不过，在民间活动中，人们多讲究请 9 个人参加，认为这样最佳。据说，这是因为“9”在泰文里像一头吉祥化身的大象，而且它的发音与“兴旺”“发达”相似。

在泰国民间，狗的图案是被禁止的。向僧侣送现金，被视做一种侮辱。泰国人家里大都不种茉莉花，因为在泰语里，它的发音与“伤心”一词相类似。

在举止动作上，泰国人的禁忌很多。总的说来，他们有“重头轻脚”的讲究。所谓“重头”，是说泰国人的头部，尤其是孩子的头部，绝对不准他人触摸。拿着东西从泰国人头上通过，被视做一种侮辱。在睡觉时，他们忌讳“头朝西，脚向东”，因为在泰国只有停尸时才那样做。所谓“轻脚”，则是说泰国人认为脚除了走路外，别无所长。因此，他们不准用脚指示方向，不准脚尖朝着别人，不准用脚踏门或是踩踏门槛。在外人面前席地而坐时，不准盘足或是双腿叉开。

在跟泰国人接触时，千万不要动手拍打对方。用左手接触对方，讲话时以手指对对方指指点点，通常都是绝对不允许的。

十七、土耳其

（一）基本概况

土耳其的正式名称，是土耳其共和国。它位于亚洲西部的小亚细亚半岛和欧洲东部的巴尔干半岛上，是一个地跨亚、欧两个大洲的国家。土耳其东部与伊朗、亚美尼亚、格鲁吉亚交界，东南同叙利亚、伊拉克为邻，西部和西北部与希腊、保加利亚毗连，北部濒临黑海，西南则与塞浦路斯隔地中海相望。它的国土总面积约为 78.36 万平方公里，海岸线总长约3 518公里。

土耳其作为国家的名称，出自该国的主体民族土耳其人之名。而“土耳其”一词，又是由“突厥”一词转变而来的。在鞑靼语中，“土耳其”的本义是“勇敢”。因此，作为国家名称的“土耳其”，其含义即“勇敢者的国家”。由于土耳其人尚武成风，故该国又有“尚武之国”之称。

在行政区划上，土耳其全国分为 81 个省。土耳其的首都是安卡拉。从本义上讲，“安卡拉”意即“山羊毛”。

土耳其的全国总人口 2016 年约为 7 951 万，由土耳其人、库尔德人、阿拉伯人、亚美尼亚人、希腊人等民族所构成。土耳其的主体民族是土耳其人，它占全国总人口的 80%以上。

土耳其的主要宗教是伊斯兰教，其信徒占全国居民总数的 99%，绝大部分土耳其的穆斯林属于逊尼派。但是，土耳其现在实行政教分离的基本国策。

土耳其的国语是土耳其语。其货币为土耳其里拉。2016 年，土耳其人均 GDP 为 10 862 美元，在世界上列第 64 位。

土耳其目前实行总统制共和政体。它是北约、二十国集团与经合组织成员国之一。土耳其的国庆日是 10 月 29 日。

1971 年 8 月 4 日，土耳其与中国正式建立了大使级外交关系。

（二）社交礼仪

在人际交往中，土耳其人大都殷勤好客。他们认为：只有将客人招待好了，才有助于建立或发展双方之间的友好关系。在尚武之风的影响下，土耳其人的性格显得豪爽而奔放，热诚而直率。

土耳其人在交际场合同别人相见时，通常都会首先向对方问好，然后再以握手作为见面礼节。接下来，土耳其人一般还要祝愿对方身体安好。

在与亲朋好友见面时，土耳其人一般会与对方互行亲吻礼，即与对方互相亲吻双颊。

有的时候，晚辈在拜见长辈之际，会向对方行一种大礼。它的具体做法是：首先捧过长辈的右手亲吻一下，随后再恭恭敬敬地将它捧至自己的额头上，轻轻地碰上一下。它被称做“捧手碰额礼”。

在和客人道别时，土耳其人一般都会说“请下次再来玩”。此时此刻，他们往往还会向客人行一种特殊的“交手鞠躬礼”，即面向客人，先将双手平伸，然后使之交叉于自己身前，同时深深地向对方鞠上一个 90 度的大躬。这种告别礼，意在表明对客人的诚挚的敬意。有人曾说：土耳其人在送客时若不行这种“交手鞠躬礼”，则往往意味着不欢迎客人再度上门做客。

在称呼土耳其人时，一般宜称其姓，而不称其名。假如对方身份、地位较高的话，尤其需要注意这一点。在一般情况下，还可以在对方的姓氏前分别冠以“先生”“小姐”或“夫人”等泛尊称。

在和土耳其警察打交道时，最好采用该国约定俗成的做法，将其称为“公务员先生”。这样做，往往会被对方认为是对其职业所表示的应有的尊重。

在极其正式的场合称呼土耳其人时，可在对方的全名前加上其职务或学位，然后再冠以“尊敬的”一词。

虽说土耳其的欧洲部分仅占其全国总面积的 3.1%，但是土耳其人却一直把自己当做“欧洲人”看待。所以一定要记住，在人际交往中，切勿将其称为“亚洲人”或“中东人”。同时，也不要按照平时对待亚洲人的态度去对待土耳其人。

（三）服饰礼仪

土耳其人的服饰，有着鲜明的民族特色。土耳其人的传统服饰为：男子头戴红色的高筒毡帽或呢帽，身穿长袍与灯笼裤；妇女则面罩黑纱，身着黑袍与灯笼裤。这种传统的穿着打扮方式，随着土耳其社会的发展与政教的分离，在日常生活之中目前已不多见。

土耳其人目前的着装可以说是既保留了自己的传统特征，又基本上西方化了。现在，土耳其男子大都上穿西装，下穿灯笼裤。在民间，土耳其男人十分讲究蓄须。胡须的不同式样往往代表不同的年龄与地位。土耳其妇女则一般不再面罩黑纱，她们通常喜欢上着鲜艳的上衣，下穿花哨的灯笼裤。但是，在土耳其，妇女依旧不能够穿无袖上衣和西式短裤。在进入清真寺做礼拜时，她们还必须把全身包裹起来。

前去拜访土耳其人时，务必牢记进门之前脱下鞋子。要不然，就会让主人很不高兴。

一般来讲，在信奉伊斯兰教的国家之中，土耳其人的穿着打扮相对而言是比较开放的。但是，此种开放依然必须以不触犯伊斯兰教教规为限度。

（四）餐饮礼仪

土耳其的餐饮业极其发达，是故土耳其早就有着“美食国”之名。有人曾经将土耳其与中国、法国一道，并列为世界上三个最讲究饮食的国家。正因为如此，土耳其人非常热衷于邀请别人品尝本国的美味佳肴。

平日里，土耳其以面食为主，并非常爱吃大饼。在土耳其，人们也喜欢吃大米，只是它主要被用来制作羊肉大米汤，并被充当菜肴。一般而论，土耳其人不吃太咸的东西，而是喜食各类甜品。

土耳其人爱吃羊肉、牛肉、鸡肉、鱼肉和鸡蛋。在肉类之中，他们最爱吃羊肉，并且把羊的脑髓当做上等的补品。在土耳其，转烤羊肉、砂锅羊头、纸包羊肉等都属于名菜。土耳其最著名的街头小吃叫“卡巴”。它是各种旋转式烤肉的统称。

在所有蔬菜之中，土耳其人最看中的是茄子。在土耳其，光是用茄子烹制的菜肴，就多达几百种。土耳其年产榛子 30 多万吨，占世界总产量的 70%。

统而言之，土耳其人忌食之物，主要包括猪肉、狗肉、驴肉、骡肉、甲鱼、乌龟、螃蟹、自死之物、未诵安拉之名宰杀之物、动物的血液。严格地讲，他们也是禁止饮酒的。

在日常生活中，土耳其人的主要饮料有凉开水、牛奶、咖啡与红茶。不论待客还是自饮，红茶都是土耳其人首选的饮料。

土耳其人所爱喝的咖啡，世称土耳其式咖啡。它不仅在世界上很有名气，而且饮用方法也确实别具一格。所谓土耳其式咖啡，通常是不经过滤，连汁带渣一起装杯的。它所用的杯子极大，并且非常之浓。在一杯咖啡之中，仅咖啡渣就大约占去了半杯。在喝这种咖啡时，按习惯应加入大量的糖，但又不准许加以搅拌。

土耳其人还是酸奶的发明者，因此在土耳其人用以待客的饮料中，各种各样的酸奶随处可见。

(五) 习俗禁忌

郁金香，是土耳其人心目中最美的鲜花。它既是幸福的象征，又可用做爱情的信物。因此，土耳其人将郁金香定为国花。

在土耳其，人们最喜欢的色彩是绿色、白色和绯红色。它们都被看做令人积极向上的颜色。土耳其人所不喜欢的色彩主要是黄色与紫色，它们均被视为与死亡有关的颜色。此外，土耳其人还对花色厌恶至极。在他们看来，花色乃凶兆，万万不可以其装饰房间。

土耳其人对于骆驼及其图案很是欣赏。但是，他们是见不得猪、猫、熊猫及其图案的。土耳其人之所以反感熊猫，主要是因为他们认为熊猫看起来非常像猪。

在土耳其民间，人们普遍对大蒜有着极其特别的感情。因此，许多土耳其人都爱在自家门口挂上几瓣大蒜，以便让它来帮助自己逢凶化吉。

受西方人尤其是欧洲人的影响，不少土耳其人都非常忌讳13这一数字。在日常生活中，他们总是要想方设法对13加以回避。

土耳其人的民族自尊心很强，在跟他们进行接触时，若是能够讲一些土耳其语，哪怕只讲上一两句，都会令其十分高兴。在土耳其，讲德语或英语，一般都是可以的。

平时与土耳其人打交道时，特别需要牢记以下三点。

(1) **不要议论其民族问题**

除土耳其族之外，其他少数民族在该国只被视做“人种集团”看待，而不被当做独立的民族；对此务必慎言。至于在中东地区一向与“阿以问题”并列为两大热点的“库尔德问题”，则更是不提为妙。

(2) **不要议论其宗教纠纷**

近年来，宗教极端主义者已在该国渐成气候，他们与推行世俗化政策的人矛盾重重。因此，不宜在交谈中涉及相关话题。

(3) **不要议论其军方人物**

在土耳其，军人的地位比较特殊，因而不容非议。

除此之外，政治问题、经济问题、土耳其与希腊有关塞浦路斯的争端、土耳其与美国和欧洲的关系等，都是土耳其人所十分讳言的问题。

使用左手，在土耳其被视为对人的大不敬。男女在公共场合举止过分亲昵，则被看做一种伤风败俗的行径。

十八、新加坡

（一）基本概况

新加坡的正式名称，是新加坡共和国。它位于东南亚马来半岛的南端，是一个由 50 多个大小岛屿所组成的岛国。它的北端隔柔佛海峡与马来西亚为邻，并有长堤同马来西亚的新山相连。它的南部则隔新加坡海峡与印度尼西亚相望。新加坡国土面积为 714.3 平方公里，海岸线则长为 193 公里。

从总体上看，新加坡是一个集国家、首都、城市、岛屿为一体的城市型岛国。由于它一年四季鲜花盛开、清洁美丽，故此在世界上有“花园之国”和“亚洲旅游王国”的美称。在马来语中，“新加”的意思是“狮子”，“坡”的意思是“城市”，所以新加坡又有“狮城”之称。在海外华人中，它多被称为“星加坡”“星洲”“星岛”。它的古称是“淡马锡”，意即“湖泊”“海域”。

新加坡的首都是新加坡。

2016 年，新加坡全国总人口约有 560 万，由 208 个民族组成。在新加坡全国总人口中，华人所占比例最高，约为 75%。因此除中国以外，它成了世界上唯一一个以华人为主要居民的国家。除华人外，新加坡人口较多的民族还有马来人和印度人。前者约占全国总人口的 13.6%，后者则为 8.8%左右。其他民族为 2.4%。新加坡政府执行各民族一律平等的政策，同时又给予马来人某些特殊的优待。该国宪法规定：“政府应承认新加坡本土人民马来人的特殊地位。”

新加坡的主要宗教为佛教、印度教和基督教、伊斯兰教、道教等。

在新加坡，马来语被定为国语，马来语、英语、华语和泰米尔语等四种语言同为官方语言，英语则为行政用语。其货币为新加坡元。2016 年，新加坡人均 GDP 为 52 963 美元，在世界上列第 10 位。

新加坡现在实行内阁制政体。它是东盟成员国之一，同时也是英联邦成员国之一。它的国庆日是 8 月 9 日。国徽格言为：“前进吧，新加坡!”

1990 年 10 月 3 日，新加坡与中国正式建立了大使级外交关系。

（二）社交礼仪

在社交场合，新加坡人与他人所行的见面礼节多为握手礼。在一般情况下，他们对于西式的拥抱或亲吻是不太习惯的。即使男女之间表达情感，若要如此这般也不受新加坡人的赞许。

由于新加坡政府注重保护各民族的传统，因此新加坡的礼仪与习俗也呈现出了多元化的特点。例如，在社交活动中，华人往往习惯于拱手作揖或者行鞠躬礼，而马来人则大多采用其本民族传统的“摸手礼”。在与新加坡人打交道时，最明智的做法不仅是要“入国而问禁”，而且还需要牢记“遇人而问俗”。

在待人接物方面，新加坡人特别强调笑脸迎客、彬彬有礼。对新加坡人而言，在人际交往中讲究礼貌、以礼待人，不但是每个人所应具备的基本修养，而且业已成为国家和社会对每个人所提出的一项必须遵守的基本行为准则。

在开国之初，该国政府就注重“礼治”，立志要将新加坡建成一个礼仪之邦。政府不但强调“不学礼，无以立”，而且还专门编定了《礼貌手册》，对于人们在各种不同场合的所作所为是否符合礼仪，都做出了明确的规定和指导。“人人讲礼貌，生活更美好”，与“真诚微笑，处世之道”等一系列具体规范，在新加坡早已家喻户晓、深入人心。在新加坡，不讲礼貌不仅会让人瞧不起，而且还会寸步难行。

对某些失礼之举，在新加坡有明确的限制。例如，在许多公共场所，通常都竖有“长发男子不受欢迎”的告示，以示对留长发的男子的反感和警告。对讲脏话的人，人们也深表厌恶。而随口乱吐口香糖者，则会受到法律的惩罚。

（三）服饰礼仪

新加坡人的国服是一种以胡姬花作为图案的服装。在国家庆典和其他一些隆重的场合，新加坡人经常穿着自己的国服。

在政务活动和商务交往中，新加坡人的着装讲究郑重其事：男子一般要穿白色长袖衬衫和深色西裤，并且打上领带；女子则须穿套装或深色长裙。在对外交往中，新加坡人则大多按照国际惯例要穿深色的西装或套裙，并穿皮鞋。

在日常生活中，不同民族的新加坡人的穿着打扮往往各具其民族特色。华人的日常着装多为长衫、长裤、连衣裙或旗袍，马来人最爱穿“巴汝”、沙笼，印度人则是男子必戴帽子、女子身披纱丽。

在许多公共场所，穿着过分随便者，例如，穿牛仔装、运动装、沙滩装、低胸装、露背装、露脐装的人，往往会被禁止入内。

（四）餐饮礼仪

由于新加坡人多为华人，而新加坡华人绝大多数又祖籍为广东、福建、海南和上海等地，因此他们在饮食习惯上与其他“龙的传人”可以说是大同小异，中餐通常是他们的最佳选择。

新加坡华人因为籍贯方面的缘故，口味上喜欢清淡，偏爱甜味，讲究营养。他们平日爱吃米饭和各种生猛海鲜，对于面食不太喜欢。粤菜、闽菜和上海菜都很受他们的欢迎。海南鸡饭、胡椒蟹、肉骨茶等，都是他们日常饮食中的代表者。

在设宴款待新加坡人时，务必在安排菜单方面注意因民族而异。必须谨记，马来人忌食猪肉、狗肉、自死之物和动物的血，不吃贝壳类动物，并且不饮酒；印度人则绝对不吃牛肉。在用餐时，不论马来人还是印度人都不用刀叉、筷子，而惯于用右手直接抓取食物。他们绝对忌用左手取用食物，对其他人的这种做法，他们也绝对难以容忍。

在一般情况下，新加坡人，特别是新加坡华人，大都喜欢饮茶。当客人到来时，新加坡人通常都会以茶相待。每逢春节来临之际，新加坡人还会经常在清茶中加入橄榄之后饮用，并且称之为“元宝茶”。他们认为，喝这种茶，可以令人“财运亨通”。平时，新加坡华人还有经常饮用加入一定配方的中药后制成的补酒的嗜好。鹿茸酒、人参酒等，都是他们常饮的杯中之物。

（五）习俗禁忌

新加坡的国花，是一种名为“卓锦·万代兰”的兰花。它的另外一个名称则为胡姬花。据说，这种花瓣四裂的兰花，非常形象地象征着新加坡四大民族和四种语言的完全平等。对于各种鲜花，尤其是自己的国花，新加坡人酷爱无比。在通常情况下，新加坡人有在装饰华美、花草繁多的环境中会客、宴请或休憩的习惯。

受华人传统文化的影响，一般而言，新加坡人在人际交往中崇尚清爽卫生。对于蓬头垢面、衣冠不整、胡子拉碴的人，新加坡人大都会侧目而视。

在色彩方面，绝大多数新加坡人都非常喜欢红色。他们认为：艳丽夺目的红色，是庄严、热烈、喜庆、吉祥的象征，而且还具有激励人们奋发向上的作用。在一般情况下，过多地采用黑色、紫色则不为新加坡人所欢迎。在他们的意识里，黑色、紫色代表着不吉利。此外，新加坡人对白色也普遍看好，视之为纯洁与美德的象征。新加坡目前国旗的色彩就是由红色和白色等两种色彩所构成的。

就数字而论，新加坡人对 4 与 7 这两个数字的看法不太好。这主要是因为，在华语中，4 的发音与“死”相仿，而 7 则被视为一个消极的数字。在新加坡华人看来，3 表示“升”，6 表示“顺”，8 表示“发”，9 则表示“久”，都是代表吉祥的数字。

在日常生活中，新加坡华人对传统民俗非常讲究，吉祥字、吉祥画在他们的周围随处可见。最受他们喜爱的吉祥字，有“囍”“福”“吉”“鱼”等。最受他们欢迎的吉祥画题材，则有表示“平安”的苹果，表示“和平”的荷花，表示“力量”的竹子，表示“幸运”的蝙蝠，等等。

在与新加坡人攀谈之时，不仅不能口吐脏字，而且还需要记住多多使用谦辞、敬语。与此同时，对于话题的选择务须加以注意。最受新加坡人青睐的话题，主要是运动、旅游、传统文化以及有关经济建设方面的成就。对于新加坡国内的政治、宗教、民族问题，执政党的方针、政策，国家领导人的选拔，以及新加坡与美国和邻国的关系问题，则最好不要涉及。

新加坡的华人大都很讲“面子”，并且乡土观念极强。在与其进行交往时，千万不要不给对方“面子”。要是能够使用家乡话与其进行交谈，则必会大受欢迎。能够熟练而流利地使用英语进行会话，通常也是有身份者的主要标志之一。

有一点很特别，那就是新加坡人对“恭喜发财”这句祝颂词极其反感。他们认为：这句话带有教唆别人去发不义之财、损人利己的意思。在商业活动中，宗教词句和如来佛的图像也被禁用。

在新加坡，人们普遍讲究社会公德。政府通过采用“法”与“罚”等两大法宝，去促使人们提高社会公德意识。在今日的新加坡，讲究社会公德可以说早已是有法可依，有法必依，执法必严，违法必究。去新加坡时，对于这方面的情况必须心中有数。例如，在新加坡，过马路时绝对不能闯红灯，“方便”之后必须冲洗，在公共场合不准吸烟、吐痰和随地乱扔废弃物品。不然的话，就必受处罚，需要缴纳高额的罚金，搞不好还会吃官司，甚至被鞭打。

十九、伊朗

（一）基本概况

伊朗的正式名称，是伊朗伊斯兰共和国。它位于亚洲的西南部，北与亚美尼亚、阿塞拜疆、土库曼斯坦交界，西与土耳其、伊拉克接壤，东与巴基斯坦、阿富汗相接，南临波斯湾与阿曼湾。伊朗的国土总面积为164.5万平方公里，海岸线长为2 700公里。

伊朗作为国家的名称，一说来自古代波斯人的自称“伊兰”。在古波斯语中，其含义是“光明”。还有另外一种说法，认为它是由古时一个叫做“雅利安人”的部落的名称转化而来的。在我国古代，伊朗则被称为“波斯”或“安息”。由于伊朗的地理位置十分重要，所以它素有“欧亚陆桥”和“东西方空中走廊”之称。

伊朗的行政区划，是将全国分为31个省。伊朗的首都是德黑兰。在波斯语中，“德黑兰”一词具有“平原”之意。在世界上，它拥有“美丽之城”“纯洁之城”等多种雅称。

伊朗2016年全国总人口约为8 028万，由波斯人、阿塞拜疆人、库尔德人、阿拉伯人、土库曼人等40多个民族所构成。波斯人是伊朗的主体民族，约占全国总人口的66%。阿塞拜疆人也占其全国总人口的四分之一左右。

伊朗的国教是伊斯兰教，国家实行政教合一的制度。宗教领袖在伊朗拥有绝对权力，他又称伊朗最高领袖、精神领袖或革命领袖。《古兰经》在伊朗则是最高的法律。伊朗全国居民约98.8%信仰伊斯兰教，而什叶派穆斯林则占全国居民的91%左右。因此，伊朗又被称为世界上什叶派穆斯林最多的国家。

伊朗的国语是波斯语。其货币为伊朗里亚尔。2016年，伊朗人均GDP为5 219美元，在世界上列第96位。

伊朗目前实行的是总统制共和政体。伊朗的国庆日是2月11日。国徽格言为："真主伟大!"

1971年8月16日，伊朗与中国建立了正式的大使级外交关系。

（二）社交礼仪

伊朗人受伊斯兰教的影响，有着很强的道德观念。在人际交往中，伊朗人奉行"善思，善言，善行"的行为准则，并且讲究言而有信、行而守礼。

伊朗人在交际场合通常习惯于以握手作为见面礼节。在握手之后，双方往往还需要互吻面颊。但由于受教规限制，男女之间是不可以握手或亲吻的。

在伊朗民间，人们讲究等级有别，施礼亦然，不允许在行见面礼时忘却自己的身份，从而造成错位。以此而论，伊朗人传统的见面礼节是：平民百姓之间一般互相亲吻面颊。有地位、有身份，并且双方地位、身份大致相似者之间，通常先是热烈拥抱，然后亲吻嘴唇。地位、身份较低者拜见地位、身份较高者时，则前者往往要向后者行俯拜大礼。

在人际交往中，伊朗人有着许多难能可贵的良好习惯。

（1）他们的时间观念很强，并且习惯于准时赴约。他们认为：守时是基本的交际礼节。

（2）他们素来敬重长辈，并且以此自豪。

（3）他们非常强调，在打招呼时，一定要采用礼貌用语。当与他人相见时，伊朗人总是要问候对方"您好"。即使不认识对方，他们往往也会这样做。

伊朗人的民族自尊心很强。同伊朗人打交道时用来交换的名片，最好采用英语和波斯语等两种文字印成。

伊朗人与别人交际应酬时，非常讲究使用敬语。他们往往爱用"鄙人"自称，对其交往对象则一般都要以"您"相称。在伊朗，直呼其名是不礼貌的行为。称呼别人时，最得体的做法是：称呼其姓氏，并在其前面加上职务、职称或者学衔。

有的时候，还可以用"阿伽""杜希泽""阿兹拉""巴努"或者"哈努姆"，来称呼伊朗人。“阿伽”意即“先生”或“老爷”，“杜希泽”与“阿兹拉”的含义通常是“小姐”，而“巴努”与“哈努姆”的本义则是“夫人”或“女士”。

（三）服饰礼仪

伊朗不但民族众多，而且每个民族都拥有自己的传统服装，并且喜欢在其日常生活中穿着自己本民族的服装。从总体上看，伊朗各个民族的传统服装虽说五花八门、式样繁多，但却大都较为宽大、简洁。究其原因，恐怕与当地炎热的气候直接有关。

伊朗男子的标准打扮是：上穿不超过膝部的长衫，下着长至脚面的围裤，头上裹着长长的包头巾，嘴上则留着浓重的胡须。

伊朗妇女在一般情况下，大都用一大块黑布将自己从头到脚蒙在里面，只把双眼露在外面。

通常，伊朗人是不穿西式套装或套裙的。平时，伊朗人的着装也受到了行政和宗教干预。男子穿“颓废服装”，或女子不将自己的身体裹得严严实实，都会受到处罚或制裁。在伊朗，所谓“颓废服装”，主要是指那些“印有可憎的拉丁文字或印有庸俗颜色和图案”的服装。

前往伊朗的时候，着装应以保守为佳。伊朗人眼里的“颓废服装”，则更以不穿为妙。外国妇女在伊朗虽不至于要将身体严严裹住，但太暴露的服装还是不能穿的，例如，超短裙、露脐装等。一般而论，外国妇女在伊朗所穿的服装，不允许裸露前胸、后背、肩膀、腋窝、腰部和大腿。

依照伊斯兰教教规，在参拜清真寺时，着装不仅必须庄重保守，而且必须脱去鞋子，并且要以衣物将头部遮盖起来。

（四）餐饮礼仪

在伊朗，不同地区的人们，饮食习惯往往大不相同。通常，农业地区的人以面饼之类的面食为主食，而游牧地区的人则习惯于进食肉类和奶酪。伊朗的城里人，除了喜食面饼之外，大都爱吃用肉、菜、调料、米饭调配在一起做成的手抓饭。在用餐时，他们仅备有盘子与水杯，并且用右手抓食。

在肉食方面，伊朗人爱吃羊肉、牛肉、鸡肉，尤其爱把它们串起来之后烤而食之。平时，他们也吃鸡蛋。有不少伊朗人，都将羊肉视为肉中之珍。有一些少数民族，例如土库曼人，还特别看好羊脑、羊头肉和羊蹄。他们认为此类食物极富营养，所以习惯于留给孩子们吃。在伊朗，许多人还爱吃羊排，并且总爱敲开羊骨，吸食骨髓。

伊朗人用餐时，一般讲究量少质精。其口味比较清淡，故不爱吃红烩或带汁的菜。但是，菜肴要是稍稍辣上一点，他们也不反对。

伊朗人爱饮红茶和酸奶。饮红茶时，他们的习惯做法是一定要加糖。在伊朗不少地方，饮红茶甚至成了喜庆活动中不可缺少的仪式之一。

目前，伊朗人的饮食禁忌，多与伊斯兰教教规有关。伊朗人不吃猪肉、狗肉、驴肉、骡肉，不吃龟、鳖、蛇、蟹之类，不吃无鳍、无鳞的鱼，不吃自死之物、动物的血液以及未诵安拉之名宰杀之物。酒和其他一切含有酒精的饮料，也被禁止饮用。

（五）习俗禁忌

伊朗人普遍喜欢玫瑰花，并且视之为圣洁、纯贞、完美和幸福的化身，所以选定它为国花。此外，伊朗人还非常喜爱蔷薇花和郁金香，因此它们有时也被视为民间版本的伊朗国花。

每年公历的 3 月 21 日，是伊朗人十分重视并普天同庆的诺鲁孜节。它类似中国的春节。在此期间，伊朗人会走亲访友，享受美食。

动物之中伊朗人非常喜欢金鱼与狮子。在他们看来，金鱼象征着美丽与吉祥，而狮子则代表着神圣和运气。

对于绿色、新月、宝剑这些具有伊斯兰教色彩之物，伊朗人十分崇拜。可是，对 13 这个数字，他们却又如西方人一样讳莫如深。

在日常生活之中，伊朗人有一个很特别的禁忌，即忌讳别人议论自家婴儿的眼睛。他们认定，这意味着种种的不幸。

伊朗人在举止动作方面，有不少自己的独特做法和讲究。

（1）伊朗人的点头或微笑，通常只意味着一种礼貌，而并非表示同意。

（2）在伊朗，毫无顾忌地大声谈笑，是不尊重别人的行为。

（3）许多外国人伸出大拇指表示赞美的做法，在伊朗人看来则具有污辱他人之意。

（4）在与人交谈时，应面对对方正面而坐，并将双手平放。若双手交叉、不与交往对象相对而视，则不但表示自己态度傲慢，而且还被视为蓄意挑衅。

（5）不准许与一个人交谈时背对着另外一人。在伊朗，背对别人，终归是不礼貌的。

（6）左手在伊朗多用于洁身，故不得用以取物、递接东西或接触他人。

受教规限制，伊朗妇女在一切公共场合均须与男子“分道扬镳”，而绝对不许在一起。不论上学、购物还是乘坐汽车、飞机或电梯，男女均须完全地分开。

在去伊朗人家里做客时，可带上一些糖果作为礼品。但不要送酒、雕塑、洋娃娃或女人照片，猪皮、猪毛制品等亦在不可送之列。

中东政治、美伊关系、两伊战争、禁核问题、堕胎问题、对逊尼派穆斯林的赞美、对前国王的议论、对西方尤其是美国或以色列的称道，都是伊朗人所极度反感的话题。

二十、以色列

(一) 基本概况

以色列的正式名称，是以色列国。以色列位于亚洲西部的阿拉伯半岛之上，它北靠黎巴嫩，东接叙利亚、约旦，西南与埃及交界，西部濒临地中海，南部面临红海。根据1947年11月联合国通过的《巴勒斯坦将来处理（分治计划）问题的〈第181（二）号决议〉》，以色列的面积应为1.52万平方公里。目前，其实际控制面积则约为2.5万平方公里。以色列海岸线约长198公里。

以色列作为国名，出自古时犹太人一个部落的名称，而该部落的名称则又出自神话传说。在希伯来语中，“以色列”一词的含义是“神的角斗士”。在世界上，以色列还有“犹太人的祖国”之称。

以色列在行政区划上，分为6个区、30个分区、75个市。它的首都建国时定为特拉维夫，后又宣布为耶路撒冷。在希伯来语中，“特拉维夫”意为“春之丘”，“耶路撒冷”则意为“和平之城”。由于犹太教、基督教、伊斯兰教皆以耶路撒冷为圣地，故它又有“圣城”之名。

以色列的全国总人口2016年约为855万，由犹太人、阿拉伯人、德鲁兹人所构成。以色列的主体民族是犹太人，它约占该国全国总人口的75.3%。严格地讲，由于历史原因，今日的犹太人已经远远不是一个种族的人，今天的以色列犹太人来自世界各地。使犹太人成其为犹太人的，主要是他们的共同宗教信仰——犹太教。以色列是目前世界上唯一一个以犹太人为主要居民的国家。

以色列的主要宗教是犹太教，全体以色列的犹太人都信奉犹太教。因此，犹太人与犹太教徒基本上是可以画等号的。

以色列的国语是希伯来语，官方语言是希伯来语与阿拉伯语，英语则为其通用语。其货币为新谢克尔。2016年，以色列人均GDP为37 176美元，在世界上列第25位。

以色列如今实行内阁制共和政体。它是经合组织成员国之一。以色列的国庆日是5月14日。

1992年1月24日，以色列与中国正式建立了大使级外交关系。

(二) 社交礼仪

以色列人在其人际交往中往往既表现得热诚、友好，又显得有些矜持、庄重。

讲究分寸，恪守犹太教教规，则更是他们在待人接物方面所表现出来的主要特点。

犹太人在历史上屡遭迫害、历尽磨难，这使他们形成了举世罕见的凝聚力和向心力。与此同时，他们也因此而变得在人际交往中有些敏感多疑和工于心计。对于宗教信仰相同者，以色列人通常会一见如故；对于信奉其他宗教的人，他们则往往显得有着一定的距离。但是，他们既不会倨傲不恭，也不会媚态百出。精明稳重、富于自信、崇尚理性、思维活跃，是以色列人给他人的主要印象。

以色列人在与其他人初次见面时，一般都以握手作为见面礼节。假如彼此双方同为男子，并且相互关系很好的话，也可以拥抱，同时互贴面颊。在很多情况下，行过拥抱、贴面礼之后，双方还须再行一次握手礼。

以色列人问候他人的方式极其讲究。如果对方是一位老人的话，以色列人通常在见面时会恭祝对方："愿你活到120岁！"

在迎接重要来宾时，以色列人通常要专门为其宰杀羔羊。在许多情况下，他们还会郑重其事地捧出"盐和面包"或者"酒和面包"请来宾品尝。这一做法，是以色列人隆重迎宾的大礼之一。

（三）服饰礼仪

目前，以色列人没有全国统一、式样一致的"国服"，这主要是因为以色列人来自世界各地，并且依然沿用自己原来的穿着打扮之故。在以色列，来自西方的人往往穿着西装，而来自阿拉伯世界的人则依旧爱穿自己的大袍。这种情景，至今随处可见。

总而言之，以色列人穿着打扮的特点是：整洁、协调、素雅和庄重。大红大绿的衣着、对比强烈的打扮、极端前卫的服装，都不为他们所欣赏。

平时，以色列男子大都爱穿宽松式衬衫、夹克衫和牛仔裤，妇女则一般比较爱穿长至膝盖之下的长袖连衣裙。

犹太教教规规定：犹太人的头部不得裸露。所以在以色列，人们一般是不会剃光头的。不仅如此，在正式一些的场合，例如，进入犹太会堂从事宗教活动，或是出席议会例会的时候，以色列男子通常都必须头戴无檐小帽遮住自己的头顶，而以色列妇女也必须戴上头巾。

依照犹太教教规，犹太人均不得剃除自己的胡须和鬓发。因此，在以色列，大多数男子都是满脸胡须，甚至胡须与鬓角连成一体。

除此之外，讲究发型庄重保守，注重头发干净整洁，均被每个犹太人视为重视仪表的应有之意。由于这一原因，在以色列，蓬头垢面的人、发型怪异的人都比较罕见。

（四）餐饮礼仪

总的说来，由世界各国移民所组成的以色列人的饮食习惯可以说是五光十色，异彩纷呈。有些时候，设宴待客的以色列人往往会热情地向客人推荐一道“以色列国菜”。其实，它们通常也会各不相同。与主人一样，它们也来自世界各地。完全可以这样说，各个国家的饮食，都可以在以色列人的家中见到。

如果非要说以色列人在饮食习惯上具有共性的话，那便是犹太人在饮食方面严守教规，丝毫也不敢疏忽大意。

与信奉伊斯兰教的人一样，犹太人也忌食猪肉、狗肉。在以色列，人们甚至忌讳提到“猪”这个词。如果外国游客在非犹太人和非穆斯林用餐的餐厅之中需要点“猪排”这道菜时，人们只能称之为“白色的肉排”。此外，犹太人还忌食兔肉、马肉、骆驼肉，不吃咸肉、火腿，不吃虾、龙虾、鳗鱼、蛤蚌。

对允许犹太人所食用的羊肉、牛肉、鹿肉，犹太教也专门做出了种种严格而具体的限定。

（1）因病、因老而死亡者，不准食用。

（2）非正常死亡者，不准食用。

（3）生肉不准食用。

（4）血液不准食用。

（5）蹄筋与腹膜下的脂油不准食用。

（6）不准将其与乳制品一起食用。

此外，犹太教还规定：供犹太人所食用的牛羊与禽类，在宰杀时必须要一刀毙命，不得延长其痛苦的时间。至于它们是否合乎教规的要求以及洁净与否，则需要由犹太教的教士拉比来进行验证。

每逢犹太历正月十四日白昼及其前夜，以色列人都要过自己的“逾越节”。它是犹太人的新年。在整个节日期间，以色列人的饮食具有极为浓厚的宗教色彩。

过“逾越节”时，犹太人家家都要烤熟一只羔羊，然后全家人一起将其一扫而光。在此期间，犹太人还讲究要吃无酵面饼和未加调料的菜。但是，味道发酸、发苦的食物，花生、核桃等外壳坚硬的果品，他们则一概不吃。他们认定：此时吃这些东西，是颇为不吉利的。

有趣的是，犹太人过“逾越节”时很讲究吃一些在他们看来是寓意吉祥的食物。象征“甜甜蜜蜜”的苹果蜜饯，象征“多福”的石榴，象征“多子”的鱼，象征“步步高升”的梯形食物，象征“安康和平”的鸟状食物，等等，往往都是他们此时餐桌上不可或缺的。

（五）习俗禁忌

以色列人在习俗禁忌方面的显著特点，是深受犹太教教规的影响。在以色列人日常生活的方方面面，犹太教都发挥着重要的作用。

按照犹太教教规，凡犹太男子必须要行割礼。因为接受割礼，是犹太人作为上帝特选子民的标志。犹太男婴降生八天后，就要依照教规行割礼。所谓割礼，即割去男子阴茎的包皮。久而久之，男子接受割礼便成为犹太人的主要标志之一。

犹太教规定：严禁犹太人与未接受割礼之人通婚。外族之人要皈依犹太教，首先必须接受割礼。

作为一神教，同伊斯兰教一样，犹太教也是反对偶像崇拜的。所以必须谨记：犹太人及其所居住的区域，都是不允许外人拍照、录像的。

在以色列，犹太人都会依照教规守安息日。按照犹太人计算日期的方法，所谓安息日指的是，自每个星期五日落开始，至次日日落前为止。这一天，其实主要指的是人们通常所讲的每个星期六。守安息日时，犹太人不得从事任何劳动，不得接触金钱、火柴和机器，而只能够休息。

安息日那一天，以色列的许多高楼大厦里的电梯都要预先经过特别的安排，以便其自动起动或停止，否则犹太人就要寸步难行了。在安息日，犹太人不但不工作、不谈生意，而且也不准进行体育比赛。要是不知原委，非要在这一天前去拜访犹太人，多半就要吃“闭门羹”了。

在同以色列人闲聊时，不宜主动涉及的问题主要有阿以矛盾、宗教信仰、党派之争、男女关系、领土扩张、耶路撒冷归属以及历史上的排犹运动等。

以色列人最喜欢蓝色与白色。对于红色与黑色，有不少以色列人则不感兴趣。

二十一、印度

（一）基本概况

印度的正式名称，是印度共和国。它位于南亚次大陆，西北部两侧与巴基斯坦接壤，东北部则分别与中国、尼泊尔和不丹交界，东部连接着缅甸和孟加拉国，东南面临孟加拉湾，西南濒临阿拉伯海，南部伸入印度洋。印度国土总面积为 298 万平方公里，海岸线长达5 560公里。

印度这一国名，源自信度河。在古印度，“信度”一词表示河流。起初，人们以其指称印度河流域，到后来发展为以其泛指整个南亚次大陆。在印巴分治后，它才被用来单指目前印度这一国家。罗马人将“信度”读成“印度斯”，英国人则把它读成“印度”。在中国古代，印度所处的区域被称“天竺”或“身毒”。有时，印度还被人称为“皇冠上的明珠”“黄金之国”和“钻石王国”。

印度目前采用联邦制。其全国划分为 26 个邦、7 个中央直辖区。印度的首都是新德里。“德里”一词，从字面上看，有“门槛”“山冈”“高地”“尽头”“流沙”等多种含义。据说，它是为了纪念公元前 100 年重建该城的古印度王公拉贾·德里而以其姓名命名的。“新德里”，意即“德里新城”。

印度是全世界排名第二的人口大国。2016年，它的全国总人口为13.2亿左右，由印度斯坦族、泰卢固族、孟加拉族、马拉特族、泰米尔族、古吉拉特族、坎纳达族、马拉雅拉姆族、奥里雅族、旁遮普族等10大民族和其他几个小民族组成。印度的主体民族是印度斯坦族，它占到全国总人口的46.3%。

印度曾经公开宣布自己是一个非宗教的国家，但印度人普遍信仰宗教。印度目前的主要宗教有印度教、伊斯兰教、基督教、佛教、锡克教、耆那教等。印度教又名新婆罗门教，它是印度最主要的宗教，其信徒约占印度全国总人口的80.5%。总之，可以说印度人的宗教信仰是又博又专。

印度全国一共有179种语言。印度政府曾宣布印地语为该国国语，英语则为其官方语言。其货币为印度卢比。2016年，印度人均GDP为1 710美元，在世界上列第145位。

目前，印度实行内阁制共和政体。它是英联邦、二十国集团、上海合作组织与“金砖国家”成员国之一。印度的国庆日是1月26日。其国徽格言为：“唯真理必胜。”

1950年4月1日，印度与中国正式建立了大使级外交关系。

（二）社交礼仪

在印度，人们在交际应酬中所行的见面礼节可谓五花八门。其中所使用较多的有合十礼和拥抱礼，其具体做法，同其他国家大同小异。印度人所常用的较有特色的见面礼节，有以下三种。

（1）贴面礼

它流行于印度的东南部地区。其具体的做法是：在与客人相见时，将自己的鼻子与嘴巴紧贴在对方的面颊上，并且用力地吸气。与此同时，往往还要念道：“嗅一嗅我。”

（2）摸脚礼

它在印度是一种礼遇极高的见面礼。其具体的做法是：晚辈在拜见长辈时，首先弯腰用右手触摸长辈的脚部，然后再用它去回摸一下自己的前额，以示用自己的头部接触对方的脚部。

（3）举手礼

它是合十礼的一种变通。当一手持物，难以双手合十时，则举起右手，指尖向上，掌心内向，向交往对象致敬。与此同时，还须问候对方“您好”。

目前，印度也流行握手礼。但是，在一般情况下，印度妇女仍不习惯于同异性握手。用左手与人相握，往往也不被许可。

在迎接嘉宾之时，印度人通常要向对方敬献用鲜花编织而成的花环。为了表示诚意，主人通常要亲自将其挂在客人的脖子上。

在日常交往中，印度人以往对等级、地位、身份极其关注。印度所特有的种姓制度，就是对印度人地位、身份所进行的一种划分。根据这一制度，印度人分为以下四个等级：等级之一，婆罗门，即僧侣；等级之二，刹帝利，即名门、贵族；等级之三，吠舍，即平民；等级之四，首陀罗，即贱民。此外，还另有一类被视为不可接触的贱民，称为哈里真。

目前，自由、平等的观念在印度已日益深入人心，传统的种姓制度因而广遭非议。不过，它的巨大影响犹在。在社交场合，人们依旧讲究等级，并重视身份有别。这一点，甚至体现于对印度人的称呼之中。

在印度，人们正式的姓名往往很长。不同种姓的人，在自己的姓之前，必须加上一个表示本人种姓的专用称呼，以示区别。在印度，“老爷”“主人”一类的称呼，通常表示着一个人的社会地位。除此之外，印度人的姓名有时也反映着他的民族归属与宗教信仰。

（三）服饰礼仪

总的来讲，印度人的着装讲究朴素、整洁。在一般场合，印度男子的着装通常是：上身穿一件“吉尔达”，即一种宽松的圆领长衫；下身则穿一条“陀地”，即一种以一块白布缠绕在下身、垂至脚面的围裤。在极其正规的活动中，他们则习惯于在“吉尔达”之外，再加上一件外套。

印度妇女的最具民族特色的服装，是纱丽。它实际上是一大块丝制长巾，披在内衣之外，好似一件长袍。其具体穿法是：从腰部一直围到脚跟，使之形成筒裙状；然后将其末端下摆披搭在肩头，自成活褶。印度妇女所穿的纱丽色彩鲜艳、图案优美，非常漂亮。

出门在外时，尤其是在正式场合，印度人大都讲究不露出头顶。为此，妇女要头披纱巾，男子则根据宗教信仰的不同而“各自为政”：印度教徒要戴白色船形帽，伊斯兰教徒要戴伊斯兰小帽，锡克教徒则要在头上包裹上一块头巾。

印度的妇女大都习惯于在自己的前额上以红色点上一个“吉祥痣”。过去，它用于表示妇女已婚，而今则主要用于装扮。纱丽与“吉祥痣”，可以说是印度妇女穿着打扮上的两个独特之处。

出于宗教方面的原因，印度的男锡克教徒还有不理发、不剃须、夹发梳、戴铁手镯、佩戴短剑的习惯。

（四）餐饮礼仪

印度人之中，就主食而论，有人爱吃大米，有人则爱吃面食。他们烹调的方式，主要有炒、煮、烩三种。在做饭的时候，他们喜欢加入各种各样的香料，尤其是爱加入辛辣类香料，例如咖喱粉等。

印度人在饮食方面最大的特点，就是食素的人特别多，而且社会地位越高的人越忌荤食。在印度，根据教规，印度教教徒和锡克教教徒不吃牛肉；伊斯兰教徒不吃猪肉；耆那教教徒则既忌杀生，又忌任何肉食。在一般情况下，蛇肉、竹笋、蘑菇和木耳等，有许多印度人是不吃的；还有不少印度人甚至不吃鸡蛋。平时，绝大多数印度人都不吸烟。

一般来说，印度人不太爱喝汤，也不怎么喜欢饮酒。有许多印度人认为，白开水是世间最佳的饮料。通常，红茶也是他们的主要饮料。在喝茶时，他们往往将其斟入盘里，直接用舌头舔饮。

用餐的时候，印度人一般不用任何餐具，而习惯于直接地用右手抓食。

在请客的时候，印度人往往会请在座者之中最有钱的人或者最受欢迎的人付账。

（五）习俗禁忌

在印度，最受人们珍爱的鲜花和树木是荷花与菩提树，它们分别被定为印度的国花和国树。与法国和菲律宾一样，印度也将珍珠定为本国国石。

在印度，有多种动物被神化。其中最受印度人崇拜的动物当推蓝孔雀和黄牛。前者因象征吉祥、如意而被人们定为国鸟，后者则出于宗教原因而广受人们的崇拜。因受印度教的影响，敬牛、爱牛、不打牛、不杀牛、不使用牛皮制品，在印度业已形成一种普遍的社会风气。与欧美人爱狗一样，印度人的爱牛也绝对不容非议。

在印度的某些部族中，令他人胆战心惊的眼镜蛇竟被看做“神的朋友”，因而也被“爱屋及乌”地顶礼膜拜。除此之外，猫、狗、龟、鼠等动物，在印度也都各有各的崇拜者。只是，一般的印度人不喜龟、鹤及其图案。

许多虔诚的印度教教徒，平日都有早睡早起的习惯。在每年之中，他们必须封斋一次，每次三天左右。在此期间，他们白天不可以进食。

印度教教徒还认为：“入河沐浴，可消罪过。”故此他们经常要下河，尤其是进入被视为“圣河”的恒河沐浴。按他们的说法，在恒河沐浴后，孩子可以长命百岁，新婚夫妇可以永结同心，老人则可以安然进入天国。因此，在恒河沐浴，与在瓦腊纳西居住、敬奉湿婆神、结交圣人一道，被印度教教徒当做“人生四大乐趣”。

在印度，当众吹口哨乃是失礼之举，异性之间当众亲吻则属于违法。在印度南部的一些地方，人们习惯于以摇头表示同意、以点头表示否定。这种做法，与众大不相同。以左手接触别人，或摸别人的头，在印度通常都是不允许的。

印度人忌讳白色，忌讳弯月图案，忌讳送人百合花。1、3、7 三个数字，均被他们视为不吉利。

在同印度人交谈时，对宗教与民族矛盾、印巴冲突、克什米尔问题、核武器、两性关系与历史上的中印边界纠纷等问题，千万不要主动涉及。

二十二、印度尼西亚

（一）基本概况

印度尼西亚的正式名称，是印度尼西亚共和国。它位于亚洲的东南部，横跨赤道，位于太平洋与印度洋交界之处，是一个由 17 504 座岛屿所组成的群岛型国家。它的国土东临巴布亚新几内亚，南靠东帝汶，西濒印度洋，北接马来西亚与新加坡，并且隔海与中国的南沙群岛和菲律宾相望。印度尼西亚的国土面积约为 190.4 万平方公里，海岸线长达 54 716 公里。

“印度尼西亚”这一国名，据说出自希腊语，其含义是“水中岛国”或“印度群岛”。由于该国岛屿甚多，系世界上最大的群岛国家，又有“千岛之国”的称呼。该国火山众多，其活火山约占世界上活火山的六分之一，故亦称“火山之国”。

印度尼西亚全国现设有一级行政区 33 个。其首都是雅加达。它是整个东南亚地区最大的城市，在世界上有“椰城”之称。

印度尼西亚全国总人口 2016 年约为 2.61 亿，由爪哇人、巽他人、马都拉人、米南卡人、华人、马来人等 100 多个民族所构成。其中爪哇人人数最多，约占其全国总人口的 45%，华人则占 5%左右。

印度尼西亚目前约有 87%的人信奉伊斯兰教，这样便使它成了世界上穆斯林人数最多的国家。但是，该国是实行政教分离的，伊斯兰教并非国教。绝大多数印度尼西亚穆斯林属于逊尼派。

印度尼西亚的国语是印度尼西亚语，英语则是一种广为通行的语言。其货币为印度尼西亚盾。2016 年，印度尼西亚人均 GDP 为 3 570 美元，在世界上列第 120 位。

印度尼西亚目前实行总统制共和政体。它是东盟与二十国集团成员国之一。它的国庆日是 8 月 17 日。其国徽格言为：“殊途同归。”

1950 年 4 月 13 日，印度尼西亚便同中国建立了正式的大使级外交关系。后来，两国曾一度断交。1990 年 8 月 8 日，两国正式恢复了外交关系。

（二）社交礼仪

在人际交往中，印度尼西亚人态度和善，容易接近。与别人相见时，他们习惯于彼此之间握手为礼。在同熟人或朋友见面时，他们往往会采用传统的见面礼：用右手按住自己的胸前，然后相互问好。

在有必要称呼印度尼西亚人时，有下列四点需要特别予以注意。

(1) 在称呼其总称时，最好含糊一点儿，将其统称为“印度尼西亚人”。不必特意强调其民族差异，不宜将其分别称为“爪哇人”“巽他人”“马都拉人”“米南卡人”“华人”或“马来人”。此外，切勿将该国称为“荷属东印度”。对这一带有殖民色彩的旧称，印度尼西亚人十分反感。

(2) 通常不宜询问印度尼西亚人的姓名，因为他们不喜欢那样做。具体来讲，他们的姓名有长有短，其长度往往与他们的富裕程度成正比。即穷人只有一个名字，中层人士多有两个名字，而富人则会有一长串名字。

(3) 印度尼西亚男子有互称“兄弟”的习惯，妇女则往往会互称“姐妹”。有时，他们还会将他人称为“爸爸”“妈妈”。这样做，仅表示尊重对方之意，而并不意味着与对方存在血缘关系。

(4) 在跟有身份的人打交道时，最好以其正式头衔相称。在一般性的交际应酬之中，对交往对象采用“先生”“小姐”“夫人”一类的西式称呼，通常也是可行的。

在社交活动中，印度尼西亚人很重视与他人互换名片。前去拜访他们时，切记宜在见面之初主动奉上自己的名片。不然的话，就有可能长时间被对方所冷落。

在跟别人打交道时，印度尼西亚人讲究态度谦虚、不摆架子、声调平和、降低音量。在他们看来，在外人面前张牙舞爪、高声喧哗、嚣张放肆，均属少调失教者的表现。

(三) 服饰礼仪

总体而言，受宗教信仰等方面因素的制约，印度尼西亚人的穿着打扮属于朴素保守型。对于服饰的干净整洁，他们非常的讲究。

平时，在印度尼西亚，男子会上穿蜡染的长袖衫，下身裹以沙笼，并且头戴无檐小帽。女子在一般情况下，也大都身穿沙笼。在大多数情况下，她们还会配以与沙笼色调一致的披肩或腰带。

出门在外的时候，印度尼西亚人对于自己佩戴的饰物十分重视。在印度尼西亚，男子大都讲究腰挂一把精美的短剑，并且以之反映本人的社会地位。妇女们则极为喜欢佩戴金银首饰，耳环和戒指通常是她们人人必备之物。

在办公时或对外交往中，印度尼西亚男子常穿白衬衫、长西裤，并配以领带；女子一般会穿深色的外套，并配以裙子。

在印度尼西亚，人们在出席庆典、仪式，或是参观清真寺时，不允许穿背心、无袖装和短裤，过分裸露身体的服装也不宜穿着。在进入清真寺以前，一定要脱下鞋子。与他人在室外交谈，或是上门做客时，则必须摘下墨镜。

（四）餐饮礼仪

在饮食习惯上，印度尼西亚人以大米为主食，副食则主要为牛肉、鸡肉、鸭肉、鱼肉和虾等。中国人爱吃的海参、鱼肚之类，印度尼西亚人是绝对不吃的。

印度尼西亚穆斯林的饮食严守其教规。他们不饮酒和其他一切含有酒精的饮料，不吃猪肉、自死之物、动物的血和未诵安拉之名宰杀之物。除极为正式的宴请之外，在用餐时，他们都喜欢用右手抓取食物享用。因为左手被视为“不洁之手”，他们绝对不会以左手直接去取用食物。在用餐的过程中，他们有饮用凉开水的习惯。

在印度尼西亚，有一些非穆斯林在用餐时喜欢喝上一点儿葡萄酒。平时，他们则经常喝红茶或咖啡。

受当地华人的影响，绝大多数的印度尼西亚人都对中餐推崇备至。所以，在宴请印度尼西亚人时，中餐乃是最佳的选择。

在印度尼西亚，人们经常会请人吃饭。在受到类似的邀请时，通常最好不要谢绝，不然便会被理解为看不起对方。事过之后，最好找机会回请对方一次。在当地，这是一种礼貌。参加印度尼西亚人的宴请，有以下四点注意事项。

（1）在主人宣布开宴之前，切勿“先行一步”。

（2）在用餐过程中，不宜说话过多。

（3）不要当着主人的面，对菜肴提出某些特殊的要求。

（4）用餐完毕之后，应当在盘子里余下少许食物，以示自己业已吃饱。

在印度尼西亚外出用餐时，切勿用勾动手指、捻响手指或是吹口哨的方式召唤侍者。其最得体的方式，则是举手示意。

（五）习俗禁忌

在印度尼西亚，国花是茉莉花。尽管没有约定俗成的国兽，可是实际上却有两种在人们心目中地位极高的动物：一个是蛇，一个则是虎。在日常生活中，印度尼西亚人有敬蛇之习。他们将蛇视为“智慧”“本领”“德性”的象征，并在许多地方设立蛇舍，内设香案，以供人祭祀。在与印度尼西亚人相处时，“武松打虎”一类的故事是千万不能够对他们讲述的。因为他们对虎非常崇拜，有人甚至将其称为“祖宗”。

以下两种动物，在印度尼西亚则被人们打入另册，并永世不得翻身。它们一个是乌龟，被视为“春药”“污辱”和“性”的化身；另一个则是老鼠，印度尼西亚人认为它只会给人们带来肮脏、瘟疫和灾难。

跟印度尼西亚人打交道时，可酌情向其赠送一些价值不太高的礼品，例如，化妆品、T恤衫、水果等。在社交场合，爪哇人接送礼物要用右手，面对长辈则要用双手。但左手忌用。在印度尼西亚的多数地方，人们接受礼品时是不能当场打开其外包装的。

在印度尼西亚，当众令人难堪，被视为一种最严重的人身侮辱。在一般情况下，印度尼西亚很讲究给交往对象"留面子"。他们既不会当面出口伤人，也不会硬逼着对方承认错误。跟他们打交道时，对这一点要十分注意。

在与印度尼西亚人进行交谈的时候，切勿议论该国的政治、宗教、民族问题，尤其不要涉及个人信仰、金融危机、政治腐败、军人干政和外来援助问题。谈论当地华人的贡献或地位，对对方的孩子进行批评，也是印度尼西亚人平时所不愿意听到的。他们对孩子十分溺爱，几乎对其百依百顺。在该国，华人的地位，往往也议论不得。直到2014年初，印度尼西亚才正式废除了对中国、对华人的歧视性称呼"支那"。

在印度尼西亚人看来，人的头部神圣不可冒犯。因此在与对方打交道时，务必对对方的头部敬而远之。特别需要强调的是，千万不要抚摸印度尼西亚小孩的头部。对中国人来讲，此举表示爱怜，但在印度尼西亚人眼中，这样做却意味着一种侮辱和伤害。

对于外国人当众拥抱、亲吻的做法，印度尼西亚人是看不惯的。在印度尼西亚，就座之时双腿交叉是不被允许的。在一般情况下，坐下来以后双脚最好平放在地面上，千万不要翘起脚来，尤其是不要用鞋底或脚尖朝向他人。在外人面前，最好不要打哈欠。万一控制不住时，需要先用右手捂住嘴巴。

在印度尼西亚，人们有下列两种独特的做法。

（1）伸出右手时，屈起其他手指而单独伸出拇指，表示的是"请你先走"。

（2）笑声往往被用来掩饰自己的困惑或者震惊，而未必是说明自己开心愉快。

二十三、越南

（一）基本概况

越南的正式名称，是越南社会主义共和国。它位于亚洲东南部的中南半岛东部。它的北部与中国接壤，西部同老挝、柬埔寨为邻，东部和南部面临北部湾和南中国海。全国国土总面积为32.96万平方公里，海岸线约长3 260公里。

在历史上，越南曾经有过"文郎""瓯雒"和"安南"等名称。

越南全国目前划分为58个省，5个直辖市。其首都是河内。"河内"这一名称据说来自其位于红河大堤之内这一地理位置。

越南全国总人口 2016 年为 9 270 万左右，由越人、岱人、傣人、芒人、侬人、苗人、瑶人、土人、高棉人、华人等 60 多个民族所构成。越人亦称京族，是越南的主体民族，其人数约占全国总人口的 86%。在我国，京族也是祖国民族大家庭的成员之一。生活在越南的华人，目前也有 50 万人之多。

越南人所信奉的宗教主要是佛教和天主教，基督教、高台教、好教也有一些影响。

越南的官方语言是越南语。其货币为越南盾。2016 年，越南人均 GDP 为 2 214 美元，在世界上列第 137 位。

越南目前实行社会主义制度。它是东盟成员国之一。越南的国庆日是 9 月 2 日。

1950 年 1 月 18 日，越南同中国建立了正式的大使级外交关系。

（二）社交礼仪

在人际交往中，越南人普遍讲究礼貌，并且注重以礼待人的种种具体细节。在一般情况下，他们跟客人相见时多以握手为礼。路遇亲朋好友，则通常要主动热情地上前向对方打招呼，至少也要向对方点头致意。

有些少数民族的人，在与外人会面时，往往还会采用其本民族的传统礼节。例如，苗人、瑶人大都会行抱拳作揖礼，而高棉人则一般会行双手合十礼。

在公共场合，越南人通常对长辈表现得尊重有加。在与长辈一同出行时，他们必然会请其先行。万一要超过长辈走在前面时，则必须先向对方打个招呼。

在与熟人相见时，越南人都会向对方致以亲切的问候。在越南，人们最常采用的问候语是："你的身体好吗?"

在越南，越人的姓名与华人的姓名相似，多数由三个字组成。阮、范、黎、陈、黄、潘、武、吴等，都是越人之中的大姓。过去，越人起名时，中间一字多用垫字。男的常用的字是"文"，女的常用的字则是"氏"，例如"范文同""阮氏萍"等。还有一些少数民族，往往有名而无姓。

根据越人的习惯做法，在需要以姓名称呼对方时，最好只称其名，而不称其姓。在称名时，往往也只称最后一个字。例如，在称呼"阮文才"时，宜以"才"相称。在一般情况下，最好在其名之后再加上兄、弟、姐、妹、叔、伯之类的称呼。只是要切记，越人不喜欢被以"你"相称。

在需要进行自称时，通常不要用"我"字，而宜使用弟、妹、侄之类的自谦辞。

除此之外，西式的称呼目前在越南也比较盛行。而在政府机关中，人们则惯于以"同志"相互称呼。

在越南，需要对少数民族的民族名称进行称呼时，最好慎而又慎。因为有些称呼，诸如“南蛮”“苗舍”“昧族”之类，在他们听起来，都是颇有歧视性的。

（三）服饰礼仪

在日常生活中，越南人的穿着打扮讲究朴素实用。通常，他们之中的大部分人喜欢上身穿一件素色的衬衣，下身则穿一条宽松肥大的深色裤子。在一般情况下，他们还喜欢头戴斗笠，脚穿凉鞋。只有在政务或商务活动中，穿西服、套裙、皮鞋的人才较为常见。而在乡间，越南人则大半爱穿褐色无领窄袖上衣和黑色宽腿长裤。

在节日庆典之时，越南人有穿着本民族服装的偏好。届时，越人往往要穿长袍。土著男子一般上穿黑色长衫，下着白色宽腰裤，并且头缠紫巾；女子则上穿白色圆领斜襟短衫，下穿黑裙或彩裙。在平时，越南男子爱戴绿色头盔，越南妇女则要头盖手帕。

在越南民间，妇女美容有一种特殊的做法，那就是要想方设法将自己的一口洁白的牙齿染得乌黑发亮。自古以来，这一做法就已成为评价越南妇女美貌与否的一个重要标准。越南人曾经认为，“黑齿桃颊”者最美，而牙齿洁白如玉者则会受人耻笑。目前，这一特殊做法已逐渐式微。

（四）餐饮礼仪

在饮食习惯上，越南人的主食是大米。有的时候，他们也吃一些薯类和面食。在口味方面，他们喜欢清淡的食物，爱吃生、冷、酸、甜的东西。通常，他们不喜欢将菜肴烧得过熟，也不大喜欢吃红烧的菜肴，或是脂肪过多的食物。有时，他们甚至吃生肉、生血。

越南人不爱吃的东西，通常还有羊肉、豆芽、甜点和过辣的菜肴。多刺的鱼，他们一般都不吃。

越南的少数民族，在饮食上也多有一些各自的禁忌。例如，瑶人不吃狗肉，芒人不吃麂子肉，占白尼人不吃猪肉，加非尔人不吃牛肉，等等。

在烹制菜肴时，越南人大都爱使用花生油，有时还会往里加入大量的醋和干蒜瓣。他们最常使用的佐餐调料，是一种叫做“鱼露”的东西。它是一种由鱼、虾发酵而成的调味汁，亦称鱼酱油、虾油。它又有生、熟之别，气味很冲，但深受越南人的喜爱。

有不少越南人还爱吃血冻，例如，猪血冻、牛血冻、鹿血冻、鸭血冻，等等。

越南人大多数不能喝烈性酒，但爱饮茶和咖啡。各种酸汤，也大受他们钟爱。平日，他们经常饮用“无根之水”——雨水。

在日常生活中，越南人颇爱嚼食槟榔。他们的方法是：将其切片后，与蚌壳粉等物一起入口咀嚼，但不得咽下去。这种做法，据说可以固齿、驱虫、清热、除湿。

越南人用餐时使用筷子，不过他们忌讳将筷子直插于饭菜之中。他们就餐时往往不用桌子，而是惯于将饭菜一次上齐，摆在一个大炕上，然后围坐而食。

在越南人家中就餐时，吃饭多多益善。要是剩余的食物过多，则是对主人失敬的。

（五）习俗禁忌

桃花，在越南的百花之中地位最高。越南人认为：桃花既鲜艳、美丽，又是吉祥的化身。因此，越南人认为桃花乃是“吉祥之花”，并且视之为本国国花。竹子在越南人的生活中不可或缺，所以人们又将他们称为“与竹子为伴的民族”。

除个别民族之外，绝大多数越南人都非常喜欢狗。他们认为狗勇敢、忠诚、可靠，是人类最好的朋友。在越南民间，许多民族都有用动物进行祭祀之习。凡拟作祭祀之用的动物，必须精心饲养，绝对不能再去出售。

与中国人一样，越南人最为厚爱红色。他们认为，红色是喜庆、吉利之色，因此在喜庆场合广为采用。

越南人很讲究清洁卫生。在他们看来，当众擤鼻涕、挖耳朵，都是粗鲁和失态的。去当地人家里做客时，进屋先要脱鞋，在必要之时往往还要先洗一洗脚。

在越南民间，若村寨路口悬挂绿树枝，说明正在祭寨，外人是禁止入内的。在民居门口若挂有绿树枝，则表明此户人家有人生病、生孩子或是正在祭祀，外人亦不得进入。他们还讲究青叶不能带入家门，非用不可时，只能从自家地里采摘。傣人、瑶人、佬人还忌讳使用白蚊帐、白被子，因为他们认为白色不吉利。

在越南，以手指人、拍打肩部，或是摸别人的头，都是禁忌的动作。他们认为，那样做将给对方带来厄运。

不宜与越南人谈论的话题有政治、边界和战争，以及越南与周边国家的关系，等等。历史上越南与中国中央政权的关系、在越华人地位问题，通常也不宜在交谈中有所涉及。

第五章 非洲国家

非洲的全称，是阿非利加洲。“阿非利加”一词，在希腊文中是“阳光灼热之地”的意思。赤道横贯非洲的中部，非洲四分之三的土地受到太阳的垂直照射，年平均气温在20摄氏度以上的热带地区占全洲面积的95%，其中有一半以上地区终年炎热，故称为“阿非利加”。

非洲位于东半球的西南部，地跨赤道南北，西北部的部分地区伸入西半球。它东濒印度洋，西临大西洋，北隔地中海和直布罗陀海峡与欧洲相望，东北隅以狭长的红海与苏伊士运河紧邻亚洲。非洲面积约为3 029万平方公里（包括附近岛屿和亚洲境内的埃及领土西奈半岛），约占世界陆地总面积的20.2%，次于亚洲，为世界第二大洲。

非洲大陆北宽南窄，呈不等边三角形。非洲地形的主要特点，就是高原面积广阔，大体呈现为一个由东南向西北倾斜的大高原，故有“高原大陆”之称。它的地势比较平坦，明显的山脉仅限于南北两端。全洲平均海拔750米。海拔200至2 000米的台地和高原占全洲面积的86.6%。东南半部较高，西北半部较低。非洲拥有世界上最大的沙漠撒哈拉沙漠和最长的“地球伤疤”东非大裂谷。

2016年，非洲人口约达12.3亿人，占世界总人口的15.5%，居世界第二位。非洲人口的自然增长率，高于发展中国家目前的平均水平。在非洲人口中，黑人约占总人口的三分之二，其余属白种人和黄种人。非洲是种族成分非常复杂的洲。它现有500多个民族和部族，这是由于土著各族人民历史上的多次迁徙、阿拉伯人从亚洲移入以及殖民者移民等原因造成的。

非洲是人类起源地之一，曾经创造了灿烂的古代文明，具有悠久的历史和丰富的文化遗产。非洲居民现在大多信奉原始宗教和伊斯兰教，少数人信奉天主教和基督教。

非洲现有54个主权国家。按其地理位置可以分为北非、西非、中非、东非和南非等几个次区域。截至2017年底，与中国建立了正式外交关系的非洲国家为52个，仅布基纳法索、斯威士兰两国未与中国建立外交关系。

一、阿尔及利亚

（一）基本概况

阿尔及利亚的正式名称，为阿尔及利亚民主人民共和国。它位于非洲的西北部，东临突尼斯、利比亚，西接摩洛哥、西撒哈拉，南部与尼日尔、马里、毛里塔尼亚交界，北部则隔地中海同法国、西班牙相望。阿尔及利亚的国土总面积为23.8万平方公里，海岸线长约1 200公里。

阿尔及利亚作为国家的名称，据说来源于其国都阿尔及尔之名。在阿拉伯语里，“阿尔及利亚”意即“群岛”。

阿尔及利亚的行政区划，是将全国划分为48个省。阿尔及利亚的首都是阿尔及尔。在阿拉伯语中，它的含义是“岛屿”，其正确的发音则应为“贾扎伊尔”。“阿尔及尔”实际上是“贾扎伊尔”的法文发音。近年来，阿尔及利亚政府提倡本国地名“阿拉伯化”，已将首都名称正式恢复为“贾扎伊尔”。但是，国际上目前依然习惯于将其称为“阿尔及尔”。

阿尔及利亚的全国总人口2016年为4 061万左右，由阿拉伯人、柏柏尔人、沙维亚人、姆扎布人、图雷格人五个主要民族所构成。此外，还有极少量的外来移民。阿尔及利亚的主体民族是阿拉伯人，其人数约占全国总人口的80%。

阿尔及利亚的主要宗教是伊斯兰教。在全国人口中，约99%的人信奉伊斯兰教，并且均属于逊尼派。伊斯兰教是阿尔及利亚的国教。

阿尔及利亚的国语是阿拉伯语，阿拉伯语与法语同为通用语。其货币为阿尔及利亚第纳尔。2016年，阿尔及利亚人均GDP为3 917美元，在世界上列第110位。

阿尔及利亚目前实行总统制共和政体。它是非洲联盟与阿拉伯联盟成员国之一。它的国庆日是11月1日。

1958年12月20日，阿尔及利亚与中国正式建立了大使级外交关系。

（二）社交礼仪

在人际交往中，阿尔及利亚人的所作所为既具有阿拉伯世界的共性，同时也有着其自身的特点。

在与人相见时，谦恭好礼的阿尔及利亚人必定会以右手抚胸，然后问候对方：“愿真主保佑你。”然而，在与阿尔及利亚人打交道时，无论如何都不能向对方的女性亲眷进行问候。在当地，这种做法是极其无礼的。

在一般情况下，阿尔及利亚人在交际应酬中所用最多的见面礼节是握手礼。在与亲朋好友相见时，他们有时也会与对方相互拥抱，或是贴面为礼。但是，以上所述的各种做法仅限于同性之间。换而言之，在阿尔及利亚，异性之间是不宜相互握手或是拥抱贴面的。

阿尔及利亚人在跟别人握手时，有一种独特的讲究：在握手的时候，越是用力，越是表示对交往对象的敬意。原来，阿尔及利亚人认为：与别人握手时用力的程度，是同对对方友好、敬重的程度成正比的。因此，阿尔及利亚人在握手时往往会握得对方又麻又痛。出于同样的原因，他们也希望交往对象能够对自己这样做。

阿尔及利亚人跟别人握手时的另外一种讲究，则是绝对禁止使用被他们视为“肮脏”与“下贱”的左手。

在人际交往中，阿尔及利亚人特别喜欢问长问短，与交往对象进行长时间的寒暄。有时，这种礼节性的寒暄竟然会长达几十分钟。

阿尔及利亚人在与别人进行寒暄的时候，对称呼十分在意。在一般情况下，他们习惯于以交往对象的姓氏加上适当的头衔相称。此外，他们还喜欢与穆斯林彼此以"兄弟"相称，或是将男子称为"先生"，将未婚女子称为"小姐"，将已婚妇女称为"夫人"。

在待客之时，阿尔及利亚人十分热情。在与其进行交谈时，允许使用法语或英语。与对方交换的名片，则最好同时使用阿拉伯语与英语或者法语。

（三）服饰礼仪

在阿尔及利亚人的日常生活中，伊斯兰教一向占据着主导地位。与此同时，由于过去殖民占领与当今国际交往等方面的原因，西方国家尤其是法国的影响也随处可见。这一点，在阿尔及利亚人的穿着打扮上表现得尤为明显。

简而言之，阿尔及利亚人的着装可以分为下列三种情况。

（1）城里人的穿着

在沿海城市，尤其是在大都市中，阿尔及利亚人不仅接受了西装、套裙，而且还有许多人对各色流行服装趋之若鹜。穿牛仔装、紧身衣的人往往到处都可以见到。

（2）乡下人的穿着

在乡村，阿尔及利亚人则大都穿着本民族的传统服装。它们通常是指：男子穿白色大袍，戴白色无沿软帽。妇女则一般是穿罩袍，戴面纱的人并不多。

（3）介乎两者之间的穿着

在阿尔及利亚，现在有一些人的穿着打扮可以称之为"亦土亦洋"：他们将西式服装与本民族的传统服装巧妙地搭配在一起，走的是一条折中的路线。例如，一个小伙子很可能是内穿一件西装，外披一件大袍。

近年来，受到国内外大气候的制约，阿尔及利亚人的穿着日趋保守，"阿拉伯化"的走向十分明显。

（四）餐饮礼仪

在饮食方面，阿尔及利亚人比较讲究。他们的主食，主要是发酵面饼与棍状面包。在副食方面，他们爱吃羊肉、牛肉、鸡肉，并且好吃新鲜蔬菜。在待客的时候，他们认为最拿得出手的是烤全羊。总体而言，他们的口味偏淡，爱吃酸、辣之物。

在用餐之时，阿尔及利亚人对餐桌的陈设十分较真。在他们进食之时，多以匙作为用餐工具，并且习惯于使用餐巾。

受伊斯兰教教规限制，阿尔及利亚人一般忌食猪肉、狗肉、马肉、驴肉、骡肉，忌吃龟、鳖、虾、蟹、蛇，不吃自死之物和未诵安拉之名宰杀之物以及动物的血，并且禁止饮酒。平时，阿尔及利亚的图雷格人则很少食肉。

在日常生活中，阿尔及利亚人讲究清心寡欲。他们一般不吸烟，并且讨厌别人在自己面前吸烟或向自己敬烟。

在饮料方面，阿尔及利亚人偏好茶与咖啡。喝绿茶时，他们惯于在茶里加入薄荷叶和冰糖。喝红茶时，他们则要向其中兑牛奶，并且加糖。在节假日待客时，他们讲究敬茶三杯以迎客人。按照老规矩，客人必须把茶喝光。平时，客人登门之后，他们往往也要先问一句："要咖啡还是要茶?"

（五）习俗禁忌

阿尔及利亚人对鸢尾、夹竹桃均十分喜爱。因此，二者均被称为阿尔及利亚的国花。

阿尔及利亚人看待动物的眼光比较独特。在他们看来，乌龟温顺善良，乌鸦具有奉献精神，鹤则华贵美丽，都是值得人们喜爱的。他们最忌讳的动物，则首推猪和熊猫。

阿尔及利亚人对珊瑚欣赏备至，并将其定为该国国石。

在色彩方面，阿尔及利亚人对白色十分推崇，认为白色是"纯洁"与"和平"的象征。

去拜访阿尔及利亚人时，向其赠送双数的鲜花，是最受欢迎的。猪皮、猪毛制品，带有猪或熊猫图案的物品，雕塑、公仔、女人照片，通常都不受欢迎。

在阿尔及利亚参观访问时，男女之间不要表现得过于亲密，在公共场合切勿牵手而行。不要带妇女去电影院，也不要为当地妇女拍照或摄像。

对于政局变化、"颜色革命"、宗教纠纷、与法国的传统关系、工业化带来的问题、堕胎的问题等，千万不要与阿尔及利亚人进行讨论。在进行交谈时，他们往往不喜欢声调上的抑扬顿挫。他们认为，那么做难免会令人心慌意乱。

二、埃及

（一）基本概况

埃及的正式名称，是阿拉伯埃及共和国。它位于中东地区，地跨亚、非两大洲，大部分国土位于非洲的东北部。埃及西部与利比亚为邻，东部与以色列交界，并且隔红海与沙特阿拉伯相望，南部与苏丹接壤，北部则濒临大西洋。埃及的国土总面积约有100.145万平方公里，海岸线长达约2 900公里。

埃及之名，译自英语。在阿拉伯语中，它叫做“米斯尔”，其含义是“辽阔的国家”。此外还有一种说法，认为它来自古代腓尼基语“岛”这个词的发音。在世界上，埃及有着“文明古国”“金字塔之国”和“棉花之国”等美称。

埃及目前的行政区划，是将全国分做27个省。埃及的首都是开罗。它是阿拉伯语“卡希拉”一词的英译。在阿拉伯语中，“卡希拉”一词意即“胜利”。开罗是目前非洲第一大城市。由于它遍布清真寺尖塔，故被称为“拥有一千个清真寺尖塔的城市”。

埃及的全国总人口2016年约为9 569万，由阿拉伯人、科普特人、贝都因人、努比亚人等多个民族所构成。作为主体民族，阿拉伯人占其全国总人口的87%。

埃及的主要宗教是伊斯兰教。当地的阿拉伯人普遍信奉伊斯兰教，并且多属于逊尼派。埃及宪法规定伊斯兰教为国教，并且明言“伊斯兰教的立法原则是立法的主要依据”。

埃及的国语是阿拉伯语。其货币为埃及镑。2016年，埃及人均GDP为3 478美元，在世界上列第121位。

埃及目前实行的是总统制共和政体。它是非洲联盟与阿拉伯联盟成员国之一。埃及的国庆日是7月23日。

1956年5月30日，埃及与中国正式建立了大使级外交关系。

（二）社交礼仪

在人际交往中，埃及人所采用的见面礼节主要是握手礼。与跟其他伊斯兰国家的人士打交道时的禁忌相同，同埃及人握手时，最重要的是忌用左手。

除握手礼之外，埃及人在某些场合还会采用拥抱礼或亲吻礼。埃及人所行的亲吻礼，往往会因交往对象的不同，而采用亲吻不同部位的具体方式。其中最常见的形式有下列三种：其一，吻面礼。它一般用于亲友之间，尤其是女性之间。其二，吻手礼。它是向尊长表示敬意或是向恩人致谢时所用的。其三，飞吻礼。它则多见于情侣之间。

在社交活动中，埃及人跟交往对象行过见面礼后，往往要双方互致问候。“祝你平安”“真主保佑你”“早上好”“晚上好”等，都是他们所常用的问候语。

在打招呼或问候时，埃及人讲究年轻者要首先问候年长者，位低者要首先问候位高者，步行者要首先问候骑乘者，一个人要首先问候多数人。

为了表示亲密，埃及人只要当时有时间，问候起交往对象来，往往便会不厌其烦。除个人隐私问题之外，当时所能想到的人和事，他们几乎都会问候一遍。他们的这种客套，有时会长达几分钟，甚至十几分钟。

同样是为了表示亲密或尊敬，埃及人在人际交往中所使用的称呼也有自己的特色。在埃及，老年人常将年轻人叫做“儿子”“女儿”，学生会把老师叫“爸爸”“妈妈”，穆斯林之间则互称“兄弟”“姐妹”。这一类做法，往往并不表示二者之间具有血缘关系，而只是表示尊敬或亲切。

在跟埃及人打交道时，除了可以采用国际上通行的称呼，倘若能够酌情使用一些阿拉伯语的尊称，通常会令埃及人更加开心。这类尊称，主要有：“赛义德”，意即“先生”，可用于称呼任何男性；“乌斯塔祖”，意即“教授”，可用以称呼有地位的人；“莱文斯”，意即“主席”，其用法与“乌斯塔祖”相同；“答喀突拉”，意即“博士”，可用于称呼政府官员。

埃及人非常好客，贵客临门会令其十分愉快。在去埃及人家里做客时，通常应注意以下三点。

（1）事先需要预约，并要以主人方便为宜。通常在晚上六点后以及斋月期间，不宜进行拜访。

（2）按惯例，穆斯林家里的女性，尤其是女主人是不待客的，故切勿打听或问候。

（3）就座之后，切勿将足底朝外，更不要朝向对方。

（三）服饰礼仪

在大城市中，尤其是在政界、商界、军界、文化界、教育界，埃及人的穿着打扮早已与国际潮流同步。西服、套装、制服、连衣裙、夹克衫、牛仔裤，在埃及的街头巷尾往往随处可见。然而，普通百姓，尤其是上了年纪的人的着装观念则依旧较为保守。从总体上讲，埃及人的穿着依旧主要是长衣、长裤和长裙。又露又短又小又紧又透的奇装异服，埃及人通常是不愿问津的。

埃及城市中的下层平民，特别是乡村中的农民，平时主要还是穿着阿拉伯民族的传统服装——阿拉伯大袍。同时还要头缠长巾，或是罩上面纱。

埃及的乡村妇女很喜爱佩戴首饰，尤其讲究佩戴脚镯。此外，她们还喜欢梳辫子，并且习惯于将自己的发辫梳成单数。在每根辫子上还要系上三根黑色丝线，然后再挂上一小块薄薄的金属片。

对于绘有星星、猪、狗、猫以及熊猫图案的衣服，埃及人是绝对不会穿的。因为它们有悖于其习俗。

（四）餐饮礼仪

在餐饮方面，埃及人对礼仪极为讲究。平时，他们以一种称为“耶素”的不用酵母的平圆形面包为主食，并且喜欢将它同“富尔”“克布奈”“摩酪赫亚”一起食用。“富尔”即煮豆，“克布奈”即白奶酪，“摩酪赫亚”则为汤类。

一般而言，埃及人很爱吃羊肉、鸡肉、鸭肉、土豆、豌豆、南瓜、洋葱、茄子和胡萝卜。他们口味较淡，不喜油腻，爱吃又甜又香的东西。冷菜、带馅的菜以及用奶油烧制的菜，特别是被他们看做象征着“春天”与勃勃生机的生菜，均大受其欢迎。埃及人尤其喜欢吃甜点。在他们举行的正规宴会上，最后一道菜必为甜点无疑。此外，他们还习惯于以自制的甜点待客。客人要是对其婉言谢绝，一点儿也不吃，则会让主人极为失望，而且也是失敬于主人的。

在饮料上，埃及人酷爱酸奶、茶和咖啡。在许多大城市里，街头巷尾的咖啡摊随处可见。平时，埃及人有在街头的咖啡摊上用午餐的习惯。在那里，他们买上一杯咖啡，再用几块甜点，也就算做一顿便饭了。饮茶聊天，是埃及人日常生活中的一大乐趣。

在待客时，主人往往在客人登门时便奉上茶水，并且还要挽留客人用餐。对于主人所奉上的茶水，客人必须喝光。要是杯中遗留了一些茶水的话，是会触犯埃及人的禁忌的。同样的道理，客人在主人家中用餐时，一定要尽量多用一些。否则就会被视为瞧不起主人，让主人不高兴。劝客人多多用餐，在埃及乃是主人的一项义务。

在用餐的时候，埃及人大多以手取食。在正式一些的场合，他们也习惯于使用刀、叉和勺子。用餐之前，他们一定要洗手。

按照伊斯兰教教规，埃及人是不喝酒的。他们忌食的东西有：猪肉、狗肉、驴肉、骡肉、龟、鳖、虾、蟹、鳝、动物的内脏、动物的血液、自死之物、未诵安拉之名宰杀之物。至于整条而未经分割开的鱼和带刺的鱼，埃及人则是不喜欢吃的。

埃及人在用餐时，有两点禁忌：一忌用左手取食；二忌在用餐时与别人交谈。他们认为，那样做会浪费粮食，而且也是对真主的大不敬。

（五）习俗禁忌

埃及人十分热爱莲花。他们不仅将其称做“埃及之花”，而且还正式将其定为国花。

埃及人以猫作为本国国兽。他们认为，猫是神圣的精灵，是女王在人间的象征，同时也是幸运的吉祥物。埃及人还很喜欢美丽华贵的仙鹤，认为它代表着喜庆与长寿。除讨厌猪之外，外形被认为与猪相近的大熊猫也为埃及人所普遍反感。

在埃及，橄榄石最受宠爱，并被定为埃及的国石。

平时，埃及人最喜爱被其称为“吉祥之色”的绿色与被称为“快乐之色”的白色两种颜色。他们所讨厌的色彩也有两种：一是黑色；二是蓝色。两者在埃及人看来，均是不祥之色。

在数字方面，5与7深得埃及人的青睐。在他们看来，5会带来吉祥，7则意味着完美。对信奉基督教的科普特人而言，13 与 666 则是最令人觉得晦气的数字。

在埃及民间，人们对葱很是看重，认为它代表了真理。对于针，人们非常忌讳。在埃及，“针”是骂人的词。

埃及人在工作中对小费极为重视，并且将其作为日常收入的重要组成部分之一。在埃及办事情若不给人小费，往往会举步维艰。

与埃及人交谈时，应注意下述问题：其一，男士不要主动找妇女攀谈。其二，切勿夸奖埃及妇女身材苗条，因为埃及人以体态丰腴为美。其三，不要称道埃及人家中的物品，在埃及这种做法会被人理解为索要此物。其四，不要与埃及人讨论“颜色革命”、军人地位、宗教纠纷、政党政治、中东政局、阿以关系、阿美关系以及男女关系、堕胎等话题。

三、南非共和国

（一）基本概况

南非的正式名称，是南非共和国。它位于非洲大陆的最南端。北部与纳米比亚、博茨瓦纳、津巴布韦、莫桑比克、斯威士兰诸国交界，东、南、西三面则分别为印度洋和大西洋所环抱。南非的国土总面积约为 121.9 万平方公里，海岸线大约长 2 954 公里。

南非作为国家的名称，得名于它所处的地理位置，即位于非洲大陆的南部。在当地人的口中，它被称为“阿扎尼亚”。“阿扎尼亚”一词源于阿拉伯语，意为“黑人的土地”。由于盛产钻石，它是举世闻名的“钻石之国”。绕经南非海域的好望角航线，是沟通东西方的海上要道。

从行政区划上讲，南非全国目前分为 9 个省。与众不同的是，在南非一国之中，居然同时拥有三个首都。它们分别是行政首都比勒陀利亚，立法首都开普敦，司法首都布隆方丹。比勒陀利亚世称“花园城”或“玫瑰花园”，开普敦被誉为“南非诸城之母”，布隆方丹则意为“花之源”。目前，南非是非洲经济发展水平最高的国家。

2016 年，南非的全国总人口大约为 5 591 万。从人口构成上讲，南非人可以分为黑人、白人、有色人与亚洲人等四大种族。其中黑人是南非人的主体，它约占全国居民人数的 79.5%，由祖鲁、哲豪萨、斯威士、茨瓦纳、苏托等部族组成。白人过去长时期在社会生活的各方面居于主导地位，其人数约占全国居民总数的 9%，主要为荷兰人与英国人的后裔。南非荷兰人的后裔现称为阿非利卡人，亦称布尔人。现在，南非的有色人与亚洲人分别占全国总人口的 9%和 2.5%。南非的亚洲人主要是印度人与华人。

南非的主要宗教是基督教。南非绝大多数的白人、有色人和大约60%的黑人都信仰基督教。

南非的官方语言为英语和南非荷兰语（阿非利卡语）。其货币为兰特。2016年，南非人均 GDP 为 5 285 美元，在世界上列第 93 位。

南非而今实行总统制共和政体。它是英联邦、非洲联盟、二十国集团、“金砖国家”成员国之一。南非的国庆日是4 月27 日。其国徽格言为：“团结就是力量。”

1998 年 1 月 1 日，南非与中国正式建立了大使级外交关系。

（二）社交礼仪

南非社交礼仪的主要特点，可以概括为“黑白分明”与“英式为主”。在较为正式的官方活动与商务交往中，这些特点表现得尤为突出。

说南非的社交礼仪“黑白分明”，指的主要是：由于受到各自种族、宗教、习俗的制约，南非的黑人与白人所遵从的社交礼仪，往往差别不小，甚至大相径庭。这方面的特点，可以说是遍及待人接物的方方面面。例如，在人际交往中，南非的黑人往往会感情外露，形体语言十分丰富；而南非的白人则大多显得较为矜持，他们讲究的往往是喜怒不形于色。

说南非的社交礼仪“英式为主”，则是指：因为在过去很长的一段历史时期内，荷兰与英国相继掌握南非的政权，并且长期推行种族歧视政策，对黑人倍加压制，久而久之，白人的社交礼仪，特别是英国式的社交礼仪，便渐渐地广泛流行于南非社会。

以目前而论，在社交场合，南非人所采用的见面礼节主要是握手礼，他们对交往对象的称呼则主要是“先生”“小姐”或“夫人”。西方人所讲究的绅士风度、女士优先、守时践约等基本礼仪，南非人不仅耳熟能详，而且早已身体力行。

另外一方面，作为一个独立的种族，南非黑人毕竟有着自己的个性与尊严。随着南非白人政权的垮台，黑人的社会地位正在逐渐提高。在此背景之下，南非黑人在日常交往中不仅依然保留着自己的传统习惯，而且对其情有独钟。要对南非黑人真正表示尊敬，一个重要的做法就是要对他们特殊的社交礼仪表示认同，而万万不可对其大惊小怪、讥笑非议。

有的时候，在黑人部族中，尤其是在广大农村，南非黑人的待人接物往往会表现出不同于主流社会的另外一种风格。

在见面时，有些黑人会行拥抱礼；有些黑人会行亲吻礼；有些黑人则会行一种形式独特的握手礼，即先用左手握住自己右手的手腕，然后再用右手去与人握手。

在迎送客人时，许多地方的黑人往往会集体出动、列队相迎、载歌载舞、欢呼狂啸。他们习惯于以鸵鸟毛或孔雀毛赠予贵宾。客人们此刻得体的做法，是要高高兴兴地将这些珍贵的羽毛插在自己的帽子上或头发上。

南非黑人的姓名大多已经西方化了，“乔治”“威尔逊”“海伦”“爱丽丝”都是他们所常用的姓名。然而，在一般情况下，他们还是更喜欢在具体称呼上保留自己的传统，即在进行称呼时在姓氏之后加上相应的辈分，以表明双方关系异常亲密。例如，称之为“乔治爷爷”“海伦大婶”等，则往往会令其喜笑颜开。

（三）服饰礼仪

在城市之中，南非人的穿着打扮已经基本上西化了。大凡正式一些的场合，他们都讲究着装端庄、严谨。因此，与南非人进行官方交往或商务交往时，最好要穿样式保守、色彩偏深的套装或裙装，不然就会被对方视做失礼。

在日常生活中，南非人大多爱穿休闲装。白衬衣、牛仔装、西短裤，均受其喜爱。南非黑人穿这类服装大都不分男女老幼，而且往往对色彩鲜艳者更为偏爱。平时，他们尤其爱穿花衬衣。

此外，南非人，尤其是南非黑人通常还有穿着本民族服装的习惯。不同部族的黑人，在着装上往往会有自己不同的特色。

例如，有的部族的黑人喜欢用兽皮做成斗篷，将自己从头到脚遮在里面。有一些部族的黑人则喜欢上身赤裸，仅在腰间围上一块腰布。

黑人妇女的打扮，往往也会表现得有别于常规。例如，在有的部族里，妇女的门牙必须拔掉。在该部族的人看来，这是一种美。唯其如此，才不至于在微笑或用餐时暴露出牙齿。在另外一些部族，已婚妇女通常比未婚妇女佩戴的首饰要少得多。据说，这种做法有助于使其表现出对自己丈夫的忠贞。

（四）餐饮礼仪

在饮食习惯上，南非人同样是“黑白分明”的。当地的白人平日以吃西餐为主，他们经常吃牛肉、鸡肉、鸡蛋和面包，并且爱喝咖啡与红茶。

在一般情况下，南非黑人的主食是玉米、薯类和豆类。在肉食方面，他们喜欢吃牛肉和羊肉。但是，他们一般不吃猪肉，也不大吃鱼。与其他许多国家的黑人有所不同的是，南非的黑人不喜欢生食，而是爱吃熟食。

南非最著名的饮料，是被称为“南非国饮”的如宝茶。所谓“如宝茶”，在英语里的本义是“健康美容的饮料”。它深受南非各界人士的推崇，与钻石、黄金一道，被称为“南非三宝”。

前往南非黑人家中做客时，十分好客的主人一般都要送上刚刚挤出来的新鲜的牛奶或羊奶，诚心诚意地请客人品尝。有的时候，他们则会献上以高粱自制而成的、风味独特的啤酒。遇到这种情况，不论自己渴不渴、爱不爱喝，都一定要大大方方地“来者不拒”，尽量多喝一些，并且最好一饮而尽。届时若百般推辞，坚决不喝一口，主人必定会很不高兴。

与南非的印度人打交道时，务必注意，信仰印度教者，不吃牛肉；信仰伊斯兰教者，则不吃猪肉。

（五）习俗禁忌

南非的国花是帝王花。南非人异常喜欢跳羚，因此它被视为南非的国兽。

与南非人打交道时，首先需要了解交往对象的宗教信仰，并且认真地对其予以尊重。这一点是至关重要的。

信仰基督教的南非人，最为忌讳 13、666 等数字。对于星期五，特别是与 13 日同为一天的星期五，他们更是讳言忌提，并且尽量在那时避免外出。

南非的黑人，特别是乡村里的黑人，有很多人都信仰本部族传承下来的原始宗教。他们一般都相信存在一种神秘的力量，支配着人世间的一切。在许多地方，羊被视为宠物，人们对双角卷曲的羚羊尤为喜爱。

一般而论，南非的黑人都非常敬仰自己的祖先。他们认为祖先不仅有消灾灭祸的本领，而且还拥有惩罚子孙的力量。所以，他们特别忌讳外人对其祖先在言行举止上表现出失敬。在有些部族中，即使是儿媳直呼公公的名字也被禁止。

在许多黑人部族里，妇女的地位比较低下。被视为神圣宝地的一些地方，诸如火堆、牲口棚等处，绝对是禁止妇女接近的。

由于历史的原因，南非人为人处世非常大胆而直爽。与对方进行交谈时，过分地委婉或者兜圈子，都是不受欢迎的。

在跟南非黑人交谈时，以下四个方面的话题切莫涉及。

（1）不要为白人评功摆好。

（2）不要评论不同黑人部族或党派之间的关系及其矛盾。

（3）不要非议黑人的古老习俗。

（4）不要为对方生了男孩而表示祝贺。在许多部族中，生男孩并不令人欣喜。

此外，在南非，同性婚姻是合法的。

四、尼日利亚

（一）基本概况

尼日利亚的正式名称，是尼日利亚联邦共和国。它位于西非的南部。东邻喀麦隆，东北隔乍得湖同乍得相连，西接贝宁，北接尼日尔，南濒大西洋的几内亚湾。尼日利亚的国土总面积为 92.38 万平方公里，海岸线长 800 公里左右。

尼日利亚作为国家的名称，得名于流经该国的非洲第三大河——尼日尔河。从字面上讲，它的含义是“尼日尔河流经的土地”。该国是非洲文明古国之一，素有“非洲黑人文化诞生地”之称。因其物产丰富，在世界上还被人称为“西非天府之国”“矿石之国”或“石油之国”。

尼日利亚目前的行政区划，是将全国划分为36个州和1个联邦首都区。尼日利亚的首都为阿布贾。

尼日利亚的全国总人口2016年约为1.86亿。尼日利亚是非洲人口最多的国家。由于尼日利亚人皆为黑色人种，因此它也是世界上黑人人数最多的一个国家。具体而论，尼日利亚人是由豪萨人、约鲁巴人、伊博人、富拉尼人、伊比比奥人等250多个部族所构成的。其中豪萨人人数最多，约占全国居民总数的29%。约鲁巴人也占到全国居民总数的五分之一左右。

尼日利亚的主要宗教，是伊斯兰教和基督教。在全国居民之中，约50%的人信仰伊斯兰教，约40%的人信仰基督教。尼日利亚的穆斯林多属于逊尼派。

尼日利亚以英语为官方语言。其主要的民族语言有豪萨语、约鲁巴语和伊博语，货币为奈拉。2016年，尼日利亚人均GDP为2 176美元，在世界上列第139位。

尼日利亚目前实行的是总统制共和政体。它是英联邦、非洲联盟成员国之一。它的国庆日是10月1日。其国徽格言为：“团结与忠诚。”

1971年2月10日，尼日利亚与中国正式建立了大使级外交关系。

（二）社交礼仪

尼日利亚人在人际交往中，往往表现得热情而友好。对于任何交往对象，他们都讲究以礼相待，并不失敬意。不过，就礼待宾客的具体方式而言，往往会因人而异、因事而异，因双边关系而异。

尼日利亚人在交际应酬中，通常使用如下四种独具特色的见面礼节。

（1）弹掌礼

它是尼日利亚人所用最多的一种见面礼节。其具体的方法是：首先用自己的大拇指，轻轻地弹一下交往对象的手掌，随后再与对方握手言欢。

（2）击掌礼

它是尼日利亚人与亲朋好友相见时采用的见面礼节。它的具体方法是：施礼双方彼此伸出自己的右手，并且以之用力拍打对方的右手。

（3）跪拜礼

它是平民拜见酋长时所用的见面礼节。在行礼时，平民须首先脱鞋，然后走向酋长，并且跪下请安。未经酋长允许，不得随便站起身来。

（4）屈膝礼

它多见于晚辈拜会长辈。其具体做法为：走近长辈面前，首先双膝稍稍弯曲一下，然后再身子前躬一次。

尼日利亚人在见到外来客人时，总是喜欢先向对方热情地打招呼，并且很喜欢向对方问长问短。有时候其问候语会连成一长串，令客人应对不暇。

在人际交往中，尼日利亚人十分重视称呼。一般而论，将国家观念很强的尼日利亚人称为“尼日利亚人”，会令他们大为高兴。在日常交往中，由于尼日利亚人等级观念比较强，所以最好以其职衔、学衔、军衔直接相称。不然的话，有可能会被对方理解为一种藐视。

为了表示亲切，尼日利亚人喜欢与朋友称兄道弟。对于受其尊敬的长者，他们习惯以“爸爸”“妈妈”相称，并且往往习惯在前边加上对方的国名，例如，“中国爸爸”“英国妈妈”，等等。

（三）服饰礼仪

尼日利亚人的穿着打扮，往往会因为民族与宗教信仰的不同，而存在一定的差异。

由于曾经遭受英国的长期殖民占领，英国人的着装之道迄今为止仍对尼日利亚人影响很深。在正式的商务交往中，尼日利亚人通常会要求交往对象西装革履，至少也要穿长袖衬衫，并且一定要打领带。

在日常生活中，尼日利亚人一般都穿着本民族的传统服装。在一般情况下，男子大都会内穿长袖衬衫、瘦腿裤，外穿白色大袍，头上再戴一顶白色无沿圆帽；妇女则通常会用几块彩色花布裹在身上当衣服。未婚少女一般用两块花布，一块裹在腰上作裙子，另一块则裹在上身当上衣。已婚妇女则一般要用三块花布，其中两块用法与未婚少女相同，第三块则要披在肩上。

尼日利亚妇女戴首饰不厌其多。她们常戴的首饰有耳环、项圈、手镯、脚镯，但却不爱戴戒指。她们对发型很有讲究。其中埃加族妇女因酷爱梳高大的发髻，使该族被人叫做“高髻族”。埃加族妇女所梳的发髻，如果形状不同，寓意便有所不同。她们的讲究是：未婚少女要梳成蛇形，已婚妇女要梳成鱼形，老年妇女梳好后要扎上三叶棕榈条，寡妇则须梳成圆顶。

有意思的是，尼日利亚人平日一般都不大穿鞋袜。至多，他们也就是赤脚穿拖鞋而已。在拜访尼日利亚人时，进门前务必脱下鞋子。届时，主人往往与客人“赤足相见”。

（四）餐饮礼仪

平时，尼日利亚人一般以面食为主食。他们喜食粥汤，在菜肴方面忌咸喜辣，并且讲究丰盛实惠。

尼日利亚人最爱吃的，是用深黄色的玉米面、浅黄色的木薯面、咖啡色的豆面、绿色的蔬菜与红色的西红柿混合在一起烧成的“五色饭”。米粥、菜粥、什锦粥等，亦大受其欢迎。

尼日利亚的富拉尼人以畜牧业为生。他们的日常饮食无一不与牛奶或乳制品有关，但却很少吃肉，并且不喜欢单独食用蔬菜。

信奉伊斯兰教的尼日利亚人忌食猪肉、狗肉，忌吃自死之物和动物的血液，以及一切未诵安拉之名宰杀之物。菲蒂族的人则爱马如命，绝对不会吃马肉。一般而论，尼日利亚人大都不饮酒、不吸烟，爱吃水果的人也不太多。已婚的妇女，则大都忌食鸡蛋，因为她们认为吃鸡蛋会影响生育。

用餐的时候，尼日利亚人多以右手直接取用。一家人此时往往还要一分为三，即男子、女子、孩子各自坐在一起，互不相干。即使来了客人，与自己拜访之人坐在一起用餐也就是了。在请客吃饭时，尼日利亚人不喜欢刻意进行准备。通常自己家中有什么，他们就会请客人吃什么。

（五）习俗禁忌

在与尼日利亚人打交道时，不要讨论种族纠纷、宗教矛盾、非洲政治、历史变迁、政权更替、军人专政等方面的问题。对于“黑”这个词，也应少使用为妙。

求尼日利亚人帮忙，务必记住付给对方小费。尼日利亚人认定：小费乃是对自己劳动的一种必要的肯定。给不给小费，与是否尊重自己直接挂钩。

在尼日利亚，穆斯林喜爱绿色和白色，但有“禁用左手”之忌；而基督教徒们则忌讳 13、666 等数字。

在尼日利亚，捻响拇指与食指表示感兴趣，用手指从耳朵上朝后快速刮过表示“妙不可言”，伸出拇指同时挥动手臂表示尊重，耸肩表示否定，伸出舌头在嘴唇四周舔上一圈表示嘲笑或蔑视，拍腿跺脚表示追悔莫及，用食指指人表示挑衅，伸出五指张开的手来并令其面向他人表示侮辱，盯视他人表示反感，握拳挥手则表示诅咒谩骂。与尼日利亚人打交道时，对此类形体动作方面的“特色语言”，千万不要误解或误用。

五、坦桑尼亚

（一）基本概况

坦桑尼亚的正式名称，是坦桑尼亚联合共和国。它地处赤道之南，位于非洲东部，主要由位于大陆的坦噶尼喀和桑给巴尔岛两个部分所组成。其大陆部分北与肯尼亚、乌干达交界，南与赞比亚、马拉维、莫桑比克为邻，西与卢旺达、布隆迪、扎伊尔接壤，东部则濒临印度洋。坦桑尼亚的国土总面积为 94.5 万平方公里，海岸线约长 840 公里。

作为国家的名称，显而易见，坦桑尼亚是由坦噶尼喀与桑给巴尔组合而成的。“坦噶尼喀”一词出自坦噶尼喀湖。在班图语中，其含义为“无数溪流在此汇合”，“许多部落在湖岸集居”。“桑给巴尔”一词则源自波斯语，意为“黑人的国家”或“黑人的土地”。由于盛产丁香与剑麻，坦桑尼亚在世界上有着“丁香之国”“剑麻之乡”等种种美誉。

坦桑尼亚的行政区划，是将全国划分为 29 个省、127 个县。坦桑尼亚的官方首都是多多马。前首都是达累斯萨拉姆，其本义为“和平之港”。

坦桑尼亚的全国总人口 2016 年约为 5 557 万。在全国居民中，非洲黑人占 98%以上，并且分属 126 个部族。较大的部族，有苏库马、尼亚姆维奇、斯瓦希里、赫赫、马康迪和哈亚。此外，还有少量的阿拉伯人、印巴人和欧洲人后裔。

坦桑尼亚的宗教信仰比较复杂。在全国居民中，有 20%信仰原始拜物教、35%信仰天主教或基督教、45%信仰伊斯兰教。在该国经济最发达的桑给巴尔，99%的居民都信仰伊斯兰教，其中多数人属于逊尼派。

坦桑尼亚的国语是斯瓦希里语，英语为其通用语。其货币为坦桑尼亚先令。2016 年，坦桑尼亚人均 GDP 为 879 美元，在世界上列第 164 位。

坦桑尼亚目前实行的是总统制共和政体。它是英联邦、非洲联盟成员国之一。坦桑尼亚的国庆日是 4 月 26 日。其国徽格言为：“自由与统一。”

1964 年 4 月 26 日，坦桑尼亚与中国正式建立了大使级外交关系。

（二）社交礼仪

坦桑尼亚民风古朴，风俗独特。在待人接物方面，他们热情、爽朗、朴实、友好。任何与坦桑尼亚人打过交道的外国人，都会对此留下深刻、美好的印象。

在交际应酬之中，坦桑尼亚人一般都以握手或拥抱作为见面礼节。除此之外，有时他们也会采用以下一些方式独特的见面礼节。

（1）鼓掌礼

在迎接贵宾时，有些地方的坦桑尼亚人习惯于先拍拍自己的肚子，或是对自己的肚子指一指，接着热烈鼓掌，然后再与交往对象握手。此举表明他们口腹如一，对来宾欢迎之至。

（2）举拳礼

它是坦桑尼亚人最高级别的迎宾礼。在行礼时，行礼者要举起握紧的右拳，轻轻地晃动。行礼者如欲表示自己见到对方万分高兴，则须双手握拳高举，上上下下地反复晃动。这一做法，表示对对方无比的爱戴与崇敬。

（3）屈膝礼

在坦桑尼亚，妇女们相见时，通常彼此屈膝，作为致意的一种方式。

(4) **尖叫礼**

在乡间，坦桑尼亚妇女在迎接女宾之际，往往习惯于围绕着对方转圈跑动，同时在口中发出带有一定节奏的尖叫声，以表示对对方的光临倍感高兴。

在人际交往中，坦桑尼亚人所采用的称呼有一定的特色。对于尊敬的长者，他们一般会以“老人家”或者“爸爸”“妈妈”相称。对于有地位、有身份的人，他们则通常会称之为“阁下”。当年龄相近、相互熟悉的人会面时，彼此之间大都会互称对方为“朋友”“兄弟”。而在官方活动或是执政党内部，“同志”则是他们对“自己人”较常采用的称呼。

值得说明的是，鉴于坦桑尼亚是一个以黑人为主要居民的国家，在与坦桑尼亚人进行交际应酬时，务必对黑人兄弟表示应有的尊重，切勿因为自己言行不检点，而使对方认为我方有种族歧视之嫌。在与坦桑尼亚人进行接触时，最好少用“黑”这个词，特别是不要将其用做贬义词。同时务必牢记：别将坦桑尼亚人称为“黑人”“黑哥们儿”。在对方听来，这一类称呼不仅不顺耳，而且也不礼貌。

顺便说一下，坦桑尼亚普通老百姓所起的名字大都十分有趣。世上所有的词差不多都可以被他们用来当作自己的名字。在坦桑尼亚，名叫“没关系”“打火机”“再见吧”“坏工作”“部长”“少校”“鸵鸟”“大象”“打扰”“麻烦”“你好”“明天”“伦敦”“柏林”的人，几乎到处可见。

(三) 服饰礼仪

坦桑尼亚人的日常穿着，与其他许多非洲国家一样，也是城乡有别的。

在许多城镇，居民们的着装往往比较考究。在日常生活中，男子一般喜欢穿T恤衫、猎装和西裤。妇女们则大都爱上穿圆领汗衫或背心，下穿色彩艳丽的裙子，并且经常头包一块花布。坦桑尼亚妇女所穿的裙子，往往是由两块很长的布料组合而成的。她们穿这种裙子的方法是：首先往身上围一块布料，在腰上一搭一掖；然后再以相同的方法，往它的上面围上另外一块布料。

对于有地位、有身份的坦桑尼亚人而言，大凡正规一些的场合，少不了都要西服革履，或是身穿套裙。由于当地曾遭受英、德两国的殖民占领，所以人们的着装风格大体上与英、德两国接近，较为严谨而保守。不过，坦桑尼亚的年轻人对于欧美的流行服饰，一般都是欣然接受并非常喜欢的。

在广大的坦桑尼亚乡村中，居民们在平日还是主要以穿着自己的传统服装为主。不同部族的坦桑尼亚人在穿着打扮上往往会相去甚远。在有的部族中，人们讲究着装不分衣、裤，而以一块长布从肩至脚，将自己的身体严严实实地遮盖起来。而在另外一些部族中，人们则喜欢将身体的大部分裸露在外，而仅仅只是在自己的下身围上一块兽皮。

在不少部族之中，都有佩戴饰物的讲究。有的是男子要戴耳环或臂环，有的是女子要戴脚铃或足环。在有的部族中，妇女所戴的项圈越多，就表示其年龄越大。马康迪人的爱好，则是在自己脸上刺花纹。

坦桑尼亚人的一大特色，是喜欢在发型上大做文章。在坦桑尼亚，有的男子要梳辫子，有的妇女喜欢剃光头发，而有的年轻姑娘则爱将自己的秀发编成一排一排的细小发辫，并在其上加上多种小发饰。在坦桑尼亚，妇女们有用头顶物的习惯。在许多情况下，劳动妇女的发型往往会为其“顶上功夫”助上一臂之力。

（四）餐饮礼仪

在日常生活中，坦桑尼亚人大都以玉米、薯类作为主食。用玉米面加糖和椰子油做成的手抓饭，是他们最爱吃的食物。由于蔬菜偏贵，他们不大吃蔬菜，却喜食各类水果。在所有水果中，香蕉通常最受欢迎。它不仅被当做水果来吃，还被用来做菜、酿酒，或是做成点心。

在正式一些的场合，坦桑尼亚的上层人士对英式西餐普遍有所偏爱。以西餐宴请坦桑尼亚人士，是对方最欢迎的做法。

一般而论，在肉类方面，坦桑尼亚人爱吃牛肉、羊肉，有些人也能够吃一些鱼、虾。他们所不吃的东西，主要有猪肉、动物内脏、龟、鳖、蟹，以及鱿鱼、海参。有些部族在饮食上还有自己特殊的讲究。例如，哈亚人忌吃昆虫、鸡和飞禽。他们虽然养鸡，但只是为了用它来做祭品，对鸡肉和鸡蛋一律都是不吃的。

平时，克拉依人用以待客的“蛇饭”也很有特点。它以一条不去头尾、不剥皮、只除去内脏的红花蛇与饭一起蒸煮而成。吃“蛇饭”时，必须将它一次吃掉，并不宜吐掉蛇皮。否则，就是对主人的友谊表示怀疑。

在饮料方面，坦桑尼亚人一般爱喝啤酒、咖啡和汽水，有个别部族则禁止饮酒。

（五）习俗禁忌

坦桑尼亚人偏爱丁香，认为它会为人们带来幸福与美好，因此选择它作为该国国花。坦桑尼亚人最喜欢的色彩是红色。在他们看来，红色可以为人们带来刺激、兴奋和幸福。

坦桑尼亚十分好客。在迎接客人时，他们往往会全家恭候在自家门外。因此，在去坦桑尼亚人家里做客时，务必如约而至，绝对不能姗姗来迟。

按照坦桑尼亚人的讲究，在做客串门时，客人不得随意进入主人的房间，尤其是不能进入女主人的房间。如果主人家的房子有前后门，那么客人必须走前门，而后门则只供主人一家自己使用。唯有尊贵的客人，才有机会在主人的亲自引导下走后门。

与坦桑尼亚人交谈时，不宜谈论政治问题与部族矛盾，特别是不宜主动涉及坦噶尼喀与桑给巴尔之间的关系。打听妇女的情况，或是对当地习俗表示大惊小怪，通常也是不足取的。

第六章 美洲国家

美洲的全称，是亚美利加洲。关于美洲的命名，普遍的说法是为纪念意大利的一位名叫亚美利哥·维斯普奇的著名航海家。1499 年，亚美利哥随同葡萄牙人率领的船队从海上驶往印度，他们沿着哥伦布所走过的航路向前航行，克服重重困难到达了南美洲大陆，十分偶然地“发现”了新大陆。

美洲位于西半球，处于大西洋与太平洋之间，北濒北冰洋，南与南极洲隔德雷克海峡相望。按地理位置划分为北美洲和南美洲两大部分，并以巴拿马运河为界。美洲面积约为 4 219.8 万平方公里，约占世界陆地总面积的 28.2%。大陆从东向西分为三个南北纵列带：东部是久经侵蚀的山地和高原，巴西高原是世界上面积最大的高原；西部为高峻山地，属美洲科迪勒拉山系；东西部之间则是广阔的大平原，北美中部大平原和南美的亚马孙平原都是世界上著名的平原。此外，美洲还拥有世界第一大岛格陵兰岛、流域面积最广的亚马孙河和最大的淡水湖苏必利尔湖。

2016 年，美洲人口约为 9.97 亿，约占世界总人口的 13.57%。其中欧洲移民后代、印欧混血种人、黑白混血种人占多数，此外还有黑人、日本人、华人、印第安人、因纽特人等。受历史因素的影响，当地人主要讲英语、法语、西班牙语、葡萄牙语。在其宗教信仰上，美洲人主要信仰基督教。

美洲现有 35 个主权国家。按其地理位置可以分为北美、中美、加勒比和南美等几个次区域。截至 2017 年底，与中国建立了正式外交关系的美洲国家为 24 个，未与中国建立外交关系的国家有巴拉圭、海地、伯利兹、尼加拉瓜、萨尔瓦多、洪都拉斯、危地马拉、多米尼加、圣卢西亚、圣基茨和尼维斯、圣文森特和格林纳丁斯 11 国。

一、阿根廷

（一）基本概况

阿根廷的正式名称，是阿根廷共和国。它位于南美洲东南部。其西部与智利为邻，北部与玻利维亚、巴拉圭交界，东北与乌拉圭、巴西接壤，东部濒临大西洋，南部与南极洲隔海相望。阿根廷的国土总面积约为 278 万平方公里，海岸线长约4 725公里。

阿根廷作为国家的名称出自拉丁语“白银”一词，因此阿根廷有“白银之国”之称。其实，阿根廷并不产银。在那里，银可泛指财富。由于阿根廷是世界上主要的谷物、肉类的生产国与出口国之一，因此人们习惯称之为“世界粮仓和肉库”。

阿根廷的行政区划，是将全国划分为 24 个省。阿根廷的首都，是布宜诺斯艾利斯。在西班牙语中，它的含义是“一帆风顺”“好空气”。作为南美第二大城市，它有“南美巴黎”之称。

阿根廷 2016 年全国总人口约为 4 385 万人，由 40 多个民族所组成。其中白种人约占 95%，他们多为意大利、西班牙血统。

阿根廷的主要宗教是天主教。该国宪法明文规定：天主教是阿根廷的国教。在全国居民中，约 76.5%的人信奉天主教。

阿根廷的官方语言是西班牙语。其货币为比索。2016 年，阿根廷人均 GDP 为 12 440 美元，在世界上列第 59 位。

阿根廷目前实行总统制共和政体。它是里约集团、二十国集团成员国之一。阿根廷的国庆日是 5 月 25 日。

1972 年 2 月 19 日，阿根廷与中国正式建立了大使级外交关系。

（二）社交礼仪

阿根廷人在日常交往中所采用的礼仪，与欧美其他国家大体上是一致的，并以受西班牙的影响为最。后来，随着意大利移民增多，意大利的礼仪与习俗逐渐对阿根廷人的待人接物产生了不小的影响。此外，因为阿根廷人大多都信奉天主教，所以一些宗教礼仪也经常见诸阿根廷人的日常生活中。

在交际应酬中，阿根廷人所采用的见面礼节一般都是握手礼。当亲朋好友相见时，男性之间通常会互相拥抱，而女性之间则大多双手紧握着对方的两手，同时与对方互吻面颊。

在与交往对象相见时，阿根廷人的一个特殊的讲究是：与对方握手的次数多多益善。他们认为：不断地与交往对象握手，非但不是多余之事，反而是表示亲热、友好的必行之法。因此，在与阿根廷人打交道时，首先要对对方不断握手的做法表示理解。

告别之际，阿根廷人习惯于与交往对象互致祝福。此时此刻，一定要与对方“有来有往”，因为“来而不往，亦非礼也”。阿根廷人最常用的祝福语，有“祝您走运”“祝您幸福”等。

在交际场合，对阿根廷人一般均可以“先生”“小姐”或“夫人”相称。对未婚的阿根廷青年男子，亦可称之为“少爷”。在许多场合，将上述尊称与交往对象的学衔、职衔连在一起使用，例如，称之为“校长先生”“工程师小姐”“博士先生”等，往往更受对方欢迎。

在阿根廷，除占人口绝大多数的白人之外，还有少量的当地土著。有机会与对方进行接触时，务必尊重他们在称呼方面的特殊讲究。一般而论，阿根廷当地土著的自尊心极强，他们一向认为自己才是阿根廷的主人，并且一直生于斯、长于斯。因此，他们对所谓“印第安人”这一带有明显的外来移民色彩的称呼十分反感。近几年来，有一些中外学者认为“印第安人”是在殷商时期迁往美洲大陆的中国人。实际上，这一说法也是极其令阿根廷当地土著不爽的。如果非要如此这般与对方“套近乎”“攀亲戚”，搞不好就有可能会使自己难以下台。

阿根廷土著居民普遍习惯于“隐姓埋名”。在他们看来，人的姓名是人体的组成部分之一。听任他人对自己指名道姓，必然会给自己带来不幸。所以在一般情况下，阿根廷土著居民很少会将本人的真名实姓告诉陌生人。

有意思的是，阿根廷土著居民向初次交往者进行自我介绍时，几乎总是会以别人的姓名代替自己的姓名。有的时候，他们则会临时为自己起上一个新的名字。他们在这样做的时候，并不认为自己是在说谎，或是对交往对象不够诚实。

（三）服饰礼仪

在穿着打扮方面，阿根廷人的一个显著特点，是喜欢以“衣帽取人”。换而言之，着装往往是阿根廷人据以对他人进行“人物评价”的主要标尺。

在正式场合，阿根廷人的着装讲究整齐、干净。做不到这一点的人，就得不到阿根廷人应有的尊重。在一般情况下，不论进行正式拜访还是外出去餐厅就餐，一定要男穿西装套装，女着套裙或长裙。

在阿根廷，人们反对服饰过于华丽，讲究的是规范和庄重。男士在穿西装时，不仅最好要穿套装，而且还尽量要内加一件西装背心，并且一定要扎上领带。此外，还要注意服饰在色彩上的协调。

在阿根廷，最好不要穿灰色的套装或套裙。阿根廷人认为：灰色的服装令人感到忧郁、悲伤。在阿根廷，人们对穿灰色服装的人，在印象上往往要大打折扣。

阿根廷人在公共场合十分讲究体面。不论乘车还是娱乐，衣冠不整者都会令他人嗤之以鼻。即使脱下上衣、挽起袖管，也会让许多人看不惯。搞不好的话，还会被人干预。

在阿根廷乡间，人们的着装相对而言要稍为自由一些。在一般情况下，人们主要穿衬衫、长裤。气温低的时候，则多会往身上加一件深色披风。它大多以羊毛手工织成，无领无袖，钉有纽扣，四周装有穗子，有时还印有一些彩色条纹；将它穿在身上之后，头上再戴上一顶礼帽，会令人看上去极为潇洒迷人。

（四）餐饮礼仪

阿根廷人普遍喜欢吃欧式西餐，并以牛肉、羊肉、猪肉为喜食之物。在所有肉类中，阿根廷人最爱吃牛肉，其人均年消费竟达 70 公斤以上。在吃牛肉时，他们名堂颇多，不仅将其按不同部位分为几十个等级，而且还可以以其烹调出多道菜肴。

在阿根廷所有的牛肉菜肴之中，人们最爱吃的是“阿萨多”。其实，它就是烤牛肉。在阿根廷，“阿萨多”有着“国菜”之名。在款待来宾时，它往往是菜单上不可或缺的主角。除此之外，其他品种的烧烤菜往往也大受阿根廷人的欢迎。

为了出口创汇，阿根廷政府曾经明文规定：每个星期五为“禁肉日”。在这一天，市场上不得出售牛肉，餐馆中也不准供应牛肉。

有不少阿根廷人喜食鱼虾。但是，他们通常是不吃海参与鳝鱼的。

在阿根廷，人们喜欢的饮料有红茶、咖啡与葡萄酒。有一种名为“马黛茶”的饮料，最具阿根廷的特色。所谓“马黛茶”，准确地讲，是以瓜瓢作为杯子、冲泡巴拉圭冬青而成。在喝“马黛茶”时，标准的方法是：一定要以特制的银吸管吸饮。在待客时，“马黛茶”往往是非上不可的。喝完它之后，客人应当咂巴咂巴嘴，以示自己大饱口福。

（五）习俗禁忌

阿根廷人对于赛波花和奥布树极为宠爱，分别将其确定为本国的国花和国树。

对于被誉为“面包师”的棕灶鸟，阿根廷人十分欣赏，并且以其作为本国国鸟。

著名的“探戈舞”起源于阿根廷。阿根廷人人人深谙此道，并且喜欢别人对其表示赞美。对于阿根廷人所引为骄傲的“牛仔文化”，他们也是容不得外人非议的。

在与阿根廷人交谈时，最受其欢迎的话题主要有：足球及其他体育运动、烹饪技巧、家庭陈设、对孩子的称道等。阿根廷人所忌讳的话题，包括军人干政、马岛战争、白人与土著的关系、对宗教的否定等。需要强调的是，阿根廷人普遍开朗、奔放，他们对于在人际交往中沉默寡言的人，通常是非常不喜欢的。

在拜访阿根廷人时，可相机赠送一些小礼品。但是，送其菊花、手帕、领带、衬衫等，都是不适当的。此外，赠送贴身所用之物，也不为阿根廷人所欢迎。

在布宜诺斯艾利斯和许多阿根廷城市的公共场合，都是禁止吸烟的。

在跟外人打交道时，阿根廷人认为双方靠近一些，可表示亲近之意。在阿根廷，人们用手指轻轻敲脑袋，表示“我在动脑子”。而吻自己的指尖，则表示“哇，好漂亮!”

二、巴西

（一）基本概况

巴西的正式名称，是巴西联邦共和国。它位于南美洲的东部。其北部与圭亚那、苏里南、委内瑞拉、哥伦比亚、法属圭亚那交界，南部与巴拉圭、阿根廷、乌拉圭相接，西部与秘鲁、玻利维亚相连，东部则濒临大西洋。巴西是整个拉丁美洲国土面积最大的国家，约占其总面积的一半。它的国土总面积现为851.49万平方公里，海岸线长7 400多公里。

巴西作为国家之名，源于当地一种树木的名字。在葡萄牙语中，“巴西”意即“红木”。在世界上，巴西有着“足球王国”“狂欢节之乡”“咖啡王国”和“人种大熔炉”等种种美称。

巴西的行政区划，是将全国划分为26个州、1个联邦区。巴西的首都现为巴西利亚，它是由“巴西”一词演变而成的。在世界上，巴西利亚曾经号称“万国建筑博览会”。

巴西是拉丁美洲人口最多的国家。它的全国总人口2016年约为2.02亿，由白种人、黑种人、黄种人、土著人以及混血种人所组成。在全国居民总数中，白种人约占53.74%，混血种人则约占38.45%。在巴西的混血种人中，黑白混血种人占了绝大多数。

巴西的主要宗教是天主教。在巴西，大约64.6%的人信奉天主教。

巴西的官方语言是葡萄牙语。它是拉丁美洲唯一一个以葡萄牙语为官方语言的国家。在拉丁美洲的其他国家，官方语言则基本上都是西班牙语。巴西还是世界上讲葡萄牙语人数最多的国家。其货币为雷亚尔。2016年，巴西人均GDP为8 650美元，在世界上列第73位。

巴西目前实行的是总统制共和政体。它是里约集团、二十国集团、“金砖国家”成员国之一。巴西的国庆日是9月7日。其国旗格言：“秩序与进步。”

1974年8月15日，巴西与中国正式建立了大使级外交关系。

（二）社交礼仪

从民族性格方面讲，巴西人在其待人接物上所表现出来的特点主要有两方面。

一方面，巴西人在人际交往中喜欢直来直去，有什么说什么。坦率而豪放的巴西人对于中国人的含蓄委婉和喜怒不形于色，往往会难于理解。他们认定：一个人假如喜欢另外一个人，那么跟他打交道时，就应当面含喜色，并且在自己的言行举止上要表现得热情洋溢。与他人相处时，如果面无笑容、态度冷淡，那么就等于是在向对方暗示“我一点儿也不喜欢你”，或是“我不愿意同你待在一起”。对于巴西人的这一讲究，中国人一定要加以注意，并且要在同对方进行交往时，努力把自己对对方的好感、热情、友谊表里如一地统一起来，恰到好处地表现出来。

另一方面，巴西人在人际交往中大都活泼好动，幽默风趣，爱开玩笑。在精力充沛、感情外露的巴西人看来，能说会道、妙语连珠、快人快语是一种本领。有人曾戏言：“巴西人所讲的三句话中，必定会有一句是笑话。巴西人如若说起话来失之于幽默，那么就不成其为巴西人了。”的确，在现实生活中，要让天性乐观、能歌善舞的巴西人讲起话来从头到尾一贯严肃，是非常不容易的。对巴西人乐于开玩笑这一特点，中国人在与其交往时，心理上要有所准备，万万不可认为对方这样做是嬉皮笑脸、不够正经或存心怠慢于人。

目前，巴西人在社交场合通常都以拥抱或者亲吻作为见面礼节。只有在十分正式的活动中，他们才相互握手为礼。

除此之外，在巴西民间还流行着一些较为独特的见面礼节。

（1）**握拳礼**

行此礼时，首先要握紧自己的拳头，然后向上方伸出拇指。这一做法，主要用于问安或致敬。

（2）**贴面礼**

它是巴西妇女之间所采用的见面礼节。在行礼时，双方要互贴面颊，同时口里发出表示亲热的亲吻声。但是，用嘴唇真正去接触对方的面颊则是不允许的。

（3）**沐浴礼**

它是巴西土著居民迎宾的礼节。当客人抵达后，主人必定要做的头一件事，便是邀请客人入室洗浴。客人沐浴的时间越久，就表示越尊重主人。有时，主人还会陪同客人一道入浴。宾主双方一边洗澡，一边交谈，显得大家亲密无间。

在日常生活中，巴西人几乎人人都能歌善舞。巴西的桑巴舞举世闻名。巴西土著居民在欢迎贵宾时，通常还会举行专门的仪式。这种仪式，往往包括以下三项程序：一是要由一名巫师朝客人的脸上吹气，以驱除对方有可能带来的疾病。二是要由男主人泪流满面地发表欢迎演说。他们认为，眼泪是对和平使者最好的欢迎。三是要由女主人使用一种以树汁、唾液调制而成的特殊颜料，把客人的脸蛋涂抹成红色或者黑色。这是主人善意的一种表示。

尽管巴西民族众多，但其核心成分，主要是信奉天主教、说葡萄牙语的葡萄牙人的后裔。因此，在礼仪与习俗上，巴西的主流社会深受天主教教规和葡萄牙文化的双重影响。

例如，巴西人的姓名一般都是葡萄牙式的。它通常由三个部分所构成，前面是本人的名字，接下来为母亲的姓氏，最后则是父亲的姓氏。在一般情况下，巴西人喜欢彼此直呼其名。有些时候，则会采用以本名加父姓组合而成的简称。一个人的姓名全称，只有在极为正式的场合，才有可能使用。

在巴西的土著居民中，有许多人不习惯让外人称呼自己的姓名。让他们将自己的真实姓名说出来，是非常困难的。

（三）服饰礼仪

在一些正式场合中，巴西人的穿着打扮十分考究。他们不仅讲究穿戴整齐，而且还主张，在不同的场合中，人们的着装应当有所区别。

在重要的政务、商务活动中，巴西人主张一定要穿西装或套裙。而在一般的公共场合，男人至少要穿短衬衫、长西裤，妇女则最好穿有领、有袖的长裙。

相对而言，巴西妇女的着装更为时髦一些。她们爱戴首饰，爱穿花衣裳，并且喜欢色彩鲜艳的时装。在一般情况下，巴西妇女大都喜欢赤脚穿鞋。

在巴西妇女中，黑人妇女的着装可谓独树一帜。她们一般爱穿短小紧身的上衣、宽松肥大的花裙，并且经常身披一块又宽又长的披肩。

在巴西的纳简斯第地区，妇女们戴帽子的方式，可被用以表明婚否或特定情感。按照当地习俗，帽子戴得偏左，表示未婚；帽子戴得偏右，表示已婚；帽子扣在前额上，则表示“别理我，烦着呢”。

（四）餐饮礼仪

巴西人平常主要吃欧式西餐。因为畜牧业发达，巴西人所吃的食物之中肉类所占的比重较大。在巴西，人们最爱吃牛肉，尤其是爱吃烤牛肉。在巴西，人们认为，不同部位的牛肉，烤制之后味道大不相同。巴西人普遍爱吃切开之后带血丝的牛肉，并认为它鲜美无比。

在巴西人的主食之中，巴西特产的黑豆占有一席之地。巴西人最爱吃的菜肴名为“烩费让”。“费让”，意即杂豆。它是用黑豆、红豆等杂豆，加上猪肉香肠、烟熏肉、甘蓝菜、橘子片等，用砂锅烹煮而成。在巴西，“烩费让”被称为国菜，是宴请时所不可缺少的主角。

巴西人喜饮咖啡、红茶和葡萄酒。巴西人与咖啡有着不解之缘。长期以来，巴西咖啡的产量与出口量均居世界首位。人们不仅自己天天离不开咖啡，而且还喜以之待客。巴西人在饮咖啡时，能够一杯又一杯接着喝。

在巴西，人们饮酒时提倡饮而不醉。醉酒，往往会被巴西人视为粗俗至极。

（五）习俗禁忌

巴西人最喜爱的鲜花是毛蟹爪兰。它是兰花的一种，已被定为巴西的国花。

对于蝴蝶，巴西人十分偏爱。他们认为，蝴蝶不仅美丽，而且还是吉祥之物。

出于宗教方面的原因，巴西人忌讳 13、666 等数字。他们所忌讳的色彩，则是被其视为象征悲伤的紫色和代表凶丧的棕黄色。

与外人交谈时，巴西人不但神采飞扬、滔滔不绝，而且还喜欢跟对方拍拍打打。他们爱聊足球，爱讲笑话，爱听趣闻，但对于国内的政治、经济、民族问题，则通常都闭口不谈。

在人际往来中，巴西人极为重视亲笔签名。不论写便条、发传真还是送礼物，他们都会郑重其事地签下自己的姓名，否则就是不重视交往对象。对使用图章落款的做法，巴西人是不习惯的。

在巴西，一位女士最好不要邀请一位关系普通的男士共进晚餐；对于对方的邀请，通常也不宜接受，否则就有可能使对方产生误会。

在跟巴西人打交道时，不宜向其赠送手帕或刀子。

英美人所采用的表示“OK”的手势，在巴西人看来，是非常下流的。

三、加拿大

（一）基本概况

加拿大的正式名称，是加拿大。它位于北美洲北部。它的西北部与南部与美国交界，东北部隔巴芬湾与格陵兰相望，东临大西洋，西濒太平洋，北靠北冰洋。就国土面积而论，加拿大名列世界第二。它的国土总面积为 998 万平方公里，大陆海岸线达 24 000 公里，海岸线总长则达 24 万多公里。

加拿大作为国家的名称，出自当地土著居民的语言，本义为“棚屋”。也有人讲，它来源于葡萄牙语，意为“荒凉”。在世界上，加拿大有着“移民之国”“枫叶之国”“万湖之国”“真诚的北疆”和“粮仓”等多种美称。

加拿大现行的行政区划，是将全国分做 10 个省、3 个地区。加拿大的首都是渥太华。它得名于流经该城的渥太华河。在当地土著居民的语言中，“渥太华”的含义是“大河”或“商贩”。

加拿大 2016 年全国总人口约为 3 629 万。作为一个“移民之国”，加拿大人自然来自世界各地。其中，欧洲人后裔占 66%，土著居民仅占大约 2%，其余则是亚、非、拉美人后裔。其土著居民主要是印第安人与因纽特人。

加拿大的主要宗教是天主教和基督教。在全国居民中，天主教教徒约占 45%，基督教教徒则约占 36%。在加拿大，二者的影响可以说是不相上下。

加拿大的官方语言是英语和法语并用，实行的是“双语制”。其货币为加拿大元。2016 年，加拿大人均 GDP 为 42 158 美元，在世界上列第 18 位。

加拿大目前实行君主立宪制政体。它是北约组织、英联邦、八国集团、二十国集团、经合组织成员国之一，并且奉英国国君为本国国家元首。加拿大的国庆日是7月1日。其国徽格言为："从大海到大海。"

1970年10月13日，加拿大与中国正式建立了大使级外交关系。

(二) 社交礼仪

加拿大的基本国情是地广人稀。这种特殊的自然环境，对加拿大人的待人接物方式无疑有着一定的影响。一般而言，在交际应酬之中，加拿大人的最大特点是：既讲究礼貌，又喜欢无拘无束，不大爱搞繁文缛节。

在同加拿大人进行交往时，任何人大概都不会感到过于困难。这主要是因为，加拿大人性格开朗热情，对人朴实而友好，十分容易接近，相处起来不存在任何麻烦。

在加拿大，人们相遇时，都会主动向对方打招呼、问好。即便双方互不相识，也往往会这么做。要是见过一次面的人再度相逢，则双方通常都会显示出更大的热情。他们除了要互致问候之外，彼此一定还要热烈地握手。需要指出的是，加拿大人虽然有时也以拥抱或亲吻作为见面礼节，但通常仅仅适用于亲友、熟人、恋人或夫妻之间。关系普通者，一般都不会以此作为见面礼节。

加拿大人跟外人打交道时，只有在非常正式的情况之下，才会对对方连姓带名一同加以称呼，并且彬彬有礼地冠以"先生""小姐""夫人"之类的尊称。在一般场合中，加拿大人在称呼别人时，往往喜欢直呼其名，而略去其姓。在加拿大，父子之间互称其名，也是常见之事。

对于交往对象的头衔、学位、职务，加拿大人只有在官方活动中才会使用。在日常生活中，他们绝对不习惯像中国人那样，以"主任""局长""总经理""董事长"之类，去称呼自己的交往对象。

在与加拿大土著居民进行交际时，千万不要自以为聪明地将其称为"印第安人"或"爱斯基摩人"。前者被认为暗示其并非土著居民，后者的本义则为"食生肉者"，因而具有侮辱之意。对于后者，应当采用对方所认可的称呼，称之为"因纽特人"。对于前者，则宜以对方具体所在的部族之名相称。

加拿大人在人际交往中的自由与随和，是举世知名的。举例而言，在中国的交际场合里很多人必备的名片，普通的加拿大人就并不常用。在加拿大，只有公司的高层职员在商务活动中才会使用名片。

在加拿大，国民的主体是由英、法两国移民的后裔所构成的。一般而论，英裔加拿大人大多信奉基督教，讲英语，性格上相对保守、内向一些；而法裔加拿大人则大都信奉天主教，讲法语，性格上显得较为开朗而奔放。以上这种状况，有人戏称为加拿大的"一国两制"。

在与加拿大人打交道时，最好要对该国"一国两制"的特点加以注意，先了解清楚对方是英裔加拿大人还是法裔加拿大人，抑或属于其他种族，然后再有所区别地加以对待。例如，在加拿大的魁北克省，法国移民的后裔最多，因而使其成为一个相对较为特殊的“法语区”。在那里，要是讲英语，说基督教的好话，在待人处世上过分地含蓄拘谨，往往便会引火烧身、自找苦吃。

（三）服饰礼仪

在日常生活中，加拿大人的着装以欧式为主。上班的时间，他们一般要穿西服、套裙。在参加社交活动时，他们往往要穿礼服或时装。在休闲场合，他们则讲究自由穿着，只要自我感觉良好则可。

每逢节假日，尤其是在欢庆本民族的传统节日时，加拿大的各民族人民大都有穿着自己的传统民族服装的习惯。到了那种时候，人们往往会有参观“万国服饰博览”之感。

居住在临近北极的因纽特人，服装多以麋鹿的毛皮缝制而成。它不仅宽大厚实，而且还常常是衣、裤与帽子连为一体。这一特点，主要与需要以之抵御严寒有关。

在参加社交应酬前，加拿大人循例都要认真地进行自我修饰，或是为此专门上一次美容店。在加拿大，参加社交活动时，男子必须提前理发、修面，妇女们则无一例外地要进行适当的化妆，并选戴一些首饰。不这样做的话，不仅会让别人觉得失之于自尊自爱，而且还会被视为是对交往对象的轻视。

（四）餐饮礼仪

加拿大人的饮食习惯，与英、法两国较为接近。在一般情况下，他们对法式菜肴较为偏爱，并且以面包、牛肉、鸡肉、鸡蛋、土豆、西红柿等物为日常之食。在口味方面，加拿大人比较清淡。在平日，他们爱吃酸、甜之物。在烹制菜肴时，他们极少直接加入调料，而是惯于将调味品放在餐桌上，听任用餐者各取所需地自行添加。从总体上讲，他们以肉食为主，特别爱吃奶酪和黄油。

加拿大人在饮食上的一大独特之处，是他们特别爱吃烤制的食品。烤牛排、烤鸡、烤土豆，都是他们喜欢吃的。他们的这种饮食习惯，恐怕与该国气候寒冷有关。

在用餐之后，加拿大人爱吃上一些水果。在饮品方面，咖啡、红茶、牛奶、果汁、矿泉水，都受到他们的欢迎。此外，加拿大人还爱喝清汤，并且爱喝麦片粥。与欧洲人相比，他们喝酒并不多。

加拿大人忌食之物，主要有肥肉、腐乳、虾酱、鱼露，以及其他一切带有腥味、怪味的食物。动物的头部、脚爪、内脏和偏辣的菜肴，他们通常也不大喜欢吃。

在一日三餐中，加拿大人最重视的是晚餐。他们有邀请亲朋好友到自己家中共进晚餐的习惯。当受到这种邀请时，应当理解为主人主动显示友善之意。请客之时，他们较常采用自助式。

加拿大人用餐时一般使用刀叉。对于在餐桌上化妆、吸烟、吐痰、剔牙的人，加拿大人是非常看不惯的。在用餐的整个过程中，他们没有使用热毛巾擦脸的讲究。

（五）习俗禁忌

枫叶被视为加拿大的象征，并且成为加拿大国旗、国徽上的主体图案。因此，枫叶被加拿大人视为国花，枫树则被定为加拿大的国树。

在加拿大，白色的百合花主要被用于悼念死者。因其与死亡相关，所以绝对不可以之作为礼物送给加拿大人。

白雪在加拿大人的心目中有着崇高的地位，并被视为吉祥的象征与避邪之物。在不少地方，人们甚至忌讳铲除积雪。

加拿大的国旗由红、白两色构成。这两种色彩深得加拿大人的广泛喜爱，并且被正式定为加拿大的国色。

“13”被视为“厄运”之数，“666”表示魔鬼撒旦，“星期五”则是灾难的象征，加拿大人对此三者都是深为忌讳的。

在老派的加拿大人看来，打破了玻璃，请人吃饭时将盐撒了，从梯子底下经过，都是不吉利的事情。

在与加拿大人交谈时，不要插嘴打断对方的话，不要任意去补充对方的话或是与对方强词夺理。议论性与宗教，评说英裔加拿大人与法裔加拿大人的矛盾，探讨魁北克省要求独立的问题，处处将加拿大与美国连在一起进行比较，将加拿大视为美国的“小兄弟”，或是大讲特讲美国的种种优点与长处，都是与加拿大人交谈时应当避免涉及的。在加拿大，同性婚姻是合法的。

在需要指示方向或介绍某人时，加拿大人忌讳用食指指指点点，而是代之以五指并拢、掌心向上的手势。当加拿大人耸肩时，大多是表示自己“无能为力”，或者是为了掩饰自己的窘态。

四、美国

（一）基本概况

美国的正式名称，是美利坚合众国。美国的领土由其本土、位于北美洲西北部的阿拉斯加半岛和位于太平洋中部的夏威夷群岛三个部分所组成。美国本土位于北美洲的中部，它北部与加拿大交界，南部与墨西哥和墨西哥湾相接，西部面临太平洋，东部则濒临大西洋。美国的国土总面积为962.909 1万平方公里，海岸线约长22 680公里。

美国作为国家的名称，来自它所在的美洲洲名。在英语中，作为国名的“美利坚”与作为洲名的“亚美利加”是同一个词。在中文中，人们习惯于用前者代表美国，而以后者泛指美洲。美国的绰号是“山姆大叔”，这也是它的一个象征。“世界霸主”“超级大国”“国际警察”“金元帝国”“电影王国”“钢铁王国”“轮子上的国家”和“民族熔炉”等，都是世人对美国所常用的褒贬不一的代称。

美国的行政区划，是将全国划分为50个州，1个特区。美国的首都是华盛顿，它是以美国首任总统华盛顿的姓氏命名的。其全称应为“华盛顿·哥伦比亚特区”。它是世界上少有的仅以行使行政职能为主的首都。

美国的全国总人口2016年约3.23亿。在美国全国居民中，白人约占64%，黑人约占12.6%，此外还有少量的土著居民以及亚洲人、南美人。在美国生活的华人，时下大约有109万人。

美国的主要宗教是基督教和天主教。在美国，目前约有51.3%的居民信仰基督教，约有28%的居民信仰天主教。在美国，还存在着多种其他的宗教信仰，如犹太教、东正教等。但是，美国没有法定的国教。

美国的官方语言是英语。其货币为美元。2016年，美国人均GDP为57 638美元，在世界上列第8位。

美国现在实行的是总统制共和政体。它是北约组织、八国集团、二十国集团与经合组织成员国之一。美国的国庆日是7月4日。其国徽格言为：“合众为一。”

1979年1月1日，美国与中国正式建立了大使级外交关系。

（二）社交礼仪

在待人接物方面，美国人通常具有下述四个主要的特点。

一是随和友善，容易接近。美国人为人诚挚，乐观大方，天性浪漫，好交朋友。用中国人的话来讲，美国人大概属于那种天生的“自来熟”类型。在交际场合，他们喜欢主动跟别人打招呼，并且乐于主动找人攀谈。如果愿意，美国人是可以跟任何人交上朋友的。

在美国人看来，人缘好、善于结交朋友，是取得个人成功的基本条件之一。不愿扩大自己的交际圈，甚至拒绝与他人接近的人，不仅个人心理上可能存在问题，而且对交往对象以及其他所接触的人也是不够友好和尊重的。

二是热情开朗，不拘小节。在日常生活中，美国人主张凡事讲究实效，不搞形式主义。他们不是不讲究礼仪，而是反对过分拘泥于礼仪、过分地矫揉造作。

美国人的见面礼节，大约是世界上最简单不过的了。在不了解对方的中国人看来，简直有怠慢他人、敷衍了事之嫌。

一般情况下，在同外人见面时，美国人往往以点头、微笑为礼，或者只是向对方“嗨”上一声作罢。若非特别正式的场合，美国人甚至连国际上最为通行的握手礼也会略去不用。若非亲朋好友，美国人一般不会主动与对方亲吻、拥抱。在商务往来中，他们尤其不会那么做。

在称呼别人时，美国人极少使用全称。他们更喜欢交往对象之间直呼其名，以示双方关系密切。若非官方的正式交往，美国人一般不喜欢称呼官衔或是以“阁下”相称。对于能反映其成就与地位的学衔、职称，例如，“博士”“教授”“律师”“法官”“医生”等，他们却是乐于在人际交往中用做称呼的。在一般情况下，对于一位拥有博士学位的美国议员而言，称其为“博士”，肯定比称其为“议员”更受对方的欢迎。

三是城府不深，喜欢幽默。普通的美国人大都比较朴实、直率。在待人接物中，他们喜欢在符合礼仪的前提下直来直去。对于“听话听声，锣鼓听音”之类的做法，他们不仅不习惯，而且还往往难于接受。在与美国人打交道时，表现得过于委婉、含蓄，或是有话不明讲，而代之以旁敲侧击、巧妙暗示，其效果未必能够尽如人意。

美国人的处世风格，总体上是潇洒浪漫。他们主张充分地享受生活，凡事都要尽可能地去尝试一下。许多美国人所信奉的格言就是“to try”（“去尝试”）。在平时，他们喜欢笑面人生，爱开玩笑。跟美国人相处时，若是不明白这一点，而一味地恪守“喜怒不形于色”的中国古训，无形之中就会使对方与自己拉开距离，甚至还会让对方对自己敬而远之。

四是自尊心强，好胜心重。美国人一般而论都有很强的好胜心。他们喜欢见异思迁，崇尚开拓，在人际交往中大都显得雄心勃勃，做起事情来往往也会一往无前。受这一风气影响，美国的孩子一旦长大成人，就要自立门户，自己去闯天下，并与父母算清经济账。事事听凭父母为自己做主、处处依赖父母的美国青年人，则会被人们瞧不起。

在美国，即使父子、朋友，外出用餐时，往往也会各付各的账。在人际交往中，美国人是不时兴向别人借钱的。他们认为：借钱应该上银行，找个人借钱就是间接地索要对方财富的意思。在一个美国人的一生中，不搬上几次家，不换上几回工作，往往是不可思议的。凡此种种，均与美国人的好胜心强存在着因果关系。

在人际交往中，美国人自尊心强也是出了名的。自尊、自信本是一桩好事，但是有个别美国人却在这方面走了极端，以至于发展为傲慢自大、唯我独尊。这些人认为：世间的一切事物都是美国第一、美国最佳。对于外国的事情，他们总喜欢以美国的经验作为判断是非的准绳，去指手画脚、妄加非议。他们的这种自以为是的做法，令世人颇有微词。

（三）服饰礼仪

总体而言，美国人平时的穿着打扮不太讲究。尊尚自然、偏爱宽松、讲究以着装体现个性，是美国人穿着打扮的基本特征。

在日常生活中，美国人大多是宽衣大裤、素面朝天，爱穿 T 恤衫、牛仔装、运动装以及其他风格的休闲装。要想依照日常着装来判断一个美国人的实际地位或身份，往往是难以办到的。

衣冠楚楚的美国人在实际生活中也不是没有，但是要想见到身穿礼服或套装的美国人，大约只有在音乐厅、宴会厅或者大公司的写字楼内才比较容易。

美国人认为：一个人的着装，必须因其所处的具体场合，或是所扮演的具体角色而定。在美国人看来，一个人穿着西装、打着领带去轧马路、逛公园、游迪斯尼乐园，与穿着夹克、T 恤、短裤、健美裤赴宴或出席音乐会一样，都是极不得体的。在美国若不了解此类讲究，往往就会被人嘲笑。

美国人的着装虽然较为随便，但这并不等于说他们在此方面一点讲究也没有。其实，他们的讲究只不过是相对而言少一些罢了。在跟美国人打交道时，应注意对方在穿着打扮上的下列讲究，免得因此而让对方产生不良印象。

（1）美国人非常注意服装的整洁。在一般情况下，他们的衬衣、内衣、袜子、领带必然每天一换。穿肮脏、折皱、带有异味的衣服的人，美国人绝对是看不起的。

（2）在拜访美国人时，进了门一定要脱下帽子和外套，美国人认为这是一种礼貌。

（3）美国人十分重视着装的细节。在美国人看来，穿深色西装套装时穿白色袜子，穿凉鞋时穿袜子，或是让袜口露出自己的裤口、裙摆之外，都是缺乏基本的着装常识。

（4）在美国，女性最好不要穿黑色皮裙、黑色网眼丝袜。不然的话，就会被美国人视为并非“良家妇女”。

（5）在美国，一位女士要是随随便便地在男士面前脱下自己的鞋子，或者撩动自己裙子的下摆，往往会有成心引诱对方之嫌。

（6）穿着睡衣、拖鞋会客，或是以这身打扮外出，都会被美国人视为严重地失礼。

（7）美国人认为：出入于公共场合时化艳妆，或是在大庭广众下当众化妆、补妆，不但会被人视为缺乏教养，而且还有可能令人感到“身份可疑”。

（8）在室内依旧戴着墨镜不摘的人，往往会被美国人视做“见不得阳光的人”。

（四）餐饮礼仪

美国人的饮食习惯，一般可以说是因地区而异，因民族而异。就总体而言，其共同特征是喜食“生”“冷”“淡”的食物，不刻意讲究形式与排场，而是非常强调营养搭配。在一般情况下，美国人以食用肉类为主。牛肉是他们的最爱，鸡肉、鱼肉、火鸡肉亦受其欢迎。若非穆斯林或犹太教徒，美国人通常并不禁食猪肉。然而，在美国人中，爱吃羊肉者却极其罕见。此外，一些美国人吃花生时会严重过敏。

美国人所不吃的食物，主要有狗肉、猫肉、蛇肉、鸽肉、兔肉、蛙肉，鱼翅、淡水鱼与无鳞无鳍的鱼，动物的头、脚及其内脏，生蒜、韭菜、皮蛋，等等。

受快节奏的社会生活影响，美国人的饮食日趋简便与快捷，因此快餐在美国得以大行其道。热狗、炸鸡、土豆片、三明治、汉堡包、面包圈、冰激凌、纸杯蛋糕等，在美国可谓老少咸宜，早已成为美国人平日餐桌上的主角。

在美国，中餐馆随处可见，最受美国人欢迎的中餐品种有：左将军鸡、李鸿章杂烩、字母饼等。

美国人爱喝的饮料，有冰水、矿泉水、红茶、咖啡、可乐与葡萄酒。新鲜的牛奶、果汁，也是他们天天必饮之物。在与人干杯祝酒时，不少美国人的具体做法是以酒杯高举为敬，越高越好。

目前，在美国拥有600万信徒的摩门教倡导节制饮食。该教信徒通常不喝酒，不喝茶，不喝可乐，不喝咖啡。

在人际交往中，美国人有时会请亲朋好友们上自己家里共进晚餐。美国人看重的是这一形式本身，而在实际内容上却不甚讲究。在美国，人们请客时只准备两三道菜是极为正常的。

用餐的时候，美国人一般以刀叉取用。在切割菜肴时，他们习惯于先是左手执叉、右手执刀，自左至右将其切割完毕，然后放下餐刀，将餐叉换至右手，右手执叉而食。

美国人用餐的戒条，主要有下列七点。

（1）不允许进餐时发出声响。
（2）不允许替他人取菜。
（3）不允许吸烟。
（4）不允许向别人劝酒。
（5）不允许当众宽衣解带。
（6）不允许议论令人作呕之事。
（7）入口之物不宜再吐出来。

总之，美国人认为：在用餐时理当表现得斯文一些才好。

（五）习俗禁忌

美国人对山楂花与玫瑰花非常偏爱。在美国，一说国花是山楂花，一说国花是玫瑰花。此外还流行一种折中的说法，以玫瑰为国花，以山楂为国树。

在动物中，美国人普遍爱狗。美国人认为：狗是人类最忠实的朋友。对于那些自称爱吃狗肉或者虐待狗的人，美国人是非常厌恶的。在美国人眼中，驴代表坚强，象则代表稳重。它们分别是民主党、共和党的标志。

白头雕，亦名白头鹰或秃鹰，是美国人最珍爱的飞禽。它不但成为美国国徽上的主体图案，而且被选定为美国的国鸟。蝙蝠被视为吸血鬼与凶神，则令美国人最为反感。

美国的国石是蓝宝石。

美国人所喜爱的色彩是白色。在他们看来，白色象征着纯洁。在此前提下，白猫也成了美国人很喜欢的宠物，它被认为可以给人们带来好运。在美国，人们喜欢的色彩还有蓝色和黄色。由于黑色在美国主要用于丧葬活动，因此美国人对它比较忌讳。

美国人所讨厌的数字是666、13和3。他们所不喜欢的日期则是星期五。

在与美国人打交道时，一般都会发现，他们大都比较喜欢运用手势或其他体态语来表达自己的情感。不过，下列体态语却为美国人所忌用。

（1）盯视他人。
（2）冲着别人伸舌头或舔嘴唇。
（3）用食指指点交往对象。
（4）用食指横在喉头之前。
（5）竖起拇指并以之指向身后。
（6）竖起中指。

美国人认为：此类体态语都具有侮辱他人之意。

美国人在公共场合和他人面前，绝对不会蹲在地上，或是双腿叉开而坐。这两个动作，均被视为失仪之举。

美国人在跟同性打交道时有不少的讲究。在美国，成年的同性共居于一室之中，在公共场合携手而行或是勾肩搭背，在舞厅里相邀共舞，等等，都有同性恋之嫌。

在跟美国人相处时，与其保持适当的距离是必要的。美国人认为，个人空间神圣而不容冒犯。因此，在美国，碰了别人要及时道歉，坐在他人身边先要征得对方同意，因为谈话时距对方过近是失敬于人的。一般而论，在与美国人交往时，与其保持50厘米至150厘米的距离，才是比较适当的。

标榜个性独立的美国人最忌讳他人打探其个人隐私。在美国，询问他人收入、年纪、婚恋、健康、籍贯、学历、工龄、住址、种族、血型、星座和个人联系方式等，都是不礼貌的。即使招工时，美国人也极少询问此类问题。

美国人大都认为："胖人穷，瘦人富"，所以听不得别人说自己"长胖了"。与美国黑人交谈时，既要少提"黑"这个词，又不宜打听对方的祖居之地。万一有必要提到美国黑人或黄种人，则最好称之为"非裔美国人"或"亚裔美国人"，以回避对其肤色的具体涉及。与美国人聊天时，若是谈及教派归属、政党之争、投票意向与计划生育以及堕胎的问题等，肯定会导致双方“话不投机半句多”。在美国街头，千万不要搭理上前“卖药”的人，因为对方极有可能是贩毒者。

自 2006 年 3 月起，美国已禁止在所有公共场合吸烟。

不宜送给美国人的礼品，主要有香烟、香水、内衣、药品以及广告用品。

在美国，切勿当众打骂、训斥孩子。不注意这一点，搞不好就会吃官司。

五、墨西哥

(一) 基本概况

墨西哥的正式名称，是墨西哥合众国。就政治地理而言，墨西哥是一个拉丁美洲国家。而在自然地理上，它则位于北美洲西南部。墨西哥北部与美国相邻，南部与危地马拉、伯利兹交界，东部面临墨西哥湾和加勒比海，西部与南部则濒临太平洋。墨西哥的国土总面积为 196.4 万平方公里，海岸线总长为11 122公里。

墨西哥作为国家之名，来自当地土著居民所崇拜的太阳神的别名“墨西特里”。在当地土著居民的语言中，“墨西哥”意即“战神指定的地方”。在世界上，墨西哥被誉为“白银王国”“玉米之乡”“仙人掌之国”“硫黄之乡”“陆上桥梁”“美洲陆桥”“温和的高原之国”和“拉丁美洲的旅游之花”。

墨西哥的行政的区划，是将全国分为 31 个州，1 个联邦区。墨西哥的首都是墨西哥城。它的得名，与国名相同。

2016 年墨西哥的全国总人口约为 1.27 亿。在全国居民中，当地土著居民约占 9%，其余大约 90%以上皆为白人与当地土著居民通婚所生的后裔，有人称之为印欧混血种人。

墨西哥的主要宗教是天主教。在全国居民中，天主教教徒约占 88.7%。

墨西哥的官方语言是西班牙语。墨西哥是目前世界上讲西班牙语人数最多的一个国家。其货币为墨西哥比索。2016 年，墨西哥人均 GDP 为 8 209 美元，在世界上列第 75 位。

墨西哥目前实行的是总统制共和政体。它是里约集团、二十国集团与经合组织成员国之一。墨西哥的国庆日是 9 月 16 日。

1972 年 2 月 14 日，墨西哥与中国正式建立了大使级外交关系。

(二) 社交礼仪

在人际交往中，墨西哥人总是表现得既热情、活泼又不失文雅、礼貌。不论与什么样的人打交道，墨西哥人总能对对方笑脸相向，并且表现得积极、主动而友善。因此，有人曾经评论说："墨西哥人是最容易与之相处的，而且也是最容易与之交上朋友的。"

在墨西哥，熟人相见之时所采用的见面礼节主要是拥抱礼与亲吻礼。在上流社会中，男士们往往还会温文尔雅地向女士们行吻手礼。不过，在跟陌生人初次相见时，墨西哥人却绝对不会那么做。在一般情况下，尤其是与不熟悉的人打交道时，墨西哥人所采用的见面礼节，不是与对方握手，就是代之以微笑。

墨西哥的土著居民在与亲友告别时，有些时候还会施"赠弓礼"，即向亲友赠送一张弓、一枝箭和几张剪纸，以示对对方的敬意与祝福。在他们看来，弓箭象征着征服大自然的力量，象征着食物与房子，而剪纸则象征着神灵和上帝保佑。

需要称呼别人时，墨西哥人的具体做法是比较保守的。在正式场合，他们从不主张直接去称呼交往对象的名字。只有彼此之间十分熟悉的人才会有例外。通常，他们最惯于使用的称呼方式，与欧洲人的正统做法相仿，即在交往对象的姓氏之前，加上"先生""小姐"或"夫人"之类的尊称。

对于某些可以体现出交往对象具有一定的社会地位的头衔，诸如"博士""教授""医生""法官""律师""议员""工程师"之类，墨西哥人则极爱使用。

在墨西哥，人们没有称呼他人为"阁下"的习惯。

同朋友们相处的时候，性格爽朗、能歌善舞的墨西哥人是很会玩、很爱玩的。墨西哥人爱好斗牛，因此斗牛士备受尊重。他们的为人非常爽快，其喜怒哀乐往往溢于言表。中国人对于这一点千万不要大惊小怪。只有在谈起生意来的时候，墨西哥人才会显得一本正经，不再说说笑笑。

热情好客的墨西哥人，一般都很喜欢邀请亲朋好友们上门做客。但真正打算前去拜访墨西哥人的话，最好要事先进行预约，否则是不会受到对方欢迎的。

前去赴约的时候，墨西哥人一般都不习惯于准点到达约会地点。在一般情况下，他们的露面总要比双方事先约定的时间晚上一刻钟到半个小时。在他们看来，这也是一种待人的礼貌。有鉴于此，在接待墨西哥来宾时，一定要保持足够的耐心，并在时间上留出充裕的"提前量"。届时，切勿对对方的姗姗来迟加以责怪。

（三）服饰礼仪

墨西哥人的穿着打扮既具有强烈的现代气息，又具有浓郁的民族特色。在墨西哥人的传统服装中，名气最大的是"恰鲁"和"支那波婆兰那"。前者是一种类似于骑士服的男装，由白衬衣、黑礼服、红领结、大檐帽、宽皮带、紧身裤、高筒靴所组成，看起来又帅又酷；后者则为一种裙式的女装，它多以黑色为底，金色绲边，并以红、白、绿三色绣花，无袖、窄腰、长可及地，穿起来令人显得既高贵又大方。

在日常生活中，墨西哥的男子爱穿格子衬衫、紧身裤。在乡村中，他们还往往上穿衣襟绣花的衬衫，下着白色或米色长裤，头戴宽边草帽，脖子上系着红绸印花领巾。有时，他们还会再穿上一件马夹，或是外披一件斗篷。

平时，墨西哥妇女爱穿色调明快、艳丽的绣花衬衣和图案、款式多变的长裙。出门在外时，她们往往还喜爱披上一条用途多样的披肩。

只有在十分正规的场合，墨西哥人才讲究穿西装套装或西式套裙。在商务交往中，此种穿法本身就是一种基本的礼貌。

墨西哥人非常讲究在公共场合着装的严谨与庄重。在他们看来，在大庭广众之下，男子穿短裤、妇女穿长裤，都是不合适的。因此，在墨西哥出入于公共场所时，男子一定要穿长裤，妇女则务必穿长裙。

（四）餐饮礼仪

墨西哥人的饮食是在当地土著居民传统风格的基础上，吸收了欧洲特别是西班牙的烹饪技艺之后，逐渐发展起来的。在世界上，墨西哥菜不但颇有名气，而且也的的确确自成一体。

从总体上讲，墨西哥人的传统食物，主要是玉米、菜豆和辣椒。它们被人称为墨西哥人餐桌上必备的“三大件”。

墨西哥乃是玉米之乡。墨西哥人不仅爱吃玉米，而且还可以用它制作各式各样的风味食品。其中最有特色的是玉米面饼、玉米面糊、玉米饺子、玉米粽子等。有鉴于此，有人将玉米称做“墨西哥人的面包”。

墨西哥菜的特色是以辣为主，有人甚至在吃水果时也非要加入一些辣椒粉不可。除了爱以菜豆做菜之外，墨西哥人还有吃仙人掌的嗜好。在他们看来，仙人掌与香蕉、菠萝、西瓜一样，可以当水果吃；以之入菜，在墨西哥人的家中是极其常见的。除此之外，仙人掌还被墨西哥人用来制作饮料。

在墨西哥，许多人都有以昆虫做菜的爱好。蚂蚱、蚂蚁、蟋蟀等，都可以成为墨西哥人享用的美味佳肴。

一般来讲，墨西哥人颇为好酒。宾客登门以后，他们往往会首先以酒款待。在墨西哥，人们最看重的酒是一种用龙舌兰酿成的名为“特基拉”的酒，有人甚至将其称为墨西哥的国酒。

在墨西哥人所举行的迎宾宴会上，主人通常会首先向来宾敬酒，并且大都会主动提议宾主采用双方手臂交叉的“伊达尔戈式”的方式饮酒。在一般情况下，墨西哥人待客时是不劝酒的。

墨西哥人大都不吃过分油腻的菜肴。用牛油烹制的菜肴和用鸡油制作的糕点，他们一般都是不吃的。

（五）习俗禁忌

在墨西哥，人们非常偏爱仙人掌和大丽菊。因此，有人说墨西哥的国花是仙人掌，也有人说墨西哥的国花是大丽菊。平时，墨西哥人忌讳将黄色的花或红色的花送人。他们认为，前者意味着死亡，后者则会带给他人晦气。

墨西哥人热爱长脚鹰。长脚鹰不但成为该国国鸟，而且其形象也成为墨西哥国旗、国徽和货币上的主体图案。在墨西哥，蝙蝠及其图案为人们所忌讳。在墨西哥人眼里，蝙蝠凶恶、残暴，是一种吸血鬼。在该国，人们不仅不惧怕骷髅，反而认为它象征着公正，并且喜欢以其图案进行装饰。

墨西哥人喜爱白色，对紫色深为忌讳。墨西哥人所讨厌的数字和日期是 13、666 与星期五。

墨西哥人以黑曜石为国石，对它极为珍视。

接到墨西哥人用西班牙语所写来的信件，切勿采用其他语言复信，不然就会被墨西哥人视为失礼。

中国人所惯用的以掌心向下比画孩子身高的手势，在墨西哥人看来是侮辱人的。在他们那里，这一动作仅可用以表示动物的高度。在墨西哥，极少有夫妻并排而行。他们主张：丈夫应随行于妻子身后，以示尊重妇女，这被视为一种绅士风度。

在墨西哥的不少地方，做客之时，不应当一进门就摘下自己的帽子。此种做法，在当地含有前来寻仇之意。

对于谈论政治腐败、党派之争、经济困境、墨美关系、移民问题以及其他历史方面的话题，墨西哥人一般都没有任何兴趣。

第七章 欧洲国家

欧洲的全称是欧罗巴洲。“欧罗巴”一词，据说最初来自闪米特语“伊利布”，它的意思是：“日落的地方”或“西方的土地”。也有人认为：它来自古希腊神话中一位专管农事的女神的名字。

欧洲位于东半球的西北部，北临北冰洋，西濒大西洋，南濒大西洋的属海地中海和黑海。欧洲总面积为 1 016 万平方公里，占世界陆地总面积的 6.8%。欧洲是世界上地势最低的一个洲，平均海拔只有 300 米。海拔在 200 米以下的平原约占全洲总面积的 60%，平原所占比重之大在各大洲中首屈一指。欧洲的地形，大体上可以以波罗的海东岸至黑海西岸一线为界分为东西两部分：东部以平原占绝对优势，地形比较单一；西部则山地和平原互相交错，地形比较复杂。

2016 年欧洲总人口约为 7.41 亿，约占世界总人口的 10.37%，是人口密度最大的一个洲。欧洲居民中的 99%属欧罗巴人种（白种人），是种族构成比较单一的洲。欧洲居民主要信奉基督教，此外还有少数人信奉伊斯兰教。

欧洲是一个人文荟萃的大陆。灿烂的古希腊文明与古罗马文明孕育了现代欧洲文明。欧洲的灿烂文化对人类历史的进步做出过伟大的贡献。欧洲的政治思想、欧洲的科学技术、欧洲的文学艺术等，都是对全人类的伟大贡献。

欧洲现有 45 个主权国家。按其地理位置可分为北欧、西欧、南欧、中欧和东欧等几个次区域。截至 2017 年底，与中国建立了正式外交关系的欧洲国家为 44 个，仅梵蒂冈未与中国建立外交关系。

一、比利时

（一）基本概况

比利时的正式名称，是比利时王国。它位于欧洲西部，北部与荷兰交界，南部与法国相接，东部与德国、卢森堡为邻，西部则隔英吉利海峡与英国相望。比利时的国土总面积为 3.05 万平方公里，海岸线长为 66.5 公里。

比利时作为国家的名称，来源于古时生活于当地的比利其人的族称。在凯尔特语中，“比利其”具有“勇敢”或“尚武”之意。也有人讲，“比利其”意为“多沼泽的林地”。在世界上，比利时享有“欧洲的十字路口”之名。

比利时的行政区划，是将全国分为三个地区，下设 10 个省。比利时的首都是布鲁塞尔。“布鲁塞尔”最初叫做“布鲁奥克塞拉”。在条顿语中，其含义为“沼泽上的住所”。布鲁塞尔在世界上拥有“欧洲首都”和“小巴黎”的双重美誉。

比利时的全国总人口 2016 年约为 1 135 万。比利时的全国居民，主要是由弗拉芒人和瓦隆人两大民族所构成的。在比利时的全国总人口中，弗拉芒人约占 57.7%，瓦隆人则约占 32%。

比利时的主要宗教是天主教。在全国居民中，约有80%的人信仰天主教。

比利时的官方语言是荷兰语和法语。在比利时，荷兰语亦称弗拉芒语。其货币为欧元。2016年，比利时人均GDP为41 236美元，位列世界第20位。

比利时目前实行君主立宪制政体。它是欧盟、北约组织、经合组织成员国之一。比利时的国庆日是7月21日。其国徽格言为："团结就是力量。"

1971年10月25日，比利时与中国正式建立了大使级外交关系。

（二）社交礼仪

从总体上讲，比利时人在其人际交往中讲求实际，温顺善良。他们不但讲究礼貌、遵守规范，而且往往表现得开朗活泼、喜欢说笑，并且富有幽默感。

具体而言，在比利时，由于存在着"两个民族共存，两种语言并用"的特殊国情，人们在其日常交往中所采用的礼仪与习俗往往会不尽相同。在弗拉芒人所聚居的弗拉芒地区，人们所遵行的礼仪与习俗接近于荷兰；而在瓦隆人所聚居的瓦隆地区，人们所通行的礼仪与习俗则与法国相类似。对于比利时礼仪与习俗的这个特点，在与比利时人打交道时务必加以注意。对于不同民族的比利时人，切不要一概而论。

在社交活动中，比利时人一般所采用的见面礼节主要是握手礼。在行握手礼时，比利时人讲究双方一定要打招呼或互致问候。他们的具体做法是：若相见的双方较为熟悉，应当先打招呼，然后再握手；若相见的双方不太熟悉，则应该一面握手，一面互致问候。在握手的时候，比利时人对交叉握手是非常忌讳的。

除握手礼之外，当至交相见，或是举行隆重的迎宾仪式时，比利时人通常还会行拥抱礼或亲吻礼。

比利时人在其交际应酬中，一般习惯以"先生""小姐"或"夫人"称呼交往对象，或者是将此类称呼与交往对象的姓氏连在一起相称。对于有地位、有身份的人，比利时人往往称之为"阁下"。

在比利时，对于国王或王后，应尊称为"陛下"。对于王子、公主和亲王，应以"殿下"相称。对于有爵位的贵族，则既可以以其爵位相称，也可以称其为"阁下"。

在姓名方面，比利时人彼此之间习惯于互称其姓。在亲朋好友之间，直呼交往对象之名是最为常见的。长辈在称呼晚辈时，除去直呼其名之外，往往还会采用表示亲密关系的昵称。称呼其全称的做法，只有在极为正式的场合才会遇到。

在交际应酬之中，喜爱交际的比利时人大都爱请客。不仅如此，他们往往还希望经常受到他人的邀请。在比利时人看来，经常请客或被人邀请，足以证明自己人缘好、朋友多。

比利时人十分喜欢社交聚会。在其全国各地，每三天必有一个集市、一个节日或一个嘉年华会。

(三) 服饰礼仪

在服饰方面，比利时人是比较讲究的。一般而言，他们非常喜欢穿着质地天然、色泽柔和、款式庄重、做工精美的服装。

在比较正规的场合中，比利时的男士大都是西装笔挺、领带醒目、皮鞋锃亮；而妇女则必定要穿长裙、化淡妆，并且佩戴适当的饰物。

对于面部的修饰与美容，比利时人极其重视。他们认为，不注意个人面部清洁，或是听任自己面部缺陷暴露无遗，无疑是在自损个人形象。

比利时人在正式场合露面时，通常会特意去提前做一下发型。对于发型过于随意，或是极端前卫的人，比利时人往往都是看不惯的。

在比利时民间，人们在着装方面还有下述四点特殊的讲究。

(1) 比利时人在早上起床后穿鞋子时，总是要先穿上左脚的鞋，然后才会去穿右脚的鞋。原来，他们认为：早上起床时先穿左脚上的鞋子，能够帮助自己消除牙疼等方面的病症。

(2) 比利时人普遍不穿墨绿色或者蓝色的服装，并且也十分讨厌穿着这两种色彩服装的交往对象。这是因为，比利时人认为：纳粹军人的服装是墨绿色的，而蓝色在比利时则主要是用做不祥之事的标志，并被视为魔鬼的化身。非要穿这两种色彩的服装，肯定会令人产生联想，并因此而不快。因此，流行于各国的藏蓝色制服或套装，在比利时绝对难以见到。

(3) 比利时人主张：男士在正式场合最好要穿三件套的西装。对于只穿一件西装上衣，而随便配上一条裤子的穿法，他们通常是不能够接受的。

(4) 比利时人在其休息、运动或逛街时，通常喜欢穿便装。但他们又认为：穿着这身随随便便的行头，是难登大雅之堂的。

(四) 餐饮礼仪

比利时人在其日常生活中以吃西餐为主。比利时人在饮食上的总特点是：不喜欢油腻，偏好清淡、鲜嫩，爱吃酸、甜之物。

比利时人在主食方面，主要以面食为主。烤面包与甜面包，便是他们最爱吃的面食。在一般情况下，比利时人大都爱吃土豆和贻贝，在比利时人的餐桌上，以这两种东西制成的各种菜肴往往是不能缺少的。目前，有人甚至视贻贝为比利时的“国菜”。

在肉类方面，比利时人一般都爱吃鸡肉、鱼肉和牛肉。他们通常是不吃肥肉、鱼翅、宠物和内脏的。至于鸽子与青蛙，他们则绝对不会吃。

在用餐时，比利时人非常讲究以适当的饮料进行搭配：餐前，他们总是习惯先喝一点开胃酒；在用餐时，他们一定要以葡萄酒佐餐；在用餐之后，他们则讲究务必喝上一杯咖啡，以便化解油腻。

（五）习俗禁忌

虞美人花是比利时人最喜欢的鲜花，并且也是该国的国花。给比利时人送花时，绝对不宜选择在该国象征死亡的菊花。

红隼是比利时的国鸟。对于鸽子，比利时人十分喜爱。除此之外，在比利时，几乎人人爱猫、家家养猫。

在比利时，人们通常都喜欢被视为高雅的灰色。喜欢粉色的，也不乏其人。

比利时人所忌讳的数字，主要是 13、666，忌讳的日期则是星期五。他们之所以厌恶 666，原因在于它被视为代表魔鬼撒旦。

向交往对象表示友好时，比利时人往往喜欢拍一拍对方的肩膀。在比利时，拇指朝下具有贬义，而以手背面向他人则意味着让对方走开。

在前去拜访比利时人时，宜向对方赠送鲜花。按照比利时人的讲究，宜先请花店送去鲜花，然后本人抵达才好。

与比利时人交谈时，议论个人隐私、宗教争端、王室内幕以及弗拉芒人与瓦隆人之间的矛盾或纠纷，皆在禁止之列。在比利时，同性婚姻是合法的，因此，在与比利时人交谈时切勿对此少见多怪。

二、波兰

（一）基本概况

波兰的正式名称，是波兰共和国。它位于欧洲中部，北濒波罗的海，从东北至东南部依次与俄罗斯、立陶宛、白俄罗斯、乌克兰为邻，南部与捷克、斯洛伐克相连，西部与德国接壤。波兰的国土总面积为 31.27 万平方公里，海岸线约长 770 公里。

波兰作为国家的名称，出自该国主体民族波兰族的民族名称。“波兰”在斯拉夫语中意为“平原”，而“波兰人”在斯拉夫语中的本义则为“平原上的斯拉夫人”。从字面上来解释，“波兰”亦有“波兰人居住的地方”之意。

波兰目前的行政区划，是将全国分做 16 个省。波兰的首都是华沙。“华沙”实际上是英语的译名，在波兰语中它应为“华尔沙娃”。据说，“华尔沙娃”是由为该城奠基的一对兄妹的名字组合而成的。也有人说，它是来自向国王献计在此处建都的一位渔夫的名字。

波兰的全国总人口2016年大约为3 795万。在全国居民之中，约有98%的人是波兰的主体民族波兰人，其余则为乌克兰人、白罗斯人、立陶宛人、俄罗斯人、德意志人和犹太人。

波兰的主要宗教是天主教。在其全国总人口之中，约有90%的人信奉天主教。

波兰的国语是波兰语。其货币为兹罗提。2016年，波兰人均GDP为12 421美元，在世界上列第60位。

波兰当前实行的是总统制共和政体。它是欧盟与北约组织成员国之一。波兰的国庆日是5月3日。

1949年10月7日，波兰即与中国正式建立了大使级外交关系。

（二）社交礼仪

波兰是一个文化传统悠久的国度。在历史上，波兰曾经数次亡国，惨遭瓜分，但又“死而复生”。这一背景，使得波兰人具有极强的民族自尊心和民族凝聚力。同时，他们的礼仪与习俗也有着鲜明的民族个性。在与波兰人打交道时，对于这一点务必予以重视。

在人际交往中，波兰人的举止优雅、语言文明、彬彬有礼，是世人有口皆碑的。

在同外人打交道时，波兰人对其称呼极其重视。他们的习惯，是要尽可能地采用郑重其事一些的称呼。对于男士，波兰人言必称“潘”。对于妇女，他们则非要称其为“帕那”或“帕妮”不可。在波兰语中，“潘”的意思是“先生”，“帕那”的意思是“小姐”，“帕妮”的意思则是“夫人”。

在社交场合问候他人时，波兰人肯定会对对方以“您”相称。假如他们与对方以“你”相称，则多半意味着双方关系十分密切，彼此相交已非一日。

遇到相熟之人，若对方为年长者，波兰人往往会称其为“叔叔”或“阿姨”；若对方年纪较大，则会被称为“爷爷”或“奶奶”。

在称呼姓名时，波兰人不大习惯单称其姓。他们的做法，要么是直呼其名，要么是连名带姓一起称呼。波兰人认为：在熟人之间单称其姓，是很不礼貌的。

按照波兰人的习惯，自己在交际场合被介绍给他人之后，必须要主动同对方握手行礼，同时还要报上自己的姓名，不然即为失礼。

在波兰，最常用的见面礼节有握手礼和拥抱礼。在波兰民间，吻手礼则十分通行。

波兰人十分推崇男人的绅士风度。所谓吻手礼，乃是一种由男士向已婚妇女致以敬意的礼节。在波兰人看来，吻一位女士的手，含有将对方视为贵妇人之意。因此，这一礼节极受波兰妇女的欢迎。在一些高雅的社交场合，波兰妇女往往会主动地面对男宾伸出右手，手指下垂，此即含有“来者可施吻手礼”之意。

因为战争的缘故，波兰长期以来一向女多男少，就连交通警察也多由女性担任。所以在波兰有一种说法：遇上女交警后，主动对她行吻手礼，对方便会乐于为司机指路。即便出现了交通违章，及时吻了女交警的手，也容易大事化小、小事化了。

一般而言，吻手礼的行礼对象应为已婚妇女，行礼的最佳地点应为室内。在行礼时，男士宜双手捧起女士的手在其指尖或手背上象征性地轻吻一下。假如吻出声响或吻到手腕上，都是不合规范的。

在与亲朋好友相见时，友好而热情的波兰人不仅会主动上前打招呼，而且一定还会跟对方聊上一会儿。

（三）服饰礼仪

波兰人的穿着打扮，极有自己的特点。除正式场合要穿西装、套裙之外，波兰人日常着装的最大特点是：崇尚个性，讲究与众不同。

不过从总体上讲，波兰人的着装还是有其共性可言的。在日常生活中，波兰男士大都爱上身穿白色长袖衬衣，外罩背心或夹克，下身穿上一条单色或条纹的宽松裤，脚穿一双长筒靴。有时，他们还很爱穿军服式样的服装，并且头戴墨色窄边毡帽。波兰妇女则大半喜欢上穿绣花的高领白色衬衣，下穿宽大的长裙。在裙子之内，往往还会同时穿上好几条衬裙。

在波兰的一些地方，帽子被视为爱情的信物。姑娘们若送帽子给小伙子，便意味着向他表示自己的爱慕之意。

波兰妇女的发式颇有讲究。在一般情况下，已婚妇女要将自己的头发塞进帽子里，而未婚姑娘则要把头发梳成两条辫子。后者往往会用缎带系住辫梢，并且还喜欢在头上系上头巾，或者戴上花环。

在饰物的佩戴上，波兰人特别青睐雕刻着十字架这一天主教标志的挂件或胸徽。不论老年人、年轻人还是小孩子，几乎人人如此。

（四）餐饮礼仪

波兰人的饮食习惯，与其他东欧国家大致相似。在一般情况下，波兰人以吃西餐为主。他们食量较大，讲求质量，而且还特别能喝酒。度数再高的烈酒，往往也不会让波兰人望而却步。

具体而言，波兰人平时以吃面食为主。他们爱吃烤、煮、烩的菜肴，口味较淡。在肉食方面，牛肉、羊肉、猪肉、鸡肉、鸭肉、鱼肉以及禽蛋等，均能为其所接受。将多种菜肴放在一起"乱炖"，往往是波兰人的至爱。在饮料方面，他们爱喝咖啡与红茶。在饮用红茶时，波兰人大都爱加入一片柠檬，并且不喜欢茶水过浓。

在饮食禁忌方面，波兰人主要不吃酸黄瓜和清蒸的菜肴。除鹅肝之外，其他动物内脏他们通常都是不吃的。在波兰，所有的天主教教徒还有每逢星期五禁食猪肉的习惯。对许多波兰人而言，过于油腻的菜肴也是其难以接受的。

波兰人在人际交往中非常喜欢请客吃饭。有客造访，若不待之以酒菜，则会被视为失礼之举。在宴请客人时，波兰人有不少的讲究，其中最主要的有四点。

(1) 忌讳就餐者是单数。他们认定：此乃不祥之兆。

(2) 在吃整只的鸡、鸭、鹅时，波兰人通常讲究要由在座的最为年轻的女主人亲手操刀将其分割开来，然后逐一分到每位客人的食盘之中。

(3) 不论饭菜是否合乎自己的口味，客人都要争取多吃一点，并要对主人的款待表示谢意。

(4) 口中含着食物讲话，在波兰人看来，是十分粗鲁的行为。

(五) 习俗禁忌

波兰人普遍爱花。在所有鲜花之中，他们最喜欢三色堇，并将其定为国花。给波兰人送花时，宜送由某一种鲜花所组成的单束花，不宜送双束花。前者被视为雅致可爱，后者则不受欢迎。在波兰，送人以红玫瑰，表示求爱之意。菊花与盆花则为波兰人所厌恶。将花束送给波兰人之前，宜先除去其包装纸。

波兰人最喜欢的动物是白鹰，它不仅成为波兰国旗、国徽上的主要图案，而且还被定为国鸟。

因为信仰天主教，波兰人很反感 13、666 与星期五。也是出于这一原因，在周末波兰的所有部门都要歇业。

在波兰，许多建筑物，如机场、车站、桥梁是禁止摄影、摄像的。有不少当地的公共设施，还会标以与众不同的标志，例如，男用卫生间的标志是倒三角形（▽），女用卫生间的标志则是一个圆圈（○）。

在与波兰人进行交往应酬时，有以下三个问题一定要特别注意。

(1) **天主教在波兰的影响无处不在**

在波兰，教会势力甚大，多次政治变故无一不与宗教有关。对波兰人来说，圣诞节与复活节弥撒几乎是无人不知、无人不至的全民性节日。若议论教会、教皇、教士的不是，往往会令波兰人反感。

(2) **民族自尊心极强**

与其交谈时，提及波兰的伟人以及对世界文明的贡献，最令波兰人开怀。要是提起波兰的缺陷与不足、波兰国土的被分割与波兰亡国，以及与波兰的种种不幸直接有关的德国和苏联，则必定会使波兰人极其不快。

(3) **非常介意待人的礼数**

与波兰人交谈时，将手放在口袋里，身体背向对方，用手对其拍拍打打、指指点点，伸懒腰，打哈欠，跺脚，都是应予禁止的失礼之举。

三、德国

(一) 基本概况

德国的正式名称，是德意志联邦共和国。它位于欧洲中部，东部与波兰、捷克为邻，西部与荷兰、比利时、卢森堡、法国接壤，南部与奥地利、瑞士毗连，北部与丹麦交界，并且濒临北海，隔波罗的海与瑞典相望。德国的国土总面积为35.71万平方公里，海岸线约长2 389公里。

德国作为国家的名称，源于“德意志”一词。在古代高德语中，其含义本为“人民的国家”或“人民的土地”。在世界上，德国有“经济巨人”“欧洲的心脏”“出口大国”“运河之国”“啤酒之国”和“香肠之国”等美称。

德国目前的行政区划，是将全国划分为16个州。德国的首都是柏林。“柏林”的本义是“小狗熊”。有人称之为“欧洲中心”。

德国的全国总人口2016年大约有8 267万。德国的主体民族是德意志人，约占全国居民总数的95%。此外，在德国还生活着少量的丹麦人、吉卜赛人、索布人，以及约719.9万的外籍人。

德国的主要宗教是基督教和天主教。目前，在德国全国总人口之中，信奉基督教者约占29.6%，信奉天主教者约占39.4%。

德国的官方语言是德语。其货币为欧元。2016年，德国人均GDP为42 070美元，列世界上第19位。

德国目前实行的是内阁制共和政体。它是欧盟、北约组织、八国集团、二十国集团、经合组织成员国之一。德国的国庆日是10月3日。

1972年10月11日，德国与中国正式建立了大使级外交关系。

(二) 社交礼仪

与欧洲其他主要国家的人相比，德国人在待人接物方面所表现出来的独特风格，往往会给人留下极为深刻的印象。一般而言，德国人在其人际交往中通常会表现出如下四个特点。

(1) 纪律严明，法治意识极强

在世界上，德国人以讲纪律、守法律而闻名。在德国，事无巨细，皆有法律规范之。在日常生活中，德国人为人处世不仅讲究有法可依，而且更为注重有法必依。即使生活琐事，往往也处处、时时都有规章与制度可循。遵纪守法，在德国被视为做人的一种美德。可以毫不夸张地讲，在这一方面，德国人堪称世人的楷模。在与德国人打交道时，目无法纪的人往往会令人敬而远之。相反，自觉遵法守纪的人则会令人非常敬重。

(2) 讲究信誉，强调时间观念

在人际交往中，特别是在经济往来中，德国人非常讲究信誉。他们虽然在谈判时会斤斤计较，精于讨价还价，但正式的合同一旦订立，则必定会严格遵守、依约而行。总之，德国人的说话算数和德国工业品的优良品质，在世界上都是有口皆碑的。平日，德国人的工作十分讲究办事效率。在这方面他们对人、对己，要求都很严格。在人际交往中，他们十分珍惜时间。在交谈时，他们大都喜欢少说闲话、直奔主题，并且看不惯没话找话、大讲恭维话、浪费别人时间的人。

(3) 极端自尊，非常尊重传统

在历史上，德国曾涌现过一大批著名的哲学家、艺术家和科学家，为人类文明贡献良多。同时，在两次世界大战中，作为战败国，它也连遭惩罚。这种特殊背景，使得德国人极为珍视本国的文化传统，并且极度自尊。在外国人看来，他们往往还会显得有些过于自负和高傲。在德国，人们一直认为国货最佳，并且对舶来品通常不屑一顾。与此同时，他们还十分推崇工匠精神。不仅如此，即便与外国人交谈，德国人也大都喜欢会讲德语的人。对于说英语或法语的人，有时他们会不太乐于与其合作。对于流行于世界，美国人占绝对优势的篮球、垒球、橄榄球等运动项目，酷爱体育的德国人甚至连一点儿兴趣也提不起来。

(4) 待人热情，十分重视感情

刚刚开始接触德国人时，外国人一般都会觉得他们过于拘谨、严肃，在待人接物上往往固执己见、缺少通融、表现刻板。要想让一位方才结识的德国人像美国人一样信口开河、谈笑风生，似乎不太可能。然而，这并不表明德国人一概拒绝人际交往、一律排外。实际上，绝大多数的德国人都非常重视人与人之间的感情。他们家庭观念极强，把亲人之间的团聚视为其最幸福的时光。他们具有很强的群体意识，酷爱集会和结社，并以此作为人际交往的渠道与纽带。在德国，到处有“高个子会社”“矮个子会社”“打领带会社”“反对打领带会社”，甚至“反对成立会社会社”，光怪陆离，无奇不有。

德国人尽管个性很强，不大善于交际和表达自己的情感，但他们非常看重老朋友和老关系，绝对地看不起过河拆桥之人。与德国人交朋友虽说存在一定难度，但一旦与其成了朋友，双方通常就不易分手或反目。

德国人天性淳朴，乐于助人。面对陌生人，他们通常不苟言笑、不尚清谈，不爱主动上前与之结识。可是，对待有求于己的人，他们却往往有求必应、不厌其烦。例如，对于问路的陌生人，德国人的答复一般都会十分详尽。必要时，他们还会主动为其带路；要是他们自己也不太熟悉的话，甚至还会代为向其他人询问。

必须指出的是：德国人在其人际交往中对礼节非常重视。在社交场合，德国人通常都采用握手礼作为见面礼节。与德国人握手时，有必要特别注意下述两点。一是握手时务必坦然地注视对方；二是握手的时间宜稍长一些，晃动的次数宜稍多一些，握手时所用的力量宜稍大一些。

此外，在与亲朋好友见面时，德国人往往会施拥抱礼。在德国，亲吻礼多用于夫妻、情侣之间，并未被广泛采用。有些上了年纪的人，在与人相逢时，则往往习惯于脱帽致意。

重视称呼，是德国人在人际交往中的一个鲜明特点。对德国人称呼不当，通常会令其大为不快。

在一般情况下，切勿直呼德国人的名字。称其全称，或仅称其姓，则大都可行。

德国人对职衔、学衔、军衔看得比较重。对于有此类头衔者，在进行称呼时一定要不忘使用其头衔。这被视为向对方致敬的一种做法。“阁下”等称呼，在德国都是不通用的。

在与德国人交谈时，切勿疏忽对“您”与“你”这两种人称代词的使用。对于初次见面的成年人以及老年人，务必称其为“您”，对于熟人、朋友、同龄者，方可以“你”相称。在德国，称“您”表示尊重，称“你”则表示地位平等、关系密切。

（三）服饰礼仪

德国人在穿着打扮上的总体风格是：庄重、朴素、整洁。他们不大容易接受过分前卫的服装，不喜欢穿着过分鲜艳花哨的服装，并且对衣冠不整、服装不洁者难以容忍。

在一般情况下，德国人的衣着较为简朴。男士大多爱穿西装、夹克，并且喜欢戴呢帽；妇女则大都爱穿翻领长衫和色彩、图案淡雅的长裙。在日常生活中，德国妇女的化妆以淡妆为主。对于浓妆艳抹者，德国人往往是看不起的。

德国人在正式场合露面时，必须要穿戴得整整齐齐，衣着一般多为深色。在商务交往中，他们讲究男士穿三件套西装，女士穿裙式服装。对于服饰品位与自己相近者，德国人往往比较欣赏。需要强调的是，在德国，穿墨绿色、褐色服装，或穿黑皮鞋时系白色鞋带，往往会令人反感。

在日常生活中，德国人服饰的民族特点并不显著。但是，也有个别地区例外。例如，巴伐利亚人在节庆之时的穿着，就极具特点：男子一般是上穿无领外套，下着挂着背带的皮短裤，头戴插着一枝羽毛的小呢帽，脚穿长袜与翻毛皮鞋；妇女则一般上穿敞领、束腰、袖口带有花边的上衣，下着多为红、绿、白色的类似于围裙的长裙。

对于口腔卫生，德国人非常重视。在人际交往中，牙齿不好的人往往被德国人看不起。

德国人对发型较为重视。在德国，男士不宜剃光头，免得被人当做“新纳粹”分子。德国少女的发式多为短发或披肩发，烫发的女性大都是已婚者。

（四）餐饮礼仪

德国人是十分讲究饮食的。在一般情况下，德国人的餐桌上主角是肉食。面包、土豆、禽蛋等虽然也受欢迎，但它们基本上属于配角。

在肉类方面，德国人最爱吃猪肉，其次才能轮到牛肉。以猪肉制成的各种香肠，德国人几乎天天食之。通常，德国人都不太爱吃羊肉。除肝脏之外，其他动物内脏也不为其接受。除北部地区的少数居民之外，德国人大都不爱吃鱼、虾；即使吃鱼的人，在吃鱼时也不准讲话。这是德国的一种独特的民俗，其原因恐怕主要是担心被鱼刺扎伤。

德国人一般胃口较大，喜食油腻之物，所以德国的胖人极多。在口味方面，德国人爱吃冷菜和偏甜、偏酸的菜肴，对于辣和过咸的菜肴则大多不太欣赏。鼎鼎大名的德式猪肘子与白芦笋，均为德国人百吃不厌的菜肴。此外，炸猪排也是许多德国人餐桌上的最爱。不少中国人爱吃韭菜，则绝对不为德国人接受。

在饮料方面，德国人最欣赏的是啤酒。饮起啤酒来，他们人人都是海量。对咖啡、红茶、矿泉水，他们也很喜欢。

自助餐发明于德国。在外出用餐时，德国人很爱选择这一进餐方式。

在一日三餐之中，德国人最重视的是晚餐。用晚餐的时候，他们习惯于家人团聚在一起，并且关闭电灯，点燃蜡烛，以朦胧的烛光烘托出优雅的气氛。

德国人在用餐时，有以下几项特殊的规矩。

(1) 吃鱼用的刀叉，不得用来吃肉或奶酪。

(2) 若同时饮用啤酒与葡萄酒，宜先饮啤酒，后饮葡萄酒，否则被视为有损健康。

(3) 食盘中不宜堆积过多的食物。

(4) 不得用餐巾煽风、揩汗。

(5) 忌吃核桃。

（五）习俗禁忌

在所有花卉之中，德国人对矢车菊最为推崇，并且选定其为国花。在德国，不宜随意以玫瑰或蔷薇送人，前者表示求爱，后者则专用于悼亡。喜欢郁金香的人，在德国也极为少见。送女士一枝花，一般也不合适。德国的国树是橡树。

白鹳是德国的国鸟。白鹳在屋顶筑巢，被德国人看成吉祥的预兆。

德国人对黑色、灰色比较喜欢，对于红色以及掺有红色或红、黑相间之色，则不感兴趣。

对于13、666与星期五，德国人极度厌恶。他们对于四个人交叉握手，或在交际场合进行交叉谈话，也比较反感。因为这两种做法，都被他们看做是不礼貌的。

德国人对纳粹党党徽的图案“卐”十分忌讳，对其切勿滥用。

德国人认定，在路上碰到了烟囱清扫工，便预示着一天要交好运。

在德国，跟别人打招呼时，切勿身体立正，右手向上方伸直，掌心向外。这一姿势，过去是纳粹的行礼的标准化方式。

在德国，星期天商店一律停业休息。在这一天逛街，自然难有收获。

在向德国人赠送礼品时，不宜选择刀、剑、剪、餐刀和餐叉。以褐色、白色、黑色的包装纸和彩带包装、捆扎礼品，也是不允许的。

在与德国人交谈时，不宜涉及纳粹、宗教、两德统一、党派之争、接收难民、德法与德美关系等问题。德国人认为：在公共场合窃窃私语是十分无礼的。

四、俄罗斯

（一）基本概况

俄罗斯的正式名称，是俄罗斯联邦。该国规定，“俄罗斯”与“俄罗斯联邦”这两个名称，在国际上具有同等法律效力。它位于欧洲东部和亚洲北部，但在人们的习惯上被看成是一个欧洲国家。俄罗斯北临北冰洋，南接哈萨克斯坦、阿塞拜疆、中国和蒙古，西靠芬兰、爱沙尼亚、拉脱维亚、白俄罗斯、乌克兰、格鲁吉亚与黑海，东濒太平洋。其国土面积为1 708万平方公里，海岸线总长为33 807公里。在整个世界上，俄罗斯是国土面积最大的国家。

“俄罗斯”这一名称，是通过蒙古语转译过来的。最先，它是出自“罗斯”一词。关于“罗斯”这个词的本义，主要有以下两种解释：一种说法认为它来自其民族名称，指的是来自瑞典东海岸罗斯拉根地区的瓦兰几亚人。另外一种说法则是认为它带有“划船者”之意。在我国古代，它曾被称为“罗刹”。

俄罗斯目前设有21个自治共和国、9个边疆区、46个州、2个联邦直辖市、1个自治州、4个民族自治区。其首都是莫斯科。“莫斯科”这一名称，据说来自莫斯科河。在斯拉夫语中，它的含义有“沼泽地”“潮湿”“架有大桥的河流”

等。在芬兰—乌戈尔语中，它的含义是“牛涉场”。而在卡巴尔达语中，它则含有“茂密的森林”之意。

俄罗斯全国总人口 2016 年约为 1.44 亿，由俄罗斯人、鞑靼人、乌克兰人、楚瓦什人、犹太人、日耳曼人等 180 多个民族所构成。它的主体民族是俄罗斯人，约占其全国总人口的 79.8%。

俄罗斯人最主要的宗教是东正教，其信徒有 1 亿人以上。

俄罗斯的官方语言是俄语，许多少数民族都拥有各自的语言文字，懂英语者不多，而德语、法语则较为普及。其货币为卢布。2016 年，俄罗斯人均 GDP 为 8 748美元，列世界上第 71 位。

俄罗斯目前实行总统制共和政体。它是独联体、上海合作组织、“金砖国家”、八国集团、二十国集团成员国之一。但是，自 2014 年起，俄罗斯已被排除在八国集团之外。它的国庆日是 6 月 12 日。

1949 年 10 月 2 日，苏联与中国正式建立了大使级的外交关系。苏联解体后，俄罗斯作为其继承国，继续与中国保持着大使级外交关系。

（二）社交礼仪

在人际交往中，俄罗斯人素来以热情、豪放、勇敢、耿直而著称于世。在交际场合，俄罗斯人惯于和初次会面的人行握手礼。但对于熟悉的人，尤其是在久别重逢时，他们则通常要与对方热情拥抱。有时，还会与对方互吻双颊。在俄罗斯，这是最常规的见面礼节。

在迎接贵宾时，俄罗斯人通常会向对方献上“面包和盐”。这是给予对方的一种极高的礼遇，来宾必须对其欣然笑纳。

俄罗斯人有着讲礼貌的良好习惯。与他人相见时，他们通常都会主动问候对方“早安”“午安”“晚安”，或者“日安”。

在称呼方面，过去俄罗斯人习惯以“同志”称呼他人。而今，随着社会制度的变更，这一称呼除与老年人打交道之外，已不再流行。目前，在正式场合，他们已普遍采用“先生”“小姐”“夫人”之类的称呼。在俄罗斯，人们非常看重人的社会地位，因此对有职务、学衔、军衔的人，最好以其职务、学衔、军衔相称。

在俄罗斯民间，对于长辈可称之为“老爹爹”“老妈妈”“大叔”或者“大婶”。这种做法，与中国大体类似。

需要强调的是，在俄语中“您”这个称呼多用以称呼女士、长辈、恩师、上司或贵宾，以示尊重与客气。对于亲朋好友，最好还是以“你”相称。这既是为了向对方表示亲热，也是为了让对方不必拘束、随便一些。要是反其道而行之，例如，一位长者将一个晚辈称为“您”，则多半带有讥讽之意，或是意在表示自己的不满或愤怒。

俄罗斯人的姓名，在一般情况下，是由本人名字、父亲名字和姓氏三个部分所构成的。其姓名的排列顺序通常是：本人名字在前，父亲名字居中，姓氏则位居最后。例如，在革命导师列宁的本名“弗拉基米尔·伊里奇·乌里扬诺夫”中，“弗拉基米尔”是他本人的名字，“伊里奇”是其父名，“乌里扬诺夫”才是其姓氏。

在结婚前，俄罗斯妇女使用的是父姓。在结婚之后，则一般改用丈夫的姓氏。至于本人名字和父名，则一点儿不做更改。有趣的是，她们的姓名往往以“娜”“娅”“娃”作为结尾。

有的时候，特别是在正式的书面文件中，在书写俄罗斯人的姓名时，亦可将其姓氏排在最前面，而将本人名字与父名依次排于其后。必要的话，还可以将其本人名字与父名改用缩写，即仅写上二者各自的头一个字母。

依照俄罗斯民俗，在用姓名称呼俄罗斯人时，可按彼此之间的不同关系，具体采用不同的方法。通常，对较为熟悉者，俄罗斯人惯于只称其姓，或直接叫出对方的名字。为表示对交往对象特别的尊重与敬意，可将其本人名字与其父名连在一起称呼。至于有必要对长者表示特殊的尊敬时，则最好直接称呼其父名。对于家人或亲朋好友，有时还可以仿用其爱称相称。例如，可将“伊万”叫做“万尼亚”，可将“谢尔盖”称为“谢廖沙”，等等。只有在与初次见面之人打交道时，或是在极为正规的场合，才有必要将俄罗斯人的姓名的三个部分全部连在一起称呼。

（三）服饰礼仪

平时，俄罗斯人大都讲究仪表，并注重服饰。俄罗斯人的传统服装为：男人上穿粗麻布长袖斜襟衬衣，腰系软腰带，下穿瘦腿裤，外面常穿呢子外套，并且头戴毡帽，脚穿皮靴；女人则爱穿粗麻质地的带有刺绣和垫肩的长袖衬衫，并配以方格裙子。在俄罗斯民间，已婚妇女必须戴头巾，并以白色的为主；未婚姑娘则不戴头巾，但常戴帽子。

在城市中，俄罗斯人目前多穿西装或套裙，俄罗斯妇女往往还会穿连衣裙。不过，由于气候的原因，他们的服装大都稍显厚重。

在外出上班或参加社交时，俄罗斯人一般都会衣冠楚楚，妇女还会认真地化一化妆，就连衣服上的每粒纽扣，也会被他们一丝不苟地扣好。俄罗斯人认为：敞开衣服、不扣纽扣，或者将衣服拎在手上、搭在肩上、围在腰上，都是不文明、不礼貌的。

前去拜访俄罗斯人时，进门之后务请立即自觉地脱下外套、手套和帽子，并且摘下墨镜。这被视为一种基本的礼貌。在前往公共场所时，则必须在进门后自觉将外套、帽子、围巾等衣物存放在专用的衣帽间里。

（四）餐饮礼仪

在饮食习惯上，俄罗斯人讲究量大实惠、油大味厚。他们喜欢酸、辣、咸味，偏爱炸、煎、烤、炒的食物，尤其爱吃冷菜。总的讲起来，他们的食物在制作上略为粗糙。

一般而论，俄罗斯人以面食为主，他们很爱吃用黑麦烤制的黑面包。除黑面包之外，俄罗斯人大名远扬的特色食品还有俄式香肠、鱼子酱、红菜汤、酸黄瓜、酸牛奶等。煮熟的去皮土豆，往往也是其餐桌上的最爱。在吃水果时，他们则大多不削果皮。

在饮料方面，俄罗斯人很能喝冷饮。平时，他们非常爱吃冰激凌。在一般情况下，他们都很能喝烈性酒。具有该国特色的烈酒伏特加，是他们最爱喝的酒。在饮酒时，他们酒量很大，可以根本不吃菜，并往往一醉方休。此外，他们还喜欢喝一种叫“格瓦斯”的饮料。

通常，俄罗斯人是不吃海参、海蜇、墨鱼、黄花和木耳的。还有不少的人不吃鸡蛋和虾。此外，鞑靼人不吃猪肉、驴肉、骡肉；犹太人不吃猪肉，并且不吃无鳞无鳍之鱼。

用餐之时，俄罗斯人多用刀叉。他们忌讳用餐时发出声响，并且不能用匙饮茶，或让其直立于杯中。通常，他们吃饭时只用盘子，而不习惯于用碗。

在参加俄罗斯人的宴请时，宜对其菜肴加以称道，并且尽量多吃一些。俄罗斯人若将手放在喉部，一般表示已经吃饱。

（五）习俗禁忌

在俄罗斯，被视为“光明象征”的葵花最受人们喜爱，它被称为“太阳花”，并被确定为国花。在拜访俄罗斯人时，赠以鲜花最佳，但送给女士的鲜花宜为单数。

俄罗斯人普遍偏爱红色，并视其为美丽的化身。他们最讨厌黑色，因为它在当地多用于丧葬活动。

在数字方面，俄罗斯人最偏爱 7，认为它是成功、美满的预兆。对于 13、666 与星期五，他们则十分忌讳。因为东正教的原因，俄罗斯的圣诞节时间上排在元旦之后，多为一月的 5 日或 6 日。

在日常生活中，俄罗斯人非常崇拜盐和马。他们认定：盐具有驱邪避灾的力量，马则会给人们带来好运。他们对兔子的印象大都极坏，并且十分厌恶黑猫。在俄罗斯，打碎镜子和打翻盐罐，都被认为是极为不吉利的预兆。

平时，俄罗斯人主张“左主凶，右主吉”，因此，他们也不允许以左手接触别人，或以其递送物品。

在俄罗斯，蹲在地上、挽起袖子、卷起裤腿、撩起裙子，都是严重的失礼行为。

俄罗斯人讲究“女士优先”，在公共场所，男士们往往自觉地充当“护花使者”。不尊重妇女，则到处都会被施以白眼。

俄罗斯人忌谈的话题有：政治矛盾、寡头政治、经济难题、宗教矛盾、民族纠纷、禁酒问题、苏联解体、阿富汗战争、克里米亚问题以及大国地位等问题。

五、法国

(一) 基本概况

法国的正式名称，是法兰西共和国。它位于欧洲西部，北部与比利时、卢森堡接壤，南部与安道尔、西班牙毗邻，东南与摩纳哥相连并且濒临地中海，东部与德国、瑞士、意大利交界，西部面临大西洋，西北隔拉芒什海峡与英国相望。法国的国土总面积约为 63.28 万平方公里（包括 4 个海外省在内），本土面积 54.4 万平方公里，海岸线总长大约是2 700公里。

作为国家的名称，法国的国名“法兰西”源于古代的法兰克王国的国名。在日耳曼语中，“法兰克”一词的本义是“自由”或“自由人”。在历史上，法国还曾被人叫做“高卢”。“高卢”之称，系出自栖居于此的凯尔特人的自称“高卢人”。法国的象征是玛利亚娜。它原是西班牙一位男作家之名，后来成了共和党人团体的名称。现在在漫画中，它已演变为一位头戴三色帽的女性。“艺术之邦”“时装王国”“葡萄之国”“奶酪之国”“名酒之国”和“美食王国”等，都是世人给予法国的美称。

法国目前的行政区划，是将全国划分为 22 个大区、96 个省。此外，还有 4 个海外省、6 个海外行政区地和 1 个地位特殊的海外属地。法国的首都是巴黎。巴黎的得名，据说来自古希腊神话中特洛伊王子帕里斯的名字。在古罗马时，巴黎亦名鲁特蒂亚一巴黎西。在凯尔特语中，其含义为“水手的土地”。在世界上，巴黎是鼎鼎大名的“艺术宫殿”“浪漫之都”“时装之都”和“花都”。

2016 年，法国的全国总人口大约是 6 690 万。其中法国的主体民族法兰西人约占 90%，此外还有布列塔尼人、巴斯克人、科西嘉人以及一些外籍人。在法国生活的外籍人之中，有不少来自前法属非洲殖民地，并且多为黑人。

法国的主要宗教是天主教。在全国总人口中，约有 64%的人是天主教教徒。此外，还有约 20%的人信奉基督教、犹太教或伊斯兰教。

法国的国语是法语。其货币为欧元。2016 年，法国人均 GDP 为 36 855 美元，在世界上列第 27 位。

法国目前实行的是总统制共和政体。它是欧盟、北约组织、八国集团、二十国集团、经合组织成员国之一。法国的国庆日是 7 月 14 日。其国徽格言为：“自由、平等、博爱。"

1964年1月27日，法国即与中国正式建立了大使级外交关系。它是最早与中国建立外交关系的一个西方大国。

（二）社交礼仪

与英国、德国人相比较，法国人在待人接物方面的表现是大不相同的。从总的方面来讲，法国人在其人际交往中大都会表现出下列特点。

（1）**爱好社交，善于交际**

就一般而论，法国人邻里之间虽然往来较少，但却又对社交活动十分重视。对他们来说，社交是其人生的重要内容，没有社交活动的生活是难以想象的。在日常生活中，法国人非常善于交际。即使与他人萍水相逢，他们也会主动与其交往，而且表现得亲切友善、一见如故。

（2）**诙谐幽默，天性浪漫**

在外人看来，法国人似乎人人都是不知愁为何物的乐天派。他们在人际交往中大都爽朗热情，善于雄辩，高谈阔论，好开玩笑，幽默风趣，讨厌不爱讲话的人，对愁眉苦脸者难以接受。受传统文化的影响，法国人不仅酷爱冒险，而且还非常推崇浪漫的经历。风花雪月、享受人生、男女情爱，都是其生活之中所不可缺少的组成部分。

（3）**渴求自由，纪律较差**

在世界各国人中，法国人是最为著名的"自由主义者"。"自由、平等、博爱"不仅被法国宪法定为本国的国家箴言，而且还在其国徽上明文写出。在日常生活中，他们崇尚自由自在、随意而为，偏爱标新立异、与众不同，喜欢创造宽容轻松的氛围，反对外来干预。他们认为：所谓自由，就是可以去做法律禁止之外的一切事情。受此影响，他们虽然讲究法治，但却一般纪律较差，不大喜欢集体行动。与法国人打交道，约会必须事先约定，并且准时赴约，但也要对他们可能的姗姗来迟事先有所准备。

（4）**自尊心强，偏爱"国货"**

法国先哲孟德斯鸠说过："我们有礼貌，是因为自尊。"在世界上，法国较早进入资本主义社会。此后，它一直是强国之一，并且一度在世界上拥有过面积最大的殖民地。法国的时装、美食和艺术则更是世人有口皆碑。在此影响下，法国人拥有极强的民族自尊心和民族自豪感。在他们看来，世间的一切都是法国的最棒。以语言而论，法国人懂英语的不少，但通常却不会直接用英语与外国人交谈。因为他们认定：法语才是世间最优美的语言。与法国人交谈时若能讲几句法语，一定会使对方热情有加。懂法语而又不同法国人讲法语，则会令其大为恼火。

（5）**骑士风度，尊重妇女**

骑士，曾经是法国贵族中的一个

阶层。所谓骑士风度，指的是流传至今的、用以规范骑士的举止行为的一系列宫廷礼节。当今，尽管骑士阶层与宫廷在法国早已荡然无存，但骑士风度依旧为广大法国人所看重。骑士风度的核心之点，乃是男子对妇女的尊重与保护。在法国人看来，充当“护花使者”是男人的天职与荣幸。做不到这一点，男人就不成其为男人。

在人际交往中，法国人所采用的见面礼节主要有握手礼、拥抱礼和吻面礼。就一般而言，法国人所行的吻面礼，不但使用得最多、最广泛，而且在其具体做法上也有一定的特点。

法国人与交往对象行吻面礼，意在表示亲切、友好。为了体现这一点，在行礼的具体过程中，他们往往要同交往对象彼此在对方的双颊上交替互吻三四次，而且还讲究亲吻时一定要连连发出声响。其实，他们这样做犹如表演，并非真的要亲在对方脸上，而往往只是制造出“空响”即可。

法国人的姓名通常由两部分所组成：其名字在前，姓氏在后。法国妇女婚前随父姓，婚后则改夫姓。而今，有些法国妇女，或婚后仍用父姓，或婚后同时使用父姓与夫姓。后一种情况亦称双姓，其具体做法是：夫姓在前，父姓在后。

在签署本人姓名时，法国人往往习惯将姓写在前面，名字写在后面，二者之间以逗号分开。

在一般情况下，法国人姓名的特点是姓氏很多，名字有限。这主要是因为信奉天主教或基督教的法国人，在起名时多选择圣徒的名字，而圣徒的人数实在有限。

在正式称呼法国人的姓名时，宜只称其姓氏，或是姓与名兼称。家人、熟人、朋友、同事、同学之间，应直呼其名。对于关系至为密切者，则宜称呼其爱称。

在与法国人打交道，有时有必要使用谦称或敬称。法国人自己所用的谦称多为第一人称复数，或者是第三人称，意即“鄙人”或“鄙公司”。有时，他们还习惯于在其后加上形容词“卑贱的”，意为“卑职”。

法国人对他人常用的敬称，主要有以下三种。

（1）对一般人称第二人称复数，其含义为“您”。

（2）对官员、贵族、有身份者，称“阁下”“殿下”或“陛下”。

（3）对陌生人，称“先生”“小姐”或“夫人”。平时，“老人家”“老先生”“老太太”等带有“老”字的称呼，都是法国人忌讳的。

（三）服饰礼仪

法国人对于衣饰的讲究，在世界上是最为有名的。所谓“巴黎式样”，在世人耳中即与时尚、流行含义相同。一般人都认为：法国人最善于穿着打扮，他们的衣着佩饰、发型、化妆往往令人无可挑剔。

在正式场合，法国人通常要穿西装、套裙或连衣裙。法国人所穿的西装或套裙多为蓝色、灰色或黑色，质地则多为纯毛、纯羊绒。在他们看来，化纤面料的服装往往是难登大雅之堂的。

出席庆典仪式时，法国人一般要穿礼服。男士所穿的多为配以蝴蝶结的燕尾服，或是黑色西装套装；女士所穿的则多为连衣裙式的单色大礼服或小礼服，并且讲究要同时以薄纱面罩、薄纱手套与之相配。

有身份的法国人在正式场合露面时，往往不会将同一套服装连穿两次。他们认为：那样做会有失自己的身份。他们还讲究自己的衣着既要尽量保持个性、与众不同，又不宜过分地超前或落伍。

对于穿着打扮，法国人主张：重在搭配是否得法。在选择发型、手袋、帽子、丝巾、鞋子、手表、眼镜时，法国人都十分强调：要使之与自己的着装相协调、相一致。

法国妇女在参加社交活动时，一定要化妆，并且要佩戴首饰。她们认为：化妆对人、对己都是一种尊重。佩戴首饰的话，则一定要选“真材实料”，对于仿真人造首饰她们大都加以拒绝。

法国男士对自己仪表的修饰相当看重，他们中的许多人经常出入美容院。在正式场合亮相之前，剃须修面、头发“一丝不苟”、身上略洒一些香水，都已被法国人看成男人所应具备的基本教养。

（四）餐饮礼仪

作为举世皆知的世界三大烹饪王国之一，法国人非常讲究饮食，并且人人喜欢以美食家自居。他们的看法是：“烹饪是文明的无名先锋”，“一顿晚餐比一首诗价值更高”。在西餐之中，法国菜可以说是最讲究的。迄今为止，西餐的主要规则，大都来自法国。

平时，法国人爱吃面食。在法国，面包的种类之多难以计数，其中被称为“法棍”的长条面包，是法国人的最爱。在肉食方面，他们爱吃牛肉、猪肉、鸡肉、蜗牛、鹅肝、鱼子酱，不吃肥肉、宠物、肝脏之外的动物内脏、无鳞无鳍的鱼、带刺带骨的鱼和鱼翅。

法国的名菜，常见者有鸡肝牛排、红酒山鸡、马赛鱼羹、巴黎龙虾、煎蜗牛、扒鹅肝以及烩黑菌等。就其口味来讲，法国人有以下两大特点。

（1）**喜欢肥浓**

做菜之时，他们常用大蒜、丁香、香菜调味，意在令其浓香、醇厚、可口。

（2）**偏爱鲜嫩**

法国人做菜，非但选料要新鲜，而且烹饪上也讲究半生不熟。有不少菜，例如牡蛎，他们甚至还直接生食。

法国人大都爱吃奶酪。待客之际，他们往往会拿出各式各样的奶酪请客人品尝。

在世界上，法国所产的白兰地、香槟与红白葡萄酒，无出其右者。法国人特别善饮，他们几乎餐餐必喝，而且讲究在餐桌上要以不同品种的酒水搭配不同的菜肴。他们的常规做法是：餐前要喝开胃酒，吃鱼要喝白葡萄酒，吃肉要喝红葡萄酒，餐后才适合喝利口酒或白兰地。对于鸡尾酒，法国人则大都并不欣赏。在正式的宴会上，点任何含糖分的饮料，诸如可乐、果汁、酸奶等，在法国人看来都是不规范的。

除酒水之外，法国人平时还爱喝生水和咖啡。在法国的城市中，随处可见的咖啡馆和露天咖啡座，早已成为法国人社交的场所和街头的风景。法国的各式甜点非常精致，马卡龙小甜饼、拿破仑千层酥、玛德琳小蛋糕等就是其代表者。

法国人在用餐时，两手允许放在餐桌上，但却不许将两肘支在桌子上。在放下刀叉时，他们习惯于将其一半放在碟子上，一半放在餐桌上。这一做法，与英国人迥然不同。

一般来说，在法国人的餐桌上，酒水往往贵于菜肴。而在正式的宴会上，则有“交谈重于一切”之说。这是因为法国人一向视宴会为交际场合，所以他们所举行的宴会大都时间较长。在用餐时，若只吃不谈，显然是不礼貌的。

（五）习俗禁忌

法国的国花是鸢尾花。也有人说，法国的国花是玫瑰花或马兰花。至于菊花、牡丹、玫瑰、杜鹃、水仙、金盏花和纸花，则一般不宜随意送给法国人。

法国的国鸟是公鸡。法国人认为它是勇敢、顽强的直接化身。仙鹤被视为淫妇的化身，孔雀被看做祸鸟，大象则象征着笨汉，它们都是法国人所反感至极的动物。法国平时对动物看得很重，虐待动物被其视为不人道的行为，以至于有人戏言：“在法国，妇女比男士受优待，而动物则又比妇女更受优待。”

法国的国石是珍珠。

法国人对核桃十分厌恶，认定它代表着不吉利。以之招待法国人，将会令其十分不满。对黑桃图案，他们也深为厌恶。

法国人大都喜爱蓝色、白色与红色，对于粉红色也比较喜欢。法国国旗，便是由蓝、白、红三种色彩所构成的三色旗。他们所忌讳的色彩，主要是黄色与墨绿色。

法国人所忌讳的数字是 13、666，所忌讳的日期是星期五。给法国妇女送花时，宜送单数，但要避开 1 与 13 两个数字。在一般情况下，法国人绝对不喜欢 13 日外出，不会住 13 号房、坐 13 号座位，或是 13 个人同桌进餐。

法国人非常讲究休闲度假。除节假日与周末外，他们晚上通常也没有上班的习惯。

在人际交往中，法国人对礼物十分看重，但又有其特别的讲究。他们认为：初次见面就向别人送礼，往往会令对方产生疑虑，因而是不善交际的表现。在接受礼品时，若不当着送礼者的面打开其包装，则是一种无礼的、粗鲁的行为。此外，他们还不太重视“礼尚往来”。

在向法国人赠送礼品时，宜选具有艺术品位和纪念意义的物品。但是，不宜以刀、剑、剪、餐具，或是带有明显的广告标志的物品作为礼品。男士向关系一般的女士赠送香水，也被法国人看成是不合适的。

值得一提的是，在法国邮寄避孕药物和其他的避孕用品，都是被禁止的。

在与别人交谈时，法国人往往喜欢选择一些足以显示其身份、品位的话题，例如，历史、地理、艺术等。对于恭维美国、英国和德国，贬低法国的国际地位与历史贡献，议论其国内经济滑坡、种族纠纷、难民危机、恐怖活动以及科西嘉独立等问题，他们则是不愿意予以回应的。在法国，同性婚姻是合法的。

在人际交往中，法国人的形体语言极为丰富。在交谈时，他们喜欢与对方站得近一些，并喜欢以手势进行辅助。对他们而言，拇指与食指分开表示“2”，用食指指自己的胸部表示“我”，拇指朝下指表示“差”或“坏”，掌心向上表示诚恳，耸动肩膀则表示高兴或惊讶。

六、荷兰

（一）基本概况

荷兰的正式名称，是荷兰王国。它位于欧洲西部，东部与德国为邻，南部与比利时相连，西部与北部濒临北海。荷兰的国土总面积为4.15万平方公里，海岸总长大约为1 075公里。

荷兰作为国家的名称，来自日耳曼语“霍特兰”一词。“霍特兰”原为荷兰的一个省，其字面上的含义应为“森林之国”。在正式场合，荷兰亦称“尼德兰”。“尼德兰”的本义，是“低地之国”。“堤坝之国”“风车之国”“花卉之国”和“西欧花园”等，都是世人给予荷兰的十分形象的美称。

荷兰目前的行政区划，是将全国划分为12个省，省下设立443个市镇。荷兰的首都是阿姆斯特丹。“阿姆斯特丹”的本来含义是“阿姆斯特尔河上的堤防”。在世界上，阿姆斯特丹素有“北方威尼斯”之称。事实上，阿姆斯特丹作为荷兰首都，主要是名义上的，该市的作用，主要是君主登基和重要庆典在此举行。荷兰的政府、议会和各国使馆都设在海牙。在荷兰语中，海牙的含义为“伯爵们的围场”，它的别称则是“欧洲最大最美丽的村庄”。

荷兰的全国总人口 2016 年大约为 1 702 万。在荷兰全国居民之中大约 90%以上的人是荷兰人，因此荷兰的主体民族就是荷兰人。此外，在荷兰还生活着弗里斯人。

荷兰的主要宗教是天主教与基督教。目前，在荷兰的全国总人口中有 29%的人信奉天主教，有 19%的人信奉基督教。

荷兰的官方语言是荷兰语。其货币为欧元。2016 年，荷兰人均 GDP 为 45 670 美元，在世界上列第 14 位。

荷兰目前实行的是君主立宪制政体。它是欧盟、北约组织与经合组织成员国之一。荷兰的国庆日是 4 月 30 日。其国徽格言为："坚持不懈。"

荷兰与中国两国外交关系的发展，曾经较为曲折。1954 年 11 月 19 日，荷兰与中国建立了代办级外交关系。1972 年 5 月 18 日，升格为大使级外交关系。1981 年 5 月 5 日，降格为代办级外交关系。1984 年 2 月 1 日，两国又恢复了大使级外交关系。

（二）社交礼仪

在人际交往中，荷兰人的所作所为大体上具有下列三个方面的特点。

（1）爱整洁，守秩序

荷兰人喜爱清洁，做事情讲究有板有眼，任何微小的细节都会被他们安排得井然有序、有条不紊。平时，他们喜欢按照精确的日程表，有计划地工作和生活，不大愿意临时去处理某件事情。

（2）性格直，办事快

荷兰人性格刚毅，为人爽快，办事果断，自信心甚强。平时，他们待人礼貌，而且还非常善于体谅他人。在与朋友相处时，他们乐于开诚布公、直言不讳，有时甚至还会不讲任何情面。对办事拖沓者，他们是非常看不起的。

（3）重节约，讲正统

荷兰人大都善于理财和赚钱。不仅如此，他们还十分节约，在商务谈判中，往往因此而斤斤计较。或许是荷兰的历史至今依然令荷兰人引以为荣，或许是因为荷兰是一个君主制国家，荷兰人平时处事保守，人人都讲正统，不论做什么事情都要正儿八经。对"游戏人生者"，荷兰人通常鄙视至极。

在交际场合，对待不同的对象，荷兰人所采用的见面礼节往往有所不同。在工作时，或是与因公相识者见面时，荷兰人大都会行握手礼。但是，他们即使在握手时，也十分介意自己能否保持风度，神态是否庄重，所以他们的握手在有些人看来，似乎热情不够，有点儿像是"例行公事"。

在日常生活中与他人见面，或是会见亲朋好友时，荷兰人则大都会同对方以拥抱为礼。他们对于关系亲密者，经常还会施吻面礼。荷兰人在行吻面礼时，一般要在对方的双颊上各吻一次。在某些地区，人们还讲究要在交往对象的双颊上交替轻吻三下。

荷兰人的姓名与欧美绝大多数民族一样，都是名字在前、姓氏居后。但是，他们的姓氏又有单姓与复姓之分。在一般情况下，仅从荷兰人的姓名上，就可以判断出其性别。在荷兰，男人的姓名多以辅音结尾，而妇女的姓名则以元音结尾。

根据习惯，荷兰妇女婚前姓父姓，婚后则改用夫姓。然而，某些荷兰的女权主义者为了显示自立和自尊，通常会在自己夫姓的后面再加上原来的姓氏，中间加一个连接号。这就是所谓复姓。

在荷兰，拥有爵位或封号，乃是一种荣耀。因此，拥有爵位、封号的荷兰人，往往会将自己的爵位、封号直接加在姓与名之间。

在与荷兰人打交道时，务必对其采用适当的称呼，他们对这一点特别在意，并且认为，礼貌而得体的称呼，可以加深人与人之间的感情交流。

称呼一般关系的荷兰人，可称其为"先生""小姐"或"夫人"。对熟人相称，可以直接使用其本名。对于关系密切者，则可使用其爱称。连姓带名一起称呼，往往多见于十分正式的场合。

在称呼国王或王室成员时，切勿随意而为。对女王，要称"陛下"，或"女王陛下"；对其他王室成员，则通常宜以"殿下"相称。

在与荷兰人进行交往时，务必对妇女表示出应有的尊重。这样做，既是因为荷兰人讲究"女士优先"，更是因为在 1890 年至 2013 年长达一个多世纪的时间里，荷兰连续由三位女王统治。

(三) 服饰礼仪

一般而言，荷兰人在正式场合，尤其是在对外交往中，穿着打扮与欧洲大陆其他国家大同小异：男士们通常都会西装革履，穿着庄重而保守；妇女们的衣着则往往典雅而高贵，她们要么会身穿简洁明快的职业装，要么会穿令其风姿绰约的长裙。

穿着传统服装的荷兰人，往往只有在乡村或是节日庆典、文艺演出中才能够见到。

在荷兰人的民族服饰之中，名气最大者当数木鞋。它是著名的"荷兰四宝"之一。男人身穿宽腿裤，女人身穿多层裙，脚上再穿上一双木鞋，曾经是荷兰人数百年"一贯制"的衣着模式。

荷兰人过去之所以爱穿木鞋，大概主要同该国的地理环境和气候条件直接相关。这种木鞋，是用一整块的木材雕刻而成的。它外观上多呈现为船形，鞋底很厚实，鞋头又尖又翘。穿这种木鞋的时候，荷兰人通常还会往鞋内填上一些干稻草。这样一来，它便冬可御寒，夏可防潮。

在荷兰的许多地方，男人们以蓄须为美，并且喜欢将自己的胡须修成“V”字形状，以显示自己的阳刚气概。不仅如此，那些蓄须的男子对于不蓄须的男子，经常还会加以歧视。

（四）餐饮礼仪

说荷兰人的饮食习惯在世界上独树一帜、极具特色，是一点都不夸张的。

荷兰人平时爱吃面食，但也不拒绝米饭。什锦炒饭和奶油炒饭，都是他们所爱吃的。在肉食方面，他们忌讳较少，牛肉、羊肉、猪肉、鸡肉都能吃。他们的口味较淡，爱吃偏甜、偏酸一些的菜肴，经常会吃冷菜。有趣的是，荷兰人习惯于将稍加腌制的生鲱鱼与洋葱末、柠檬混合在一起生食。他们对中餐十分欢迎。在荷兰，中餐馆几乎到处可见。

在人际交往中，热情好客的荷兰人大都喜欢宴请客人。由于荷兰人以晚餐为正餐，所以他们通常会将正式的宴请安排在晚上。与众不同的是，为了显示正规，荷兰人经常会将宴请安排在营业性餐馆之中举行。

请客吃饭的时候，注重礼仪的荷兰人讲究上菜必须依照其传统顺序依次而行，即第一道菜上鲜汤，第二道菜上蔬菜，第三道菜上肉菜，第四道菜上奶酪制品，第五道菜上点心与甜品。这一既定次序稍有错乱，就会被认做失礼。

荷兰人在设宴款待客人时，通常会上一道由土豆、洋葱、胡萝卜混合烹调而成的菜肴。客人们不仅一定要吃这道菜，而且届时务必郑重其事，并吃得津津有味，对其千万不要弃而不食或加以抱怨。原来，它属于荷兰人的“国菜”。据说1574年荷兰与西班牙交战时，这道菜曾救过一时无以为食的荷兰人的命，所以他们深深地对其怀有敬意。每年10月3日，他们一定会吃此菜，以便“忆苦思甜”。

在宴请时，作为“荷兰四宝”之一的奶酪，是荷兰人肯定会上的。不仅如此，平时他们也爱天天吃此物，甚至每餐必备。

由于盛产牛奶，所以久而久之它便成了荷兰人日常生活里的一种常规饮料。荷兰人天天都要喝牛奶，就如同中国人喝茶一样。荷兰所产的奶粉，也十分有名。不过，对于饮茶，他们却兴致不高。在待客时，荷兰人有时会上咖啡。与中国人“茶满欺客”的禁忌相仿，他们的讲究是：不可将咖啡斟满杯子，而以斟上三分之二杯左右为宜；否则即为失敬于人。

荷兰人在宴请客人时，用餐的速度之慢是有名的。他们的习惯是：要边吃边聊，连吃带喝。因此，跟他们一起吃上一顿饭下来，常常需要花上两三个小时。

（五）习俗禁忌

郁金香，是“荷兰四宝”之一。它不仅被确定为国花，而且深得荷兰人的喜爱。在荷兰，几乎家家都种植郁金香。它不仅是最受荷兰人欢迎的礼物，而且也是最佳的装饰品。在拜访荷兰人时，以送鲜花最好。但要送单数，并以五枝或七枝最合适。在荷兰，给关系一般的女士送双数的鲜花，乃是失礼的行为。

荷兰的国鸟是琵鹭。它是一种珍稀鸟类，外形与鹭相似。

荷兰的国石是钻石。

风车，也是“荷兰四宝”之一。过去在荷兰人的生活中，风车既是一种用于排水、磨面、锯木加工的工具，又被视为一种可用以传递信号或情感的媒介。在荷兰，风车若被摆成十字形，表示的是它正在恭候顾客上门。若是出殡的队伍通过风车附近时，则必须使之停止转动，以示哀悼。每年 5 月份的第二个星期六，还被荷兰人定为全国性的“风车日”。每到那一天，荷兰全国所有的风车都要启动旋转，供人们观赏。

荷兰人对于黄色十分喜爱，他们忌讳的数字主要是 13、666，忌讳的日期则是星期五。

在举止行为上，荷兰人有不少讲究。在赞扬别人很有头脑时，他们常以手指敲太阳穴来表示。在外人面前就座时，他们忌讳跷腿或抖腿。在男士与女士一同上楼梯时，他们的讲究是：男士在前，女士随后。在众人面前用牙签或手指剔牙，被他们看做最没有教养的表现。

平时，荷兰人不喜欢被人称做“海上马车夫”。由于在荷兰人中天主教教徒与基督教教徒的具体数量不相上下，所以在与其交谈时不宜涉及宗教信仰，尤其是这两个教派之间的差异与对立。金钱、物价、纳粹占领、美国问题以及荷兰与日本的历史纠葛等，也不宜与荷兰人谈及。在荷兰，同性婚姻与吸食大麻都是合法的，所以不宜对其非议过多。

七、罗马尼亚

（一）基本概况

罗马尼亚的正式名称，即罗马尼亚。它位于欧洲东南部的巴尔干半岛的东北部。其北部与东北部分别与乌克兰和摩尔多瓦为邻，南部与保加利亚相接，西南与西北分别与南斯拉夫和匈牙利接壤，东部濒临黑海。罗马尼亚的国土总面积大约为 23.84 万平方公里，海岸线则长 245 公里。

罗马尼亚作为国家的名称，来自该国主体民族罗马尼亚人的民族名称。从字面上讲，“罗马尼亚人”意即“从罗马来的人”，而“罗马尼亚”则意为“罗马尼亚人的国家”。作为世界上最大的芦苇产地之一，罗马尼亚有着“芦苇王国”的别称。此外，它还有“多瑙河上的珍珠”“欧洲粮仓”“金鹰之国”的称谓。

罗马尼亚的行政区划，是将全国分为41个县、1个直辖市。罗马尼亚的首都是布加勒斯特。这一名称是从英语转译而来的。在罗马尼亚语中，它本应为“布库雷什蒂”。“布库雷什蒂”一词，又由“布库尔”与“埃什蒂”两个词所组成。前者意为“欢乐”，后者则意为“城”。因此，“布加勒斯特”的含义是“欢乐之城”。

罗马尼亚的全国总人口2016年约为1 970万，由罗马尼亚人、匈牙利人、日耳曼人等25个民族所组成。罗马尼亚的主体民族是罗马尼亚人。在全国居民总数中，罗马尼亚人约占89.5%。由于罗马尼亚人属于拉丁民族，因此罗马尼亚又被视为东欧诸国之中唯一的拉丁民族国家。

罗马尼亚的主要宗教是东正教。在全国居民里，约86.7%的人信奉东正教。

罗马尼亚的官方语言是罗马尼亚语。其货币为列伊。2016年，罗马尼亚人均GDP为9 520美元，在世界上列第68位。

罗马尼亚目前实行的是总统制共和政体。它是欧盟和北约组织成员国之一。罗马尼亚的国庆日是12月1日。

1949年10月5日，罗马尼亚与中国正式建立了大使级外交关系。

（二）社交礼仪

罗马尼亚人性格开朗，待人热情，并善于交际。在人际交往中，他们往往会给人以一见如故之感。

在交际应酬中，罗马尼亚人所使用最多的见面礼节是握手礼。在与他人握手时，罗马尼亚人讲究一定要友善地目视对方，这被视为尊重对方的一个重要标志；否则，就会被理解为心不在焉、目中无人。

在罗马尼亚，相熟的男子相见时，还往往会相互抱一抱对方的肩膀；而相熟的妇女相见时，则大多还会相互拥抱，并亲吻对方的双颊。这两种见面礼节，罗马尼亚人在与别人进行初次交往时，一般并不会采用。

尊重老人、尊重妇女，是罗马尼亚人的古老遗风。在许多场合，向老人行脱帽礼、向妇女行吻手礼的现象，均比比皆是。

热情好礼的罗马尼亚人，在其人际交往中往往会主动跟别人打招呼，并且向交往对象致以亲切的问候。在打招呼或问候别人时，“您”“您好”等词语都是他们时常采用、不离于口的。在罗马尼亚，多用“您”而不用“你”，是称呼他人时的一种基本礼貌。

在罗马尼亚，人们最常采用的称呼是“先生”“小姐”“夫人”，或是职、衔。有些时候，上了年纪的罗马尼亚人还会使用“同志”这一称呼。而同辈的罗马尼亚人为了表示自己与交往对象的关系不同寻常，有时还习惯于彼此称兄道弟。

罗马尼亚人的姓名通常由两个部分所组成：其本名居前，而姓氏在后。在需要称名道姓时，罗马尼亚人的讲究是：在正式场合，应当称呼全称，或是其姓氏；在非正式场合，熟人之间大都可以直呼其名。假使交往双方之间的关系非比寻常，则还可以互称对方的爱称。

(三) 服饰礼仪

在正式场合中，罗马尼亚人一般讲究要穿深色的西装套装或套裙。妇女们有时也可以穿单色的连衣裙。

在日常生活中，特别是在节庆活动中，罗马尼亚人大多偏爱穿自己的传统民族服装。罗马尼亚人的民族服装尽管因为地区不同、民族不同而有所不同，但在总体上却都具有色彩绚丽的特征。在农业区，人们的衣着大多色彩鲜亮；而在牧区，人们的服装则以深色居多。在一般情况下，罗马尼亚人的服装注重的是：通过浓重的色彩对比与简洁的花边的使用，去取得其整体协调的装饰效果。

罗马尼亚男子大多爱穿宽袖的白衬衣，并且爱穿白色的裤子。他们的腰间往往会扎上一条宽皮带，或是华丽的编织腰带。在他们的衣裤上，绣花与镶边一般必不可少。天冷的时候，他们不仅爱戴黑色羊羔皮帽，而且还习惯于穿“摩尔多瓦皮袄”。后者除绣有众多的花纹、图案外，在缝合处还要嵌上山羊皮条，因而其外观十分华丽。

罗马尼亚妇女的传统民族服装通常上衣为袖管宽大、袖口收紧、绣花镶边的圆领罩衫，下装则为一里一外同时穿上的两条围裙。在乡村中，罗马尼亚妇女外出时有戴头巾的习惯。

在罗马尼亚，人们不分男女老幼，往往都爱穿黑色或棕色的羊皮夹克，它几乎成了当地一种长盛不衰的“时装”。

(四) 餐饮礼仪

罗马尼亚人的饮食习惯极具特色。在粮食方面，他们一般以面食为主，有时也爱吃一些土豆和玉米，但却不喜欢吃米饭。在当地，米饭仅仅可做配菜之用。

在肉食方面，罗马尼亚人爱吃牛羊肉，对于鸡肉、鱼、虾、禽蛋亦能接受，但喜欢吃猪肉的人则较少。罗马尼亚人最爱吃的肉菜，有土豆烧牛肉、炸牛排、红焖鸡等。

从口味上讲，他们饮食较为清淡，不喜油腻。一般而言，他们绝对不吃肥肉，不大吃海鲜，但却爱往菜肴之中添浇奶油。

在用餐时，罗马尼亚人有以下三大特色。

(1) 他们喜欢在餐桌上备盐与胡椒，以供在进餐时添加进菜肴之中，或是直接进行蘸食。

(2) 他们的用餐时间较长。在用餐时，罗马尼亚人讲究边吃边谈，有时还要听听音乐，或是载歌载舞。因此，其上菜的间隔时间较长，一顿饭吃上两三个小时并不新鲜。

(3) 他们习惯于饮用生水。不论佐餐还是日常饮用，罗马尼亚人都只喝生水，而绝对不接受开水。

在饮料方面，他们爱喝酒，也能饮茶。不过他们饮茶时，大都以一杯为限。

在迎接贵宾时，罗马尼亚人最隆重的礼节是：由主人家的一位姑娘托着盘子，来向客人敬献面包和盐。

(五) 习俗禁忌

罗马尼亚的国花是白玫瑰。

罗马尼亚的国石是琥珀。

罗马尼亚人非常喜爱白色与绿色，他们认为前者象征着光明、纯洁，后者则代表着美好、幸福。

在数目方面，对于 13、666，日期方面对于星期五，罗马尼亚人是深为忌讳的。

在日常生活中，罗马尼亚人对过堂风十分忌讳。在罗马尼亚，要是同时将客厅、餐厅两边的窗户打开通风，必会遭到干预。罗马尼亚人认定过堂风会令人生病。

在一般情况下，罗马尼亚人不会主动邀请交往不深者上门做客。若受到了罗马尼亚人上门做客的邀请，便意味着已被对方视为知心好友。

在拜访罗马尼亚人时，不宜擅自进入主人的卧室，或是坐在对方的床上。那样做，被视为对主人的不尊重。

罗马尼亚人的自尊心很强，因此在与对方交谈时，不宜涉及罗马尼亚的缺点或不足。宗教信仰、政党政治、经济状况、与苏联的历史关系等，均为罗马尼亚人所讳谈的问题。

当别人打喷嚏时，罗马尼亚人习惯于说上一声“诺罗克”，意即“干杯”。他们的本意是要预祝对方吉祥、健康，而不是真的要同对方干上一杯。

八、瑞典

(一) 基本概况

瑞典的正式名称，是瑞典王国。它位于北欧斯堪的纳维亚半岛的东部。其西部和西北与挪威交界，东北与芬兰接壤，东临波的尼亚湾、波罗的海，西南濒临北海。瑞典的国土总面积为 45 万平方公里，海岸线约长 2 181 公里。在北欧地区，瑞典是国土面积最大的国家。

瑞典作为国家的名称，是由古时在该国建立的斯维亚国的名称演化而来的。在古高德语中，“斯维亚”一词的含义是“亲属”。在世界上，瑞典是闻名遐迩的“森林之国”“千湖之国”和“福利国家”。

瑞典目前的行政区划是将全国分为21个省。瑞典的首都是斯德哥尔摩。在当地语言中，“斯德哥尔摩”意即“木头岛”。在世界上，它有着“北方威尼斯”之称。

瑞典的全国总人口2016年约为990万。瑞典的主体民族是日耳曼族后裔瑞典人。在全国居民总数中，瑞典人约占90%以上。此外，在瑞典还生活着少量的芬兰人、萨米人以及一些外国移民。

瑞典的主要宗教是基督教。在全国居民中，大约有90%的人都信奉基督教路德宗。

瑞典的官方语言是瑞典语。其货币为瑞典克朗。2016年，瑞典人均GDP为51 949美元，在世界上列第11位。

瑞典目前实行的是君主立宪制政体。它是欧盟与经合组织成员国之一。瑞典的国庆日是6月6日。

1950年5月9日，瑞典即与中国正式建立了大使级外交关系。

（二）社交礼仪

从总的方面来讲，瑞典人由于其所处的特殊的地理环境所决定，在性格上既乐观爽快，又沉默寡言；既乐于交际，又略显孤僻。

具体来说，在人际交往中，瑞典人大抵有着下述四个方面的基本特点。

（1）在待人接物方面，大都表现得内向、平静

他们善于控制自己的情绪，并且将此视为一种美德。在任何情况下，瑞典人都不会表现得气急败坏、忘乎所以，或痛不欲生。在他们看来，情绪易于激动，动辄疾言厉色，是没有涵养的表现。

（2）怯于社交应酬，喜欢独处

在其人际交往中，瑞典人往往表现得稳重温顺、含蓄持重。他们善于独善其身，不善于主动与人进行交际活动。

（3）很看重自己的面子

在其人际交往中，他们既注意使自己举止有方、以礼待人，又十分介意他人是否重视自己，能否给予自己以符合身份的礼遇。

（4）世界上最为守时的人

在交往应酬中，他们绝对不会误时失约，而且也难以容忍误时失约之人。

在社交场合，瑞典人采用最多的见面礼节是握手礼。在与外国人打交道时，他们尤其习惯于与对方互相握手。在与亲朋好友见面时，瑞典人往往会与对方拥抱、贴面，或是向对方脱帽、举手、点头致意。前者表示双方关系非同寻常；后者则意味着双方因经常见面而较为随意，却又不失礼貌。

在瑞典，人们不习惯于当众接吻，即使夫妻或恋人之间也很少会这样做。

与他人分手告别时，瑞典人习惯于大家首先握手道别，然后各自去取自己的外衣、手套，最后再离开。在他们看来，这一顺序天经地义，不这样做，即为失礼。瑞典人的这种做法，在世界上并不多见。

瑞典人的姓名一般由两个部分组合而成：名字在前，姓氏居后。有些出身于贵族之家的人，也有姓复姓的。需要称呼瑞典人的姓名时，通常宜称其姓氏。在较为正式的场合，则应当称其全称。只有在关系密切者之间，方可直呼其名。

在一般情况下，称呼瑞典人时可酌情称其为“先生”“小姐”或“夫人”。对于高级官员，宜以“阁下”相称。在称呼国王、王后时，则应称其为“陛下”。

（三）服饰礼仪

在正式的场合，瑞典人通常习惯于穿着深色的西装套装或套裙。瑞典的商人在出席晚宴时，不仅讲究身着礼服，而且还讲究一定要佩戴蝴蝶结。

在一般情况下，瑞典人对衣着不甚讲究。在中国人看来，他们的日常着装可以说是既随意，又不落伍。

瑞典人在出席传统的节庆活动时，有时还会身着民族服装。最为典型的瑞典人的传统衣着是：男子上穿短上衣和背心，下穿紧身齐膝或及踝的裤子，头上戴着平顶帽子或高筒礼帽。妇女则上穿衬衣和背心，下穿花色长裙，腰上有时还会拴上荷包式小袋。未婚女子一般不戴帽子，而已婚妇女则必须戴上一顶包头帽。在乡村中，有些瑞典人还会穿老式的木头鞋。

瑞典人不分男女，都有戴戒指的爱好。他们所戴戒指的图案，通常可以反映出其所从事的具体职业。例如，戴橡树叶图案戒指的，多为中学教师；戴桂冠图案戒指的，多为擦玻璃匠；戴斧头图案戒指的，则多为木匠。

（四）餐饮礼仪

瑞典人的主食一般以面食为主。在日常餐饮上，瑞典人有以下三个主要特点。

（1）爱吃生、冷之物

瑞典人爱吃鲜嫩的菜肴，因此他们上桌享用的菜肴往往半生不熟，而且大都又冰又凉。

（2）不大吃蔬菜与水果

这主要是因为瑞典地处寒温带，蔬菜、水果难以生长，并且价格昂贵之故。

（3）鱼肉多为主角

由于瑞典海岸线漫长，鱼类繁多，所以鱼肉往往在瑞典人的菜肴中充当主角。瑞典所产的鲱鱼罐头，以其臭无比而著名，它是用浓盐水所腌浸的鲱鱼经发酵后装罐所制成的。

瑞典人在其饮料的选择上也有两大特点：一是他们酷爱咖啡。咖啡被定为瑞典人的国饮，用他们自己的话讲，“每天可以不吃面包，但咖啡却不能不喝”，“不喝咖啡，就会睡不着觉”。二是他们一般不饮酒。这是因为该国乃是“禁酒之国”。不论外出就餐，还是在家中用餐，饮酒、售酒都有多种严格的限制，违者必受处罚。

在宴请客人时，瑞典人有着多种具体的讲究。在排列座次时，瑞典人习惯于请主宾坐在主人左侧。在祝酒时，客人必须在主人这样做过之后，才可以回敬对方。

（五）习俗禁忌

瑞典人最喜欢的鲜花是睡莲和白菊。这两种鲜花，都被瑞典人视为本国国花。此外，也有以铃兰作为瑞典国花一说。

瑞典的国鸟是乌鸫。

在色彩方面，瑞典人忌讳滥用黄色与蓝色。瑞典人所忌讳的数字主要是13、666，忌讳的日期则是星期五。

瑞典人普遍爱惜动物和环境。他们对于伤害鸟类、猫、狗，或者当众吸烟、乱丢废弃物的行为，都十分反感。

在与他人交谈时，瑞典人讲究既要正视对方，又不宜与对方相距过远或过近。在瑞典人看来，交谈者之间相距1米左右，才是最为恰当的。

在同瑞典人聊天时，不宜涉及王室、宗教问题，不宜询问对方的政治倾向或所属民族。对瑞典的“性开放”津津乐道，对瑞典古时的海盗之风再三提及，或是对其福利政策妄加评论，都会令瑞典人不满。同时必须指出，在瑞典，同性婚姻是合法的。

在拜访瑞典人时，不宜赠送过分贵重的礼品，也不宜以酒相赠。送花或糖果，则一般都会大受欢迎。

做客告辞时，瑞典人往往是要由主人提起“到此为止”的。客人要是再三辞行而主人毫无表示，会被视做无礼之举。

九、瑞士

（一）基本概况

瑞士的正式名称，是瑞士联邦。瑞士位于中欧南部，是一个多山的内陆国。它东部与奥地利、列支敦士登交界，西部与法国接壤，南部与意大利相连，北部与德国相接。瑞士的国土总面积大约是4.13万平方公里。

瑞士作为国家的名称，来源于该国国内一个州——施维茨——的名称。在古高德语中，“施维茨”意为“焚烧”，指的是烧林开垦出来的土地。也有人说，其本义是“畜牧业”或“乳品业”。此外，瑞士在世界上还有一个非正式的名称叫做“赫尔维第”。它来自公元前1世纪时生活于瑞士境内的一个古代高卢人的部落的名称。“欧洲的屋脊”“旅游业的摇篮”“博物馆之国”“世界花园”“钟表王国”等，都是流传于世的瑞士的美名。

瑞士的行政区划，目前是将全国分为26个州。瑞士的首都是伯尔尼。在当地语言中，“伯尔尼”的本义是“熊”。也有人认为，它的含义是“沼泽地”。在世界上，伯尔尼有着“熊城”“表都”等种种美称。

瑞士的全国总人口2016年约为837万。在全国居民之中，瑞士人约占77%，外籍人士约占22.6%。有趣的是，在瑞士并不存在一个统一的瑞士民族。瑞士人实际上是由德意志瑞士人、法兰西瑞士人、意大利瑞士人和雷托罗曼瑞士人四个民族所组成的。

瑞士的主要宗教是天主教和基督教。目前，在瑞士全国居民之中，信奉天主教和信奉基督教的人各占38.8%与30.9%。

瑞士的通用语言一共有四种，即德语、法语、意大利语和罗曼语。前三种语言亦为官方语言。在瑞士，也并不存在一种瑞士语。这是很有趣的一种现象。有鉴于此，在其邮票、硬币、汽车牌照上，凡涉及国名之处，均以瑞士古代名称的缩写“CH”代替。其货币为瑞士法郎。2016年，瑞士人均GDP为79 891美元，在世界上列第2位。

瑞士目前实行的是联邦制共和政体。它是永久中立国之一，同时也是经合组织成员国之一。尽管许多重要的联合国机构设在瑞士，许多重要的联合国会议在瑞士举行，但直至2002年9月10日，瑞士才加入联合国。瑞士的国庆日是8月1日。

1950年9月14日，瑞士即与中国正式建立了大使级外交关系。

（二）社交礼仪

在与瑞士人进行交往应酬时，需要注意下列两个方面的问题。

一方面，对待瑞士人切忌千人一面，一概而论。前面业已指出，在瑞士存在四个民族，但并不存在一个瑞士族；瑞士人使用四种语言，但却不存在统一的瑞士语。对于这一重要的民俗现象，务必做到心中有数。在同瑞士人打交道时，若能首先了解对方的民族归属和母语，并予以应有的尊重，无疑会对双方的交往大有裨益。

另一方面，瑞士作为一个主权国家，早已立国多年。尽管在其内部不存在统一的民族、统一的语言和统一的宗教信仰，但生活于瑞士的各族人在待人接物和风俗习惯上，还是有许多共性可言的。

从总体上说，在人际交往之中，瑞士人的所作所为往往显得比较保守。在同外人打交道时，他们通常会毕恭毕敬地使用“先生”“小姐”“夫人”或“您”一类的尊称去称呼对方。除非双方之间的关系十分密切，瑞士人一般不习惯直呼交往对象的名字，也不会对对方直接以“你”相称。

在同外人相处时，瑞士人一开始通常会略显严肃而拘谨。刚刚开始交谈时，他们还往往会字斟句酌，表现得有一些过分认真。但是，本性持重、含蓄的瑞士人，也具有自己善于交际的一面。随着与交往对象所进行的接触的深入，他们大都会慢慢地越来越显得自然而放松。实际上，瑞士人感情细腻、语言风趣、谈锋颇健，只不过通常为了保持风度，他们在外人面前含而不露罢了。

就见面礼节而论，瑞士人会见客人时习惯于使用握手礼。与熟人见面时，他们往往还会采用点头礼或脱帽礼。在熟人之间，有时也会使用一些更显亲切的见面礼节，例如，男子之间以拥抱为礼，妇女之间则互行贴面礼。

（三）服饰礼仪

瑞士人在服饰方面较为讲究。他们认为：一个人的穿着打扮，既要符合其身份，又要具有其个人特色。

就衣着而言，瑞士人在色彩、款式、面料等方面都有自己独到的眼光。在较为正式的场合，瑞士人忌讳着装过分鲜艳亮丽，他们觉得这样会给人以不稳重之感。此外，瑞士人通常对棕色服装比较反感，他们认定，穿棕色服装会令人感到不够庄重。

瑞士人在政务交往和商务活动中，通常讲究要穿西装套装或套裙。有地位、有身份的男士，则以穿三件套西装为宜。而在日常生活中，瑞士人的穿着则以朴素、随意为主要特色。有的瑞士姑娘平时甚至素面朝天，连淡妆也不化。瑞士人衣着的款式总体上并不时髦，但却十分讲究剪裁合体、优雅大方。

在瑞士人看来，服装的面料决定其档次。纯天然质地的面料，尤其是纯棉、纯毛、纯丝、纯麻等，被瑞士人视为服装面料之中的上品，而化纤面料则被看做低档货。在一般情况下，瑞士人大都不会穿以化纤面料制作而成的服装。

瑞士的各个民族都有自己的传统服装，然而当今它们仅见于节日或庆典之中，平时并不多见。最为常见的瑞士人的传统服装是：男子上穿大袖衬衫、短夹克，下穿过膝长裤；妇女则上着丝质上衣、天鹅绒背心，下穿大摆长裙。

瑞士人平时所佩戴的饰物不多。他们的习惯是：要么不戴首饰，要戴就戴“真货”。对于人造的珠宝首饰，瑞士人一般是难以认同的。

（四）餐饮礼仪

瑞士人在餐饮方面的讲究并不太多，他们平日主要是吃西餐。在主食方面，他们以面食为主，但也爱吃米饭。在肉食方面，他们非常爱吃鸡肉和蛋类，对于牛肉、羊肉、猪肉以及许多野味，往往也来者不拒。

在瑞士，有一种类似于中式火锅的菜肴，深受人们的欢迎。与中式火锅所不同的是，瑞士人所用于“涮”“煮”食物的并非汤锅，而是由融化后的奶酪所形成的油锅。

瑞士人平时爱吃蔬菜与水果。在瑞士人看来，土豆是一种最佳的蔬菜。他们吃起土豆来，可以变幻出多种花样。

瑞士人烹饪菜肴注重的是精工细作，讲究的是色、香、味、型。就数量而言，他们举办宴请所备的菜肴却简单至极。在瑞士，一道冷盘、一道汤、一道主菜，再加上一道甜品，往往就是宴请客人时所上的全部菜肴。在嘉宾光临时，瑞士人有时还讲究待之以“干奶酪、鸡蛋糊”，这是其传统的待客仪式之一。

比较而言，瑞士人对用餐时的酒水更为介意一些。他们普遍能饮酒，许多人喝起葡萄酒来就像喝水一样。在日常生活中，瑞士人往往将啤酒、葡萄酒与咖啡、红茶一样，当成普通饮料来喝。

对于肥肉、鱼翅、动物内脏以及过辣的菜肴，瑞士人通常是难以接受的。

在正式的宴请中，瑞士人对于餐桌礼仪非常地讲究。对中国人而言，在这方面主要应当注意下述三点。

(1) 在咀嚼食物、使用餐具时，无论如何都不要发出声响。

(2) 对于过热、过烫的菜肴或汤，千万不要直接用嘴巴去吹凉。

(3) 不要在餐桌上同瑞士人讨论有关减肥或者节食方面的话题。

(五) 习俗禁忌

瑞士人对火绒草深怀敬意，认为它象征着至高无上的荣誉。瑞士人不仅将其作为珍贵的礼品送给外宾，而且还以之作为本国国花。

瑞士人还对洋葱印象甚佳，不仅以其做成各种风味菜肴，而且还用它做成各种工艺品，甚至佩戴在自己身上。

瑞士人对动物十分爱护，但猫头鹰却不在其列。在瑞士，猫头鹰被视为一种祸鸟，并被用做死亡的标志。

瑞士的国石是水晶。

在色彩方面，瑞士人喜爱红、黄、蓝、绿、橙、紫等，并且偏爱红白相间、浓淡相间的二重色。对于黑色，他们则一般都会避免使用。

瑞士人最喜欢的吉祥数字是11。他们认为：几乎所有的好事情都与11相关。瑞士人忌讳的数字，主要是13、666，忌讳的日期是星期五。男士在向一般关系的女性送花时，一般不宜送三枝花。瑞士人认为，三枝花具有浪漫的色彩。

瑞士人很讲社会公德，并且对公共场合的卫生十分关心。将衣服、卧具悬挂于室外露天进行晾晒，在他们看来是极其不文明的行为。吸烟在瑞士也大受限制，该国规定：乘火车时，吸烟者须乘红色车厢，不吸烟者则可乘坐绿色车厢。

在公共场合，瑞士人喜欢保持安静，忌讳碰撞他人的身体。在瑞士人眼中，在与人交谈时，“窃窃私语”、娓娓道来才最有风度。

在与瑞士人交谈时，忌谈收入、职业、移民、堕胎以及议论别国内政。体育、旅游以及对瑞士所产的钟表、巧克力、军刀“三宝”的称道，则是瑞士人所欣赏的话题。在瑞士，同性婚姻是合法的。

十、西班牙

（一）基本概况

西班牙的正式名称，即西班牙。它位于欧洲西南部的伊比亚半岛上。其西部与葡萄牙为邻，东北与法国、安道尔接壤，北部面临比斯开湾，南部隔着直布罗陀海峡与摩洛哥相望，东部与东南则濒临地中海。西班牙的国土总面积大约是50.59万平方公里，海岸线长7 800多公里。

西班牙作为国家的名称，其出处众说纷纭。有人认为它出自迦太基语，意为“野兔国”。有人认为它源于巴斯克语，含义为“边疆”或“海洋”。还有人认为它来自腓尼基语，本义为“埋葬”，转义则为“埋葬着财富、矿产”。在世界上，西班牙被人们誉为“海上强国”“世界桥梁”“地中海陆地”“永不沉没的航空母舰”“欧洲果园”“橄榄王国”“欧洲菜场”“旅游王国”和“无雨之国”。

西班牙的行政区划，是将全国一共划分为17个自治区、50个省。西班牙的首都是马德里。它的得名来自10世纪阿拉伯于此建立的要塞“马吉里特”。人们称之为“旅游王国的中心”。

西班牙的全国总人口2016年约为4 644万。西班牙的主体民族是西班牙人，亦称卡斯蒂利亚人，约占全国居民总数的70%。西班牙的少数民族目前主要是加泰罗尼亚人、巴斯克人和加里西亚人。从总体上讲，西班牙各族人民均属于拉丁血统。

西班牙的主要宗教是天主教。在其全国居民之中，大约96%的人都信奉天主教。天主教是西班牙的国教。

西班牙的国语是西班牙语，亦称卡斯蒂利亚语。在加泰罗尼亚、巴斯克与加里西亚这三个少数民族地区，其各自的民族语言与西班牙语同为官方语言。其货币为欧元。2016年，西班牙人均GDP为26 640美元，在世界上列第34位。

西班牙目前实行的是君主立宪制政体。它是欧盟、北约组织、经合组织成员国之一。西班牙的国庆日是 10 月 12 日。其国徽格言：“海外还有大陆。”

1973 年 3 月 9 日，西班牙与中国正式建立了大使级外交关系。

（二）社交礼仪

受拉丁文化的影响，西班牙人在待人接物方面大都显得性格开朗、热情奔放、诚实爽快、淳朴豁达。在与西班牙人相处时，任何人都会为对方的鲜明性格所吸引。

与此同时，西班牙人又以自尊心和荣誉感强而著称于世。他们很讲面子，对任何可能冒犯其自尊的事情都十分敏感。许多时候，为了维护自尊与荣誉，他们宁肯遭受某种程度上的损失，也绝不愿意公开承认自己的过失。对于维护他们自尊与荣誉的人，西班牙人往往会知恩图报。

与法国人相似，西班牙人普遍认为：本国的语言是整个世界上最优美、最重要的语言。因此，在与西班牙人进行交往应酬时，会讲西班牙语的人定然会大受对方的欢迎，而且往往还会得到特殊的关照。

在政务或商务活动中，西班牙人讲究要互换名片。假如对方递上了自己的名片，而不回敬其一张，在西班牙人看来，是极其失礼的。需要注意的是，用于同西班牙人交换的名片，应当尽可能用西班牙语印制，此举通常意味着对对方的一种尊重。

在人际交往中，热情奔放的西班牙人十分健谈，因而聊天成了西班牙人与朋友相处时的主要活动方式和休息方式。不论在自家的客厅里还是在酒吧、咖啡屋，只要有两三个西班牙人聚在一起，往往便会畅聊，而且往往一旦开了头就没完没了。

西班牙人的聊天，可谓是一种地地道道的“信天游”，从他们最喜爱的斗牛、足球，直到时事政治、文学艺术、家庭琐事，往往会无所不包。当西班牙人找自己聊天时，应当尽可能地予以呼应。若届时不理不睬、三缄其口，定然会让对方非常难堪。

在外人看来，西班牙人在为人处世上略微显得有些粗犷急躁。此外，他们的时间观念也不太强。平日，他们生活得十分清闲。他们每天工作时间甚短，休闲、娱乐的时间却甚多。有位外国作家曾就此议论说：“西班牙人只有在观看斗牛比赛时，才会准时到场。”不论怎样讲，在与西班牙人相处时，对他们的这一特点务必要有心理准备。

西班牙人所采用的见面礼节非常之热烈：男士之间通常要相互搂抱对方的肩膀；妇女之间则不仅要相互拥抱，而且还要互吻对方的双颊。只有在官方活动中，西班牙人才会采用握手礼。

虽说西班牙人待人豪放，但他们却很注意使自己在大庭广众之下举止有度。

在西班牙，通常男女不会当众接吻，因为此举被视为伤风败俗。

在正常情况下，西班牙人的姓名均由四部分组成，其中前两个部分是本人的名字，第三部分是其父姓，第四部分则为其母姓。通常，称呼西班牙人的姓名时可采用简称，即或是称呼其父姓，或是将其名字的头一部分与父姓连在一起称呼。在西班牙人所用的名片上，其母姓往往必不可少。

在西班牙，对一般人可称“先生”“小姐”“夫人”，或将其与姓名、职衔、学位连称。对于国王、王后，应当称其为“陛下”。对于王子、公主，应当称“殿下”。对于高级官员，则宜以“阁下”相称，或将其与职位连称。

（三）服饰礼仪

在较为正式一些的场合，西班牙人对于自己的穿着打扮是较为重视的。在一般情况下，他们还往往喜欢在这一方面墨守成规。

西班牙人在商务往来中对交往双方的衣着十分介意。他们的讲究是：最好要穿式样保守的深色西装，配以白色衬衣，并且务必选择图案庄重的领带和黑色系带皮鞋。有意思的是，西班牙人对黑色服装十分偏爱。他们认定：一个有教养的人，在其办公时间必须穿黑色皮鞋。穿棕色、灰色、白色或双色皮鞋，均被其视为失礼。

西班牙妇女在人际交往中大都忌穿裤装，而一定要穿素色的套裙或连衣裙。在商务场合，她们必定要穿套裙，并配以皮鞋。即使在穿时装或礼服时，她们也会有意回避鲜艳亮丽之色。在一般情况下，她们的衣着大多讲究高雅、朴素，很少会盛装而出。

西班牙妇女在外出社交之前，大都要化妆并选戴首饰。在该国，妇女参加交际应酬时是不能不戴耳环的，否则便会处处引来他人大惊小怪的目光。原来，西班牙人居然认为，妇女外出而不戴耳环，无异于一个正常人外出而不穿衣服！

（四）餐饮礼仪

西班牙人对于吃喝极其讲究。他们觉得，不懂得吃喝，做人就会失去乐趣。平时，他们不仅自己想方设法大饱口福，而且往往还习惯于请客吃饭。拒绝西班牙人赴宴的邀请，或对于吃喝毫不讲究，往往就会被其看做不近人情。

在世界各国中，西班牙的节日之多是出了名的。西班牙人差不多每个月都有好几个节日，而且几乎所有的节日都与其大饱口福有关。在西班牙人看来，所谓过节，其主要的目的就是要饱享美味佳肴。所以西班牙有一句人人皆知的民谚，叫做“饱口福，过节日”。

有趣的是，在西班牙，竟然还有口福节、烹调节、螃蟹节、苹果节、草莓节、葡萄酒节等直截了当地以食物或吃喝所命名的节日。每逢此类节日来临，西班牙人自然而然会名正言顺地大吃特吃一通。

在一般情况下，西班牙人的日常饮食以面食为主，并且爱吃鱼肉、羊肉、牛肉、猪肉以及虾、蟹。对于猪的内脏，他们亦能接受。西班牙人不爱吃油腻、过咸的菜肴，又酸、又辣、比较鲜嫩的菜肴则大受其欢迎。有时，他们甚至会生吃洋葱、辣椒和西红柿。

西班牙的名菜不胜枚举，其中比较著名的有烤乳猪、烤羊肉、熏香肠、鳗鱼馅饼以及海鲜饭等。以伊比利亚里猪后腿所制作的干腌火腿十分著名，它通常可以切片生食。

在饮料方面，西班牙人爱喝矿泉水、咖啡、啤酒和葡萄酒。西班牙的葡萄种植面积世界第一，因此西班牙人十分爱喝葡萄酒。当他们喝汤时，一定要喝冷汤，而不像中国人那样爱喝热汤。

西班牙人通常以午餐作为正餐，而其早餐与晚餐则大多较为简单。吃午餐时，西班牙人往往要求全家人聚在一起。因此，西班牙的大部分机关、单位每天下午 1 点半至 4 点半都要停止办公或营业，以专供人们回家去聚餐。

根据民俗，西班牙人在除夕之夜人人都要喝蒜瓣汤，并且要在新年钟声敲响时每人吃上 12 粒葡萄。前一种做法，是为了祈求来年万事遂心如愿；后者，则是为了预祝自己在新的一年的 12 个月里，月月诸事顺利。

（五）习俗禁忌

西班牙人非常喜爱石榴花，它被定为国花，并被视为富贵与吉祥的象征。在该国国徽里，也有着一个红色的石榴图案。在西班牙，鲜花乃是人际交往中送礼的佳品。但是，被其他欧美国家的人士视为“爱情之花”的红玫瑰，除了被西班牙人用以送给演员与女朋友之外，以其送给其他女性，通常也是许可的。平时所不允许送给西班牙人的鲜花，主要有菊花与大丽花两种，因为两者在西班牙均被看做死亡的化身。

在西班牙，雄鹰与狮子都深受人们的宠爱。充满了“刀光剑影”的斗牛活动，不仅是一项融力量、胆识、技巧于一体的竞技运动，而且也是西班牙人机智勇敢、好武尚斗精神的直接写照。在西班牙，斗牛活动已被视为“国粹”，几乎每个西班牙人都乐此不疲。在西班牙人眼中，著名的斗牛士自然是自己的偶像。

在色彩方面，西班牙人最为欣赏的是象征吉祥的红色、象征高贵的黄色和象征庄严的黑色。

在数字方面，西班牙人非常忌讳 13、666，日期方面则忌讳星期五。他们认为：遇到这类数字或日期，往往会使灾难或厄运临头。

西班牙人在日常生活中对花卉、石榴百看不厌，但对于山水、亭台和楼阁，却很不喜欢。

与西班牙人交谈，不宜对天主教和斗牛活动予以非议，不宜将西班牙政治与外国政治进行比较，或是对其国内的政治纠纷、恐怖主义活动或民族问题予以涉及。出于尊重交往对象的考虑，西班牙人一般轻易不对别人说“不”字。对在该国属于合法的同性婚姻，亦不宜加以非议。

西班牙人在需要提醒别人“当心”或“注意”时，通常会将其左手的食指先放在自己的下眼睑上，然后往外一抽。

在过元旦的那一天，西班牙人认为小孩子打架、骂人或是哭哭啼啼，都是不祥的预兆。为了不让小孩子们这样做，在这一天大人们往往会对小孩子有求必应，刻意讨好。

十一、希腊

（一）基本概况

希腊的正式名称，是希腊共和国。它位于欧洲东南部的巴尔干半岛的最南端。其北部与保加利亚、马其顿、阿尔巴尼亚交界，东北与土耳其接壤，西南濒临爱奥尼亚海，东部面临爱琴海，南部隔地中海与非洲大陆相望。希腊的国土总面积为13.2万平方公里，海岸线长达15 021公里。

作为国家的名称，希腊源于意大利语，指的是一个部落的名称。“希腊”一词，可被解释为“值得尊敬的人”或“希伦人居住的地区”。在世界上，希腊拥有“西方文明的摇篮”“奥运故里”“航运大国”和“海员之国”等美称。

希腊目前的行政区划，是将全国分为13个大区、52个州。希腊的首都是雅典。据称，它是因古代神话传说中的女神雅典娜之名而得名。

希腊的全国总人口2016年约为1 075万。在其全国居民之中，主体民族希腊人占98%以上。此外，还有马其顿人、阿尔巴尼亚人、土耳其人等少数民族。

希腊的主要宗教为东正教。在全国人口中，约有98%的人信奉东正教。东正教是希腊的国教。

希腊的官方语言是希腊语。其货币为欧元。2016年，希腊人均GDP为17 930美元，在世界上列第43位。

希腊目前实行的是内阁制共和政体。它是欧盟、北约组织成员国之一。希腊的国庆日是3月25日。其国旗格言：“不自由，毋宁死。”

1972年6月5日，希腊与中国正式建立了大使级外交关系。

（二）社交礼仪

在与外人打交道时，个性鲜明的希腊人往往会表现出如下三个特点。

（1）热情爽快，礼貌友好

热情爽快、礼貌友好，是希腊人待人接物时表现出来的首要特征。与此同时，他们也往往容易情绪激动，经常会跟别人发生争吵。不过，希腊人的脾气来得快，去得也快。在与别人争吵之后，他们平息起来往往较为容易。事情一过，希腊人便会若无其事，甚至立刻会脸上挂满笑容。与其进行人际交往，这类小小摩擦似乎不会构成影响。对希腊人的这种脾气，必须心中有数，不然到时对对方较起真来就没有意思了。

（2）待客时无比真诚

有时，希腊人的慷慨大方会令人难以置信，甚至还会叫客人手足无措。在希腊，广为流传着一句民谚："人也罢，神也罢，进了家门以后都应该被当成神来接待。"在该国，不论准点赴约的客人还是突然到来的不速之客，主人都会奉若上宾、热情款待。在待客时，希腊人通常会取出家中最好的食物请客人品尝。有时，他们还会邀请客人与自己一同起舞。如果此刻加以拒绝，是很不礼貌的。

（3）喜欢说说笑笑，并且表现得落落大方

一般而言，希腊人口才甚佳，许多人都能言善辩，极爱与他人"摆事实，讲道理"。除此之外，他们还天性幽默，不拘小节，爱开玩笑。当希腊人说说笑笑时，假若其他人毫无反应，便会令其感到难堪。

在希腊，人们所使用最多的见面礼节是握手与拥抱。前者适用于一般场合，后者则多见于亲友之间。亲吻礼在希腊人中间也被广泛地采用。在行亲吻礼时，希腊人一般是不分男女的。

在称呼希腊人时，需要具体情况具体对待。对于熟人，可以直呼其名。对于长辈，则宜采用尊称，也可以称其为"大叔"或"大婶"。对于官员，可称其为"先生""阁下"。将这两种称呼分别与其官衔相连，或是将其姓名与官衔连在一起亦可。

（三）服饰礼仪

希腊人的服饰，在其总体上对端庄、整洁最是强调。在社交场合露面时，每个人都必须穿戴得整整齐齐、大大方方，否则就会被他人看不起。

在参加正规的交际应酬时，希腊人一般讲究要穿深色的西装套装或套裙。而在日常生活中，人们则大多穿着较为简单，T恤衫、花衬衣、牛仔裤、羊皮夹克等，都是希腊人所常穿的服装。目前，穿运动装已是希腊时尚一族的普遍选择。

相对而言，希腊妇女的服装比希腊男子的服装更其特色。在一般情况下，她们不喜欢过分暴露躯体的服装，而是爱穿长裙，并且爱戴头巾。此外，她们对服装的色彩、图案十分重视，色彩鲜艳、图案别致的服装，往往最受其欢迎。

希腊马其顿地区的妇女，有以自己所穿上衣的花边的色彩来显示婚否的习惯。在当地，穿绿色花边上衣者，多为待嫁的少女；穿白色花边上衣者，多为新娘；而穿淡紫色花边上衣者，则多是寡妇。

在希腊人的生活中，手帕发挥着很重要的作用。人们外出散步时，喜欢将它夹在白色短衫中间，以示气派。男士在社交场合身穿深色西装露面时，大都爱在左侧上衣口袋里插上一块手帕，以做装饰。就是在跳舞之时，希腊人也爱将手帕充做道具，挥来挥去。但是，在公共场合当众用手帕擦鼻涕，则被其认定为失礼。

（四）餐饮礼仪

希腊人的饮食极具民族特色。平时，他们以面食为主，对于米饭也能够接受。他们所吃的菜肴常以柠檬汁、番茄汁和橄榄油烹制而成。它既不像法国菜那样十分油腻，也不像中国菜那样需要放入许多佐料。

用大米、牛奶、桂皮做成的奶米饭，用面粉、奶油、茄子、番茄汁烤成的方糕，用面粉、菠菜制成的菠菜饼，以及夹有烤肉、洋葱的面包，都是希腊人餐桌上的佳品。

在肉食方面，希腊人爱吃牛肉和羊肉。在当地，“煮羊头”被视为一道大菜，经常用来招待客人。在火上烤熟的不加任何调料的鱼肉，也是他们很爱吃的。

一般而言，希腊人大都能喝酒。不论午餐还是晚餐，但凡有可能，他们就要喝上两口。饮酒微醉，在希腊人看来是不失风度的。

希腊人最喜爱的饮料是咖啡。他们早上起来要喝咖啡，工作累了要喝咖啡，客人来了也要上咖啡。希腊人所饮用的咖啡较为特别，它是在先磨成粉状后，再冲泡在大杯子里的；看上去连渣带水，好似浓浆；喝的时候，一定要连渣一起咽下去。平时，希腊人喝咖啡很费时间，他们往往一杯咖啡会喝上一个小时。

吸烟，在希腊几乎是人人都有的习惯。希腊人不分男女老少，差不多人人都有不小的烟瘾。

（五）习俗禁忌

希腊人将橄榄树视为和平与智慧的象征，认为橄榄枝可以给人们带来平安、友谊与好运。因此橄榄花被正式确定为希腊的国花。有时，香堇也被视为希腊的国花。

希腊的国石是蓝宝石。

马蹄铁在希腊被看做最灵验的护身符，希腊人认为：它不仅象征了幸运，而且具有驱魔避邪的神奇力量。大蒜与石榴在希腊人心目中有很高的地位。在过年之际，他们通常会将大蒜与石榴挂在墙上，以示“驱除邪恶”。

在希腊的传统民俗中，蛇被视为神灵，盐被当成了圣物，两者都广受人们的尊重。但是，希腊人一般都是不养猫、不玩猫的，他们认为：猫会引导着人们下地狱。

在色彩方面，希腊人喜爱黄、绿、蓝、白各色，认为它们代表着积极向上。他们所不喜欢的，主要是被视为死亡征兆的黑色。

希腊人所不喜欢的数字，是13、666，不喜欢的日期是星期五。

喜欢摄影的人到了希腊务必注意，希腊有许多地方，例如名胜古迹等，都不许拍照。希腊官方还特别规定：未经许可，不得随意支起三脚架进行拍照，不然就会遭到惩处。

在日常生活中，希腊人还有以下三个值得重视的特点。

（1）**非常爱睡午觉**

每天下午的两点至五点，被称为希腊人“不设防的时间”。在这段时间内，机关不办公，商店不营业，人人都要回家去睡午觉。此刻不宜上门打扰，或是打电话。

（2）**家庭观念极强**

希腊人习惯于一家人一起生活、一起工作，并且以此为荣。

（3）**所拥有的物品切莫轻易予以称道**

对希腊人所拥有的物品切莫轻易予以称道，因为如此一来，慷慨大度的希腊人通常就会当即以此物相赠，届时如不接受往往还不行。

希腊人的形体语言不仅丰富，而且也非常特殊。他们在表示“不同意”时，头会向上仰。而他们歪着头时，则大半是在表示肯定之意。他们的这一做法被人戏称为：“点头不算，摇头算。”

平时，希腊人很爱咬舌头。这只是用以表示一种希望，或是在发出一种信号，并不存在恶意。

在希腊，久久凝视别人，会被对方理解为瞧不起对方，或是不怀好意。在跟希腊人相处时，有两种手势不能用。一是不可掌心向外招呼对方，它被理解为“下地狱”。二是不能以拇指、食指构成O型，它在希腊被视为与“性”相关。

希腊人将人的头部视为灵魂之所在，并且将鼻孔看成是灵魂的孔道，因此他们认为人打喷嚏是不吉利的事情。在他们看来，打喷嚏不但会使灵魂不得安宁，而且还有可能使得灵魂出窍。早上起床的时候，希腊人尤其听不得打喷嚏。他们觉得：那样一来，一整天都会碰上倒霉之事。

单从大笑上来观察，是难以明白希腊人的真情实感的。他们不但高兴时大笑，发怒时往往也会大笑。

在希腊，人们经常喜欢对别人飞吻。据说，飞吻最早就是起源于古希腊的。

在希腊的一些地区，人们表示告别时的做法是以手背朝向对方招手，而招呼别人过来的做法则是右手手腕弯拢，朝自己胸前来回晃动。

在与希腊人交谈时，对其悠久的传统、灿烂的文明、杰出的贡献、历史上的伟人等加以提及，往往会让对方高兴不已。有关塞浦路斯、马其顿以及国际关系中其他对希腊有争议的问题，则应避免涉及。国际地位、经济滑坡、政党纠纷与难民接收问题，亦不应与希腊人探讨。

希腊人在谈话时，非常忌讳别人中途插嘴。他们认为，静待对方先把话说完，是一种必要的礼貌。

十二、匈牙利

（一）基本概况

匈牙利的正式名称，是匈牙利共和国。匈牙利位于欧洲中部，地处多瑙河中游，喀尔巴阡山盆地中央，是一个内陆国家。它东部、东北部分别与罗马尼亚、乌克兰接壤，西部与奥地利交界，北部与捷克、斯洛伐克毗连，南部则与斯洛文尼亚、克罗地亚、塞尔维亚和黑山共和国为邻。匈牙利的国土总面积约为 9.3 万平方公里。

作为国家的名称，匈牙利来源于该国主体民族匈牙利人的族称。在古代，匈牙利人自称为“马扎尔”，意为“当地人”。由于外人将其视为匈奴人，故称该国为匈牙利。在土耳其语中，“匈牙利”的本义是“十个部落”。

匈牙利目前的行政区划，是将全国划分为 19 个州、24 个州级市。匈牙利的首都是布达佩斯。布达佩斯有“东欧巴黎”“多瑙河女王”和“多瑙河玫瑰”之称，它实际上是由横跨多瑙河的两座城市——河西的布达与河东的佩斯——所组成的。

匈牙利的全国总人口 2016 年约为 982 万。在全国居民中，作为主体民族的匈牙利人约占 90%，此外还有德意志人、斯洛伐克人、罗马尼亚人、塞尔维亚人、克罗地亚人、斯洛文尼亚人等。在匈牙利，匈牙利人的正式名称应为马扎尔人。

匈牙利的主要宗教是天主教。在全国总人口中，大约有 66.2%的人信奉天主教。此外，约有 17.9%的人信奉基督教。

匈牙利的官方语言是匈牙利语。其货币为福林。2016 年，匈牙利人均 GDP 为 12 815 美元，在世界上列第 58 位。

匈牙利目前实行的是总统制共和政体。它是欧盟与北约组织成员国之一。匈牙利的国庆日是 8 月 20 日。

1949 年 10 月 6 日，匈牙利与中国正式建立了大使级外交关系。

（二）社交礼仪

由于匈牙利人绝大多数都是马扎尔人，因此匈牙利人的社交礼仪基本上可以说与马扎尔人的社交礼仪是画等号的。这是匈牙利人的社交礼仪的基本特点之一。

由于马扎尔人以前是自亚洲的西伯利亚地区迁徙过去的，因此其传统习俗之中既保留了亚洲民族的某些特征，又受到了欧洲民族的深刻影响。这种习俗上的东西合璧，可以说是匈牙利人社交礼仪的又一个基本特点。

在与匈牙利人进行交往应酬时，了解上述两个方面的基本特点，对自己会有一定的帮助。

在其人际交往中，匈牙利人举止文雅，谈吐礼貌，性情幽默，爱开玩笑，处世认真，待人真诚。任何人对于这一点，都会留下深刻的印象。在其商务交往中，他们则十分重视商业道德，讲究穿着，非常在乎遵时守约。

匈牙利人在交际场合，一般都是与交往对象握手为礼。除此之外，匈牙利人在与亲朋好友相见时，还会采用下列见面礼节：男子可以向妇女行吻手礼，妇女可以向他人行屈膝礼，妇女之间则可以互行拥抱礼或亲吻礼。

匈牙利人的姓名基本上与中国人的姓名相类似，两者都是姓氏在前，名字居后，由两个部分所构成。在成婚之前，匈牙利妇女一般姓父姓；而在结婚以后，她们则改用丈夫的姓氏，只不过需要在姓氏或名字之后加上一个“妮”字，以示与丈夫的区别。

在称呼匈牙利人时，需要注意下列四点。

(1) 匈牙利人不喜欢被称为“匈牙利人”，而是喜欢“马扎尔人”这一称呼。对此最好予以尊重。

(2) 匈牙利人对于外来的客人以及有身份的人，往往习惯以“您”相称，而不大使用“你”字。值得一提的是，在匈牙利语中，表示“您”这一尊称时所用的词，是第三人称单数。不了解这一点，当匈牙利人尊敬地以“您”相称自己时，往往会误认为这是对方在同别人打招呼。

(3) 在称呼匈牙利人时，通常只称其姓，不呼其名。只有在双方关系甚佳时，才可以称呼对方的名字。在需要称名时，还必须注意：对妇女，宜称其婚前的名字；对长辈，宜冠以“大叔”“大婶”一类表示辈分的词；对孩子，则可加上一个“小”字，或是称呼其爱称。

(4) 匈牙利人在其正式交往中，往往会使用“先生”“小姐”“夫人”或是职务、学衔作为尊称。但是，“同志”这一称呼，在匈牙利往往也是不绝于耳的。

（三）服饰礼仪

一般而论，匈牙利人的穿着打扮很有品位。他们最重视之处有二：一是要保持服装的干净与整洁；二是要注意服饰的协调与搭配。匈牙利人认为：一个连个人服装的整洁都做不到的人，是不值得他人尊重的。而一个具有良好教养的人，也不可能不注意自己服饰的协调与搭配。

在较为正式的场合，匈牙利人大都讲究男子要穿着式样庄重、保守的西装；妇女则通常会以西装上衣配上长裙，或是穿连衣裙。

匈牙利人在日常生活中的着装，主要讲究随意、自然与方便。与欧美许多国家的情况大体相似，匈牙利人平常也非常爱穿牛仔裤、T恤衫和夹克。

在欢庆传统节日时，匈牙利人往往会身穿本民族的传统服装。它们往往款式各异，但色彩大都鲜艳亮丽。

在订婚之时，匈牙利人的传统做法是：男方要送给女方一枚金戒指，而女方则须回赠男方一个花环。

匈牙利人在辞旧迎新时，有时还会头戴羊头牛面、肩背装有麦种的布袋、身穿白羊皮袄举行假面游行活动。

（四）餐饮礼仪

匈牙利人的饮食习惯既有欧洲人的特色，又具有明显的亚洲人的风格。

在主食方面，匈牙利人以面食为主，并且对面包百吃不厌。对于大米、玉米等，他们平时则很少会吃。土豆牛肉汤，通常受到匈牙利人的普遍欢迎。

在肉食方面，匈牙利人极爱吃猪肉。牛肉、鸡肉、鱼肉在其餐桌上的地位通常都是低于猪肉的。过新年时，匈牙利人有吃烤乳猪的习惯。在他们看来，猪头象征着幸福与兴旺，是宴席上不可缺少的。

匈牙利人大都爱吃味厚、油大的菜肴。他们爱吃味道偏酸的菜，并且爱往菜里加辣椒。

在饮料方面，匈牙利人能饮酒、爱喝汤，但其平时不怎么喝茶。对红葡萄酒，匈牙利人最为推崇。埃格尔所产的红似牛血的红葡萄酒，人称“牛血酒”，在匈牙利名气最大。

在一般情况下，匈牙利人忌吃海参、鱼翅、龟、蟹等物，也不大吃菠菜、萝卜以及带有骨和刺的菜肴。

在除夕之夜，匈牙利人忌吃鱼类和飞禽。他们认定：吃了这些东西，自己的吉祥与幸福就会像鱼儿一样溜走，像飞禽一样飞掉。

在招待匈牙利人时，一般不宜上面条、通心粉和糊状食物，否则就会被视为过于吝啬，待客缺乏诚意。

（五）习俗禁忌

匈牙利人非常喜欢郁金香，称其为“百花皇后”，并且选定其为国花。

在日常生活中，匈牙利人认为大蒜和食盐具有消灾避邪的功效。他们往往会为此将大蒜放在孕妇床上，将食盐撒在新房里。

匈牙利人认为：白色是吉祥的色彩，而黑色仅仅适用于丧葬。见到黑色的猫，被他们当做倒霉之事；见到了白猫，则会令其欣喜。

匈牙利人特别讨厌 13、666、星期五等数字与日期。在安排座位时，他们通常是忌讳出现单数的。

打碎玻璃制品，尤其是打碎了镜子，在匈牙利人看来，乃是一种不祥的兆头。

在方位方面，匈牙利人是讲究“右高左低”的。他们出门要先迈右脚，递东西要用右手。在谈到自己心情不好时，他们往往会说：“我早上起床时左脚先着地。”说一个匈牙利人是“左撇子”，在对方听起来，如同骂他是“笨蛋”一样。

出门之后如果发觉自己忘记携带了某样物品，匈牙利人一般不会回家去取。那样做的话，他们认为会凶多吉少。

十三、意大利

（一）基本概况

意大利的正式名称，是意大利共和国。它位于欧洲南部，包括亚平宁半岛以及西西里、撒丁等岛屿。其北部与法国、瑞士、奥地利、斯洛文尼亚接壤，东部、南部、西部三面分别濒临地中海的属海亚得里亚海、爱奥尼亚海和第勒尼安海。意大利的全国总面积大约为 30.13 万平方公里，海岸线约长7 200公里。

意大利作为国家的名称，译自英语。在意大利语中，它应为“意大利亚”。“意大利亚”一词，则出自古时人们对意大利的称呼“维大利亚”。“维大利亚”的本义是“小牛生长的乐园”。此外还有一种说法，认为“意大利”这一名称来自该国一个古代部落首领的名字。也有人说，其含义为“牧羊场”。在世界上，意大利有着“欧洲花园”“旅游之国”“航海之国”和“欧洲炼油厂”等美称。

意大利目前的行政区划，是将全国一共划分为 20 个行政区、103 个省。意大利的首都是罗马。它是古罗马帝国的发祥地，其得名出自古希腊传说中该城的创建者、战神马尔斯之子罗马路斯之名。因为该城建在七座山丘之上，故有“七丘城”之称。因为它拥有大量的古罗马宏伟建筑和文艺复兴时期的精美雕塑，全城犹如一座历史与艺术的博物馆，亦有“博物馆之城”的雅称。有趣的是，古罗马帝国在我国古代被称为“大秦”。

意大利全国的总人口 2016 年约为 6 060 万。意大利的主体民族是意大利人，约占全国居民总数的 95%。此外，在该国还生活着少量的费留利人、拉丁人、法兰西人和奥地利人。

意大利的主要宗教是天主教。根据1929年意大利政府与罗马教廷签订的《拉特兰条约》的规定，天主教为意大利的国教。目前，在意大利全国人口中，有90%以上的人信仰天主教。

意大利的官方语言是意大利语。在个别边境地区，也有一些人讲法语或德语。其货币为欧元。2016年，意大利人均GDP为30 675美元，在世界上列第29位。

意大利目前实行的是内阁制共和政体。它是欧盟、北约组织、八国集团、二十国集团、经合组织成员国之一。意大利的国庆日是6月2日。

1970年11月6日，意大利与中国正式建立了大使级外交关系。

（二）社交礼仪

在人际交往中，意大利人往往会表现出其许多独特之处。在与意大利人打交道时，尤其需要对其国家观念、民族观念、宗教观念、身份观念和时间观念，有一定程度的了解。

（1）国家观念

意大利人的国家观念，并不是很强。由于现代意大利统一的时间不过才140多年，而且该国北部与南部地区经济发展水平相差悬殊，在一般情况下，意大利人的国家意识较为淡薄。他们平时很少会提到自己的国家，尤其对本国的国名提及甚少。即使在国际交往中提及自己时，意大利人也大都只提到自己是某某地区的人，而很少会自称“意大利人”。

（2）民族观念

平时，意大利人具有极强的民族自尊心。在其言谈话语中，他们往往会对本民族悠久的历史津津乐道，并且为自己的国家昔日曾经是整个世界的“主人和老师”而无比骄傲。对意大利往日的辉煌稍有异议，都会令其怒发冲冠。不仅如此，大多数意大利人，特别是意大利商人，都不会讲通行于世界的英语，他们并不认为这有什么不好。

（3）宗教观念

意大利人的宗教观念极强。作为国教，天主教在意大利的影响极其巨大，各种天主教机构遍布于全国。仅在首都罗马，就有300多座教堂和7所教会大学。而全世界天主教的中心——教皇及其教廷——就位于罗马老城西北角的梵蒂冈。在意大利，大多数人不仅虔诚地信奉天主教，严格地恪守教规，而且还真心实意地认为教会拥有至高无上的精神力量。实际上，天主教教会在意大利扮演着意大利人日常生活中的统治者与指导者的角色。在该国，教会的势力无可比拟，往往说一不二。

受教规影响，意大利的宗教性节日特别多，不但有圣诞节和复活节，而且还一定要过圣母节、降灵节、耶稣升天日、圣母升天日以及狂欢节等。每逢重要的宗教节日，按政府的规定都要放假，以便让人们尽情欢乐。而今，意大利的许多重要的宗教性节日，已经逐渐演化为普天同庆的民俗性活动。在一年之中，意大利居然有122天之多的节假日。

（4）**身份观念**

由于历史悠久、尊重传统，意大利人的身份观念较强。在其人际交往中，他们对别人的地位、等级十分重视。对于来自家学渊源、历史悠久的家族的人士，他们往往会刮目相看。假如交往对象具有值得尊敬的头衔的话，他们必定会再三对此提及，以示重视之意。对于人际关系，他们很是在意。

在商务交往中，意大利企业的决策权大都掌握在总经理手中，其他人员说话未必算数。因此，直接与总经理打交道，可以说是跟意大利人做生意的一条捷径。

（5）**时间观念**

意大利人的时间观念极为奇特。在外人眼中，他们似乎来去匆匆，却又不很守时，至少在社交活动中是这样的。一般来说，在与别人进行约会时，许多意大利人都会晚到几分钟甚至更长一些时间。据说，意大利人认为：这既是一种礼节，也是一种风度。

或许是长期受到艺术熏陶的缘故，意大利人重视友谊，善于交际，一旦得到了他们的信任，双方关系就会迅速升温。平时，意大利人举止潇洒，天真、浪漫，心直口快。他们往往喜欢开诚布公，但又情绪波动较大。同德国人比较，他们少了一分刻板；同法国人比较，他们则多了一些热情。

在交往应酬中，意大利人对自己“古已有之”的礼节非常重视，并且极力地以本民族优秀的传统来净化社会环境。在与他人初次见面时，他们礼数周全，极其客气。在一般情况下，他们大都会以握手礼作为见面礼节，并且会向对方主动而热情地问好。在熟人之间，举手礼、拥抱礼、亲吻礼也比较常用。

意大利的格瑟兹诺人在遇上熟人、朋友时，往往会向对方行“压帽礼”，即以手将帽子拉低，这是对对方重视的一种表示。其具体做法，与欧美常见的“脱帽礼”有着明显的不同。

意大利人的姓名由两部分组成：其名字在前，姓氏居后。妇女婚前姓父姓，婚后则改姓夫姓。在正式场合，尤其是在书写函件、请柬或电子信函时，宜称其全姓。在社交场合，可称其姓氏，或将其与“先生”“小姐”“夫人”连称。对于关系密切者，方可直呼其名。为了向交往对象表示恭敬之意，意大利人往往会对对方以“您”相称。

在与意大利人打交道时，中国人常用的下列称呼不宜使用。其一，“爱人”。在意大利，其含义为“情人”，即“第三者”。其二，“老人家”。意大利人讳“老”，故此这一称呼在他们听来具有明显的贬义。其三，“小鬼”。在中国，将小孩称为“小鬼”是一种爱称，但在意大利人看来，其含义是“小妖怪”。它对孩子既不尊重，而且又带有诅咒之意。

（三）服饰礼仪

意大利人对于穿着打扮历来非常讲究，他们普遍认为：一个人的衣着，既体现了他的修养与见识，又反映了他为人处世的态度。

从总的方面来讲，在穿着打扮上，意大利人大体具有下列三个特点。

（1）**极为考究**

意大利的时装、制鞋和皮具举世闻名。受此影响，在正式场合抛头露面时，意大利人个个都会衣冠楚楚、气宇轩昂。他们的衣着不但讲究品牌、做工，而且就连整体搭配的每一个细节都会做得无可挑剔。

（2）**非常时髦**

在世界上，意大利的服装工业早就在左右着流行、时尚。在此背景下，意大利人的衣着也十分时髦。“穿的就是流行”，对意大利人而言，已是一种有关着装的共识。一些有地位、有身份的人，甚至讲究每天衣着不重样，同一件时装不在社交场合穿两次。

（3）**推崇个性**

在讲究衣着时髦的同时，意大利人还讲究标新立异，“人无我有，人有我弃”。对他们来讲，如果穿着打扮与他人雷同、毫无自己的个性可言，将是令人难堪的。当然，这主要是指社交场合的着装而言。在政务、商务活动中，他们通常也是非穿西装套装或套裙不可的。

在日常生活中，意大利人较少穿着其传统的民族服装。但是，他们大都爱戴假发。平时，男士爱穿背心，戴鸭舌帽；妇女爱穿长裙，有时爱戴头巾。

（四）餐饮礼仪

讲求生活质量的意大利人对于饮食非常在乎，并且有其不少独特的习惯。

平时，意大利人很喜欢吃面食。通心粉、比萨饼等面食，都是他们的发明创造。除了面包、蛋糕之外，意大利人不把面食当主食吃，而只是当做一道菜来享用。在他们的餐桌上，通常第一道菜就要上面食，而且大都讲究要把它做得半生不熟。此外，意大利人还爱吃混入菜肴的炒米饭。不过，他们也是将其当做一道菜来吃的。他们还讲究：每次用餐之时，在面食、炒饭二者之中只能选择一种。

通心粉，又叫意大利面条，或者根据其音译可叫做“帕斯塔”。它是意大利人平时最爱吃的一种面食。吃它的时候，不可以餐刀切成小段，或以汤匙取用。其正确的做法是：将它缠在餐叉上，然后送入口中。必要时，可以匙帮忙，但吃时不得出声。

意式菜肴，在其具体口味上接近法式菜肴。它注重浓、香、烂，偏爱酸、甜、辣。在烹饪方法上，大多采用焖、烩、煎、炸，而不喜欢烧、烤。

对于肉食与蔬菜、水果，意大利人都非常喜欢享用。在这一方面，他们的禁忌较少。正餐之后，他们往往还喜欢吃提拉米苏、外交官方糕、巧克力酥等甜品。

意大利人大都嗜酒，他们之中不少人鼻子红红的，据说就与其饮酒过量有关。在饮酒时，他们注重与菜肴的搭配。在所有的酒类中，他们最爱喝葡萄酒。目前，意大利是世界上最大的葡萄酒生产国。除饮酒之外，意大利人还爱喝咖啡和酸奶。

在一般情况下，意大利人以午餐为主餐。他们认为：拒绝其赴宴的邀请，是很不礼貌的。意大利人请客，大多爱在餐馆进行。他们的一顿宴请，一般要延续两三个小时。在席间，他们主张莫谈公事，以便大家都能够专心致志地用心品尝美味佳肴。

(五) 习俗禁忌

意大利的国花是雏菊。此外，也有人说意大利的国花是紫罗兰，或者是玫瑰。在民间，玫瑰一般用以示爱，菊花则专门用于丧葬之事，因此这两种花不可以随便用来送给意大利人。送给意大利女士的鲜花，通常以单数为宜。意大利的国树是五针松。

在动物方面，意大利人最喜欢狗和猫。对于其他生活于自然界的动物，尤其是各种鸟类，他们也十分喜爱。

与阿尔及利亚等国的情况相同，意大利人也将珊瑚定为本国国石。

意大利人最喜爱的色彩是绿色、灰色，对于蓝色和黄色，他们也给予种种好评。而对于紫色，他们则是较为忌讳的。

在图案方面，意大利人有不少讲究。动物与鸟类的图案最受其欢迎，而仕女图案、十字花图案则为其所忌讳。

与其他欧美国家的人基本相似，意大利人最忌讳的数字与日期分别是 13、666 与星期五。除此之外，他们对于 3 这一数字也没有什么好感。

在其人际交往中，意大利人有着送礼之习。精美典雅的物品，诸如鲜花、名著、书画、工艺品、葡萄酒与巧克力，都是深受欢迎的。不过需要记住：切勿将手帕、丝织品和亚麻织品送给意大利人。意大利人认为：手帕主要是擦眼泪的，它属于令人悲伤之物，故不宜送人。上门拜访意大利人时，他们一般讲究礼品要面呈女主人。

意大利人极爱聊天。在聊天的时候，他们具有下列三个特点：其一，话题多变，几乎无所不包。其二，爱搞“一言堂”。跟他们聊天，往往会演变成聆听对方的“长篇演说”。其三，偏爱争辩。意大利人反对人云亦云，主张直言不讳，因此往往与别人发生争论。不过争辩一过，他们立刻会显得“风平浪静”，绝对不会记仇。此外，对于谈论政治、宗教、失业、纳税、美式橄榄球或办公室内幕，意大利人往往提不起丝毫的兴趣。要是提起“黑手党”贪污腐败、政治暗杀、小偷遍地、难民安置、各地区经济发展不平衡，以及第二次世界大战时意大利曾追随过德国法西斯的那段历史，则会令意大利人极其不快。

在人际交往中，意大利人不但表情丰富，而且还有着许多独特的形体语言，他们尤其喜欢运用不同的手势来表达自己的思想感情。例如，竖起食指来回摆动，表示的是“不”“不行”。用食指顶住面颊来回转动，表示的是“好吃”。以食指按在腮帮上转动两下，表示的是赞美某位女士“真漂亮”。五指并拢后，用食指的侧面敲击额头，表示的是“你真笨”。一边伸出手掌，一边撇嘴，表示的是“不清楚”，或“无可奉告”。五指并拢，掌心向下，对着腹部来回转动，表示的是“我饿了”，“我想吃一点儿东西”。伸出双手，手掌向上，并且耸动肩膀，表示的则是“我不知道此事”。

十四、英国

（一）基本概况

英国的正式名称，是大不列颠及北爱尔兰联合王国，有时它也被人们称为“联合王国”“不列颠帝国”“大英帝国”“英吉利”或是“英伦三岛”。它位于欧洲西部，是由大不列颠岛、爱尔兰岛的东北部及其周围一些小岛所组成的岛国。英国西部与爱尔兰为邻，东部、南部分别隔北海、多佛尔海峡、英吉利海峡与欧洲大陆相望。英国的国土总面积为 24.41 万平方公里，海岸线全长大约为 11 450 公里。

“英国”是中国人对大不列颠及北爱尔兰联合王国的习惯称呼，它出自“英格兰”一词。其本义是“盎格鲁人的土地”，而“盎格鲁”的含义则为“角落”。在国外，人们很少使用“英国”这一称呼，而大都使用其正式称呼。作为国名，“不列颠”一词出自不列颠人的部族名称。在凯尔特语中，其含义为“杂色多彩”。而“爱尔兰”则源于爱尔兰岛的地名。在爱尔兰语中，它意为“西方的”或“绿色的”。在世界上，英国有一个著名的绰号“约翰牛”。过去，人们曾经将英国称为“日不落帝国”“世界工场”。

英国目前的行政区划，是全国一共分为英格兰、威尔士、苏格兰和北爱尔兰四个部分。具体而言，英格兰分为 43 个郡，威尔士分为 22 个区，苏格兰分为 32 个区，北爱尔兰则分为 26 个区。英国的首都是伦敦。“伦敦”一词出自凯尔特语。对于其含义，人们有“山丘上的要塞”“森林之城”“停船之港”和“水源之地”

等多种解释。在世界上，伦敦是举世知名的“雾都”。

英国 2016 年全国的总人口大约为 6 564 万。英国现在的居民主要有英格兰人、威尔士人、苏格兰人和爱尔兰人，此外还有少量的犹太人。其中英格兰人所占的比例最大，约为全国总人口的 83.9%。

英国的主要宗教是基督教。英国的国教是英国国教会，亦称圣公会。其信徒占全国总人口的 60%以上。严格地讲，英国国教会仅仅只是英格兰地区的国教，在威尔士、苏格兰与北爱尔兰地区，它并非国教。

英国的官方语言是英语。在威尔士北部，人们使用凯尔特语。而在苏格兰西北高地与北爱尔兰，则通用盖尔语。其货币为英镑。2016 年，英国人均 GDP 为 40 341 美元，在世界上列第 21 位。

英国目前实行君主立宪制政体。它是英联邦、北约组织、八国集团、二十国集团、经合组织成员国之一。英国的国庆日是 6 月第二个星期的星期四。

1954 年 6 月 17 日，英国即与中国建立了代办级外交关系；1972 年 3 月 13 日，升格为大使级外交关系。

（二）社交礼仪

在待人接物方面，英国人的所作所为不仅与欧洲其他国家的人大不相同，就是与语言、宗教、文化相仿的美国人、加拿大人、澳大利亚人和新西兰人相比，也有其许多显著的不同之处。

其一，英国人在为人处世上较为谨慎和保守。

对待任何新生事物，英国人往往都会持观望的态度。他们原有的生活方式和习惯做法，通常都是一成不变的。在外人看起来，他们事事循规蹈矩，不仅保守，而且守旧。英国人逻辑性很强，凡自己所想、所做的事情，他们总是要设法做出逻辑性很强的说明。

在人际交往中，假如说美国人为人爽朗、不拘小节、容易“自来熟”的话，那么英国人相对而言则比较难以打交道。这主要是因为英国人不善于夸夸其谈、感情不大外露，也不喜欢在公共场合引人注目。在其交际应酬中，他们轻易不会与别人一见如故，更不会立即称兄道弟、推心置腹。

其二，英国人在待人接物上讲究含蓄和距离。

从总体上讲，英国人性格内向、不善表达、不爱张扬。他们不仅自己如此，而且也乐于看到别人那么做。因此，在外人看来，英国人个个严肃刻板、神情冷漠、不苟言笑，对他人的喜怒哀乐他们不仅毫无兴趣，而且还往往表现得无动于衷，因而使人觉得他们过于矜持、冷漠。

在世人面前，英国人通常显得非常自信，并且喜欢孤芳自赏，不愿与别人过于亲近。在英国，爱串门、爱找别人聊天的人是很难找得到的。英国人普遍认为：正所谓“身边没有风景”，只有适当的距离，才能导致人与人之间关系的稳定。在与别人打交道时，没有适当的距离，对双方都有害而无益。有位英国名人甚至说：“因为我是英国人，所以请离开我远一些。我宁愿孤立独处。”其实，英国人的这种性格是其高度自信的一种表现形式。

其三，英国人在人际交往中崇尚宽容和容忍。

在与外人进行交往时，英国人一般都非常善解人意，并且非常懂得体谅人、关心人、尊重人。他们特别看重的是，既然要讲究个人自由，那么首先就要宽以待人，对别人的所作所为要善于理解和容忍。在一般情况下，他们都不爱跟别人进行毫无意义的争论，而且极少当着外人的面使性子、发脾气。

英国人的这种做法，并不意味着他们自命清高、难以接触。实际上，一旦慢慢地跟他们交上了朋友，他们还是表现得十分亲善、友好的。

其四，英国人在正式场合注重礼节和风度。

英国人平时十分重视个人的教养，不仅如此，他们还认识到：教养体现于细节，礼节的运用可以展现出个人的教养。在英国人看来，一个人在大庭广众之下之所以必须注意自己的举止行为，就是因为他人可以从中察知这个人的风度、礼貌和修养。

在社交场合，英国人极其强调所谓的“绅士风度”“淑女气质”。它不仅表现在英国人对妇女的尊重与照顾等方面，而且也见之于英国人不分男女老幼的仪表修洁、服饰得体和举止有方。

在交际活动中，握手礼是英国人使用最多的见面礼节。在一般情况下，与他人见面时，英国人既不会像美国人那样随随便便地“嗨”上一声作罢，也不会像法国人那样非要跟对方热烈地拥抱、亲吻不可。英国人认为：那些做法，其实都有失风度。

英国人待人十分客气。“请”“谢谢”“对不起”“你好”“再见”等一类的礼貌用语，他们是天天不离口的。即使家人、夫妻、至交之间，英国人也会经常使用这些礼貌用语。不过，英国人平常不太爱讲寒暄话。

在进行交谈时，英国人，特别是那些上年纪的英国人，喜欢别人称呼其世袭的爵位或荣誉的头衔，至少也要郑重其事地称其为“阁下”，或是“先生”“小姐”“夫人”。

需要特别指出的是，由于种种原因，英国各个地区的人都十分重视自己的民族自尊。他们对于“英国人”这一笼统的称呼极为反感，认为它明显的是以偏概全。以“英格兰人”等同于其全国各民族的称呼，无异于抹杀了其他民族的个性。因此，在与他们进行交往时，一定要具体情况具体对待，将其分别称为“英格兰人”“苏格兰人”“威尔士人”或“北爱尔兰人”。不过，要是采用“不列颠人”这一统称，往往也能行得通。

（三）服饰礼仪

在穿戴方面，英国人有着不少讲究。总的来说，在人际交往中，他们十分注重衣着。一旦出门，他们便会衣冠楚楚，与此同时，他们还极爱以衣帽取人。用英国大文豪莎士比亚的话来讲，这主要是因为“一个人的穿着打扮，就是其自身修养的最好的说明”。尽管如此，英国人却又十分注意节省衣着方面的开销。对他们来说，一套衣服穿上十年八年是常有的事情。

英国人在交际应酬中的衣着，非常注意体现其“绅士”“淑女”之风。过去，英国绅士参加社交应酬时，非要身穿燕尾服、头戴高筒礼帽、手持“文明棍”或雨伞不可。他们的这身“标准行头”，曾经给世人留下了很深的印象。直至今日，英国人在正式场合的穿着仍然十分庄重而保守。他们一般是男士要穿三件套的深色西装，女士则要穿深色的套裙或者素雅的连衣裙。庄重、肃穆的黑色服装，往往是英国人优先的选择。

在英国的传统民族服装中，苏格兰男子所穿的“基尔特”最为著名。它实际上是一条由腰至膝的花格子短裙。穿它的时候，还需要配上很宽的腰带，并在裙前系上一小块椭圆形的垂巾。在苏格兰，每逢喜庆聚会时，男人们都要穿上“基尔特”，以寄托自己强烈的民族感情。

英国人在正式场合的着装，大致上有下列四点重要禁忌。

（1）忌打条纹式领带。那样会让英国人联想起旧式的“军团领带”或老式学校的制服领带。

（2）忌不系长袖衬衫袖口的扣子。不论直接外穿还是与西服配套，都不允许那样做。也不允许将长袖衬衫的袖管挽起来。

（3）忌在正式场合穿凉鞋与拖鞋。英国人认为，只有在海滨度假或是在家中闲居时，才能穿凉鞋与拖鞋。不然的话，就是不礼貌的。

（4）忌以浅色皮鞋、拼色皮鞋配西装套装。过去英国男士在穿西装套装时必须穿黑色系带皮鞋，现在虽不至于像过去要求那么严格，但浅色皮鞋、拼色皮鞋依旧难登大雅之堂。

平时，英国男子讲究天天刮脸。“当我年轻时，我每天刮两次脸”是英国的俗语之一。在英国，留胡须者往往会令人反感。

（四）餐饮礼仪

一般而言，英国人的饮食可以说是具有“轻食重饮”的特点。说英国人“轻食”，主要是因为英国人在菜肴上没有多大的特色，其日常的伙食基本上没有多大的变化。除了面包、火腿、牛肉之外，英国人平时所吃的主要也就是土豆、炸鱼和煮菜了。

在英国，“烤牛肉加约克郡布丁”被人称为国菜。它是用牛腰肉、土豆，加上鸡蛋、牛奶、面粉等，然后放在烤箱内一起烤制而成的菜肴。在上桌时，它还须另配一些单煮的青菜。在使用刀叉时，英国人往往一丝不苟，他们的常规做法是：在切割食物时，必须左叉右刀，自左至右开始，切好一块，即以叉送入口中。

英国人的饮食禁忌主要是：不吃狗肉、鸽肉，不吃海参、鱼翅，不吃过咸、过辣或带有黏汁的菜肴。做菜时加入味精，也为其所忌讳。

在评论欧洲主要国家菜肴的特点时，有人曾概括为：德国人是“考虑着营养吃”，法国人是“夸奖着厨师的手艺吃”，意大利人是“痛痛快快地吃”，而英国人则是“注意着礼节吃”。这一评价，在客观上反映了英国菜肴特色无多的特点。

进餐期间，如有必要暂时放下刀叉，英国主流社会的习惯，是必须将其全部放在餐盘之上。

有别于“轻食”的是，英国人在其日常生活中非常“重饮”，即讲究饮料的。对世人而言，英国名气最大的饮料当推红茶与威士忌。

与绝大多数欧美人所不同的是，英国人嗜茶如命。除中国之外，英国大概是世界上最爱品茶的国家。英国人所喝的茶是红茶，在饮茶时，他们首先要在茶杯里倒入一些牛奶，然后才能依次冲茶，加糖。在英国主流社会，过去有“一日六饮”之习，即每天要喝六次茶。他们不仅早上醒来先要赖在床上喝上一杯“被窝茶”，就是在其上班期间，还要专门挤出时间来去休“茶歇”，即去喝“下午茶”。在英国，喝“下午茶”，既是午餐与晚餐之间的一顿小吃，也是人们“以茶会友”的一种社交方式。比较正式的“下午茶”所提供的小吃，通常装在分为上、中、下三层的食碟中。它的正确吃法，是自下而上、依次而行；即先吃最下层的三明治、接着吃中间一层的司康饼、最后再吃最上层的各式小甜点。

英国苏格兰所生产的威士忌，曾与法国的干邑白兰地、中国的茅台酒并列为世界三大名酒。英国人除以威士忌佐餐外，还喜欢将其净饮。英国人饮酒，很少自斟自酌。他们的习惯是：饮酒最好要去酒吧。因此，英国的酒吧比比皆是，并且成为英国人社交的主要场所之一。

（五）习俗禁忌

英国的国花是玫瑰。另有一种说法，认为玫瑰、月季、蔷薇同为英国国花。对于被视为死亡象征的百合花和菊花，英国人则十分忌讳。

英国的国鸟是知更鸟。在英国，它被叫做“红胸鸲”，并被人们视为“上帝之鸟”。孔雀与猫头鹰，在英国则普遍名声欠佳。

英国人平时十分宠爱动物，其中狗和猫都是他们的最爱。在英国几乎所有的公共场合，都不允许喂食那些自由自在、来来往往的动物；否则违法。只是对于黑色的猫，他们十分厌恶，不能欣赏。此外，他们也不喜欢大象。

英国的国石与荷兰一样，也是钻石。遇上碰洒了食盐或是打碎了玻璃一类的事情，英国人都认为是很倒霉的。

在色彩方面，英国人偏爱蓝色、红色与白色。它们是英国国旗的主要色彩。英国人所反感的色彩主要是墨绿色。

英国人在图案方面的禁忌甚多。人像以及大象、孔雀、猫头鹰等图案，都会令他们大为反感。在握手、干杯或摆放餐具时无意之中出现了类似十字架的图案，他们也认为是十分晦气的。

英国人所忌讳的数字与日期主要是13与星期五。当两者恰巧碰在一起时，不少英国人都会产生大难临头之感。对666，他们也十分忌讳。

中国人在排列位次时讲究“左高”，而英国人则认定“右高”。在英国，“左撇子”被视为“笨人”，而在走路时则讲究首先伸出右脚。

在与英国人打交道时，需要了解的英国人的主要民俗禁忌还有下列五点。

(1) 忌讳当众打喷嚏。

(2) 忌讳用同一根火柴连续点燃三支香烟。

(3) 忌讳把鞋子放在桌子上。

(4) 忌讳在屋子里撑伞。

(5) 忌讳从梯子下面走过。

在人际交往中，英国人不欢迎贵重的礼物。涉及私生活的服饰、肥皂、香水，带有公司标志与广告的物品，亦不宜送给英国人。鲜花、威士忌、巧克力、工艺品以及音乐会入场券，则是送给英国人的适当之选。

出于反恐的需要，英国现已立法禁止给警察、政府公务员拍照、摄像。

在与英国人交谈时，切勿涉及英王、王室、教会以及英国各地区之间的矛盾，特别是不要对女王、王位继承、王室内幕、难民救助、英美关系和北爱尔兰独立问题说三道四。此外，在英国，同性婚姻是合法的。

在英国，动手拍打别人、跷起二郎腿、右手食指与中指构成V形时手背向外，都是非常失礼的动作。英国人用食指将下眼皮往下微微一扒时，表示自己所做的事被人识破了。当他们用手敲鼻子时，表示的是秘密。而耸动肩部，则表示疑问或者不感兴趣。

第八章 大洋洲国家

大洋洲的全称即为大洋洲。该洲的名字源于西班牙文，其含义为“南方大陆”。

大洋洲位于太平洋西南部和南部的赤道南北广大海域中，介于亚洲和南极洲之间，西邻印度洋，东临太平洋，并与南北美洲遥遥相对。国际日期变更线和赤道均穿过该洲。大洋洲的陆地总面积为 897 万平方公里，占世界陆地面积的 6%，是世界五大洲中最小的洲。全洲除少数山地海拔超过 2 000 米外，一般海拔在 600 米以下，地势低缓。

大洋洲一般被分为大陆和岛屿两部分，即澳大利亚大陆与其周围的诸多岛屿。

2016 年，大洋洲的人口为 4 012 万，约占世界人口的 0.53%，是世界人口最少的一个洲。全洲 60%以上的人口分布在澳大利亚大陆。当地原住民约占其总人口的 20%，欧洲人后裔则约占 70%，此外还有少数的混血种人、印度人、华人和日本人等。土著居民为黄种人和棕种人。该洲的绝大部分居民信奉基督教，少数人信奉天主教，生活于当地的印度人则信奉印度教。

大洋洲除以珍稀动植物闻名于世之外，其农业、矿业、畜牧业、旅游业也极其发达，并对当地经济贡献良多。

大洋洲现有主权国家 16 个。截至 2013 年底，与中国建立了正式外交关系的大洋洲国家为 10 个，瑙鲁、帕劳、图瓦卢、马绍尔、所罗门、基里巴斯 6 国未与中国建立外交关系。

一、澳大利亚

（一）基本概况

澳大利亚的正式名称，是澳大利亚联邦。它位于南半球，地处太平洋与印度洋之间，四面临海。澳大利亚东濒珊瑚海与塔斯曼海，西、北、南三面皆临印度洋，北与印度尼西亚、巴布亚新几内亚相望，东与新西兰、新喀里多尼亚、所罗门群岛隔海相对，南面远隔重洋的则是南极洲。具体而言，澳大利亚是由大陆部分与塔斯马尼亚等众多的岛屿所组成，国土总面积为 769.2 万平方公里，海岸线约长 36 735 公里。

澳大利亚作为国家的名称，来自拉丁文。在拉丁文中，它的含义是“南方之地”。由于澳大利亚犹如一座大岛，故有“岛大陆”之称。因为它建国不久，有人又称其为“古老大陆上的年轻国家”。此外，它因为自己的畜牧业发达、矿产丰富而有“牧羊之国”“骑在羊背上的国家”“淘金圣地”和“坐在矿车上的国家”之名。

澳大利亚的行政区划，是将全国分为 6 个州和 2 个地区。澳大利亚的首都是堪培拉。在当地土著的语言中，“堪培拉”有“会场”“河湾”和“女人的乳房”等多种意思。

2016 年，澳大利亚的全国总人口约为 2 412 万。其中当地土著居民仅占 2.7%，其余主要是外国移民的后裔。在外国移民后裔中，欧洲各国的移民后裔，尤其是英国移民的后裔，又占绝大多数。具体而言，他们约占澳大利亚人口总数的 74%。华人则约占该国全国总人数的 5%。

澳大利亚的主要宗教是基督教。全国居民之中约 63.9%的人都是基督教教徒。

澳大利亚的官方语言是英语。其货币为澳大利亚元。2016 年，澳大利亚人均 GDP 为 49 928 美元，在世界上列第 12 位。

澳大利亚目前实行君主立宪政体。它是英联邦、二十国集团与经合组织成员国之一，并且奉英国国君为国家元首。澳大利亚的国庆日是 1 月 26 日。

1972 年 12 月 21 日，澳大利亚与中国正式建立了大使级外交关系。

（二）社交礼仪

21 世纪以来，虽然要求彻底脱离英联邦的呼声在澳大利亚此起彼伏，但是由于民族、宗教、语言、文化和生活习惯的影响，澳大利亚人在待人接物方面的习惯做法，依旧英国味道十足。在正式的官方交往与商务应酬中，就更是如此。有人曾经说过：“同澳大利亚人打交道，与同英国人打交道没有多大的差别。”由此可知，澳大利亚的社交礼仪在主流方面深受英国的影响。

另一方面，由于近些年来英国地位的衰落与美国势力的膨胀，美国的社交礼仪已经日益渗入澳大利亚社会，并且逐渐为澳大利亚人特别是澳大利亚青年一代所接受。目前，在交往应酬的各个方面，澳大利亚人的具体做法越来越显得“美国化”了。

如上所述，“亦英亦美”、以“英”为主，可以说是澳大利亚人在人际交往中呈现出的第一个基本特点。

在澳大利亚，除了居于支配地位的英国移民的后裔之外，还同时生存着许多其他的民族。澳大利亚各民族人民在共同奋斗、创造澳大利亚文明与繁荣的同时，也在一定程度上保留了本民族的传统礼仪与习俗，并且努力将其发扬光大。因此，澳大利亚的社交礼仪便形成了第二个基本特点，即兼收并蓄、多姿多彩。

这一基本特点在澳大利亚人的日常性交往应酬中表现得十分明显。以见面礼节而论，他们所使用的既有拥抱礼、亲吻礼，也有合十礼、鞠躬礼、握手礼、拱手礼、点头礼，可谓无所不包。

当地土著居民在见面时所行的勾指礼，便极具特色。它的做法是：相见的双方各自伸出手来，令双方的中指紧紧钩住，然后再轻轻地往自己身边一拉，以示相亲、相敬。

进而言之，作为一个独立国家的人民，澳大利亚人在待人接物方面毕竟也具有自己的总体特征，那就是他们的人情味很浓，待人朴实无华。

或许是因为澳大利亚地广人稀，澳大利亚人普遍乐于同他人进行交往，并且表现得质朴、开朗、热情。过分地客套或做作，均会令其不快。在讲英语的国家中，澳大利亚人可能是最无拘无束、轻松自在、爱交朋友的了。在公共场合，他们爱跟陌生人打招呼、聊天，并且爱请别人到自己家里做客。澳大利亚人的这种自由、实在劲儿，不但英国人与其难以同日而语，而且连美国人往往也自愧弗如。

（三）服饰礼仪

澳大利亚人除了在极为正式的场合要穿西装、套裙之外，平时的一般穿着大都是T恤、短裤，或者是牛仔装、夹克衫。由于阳光强烈，他们在出门时，通常喜欢戴上一顶棒球帽来遮挡阳光。

在澳大利亚的达尔文市，当地居民的穿着自成一体。他们在正式场合一定要穿衬衫、短裤和长袜。这种穿法，当地人叫做“达尔文装”。

澳大利亚的土著居民平时习惯于赤身裸体，至多也是在腰间扎上一块围布遮羞而已。与着装不甚讲究所不同的是，对于打扮他们却十分在意。在身上，他们通常要佩戴额箍、鼻针、臂环、项圈等多种饰物，并且还要以石刀或贝壳刻出伤口，愈合后使之成为用以装饰的精致的疤痕。有的时候，他们还会在身上扎上一些羽毛，并且涂上各种颜色。

有趣的是，由于澳大利亚地处南半球，季节正好与北半球相反，所以澳大利亚人在同一个季节里的穿着可能恰恰与北半球的人相反。举例而言，在欢度圣诞节的时候，澳大利亚人是要穿夏季服装的。那个时候，在澳大利亚绝无皑皑白雪，而只有炎炎夏日。

（四）餐饮礼仪

澳大利亚人的饮食习惯，可谓多种多样。就主流社会而言，人们一般喜欢英式西餐。其特点是：口味清淡，不喜油腻，忌食辣味。有不少的澳大利亚人还不吃味道酸的东西。

具体而言，澳大利亚人大都爱吃牛羊肉，对于鸡肉、鱼肉、禽蛋也比较爱吃。他们的主食是面包，爱喝的饮料则有牛奶、咖啡、啤酒与矿泉水等。

一般来讲，澳大利亚人不吃狗肉、猫肉、蛙肉、蛇肉，不吃动物的内脏与头、爪。对于加了味精的食物，他们十分厌恶。他们认定：味精好似“毒药”，令人作呕。

在用餐时，澳大利亚人是使用刀叉的。在有些地方，例如，达尔文市，人们外出用餐时必须衣冠楚楚，否则将被禁止入内。平时，澳大利亚人还很爱外出野餐，并以烧烤为主。

澳大利亚土著居民目前大多数尚且不会种植粮食，不会饲养家畜。他们主要依靠渔猎为生，并且经常采食野果。一般来说，他们的食物品种甚多，其制作方法往往也各具特色。在进食的时候，他们经常直接生食，并且习惯于以手抓食。

（五）习俗禁忌

金合欢花与桉树是澳大利亚人最喜欢的植物，并且被视为澳大利亚的象征。因此，它们分别被定为澳大利亚的国花与国树。

澳大利亚人最喜爱的动物是袋鼠与琴鸟。前者被澳大利亚人视做澳洲大陆最早的主人，后者则是澳大利亚的国鸟。在澳大利亚人眼中，兔子是一种不吉利的动物。他们认为：遇到了兔子，可能就是厄运将临的预兆。

蛋白石，是澳大利亚珍爱的一种宝石，同时也是该国的国石。

在数字与日期方面，受基督教的影响，澳大利亚人对于13、666与星期五普遍反感至极。

在人际交往中，爱好娱乐的澳大利亚往往有邀请友人一同外出游玩的习惯，他们认为：这是密切双方关系的捷径之一。对此类邀请予以拒绝，会被他们理解成不给面子。

澳大利亚人崇尚人道主义和博爱精神。在社会生活中，他们乐于保护弱者。除了保护老人、妇女、孩子、弱小种族之外，他们还讲究保护私生子的合法地位，甚至将保护动物看做自己的天职。目前，在澳大利亚有“男人三不敢”之说。所谓“男人三不敢”，即男人不敢打老婆、不敢打孩子、不敢打宠物。议论种族、移民、宗教、工会和个人私生活以及等级、地位问题，通常最令澳大利亚人不满。

在同澳大利亚人打交道时，还有下列四点事项需要特别注意。

（1）澳大利亚人不喜欢将本国与英国处处联系在一起。虽然不少人私下里会对自己与英国存在某种关系而津津乐道，但在正式场合，他们却反感将两国混为一谈。此外，对美、对华关系，通常也不宜与澳大利人进行谈论。

（2）澳大利亚人不喜欢听“外国”或“外国人”这一称呼，他们认为这类称呼抹杀个性。究竟是哪个国家、是哪个国家的人，理当具体而论，对其过于笼统地称呼是失敬的做法。

（3）澳大利亚人对公共场合的噪声极其厌恶。在公共场所大声喧哗，尤其是门外高声喊人的人，是他们最看不起的。

（4）澳大利亚的基督徒有“周日做礼拜”之习。他们的这种做法“雷打不动”，想在星期天与他们进行约会，往往“难于上青天”。

二、汤加

(一) 基本概况

汤加的正式名称，是汤加王国。它位于南太平洋西部，属于澳洲，西部临近斐济，东部临近库克群岛，北部临近西萨摩亚，南部临近新西兰。其全境由汤加塔布、哈派、瓦瓦乌三个群岛所组成，共包括 173 个小岛。汤加的国土总面积约为 747 平方公里。它是一个四面环绕着海洋的岛国，海岸线长 419 公里。

汤加的国名，来自其国内主岛汤加塔布的名称。在当地语言中，“汤加”的含义是“神岛”或“圣地”。世人称之为“胖人之国”“邮票王国”或“友爱群岛”。

汤加的行政区划，是将全国划分为 5 个区。汤加的首都为努库阿洛法。有人称之为“胖子乐园”。

汤加全国的总人口 2016 年约为 10.7 万。它的居民约 98%是该国的主体民族汤加人。汤加人乃属波利尼西亚人的一支。

汤加的主要宗教是基督教。汤加人大多数都是虔诚的基督教教徒。

汤加的国语是汤加语。汤加语与英语并列为该国的通用语。其货币为潘加。2016 年，汤加人均 GDP 为 3 749 美元，在世界上列第 114 位。

汤加目前实行君主立宪政体。它是太平洋上唯一的王国，亦属于英联邦成员国之一。汤加的国庆日是 11 月 4 日。其国徽格言为：“我所继承的是上帝和汤加的财产。”

1998 年 11 月 2 日，汤国与中国正式建立了大使级外交关系。

(二) 社交礼仪

汤加人性情豁达，态度轻松，喜歌善舞。在人际交往中，汤加人不仅表现得热情好客、彬彬有礼，而且往往会专门为来宾举行一定的仪式。

在举行仪式的时候，汤加人讲究不论迎客还是送客，客人一律都要全部参加，否则就是对主人的不友好行为。而汤加人此时此刻则一定要穿上节日的盛装出场，以示对来宾的尊重。

到汤加人家拜访时，女主人通常会亲手将由她本人所制作的花环佩戴在客人的脖子上表示欢迎。此外，主人还会邀请许多自己的亲朋好友前来助阵、作陪。

在汤加，参加宴会或是应邀前去讲演时，主人也往往要向客人献上花环。不仅如此，当客人离别之际，送行的汤加人还会再次向其敬献花环。接受花环的客人若是乘船离去，那么必须记住：上船以后，一定要将花环投掷入海。这表明自己下次还会再来做客。

汤加人在社交场合同来宾相见时，在一般情况下都会以握手作为见面礼节，并且还会殷勤地与对方互致寒暄与问候。仅仅握手，而不对对方问候或寒暄几句，在汤加人看来，是非常失敬于对方的。

在汤加，人们的等级观念极强。汤加全国的人自上而下分做王族、贵族、侍从和平民四个等级，并且各有各的不同头衔。汤加的国王称为“图伊-汤加”；贵族称为“埃吉”；侍从称为“马塔布勒”，“马塔布勒”的长子或弟弟称为“穆亚”；平民则称为“图亚”。地位不同者应称呼对方特定的头衔，地位相同的人方可互称对方姓名。

地位低的汤加人在拜见地位高的汤加人，尤其是拜见国王时，必须要行“莫伊-莫伊”大礼。所谓“莫伊-莫伊”礼，其实就是对交往对象意在表示毕恭毕敬的吻足礼。

在与汤加人交往应酬时，有以下两点尤须加以注意。

（1）妇女在汤加地位较高，她们在家庭里与社会上都广受尊重，因此在汤加是切切不可轻视妇女的。

（2）长子在汤加拥有权力和财产的继承权。例如，“埃吉”“马塔布勒”和“穆亚”这一类的头衔，只有长子方可继承。所以看不起汤加人的长子，就意味着不给其父母面子。

（三）服饰礼仪

时至今日，绝大多数汤加人依旧对自己传统的装扮之道难以割舍。在日常生活中，尤其是在节日庆典、迎送宾客、举行宴会时，汤加人总是喜欢身穿自己本民族的传统服装亮相。

汤加人传统服装的主要特点是：鲜艳、凉爽、随意，并且注重饰物的运用。汤加的男子很喜欢穿一种用树皮、藤条或草编织而成的围裙，有时他们还会在它的外边再加一条好看的腰带。

汤加妇女平时也穿这种围裙，但在正式一些的场合，她们则常穿宽松肥大的连衣裙，并且打上一把彩色遮阳伞。

汤加人酷爱使用饰物装饰自己，而且在饰物的选择与运用方面自成一体。他们很喜欢用鸟的羽毛打扮自己，往往将其做成头饰、颈饰、腰饰戴在身上，或是直接把它插在头发上、围裙上。

汤加人十分喜爱鲜花，他们不仅将鲜花制成花冠、花环戴在自己头上或脖子上，而且还经常直接把鲜花插在头发上，夹在耳根上，塞入耳孔里，甚至插在鼻孔之中。此外，他们还很爱佩戴用树皮和青草做成的项圈。

汤加人有着文身之习。在汤加，文身不但具有装饰作用，而且还反映着社会地位。例如，青年男女如果没有文身，则算尚未成年，因而不得成婚。但是，除地位较高、功勋卓著者之外，普通人又是不准通体文身的。

应当明确的是：在汤加访问时，外来之人通常还是在衣着上保守一些为好。尤其是在参观教堂时或是在星期天，不修边幅或是穿得袒胸露背，都是极为不妥的。

（四）餐饮礼仪

汤加人的日常饮食很有特点。平时，他们以薯类为主食，并且喜食椰子与香蕉。汤加人最爱吃的香蕉是那种有涩味的青香蕉。在他们眼里，香蕉一旦又黄又熟，便不值钱了。

在日常生活中，汤加人经常吃素。他们不怎么吃鸡、鸭、鱼、肉，也不常喝牛奶、吃鸡蛋和面包。连他们喜食的猪肉，通常也只是在传统的节日、喜庆活动或迎送宾客的宴会上，才有机会品尝。在一般情况下，汤加人主要吃的是各种各样的块茎植物，例如，薯类、芋头、花生等。在汤加，薯类甚至是人们送给贵宾的一种高贵的礼物。

用餐之时，汤加人讲究席地而坐，并直接以手取用食物。在用餐时讲话，是不被允许的。

淳朴好客的汤加人，在欢迎贵宾时，最高的礼节就是要为其举行“烤全猪宴”，并且向其敬献“卡瓦酒”。

所谓“烤全猪”，是汤加人眼中最高级的食品。它是以整只小猪仔用柴火烤制而成的。举行迎宾的“烤全猪宴”时，首先要由长者带领大家一同进行祈祷，随即由其动手切下第一片烤猪肉请来宾品尝，最后大家方可一起动手分享烤全猪。席间通常要由青年男女载歌载舞，以助食兴。

所谓“卡瓦酒”，则是以卡瓦树根的汁液调制而成的。它不含酒精，名义上是酒，其实是一种饮料，是由名为“卡瓦”的胡椒树的根茎磨粉后，装入椰子壳内用凉水冲制而成的。在汤加，向贵宾敬献“卡瓦酒”，是不可缺少的仪式之一，甚至被当地人视为“国饮”。在敬“卡瓦酒”时，汤加人讲究要按照来宾的等级依次而行。

（五）习俗禁忌

汤加人的礼仪习俗，有下列四个方面的特别讲究。

（1）在去汤加人家做客时，可以不带礼品

在汤加，只有好朋友互访时，才惯于送礼。在汤加，平时切莫用鲜花送人。

（2）与汤加人交往时，宜少说多听

汤加人认为，有教养的人，话不

在多，而重在守信。对于话太多的人，他们往往会看不起。沉默寡言者，反而会得到他们尊重。

（3）汤加人的审美观点异乎寻常

汤加人认为：男人越胖越俊，女人越胖越美。因此，汤加人人人都胖，并且以胖为贵、以胖为荣、以胖而自豪。自觉过瘦的人，往往会在身上一圈圈地缠布，以便“增肥”。若夸汤加人“身材苗条”，那就等于是在咒骂他们。正因为如此，有人将汤加称为“胖人之国”。

（4）汤加人每逢周末会遵守基督教教规，去守安息日

汤加人在守安息日之时，不论上班还是工作，不仅会被禁止，而且还属于一种违法行为。

三、新西兰

（一）基本概况

新西兰的正式名称，即新西兰。它地处澳洲，位于太平洋西南部，西隔塔斯曼海与澳大利亚相望，北面隔海相望的国家有斐济、汤加、库克群岛，南部则与南极洲隔海遥遥相对。新西兰是一个岛国，国土总面积约为 27.05 万平方公里，海岸线长达 15 000 公里。

新西兰作为国家的名称，来自荷兰语“新泽兰”，意即“新的海中陆地”。“新西兰”则是对“新泽兰”一词的英语译法。由于新西兰距离其他大洲路途遥远，并且环境十分优美，故有“世界边缘的国家”“绿色花园之国”和“白云之乡”的称号。新西兰的畜牧业极度发达，国民经济以其为主，因此又有“畜牧之国”“牧羊之国”之称。

新西兰的行政区划，是将全国分为 12 个大区、4 个单一辖区。新西兰的首都是惠灵顿。它在世界上有“港市山城”和“风城”之称。

新西兰的全国总人口 2016 年约为 469 万，由欧洲移民后裔、毛利人、华人等民族构成。在新西兰的全国居民之中，欧洲移民的后裔占 67.6%，毛利人占 14.6%，华人则约为 20 万。

新西兰的主要宗教是基督教和天主教，其信徒加起来占全国总人数的 70% 以上。

新西兰的通用语为英语，但毛利人依然习惯于讲本民族的语言毛利语。其货币为新西兰元。2016 年，新西兰人均 GDP 为 39 416 美元，在世界上列第 22 位。

新西兰目前实行君主立宪政体，以英国女王为自己的国家元首。它是英联邦与经合组织成员国之一。新西兰的国庆日是 2 月 6 日。

1972年12月22日，新西兰与中国正式建立了大使级外交关系。

（二）社交礼仪

在新西兰社会中，欧洲移民的后裔，其中特别是英国移民的后裔，不仅占了人口的绝大多数，而且其待人接物的具体做法也在社会交往中居于主导性地位。所以，新西兰主流社会的交际礼仪具有鲜明的欧洲特色，尤其是具有英国特色。

在与外人相见时，新西兰人所行的见面礼节主要有下列三种。

（1）**握手礼**

它是新西兰人所用最多的见面礼节。但是，在与新西兰妇女握手时，必须由其首先伸出手来。

（2）**鞠躬礼**

新西兰人在向尊长行礼时，有时会采用此礼。他们行鞠躬礼的具体做法十分独特：与中国人鞠躬时低头弯腰所不同的是，新西兰人鞠躬时是抬着头、挺着胸的。在外人眼里，行礼者届时的动作类似于挺着上身去下蹲。

（3）**注目礼**

路遇他人，包括不相识者时，新西兰人往往会向对方行注目礼，即面含微笑目视对方，同时问候对方：“你好!”

新西兰的土著毛利人属于棕色人种。他们在欢迎来访者时，往往会采用自己传统的礼节，其中闻名遐迩的就是世人所称的“碰鼻礼”。

所谓“碰鼻礼”，在毛利语中叫做“洪吉”。它的具体做法是：在迎接客人时，主人要与对方彼此用鼻子尖互相碰上两三次。按照毛利人的说法，双方碰鼻子的时间越长，就说明客人所受的礼遇越高。为了让孩子鼻子长得高大一些，以便于行礼，毛利人的母亲常常夹孩子的鼻子。

在欢迎贵宾时，毛利人通常还会列队举行一定的仪式。在这种欢迎仪式上，毛利人除了载歌载舞之外，往往还会有意地对客人们吐舌头、瞪眼睛、扮鬼脸。据说，这些做法既是为了驱邪免灾，也是为了验证一下客人怕不怕、有无相交的诚意。

新西兰人在人际交往中奉行“平等主义”。他们认为：一切人都是生而平等的。在普通的交际场合，新西兰人非常反对讲身份，摆架子。在新西兰，各行各业的人都会对自己的职业引以为荣，并且在彼此之间绝对不分三六九等。在称呼新西兰人时，特别需要注意：直呼其名最受欢迎，称呼官衔却往往令人侧目。

（三）服饰礼仪

新西兰欧洲移民的后裔，在日常生活中通常以穿着欧式服装为主。在服饰方面，他们看重质量，讲究庄重，偏爱舒适，强调因具体场合而异。从总体上看，新西兰人的服装正在日益趋向于简单而随便。

在外出参加交际应酬时，新西兰妇女不但要身着盛装，而且还一定要化妆。在她们看来，参加社交活动时化妆，是一种基本的礼貌修养。

毛利人的服装与欧洲移民的后裔迥然不同。毛利人的服装，一般是他们自己手工用亚麻布编织而成的。平时，他们习惯于身披披肩，腰扎围裙，头上有时还会戴上头篷，或者是花环，其上往往还会插上一些羽毛。

在举行庆典、仪式时，毛利人喜欢穿得漂漂亮亮。他们除了身穿色彩鲜艳的服装外，手中经常还会拿上长矛和剑，以便耀武扬威。

（四）餐饮礼仪

在新西兰，欧洲移民的后裔通常习惯于吃英式的西餐。他们的口味比较清淡，对动物蛋白和乳制品的需求量很大。牛肉、羊肉、鸡肉、鱼肉都是他们所爱吃的。在用餐时，他们以刀叉取食，但却忌讳吃饭时频频与人交谈。

除了爱吃瘦肉外，欧洲移民的后裔们还爱喝浓汤，并且对红茶一日不可或缺。受英国习俗的影响，他们也养成了“一日六饮”的习惯，即每天要喝六次茶。它们分别被称做早茶、早餐茶、午餐茶、下午茶、晚餐茶和晚茶。每逢循例饮茶时，他们都会按部就班，并且一丝不苟。

新西兰人之中爱喝酒的人不少。不论是威士忌之类的烈性酒还是啤酒或葡萄酒，新西兰人都非常喜欢。可是，饮酒在新西兰却又受到了极为严格的限制。新西兰法律规定：在特许售酒的餐馆里，只准出售葡萄酒。在极少数准许销售烈性酒的餐馆中，顾客唯有在购买了一份正餐以后，才有机会买到一杯烈性酒。

毛利人在一般情况下都爱吃一种叫做“夯吉”的食物，它是利用地热蒸熟的牛羊肉和土豆一类的东西。

在招待贵宾的时候，毛利人最高档次的大菜叫作“烧石烤饭”。它的具体的制作方法是：在地灶中，首先将许多鹅卵石烧红，泼上一瓢冷水后，将分层装有芋头、南瓜、白薯、牛排、猪肉、鸡肉、鱼肉等食物的铁丝筐放入，随之盖上湿土，然后以稀泥糊严，经数小时后取出，撒上食盐、胡椒之后食用。

（五）习俗禁忌

银蕨与四翅槐是新西兰人最为偏爱的植物，并被视做国家的象征，分别选定为国花与国树。与许多国家有所不同的是，新西兰在色彩上偏爱黑色。

几维果，即中国人所说猕猴桃，是新西兰人平时最爱吃的一种水果，并且是其待客和出口的主要果品。在新西兰人眼中，它是当仁不让的“国果”。

新西兰喜爱动物。在所有动物中，最让他们看重的，是几维鸟和狗。小小的几维鸟被新西兰人看做民族的化身，因而“晋升”为国鸟。狗则被新西兰人当成了人类的朋友。尤其是忠实、勇敢的牧羊犬，更为以畜牧业为主的新西兰人帮了大忙，成为其不可缺少的助手。因此，在新西兰民间，一向有“勤奋的牧羊犬创造了新西兰”的说法。若对新西兰人谈论狗肉如何好吃、如何大补，定然会触怒对方。

受基督教、天主教的影响，新西兰人讨厌 13、666 与星期五。要是有一天既是 13 日，又是星期五，那么新西兰人不论干什么事都会提心吊胆。对于在这一天外出赴宴、跳舞、观剧之类的邀请，他们则能推就推。

毛利人信奉原始宗教，相信灵魂不灭，因此对拍照、摄像十分忌讳。在一般情况下，最好不要这样做。

新西兰人虽然大都讲英语，但他们却不喜欢像英国人那样用“V”字手势去表示胜利。与英国、美国的关系，往往是新西兰人所不愿谈论的。若是将新西兰与澳大利亚视为一体，则更是会惹怒新西兰人。

由于自然条件优越，生活富足，新西兰人大都喜爱进行户外运动。他们最喜爱的运动项目是赛马和玩橄榄球，并且常常以此作为交谈的话题。在新西兰，同性婚姻是合法的。

在同新西兰人打交道时，还有下列三点主要的注意事项。

（1）新西兰人做人比较严肃寡言，并且很讲绅士风度。当众闲聊、剔牙、吃东西、喝饮料、嚼口香糖、抓头皮、紧腰带，均被新西兰人看做不文明的行为。

（2）新西兰人奉行所谓“不干涉主义”，即反对干涉他人的个人自由。对于交往对象的政治立场、宗教信仰、价值取向与生活偏好等，他们一律主张不闻不问。对谈论其国内种族问题，以及将新西兰视为澳大利亚的一部分，他们则更为反感。

（3）新西兰人在男女交往方面较为拘谨保守，并且有着种种清规戒律。在新西兰，男女同场活动往往不被允许。即便看电影，男女也要分场。男士不准观看女士专场，女士也不准观看男士专场。

主要参考书目

1. 朱力．商务礼仪．北京：清华大学出版社，2016.

2. 史兴松．国际商务礼仪（英文版）．北京：对外经济贸易大学出版社，2012.

3. 萧芳芳．洋相：英美社交礼仪．武汉：湖北科技出版社，2015.

4. 明晓辉等．职场礼仪．北京：北京理工大学出版社，2015.

5. 周国宝等．现代国际礼仪（英文版）．北京：北京师范大学出版社，2014.

6. 徐辉．现代商务礼仪．北京：清华大学出版社，2014.

7. 郭学贤．现代礼仪．北京：北京大学出版社，2013.

8. 吴蕴慧．现代礼仪实训．镇江：江苏大学出版社，2013.

9. 李嘉珊．国际礼仪范式．北京：高等教育出版社，2012.

10. 张岩松．实用礼仪教程．北京：中国人民大学出版社，2012.

11. 李嘉珊．实用礼仪教程．北京：中国人民大学出版社，2011.

12. 姜洪．实用民俗礼仪．长沙：湖南科学技术出版社，2011.

13. 刘青等．世界礼仪文化．北京：时事出版社，2010.

14. 姜晓敏．人际沟通与礼仪．上海：华东师范大学出版社，2010.

15. 王群．礼仪宝典．上海：复旦大学出版社，2010.

16. 周裕新．礼仪心理学．上海：同济大学出版社，2009.

17. 张国斌．外交官说礼仪．北京：华文出版社，2009.

18. 余云华．中国传统交际礼仪．成都：四川大学出版社，2009.

19. 张晓梅．晓梅说礼仪．北京：中国青年出版社，2008.

20. 李晶．现代国际礼仪．武汉：武汉大学出版社，2008.

21. 邵凌霞．现代礼仪与公共关系．北京：科学出版社，2007.
22. 周敏．现代公务礼仪．杭州：浙江大学出版社，2007.
23. 连娟珑．国际礼仪．台北：新文京开发出版股份有限公司，2007.
24. 周裕新．现代办公礼仪．上海：同济大学出版社，2006.
25. 曾启芝．国际礼仪．台北：五南图书出版有限公司，2006.
26. 王伟伟．礼仪形象学．北京：人民出版社，2005.
27. 陈红．国际交往实用礼仪．北京：清华大学出版社，2004.
28. 彭林．中华传统礼仪．北京：北京燕山出版社，2004.
29. 文泉．国际商务礼仪．北京：中国商务出版社，2003.
30. 周芙蓉．礼仪教程．北京：中国长安出版社，2003.
31. 朱立安．国际礼仪．广州：南方日报出版社，2001.
32. 葛晨虹．中国礼仪文化．北京：经济科学出版社，2001.
33. 沈因．错误的礼仪．上海：复旦大学出版社，1999.
34. 广东省外办礼宾处．外事礼宾实用手册．广州：中山大学出版社，1998.
35. 张玉平．现代礼仪．北京：东方出版社，1998.
36. 对外经贸部交际司．涉外礼仪 ABC. 北京：中国人民大学出版社，1997.
37. 葛晨虹．中华文明礼仪．北京：京华出版社，1996.
38. 李柠．礼仪修养．北京：高等教育出版社，1996.
39. 丛杭青．公关礼仪．北京：东方出版社，1995.
40. 钟敬文．中国礼仪全书．合肥：安徽科学技术出版社，1995.
41. 李天民．现代国际礼仪知识．北京：世界知识出版社，1994.
42. 舒安娜．现代交际礼仪手册．郑州：河南科学技术出版社，1994.
43. 张彦等．涉外礼仪．南京：译林出版社，1993.
44. 张文俊等．礼貌修养．北京：中国旅游出版社，1993.
45. 郝铭鉴等．中国应用礼仪大全．上海：上海文化出版社，1991.
46. 谭敏等．国际社交礼仪．北京：中信出版社，1990.
47. 耿建华．国际交往礼节趣谈．天津：天津人民出版社，1989.
48. 李斌．国际礼仪与交际礼节．北京：世界知识出版社，1982.
49. [美] 利·鲍德瑞奇．礼仪书．北京：中国人民大学出版社，2012.
50. [法] 阿·范热内普．过渡礼仪．北京：商务印书馆，2010.
51. [奥] 露·霍德夫斯．礼貌的力量．北京：中信出版社，2010.
52. [美] 特·莫里森等．国际商务礼仪大全．北京：电子工业出版社，2006.
53. [加] 路·迪索．礼仪——交际的工具．北京：外语教学与研究出版社，2005.
54. [英] 林·布伦南．21 世纪商务礼仪．北京：中国计划出版社，2004.

55. [德] 阿·克尼格．克尼格礼仪大全．北京：中国商业出版社，2004.
56. [美] 玛·米切尔等．礼仪．沈阳：辽宁教育出版社，1999.
57. [美] 芭·帕切特等．国际商务礼仪．北京：中国对外翻译出版公司，1998.
58. [美] 罗·阿克斯特尔．礼仪与禁忌．上海：上海译文出版社，1998.
59. [美] 大·罗宾逊．商务礼仪．北京：北京大学出版社，1996.
60. [美] 凯·钱伯斯．亚洲风俗礼仪．北京：中国对外经济贸易出版社，1991.
61. [美] 伊·波斯特．西方礼仪集萃．北京：三联书店，1991.
62. [俄] 弗·马特维也夫．怎样使你彬彬有礼．上海：上海人民出版社，1989.
63. [日] 寺西千代子．国际礼仪手册．长春：吉林文史出版社，1988.
64. [法] 让·塞尔．西方礼节与习俗．上海：上海人民出版社，1987.
65. [加] 云从龙．西方礼节．北京：商务印书馆，1986.
66. [英] 埃·唐纳德．现代西方礼仪．上海：上海翻译出版公司，1986.

第一版后记

1990年春天，为了适应社会的迫切需求，我在中国人民大学，同时也是在国内的高等院校之中，率先为本科生正式开设了交际礼仪课程。在此之后，我又应邀参与了多种不同类型的礼仪教学与礼仪培训工作，以便更好地了解社会的实际需求，使自己有关礼仪教学和研究的成果服务于社会，服务于祖国的现代化事业。

在我所从事的礼仪教学与培训的实践中，我了解到目前社会上各行各业的从业人员，都迫切地需要以礼仪知识来充实自我，完善形象，改进自己的人际关系。但是，由于各行各业工作的不同性质，其从业人员所需要掌握的礼仪知识自然也有所不同。要使礼仪真正地发挥其作用，无疑必须在教学与培训之中注意使之“对象化”，换而言之，也就是必须使礼仪的教学与培训工作具有鲜明的针对性。

自1991年开始，我便开始着手撰写“实用礼仪系列教材”。迄今为止，经过多年的认真努力，由《社交礼仪教程》《政务礼仪教程》《商务礼仪教程》《服务礼仪教程》《涉外礼仪教程》所组成的“实用礼仪系列教材”终于宣告完成了。

在编写“实用礼仪系列教材”的过程之中，我始终注意下述两点：

其一，突出它的应用性。这套“实用礼仪系列教材”绝非不谈理论，轻视理论，但却力戒纸上谈兵。它所讲授的，基本上都是人们在现代生活中不可或缺的实用礼仪知识。与此同时，它还注意具体问题具体分析，既讲究规范性和系统性，又重视可操作性。

其二，努力使它“对象化”。仅从这套“实用礼仪系列教材”各分册的具体名称上来看，就会发现它们各自都有自己的适用对象。按照我的预想，它们不仅在整体上要密切关联，合为一体，而且还要具体地服务于不同的对象，适用于不同的行业。具体而言：

《社交礼仪教程》，主要讲授交际应酬方面的礼仪知识，以各界人士，尤其是广大青年、学生为对象。

《商务礼仪教程》，主要讲授公司、企业的从业人员在经济交往中所应具备的礼仪知识，以商务人员为主要对象。

《政务礼仪教程》，主要讲授国家公务员在政务往来中所应遵守的礼仪知识，以国家公务员为主要对象。

《服务礼仪教程》，主要讲授各种服务行业的从业人员在工作岗位上所须应用的礼仪知识，以服务人员为主要对象。

《涉外礼仪教程》，则主要讲授从事涉外工作的中国人在同外国人打交道时必须掌握的礼仪知识，以涉外人员为主要对象。

1995年年底，我就完成了这套“实用礼仪系列教材”的初稿。为了使之精益求精，减少纰漏，我并没有急于将它交付出版，而是首先在各种类型的礼仪教学、培训中进行了长时间的试用。其中的绝大部分内容，仅在中国人民大学试讲就达三年之久。在此期间，它的部分内容还在许多报刊上进行过连载，在中央人民广播电台也进行了长达一年左右的连续广播。此外，我还先后多次在全国高等院校礼仪教师培训班和许多行业的专业培训班上试讲或介绍过这套“实用礼仪系列教材”。在有关方面的支持下，我还主持过六次专为完善这套“实用礼仪系列教材”而举办的研讨会，广泛听取了来自学生、教师、教学与培训主管部门以及社会各界的意见和建议。在这一基础上，才有了它的正式出版。此外，为了更好地利用现代化教学手段，为了加强形象化教学，还与中国人民大学出版社音像部联合摄制了五集《实用礼仪系列片》教学录像带。应该说，没有有关领导、社会各界和广大师生的支持，尤其是离开了同行们的支持，我是难以支撑下来完成这一重任的。在此，我要郑重其事地向大家表示我的感谢之意。

作为国内第一套较为系统的礼仪教学和培训教材，这套“实用礼仪系列教材”虽则数易其稿，几经研讨，但肯定依然会有许多疏漏和不足。深切地希望大家对此抛砖引玉之作中的纰漏之处多多见谅，并且恳请及时予以指正。

本人才疏学浅，为了编写这套“实用礼仪系列教材”，在选题策划时虽然尽心而为，几乎竭尽了全力，但的确可谓勉为其难。在写作过程中，曾参考过国内外许多专家、学者的有关著述，在此谨一并致谢。在每种“礼仪教程”之后，特附以“主要参考书目”，专供教师和学生在教学过程之中借鉴。

中国人民大学出版社的领导，特别是担任这套“实用礼仪系列教材”策划编辑的李宏先生，为它的正式出版做了大量具体的工作。在这套“实用礼仪系列教材”之中，大到框架、结构，小到文字、插图，处处都留下了他们的精辟见解。对于他们的敬业精神，我深怀敬意，并对他们给予我的帮助表示感谢。

将来，在适当之时，我将根据反馈回来的信息，对这套礼仪教程再作修订。最后，再次谢谢大家！

金正昆

于中国人民大学

第二版后记

1998年至1999年之间，我所撰写的“实用礼仪系列教材”（含《社交礼仪教程》《政务礼仪教程》《商务礼仪教程》《服务礼仪教程》《涉外礼仪教程》五册）由中国人民大学出版社陆续出版。此后，这一系列礼仪教材由中国人民大学出版社多次重印，成为畅销书，并且被国内近百所大学选作教材或教学参考书。

与此同时，我本人也多次应邀在中央电视台、中央教育电视台、中央人民广播电台等多家媒体主持过礼仪栏目，以上述教材作为蓝本，系统讲述礼仪知识，并受到欢迎。

古人云：“衣食足而知礼仪。”礼仪知识在今日备受我国广大人民群众与整个社会的重视，实际上从一个侧面真实地反映了我们的伟大祖国正在走向繁荣富强，我国广大人民群众的精神生活与文化品位正在不断地得到提升。能够以自己的微薄之力为我国的社会主义精神文明建设做出贡献，能够以自己肤浅的知识为祖国与人民服务，令我深感荣幸之至。

迄今为止，这套丛书已出版近六年。在此期间，我听到了不少读者与专家、学者、同行的意见或建议，自己也发现了它所存在的某些缺陷与不足。从2002年下半年起，在中国人民大学出版社贺耀敏社长、周蔚华总编辑与本书策划编辑李宏、司马兰的反复督促下，我着手对其进行全面的修订，并改称“21世纪实用礼仪系列教材”。现此项工作已告完成，丛书正式予以再版。

此次修订，我重点注意如下三个方面：

第一，坚持与时俱进，努力为其注入新观点、新知识。

第二，突出其规范性、系统性与可操作性。

第三，认真改正某些错误之处，删除某些过时之说。

这次再版修订，一共花去了我近两年时间。平心而论，我对此次修订是非常认真、非常用心的。真心地希望本丛书通过此次修订，可以更好地适应社会发展的需要，更好地满足广大读者的要求。

再次感谢中国人民大学出版社各位领导以及本书责任编辑孟彦弘、姜颖昳对我的帮助，并对广大读者与专家、学者、同行们对我的支持与厚爱表示深深的谢意。

金正昆

2004 年 8 月 16 日

于北京世纪城寓所

第三版后记

我所撰写的“21 世纪实用礼仪系列教材”丛书（第二版）于 2005 年 1 月由中国人民大学出版社出版，迄今已逾四年。在其正式出版后，曾经多次加印。许多专家、学者对它给予了充分的肯定，广大读者也给予了它大力的支持。一年多以来，我应广大读者与中国人民大学出版社的要求，对其又一次进行了较为全面而系统的修订。

在此，我有必要对广大读者进行认真说明的是，此次本系列教材修订的重点具体有三：

其一，本着“与时俱进”的精神，再次对某些章节进行了增加或调整。书后所附的“主要参考书目”，亦有所修订。我之所以这样做，既是为了进一步充实与完善本系列教材具体内容，又是为了进一步满足广大读者的实际需要。

其二，本着“精益求精”的基本要求，对本系列教材的具体内容与文字上的某些明显的错误、失误，进行了认真的改正；对一些叙述上有失严谨或准确的地方，则进行了尽可能的调整。

其三，为了方便广大读者的学习与复习，在本系列教材各分册的每一章中，大都增加了“内容提要”“学习目的”“本章要点”等新的内容。

我在上面所做的一切，都是我应该做的，而且也是我必须努力去做的。今后，我还会继续一如既往地这样认真地、努力地去做。

最后，再次感谢近年来广大专家、学者与广大读者对本系列教材的热情肯定与具体指教！

与此同时，我还要诚心诚意地感谢中国人民大学出版社领导贺耀敏、周蔚华对我的支持，感谢我在中国人民大学出版社的老朋友李宏、司马兰对我的督促与帮助，感谢本系列教材的责任编辑刘汀、姜颖昳、李学伟为本系列教材此次的修订、出版所做的大量辛勤工作！

金正昆

2009 年 11 月于北京

第四版后记

经过一年的努力，我所撰写的“21 世纪实用礼仪系列教材”第四版出版在即。此时此刻，我怀着一颗感恩与虔诚的心，向关心、支持、帮助过自己的学者、专家、同行以及广大读者真诚地致谢！

与此同时，我还要衷心感谢中国人民大学出版社各位领导的信任，感谢本版策划与编辑翟江虹、田淑香的督促与辛勤劳动！

对于“实用礼仪系列教材”的此次修订，我需要着重说明下述两点：

其一，本次修订重在删繁就简。有道是“大德必宽，大礼必简”。目前，礼仪简化已是大势之所趋。在本次修订的过程中，除必要的调整、增加与删除之外，对于某些过时的内容、被实践证明未必正确或未必有效的具体操作技巧，进行了一定数量的删减，以确保本系列教材精益求精、与时俱进。

其二，本次修订突出了可操作性。众所周知，礼仪是一门实践性极强的应用型学科。经过对礼仪研究与教学的实践、认识、再实践、再认识这一过程，我深感普及、推广必须着重突出其可操作性。在本系列教材的修订过程中，不论或删或增，在对某些具体内容进行斟酌时，我均优先考虑它是否具有可操作性。倘若它曲高和寡、难以操作，则一般不予以保留或增加。

尽管在本次修订中我再三推敲，反复征求多方面的建议与意见，但本书依然还存在诸多不足之处。正因为如此，所以诚请学者、专家、同行与广大读者多多对我进行指教！

再次感谢大家！

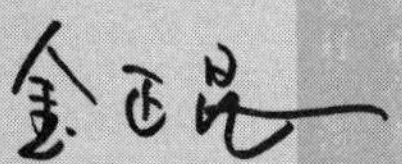

2014 年 2 月 23 日于北京香山

第五版后记

中国传统典籍《礼记》尝言："苟日新，日日新，又日新。"随着我国社会全方位的发展，涉外礼仪的规范、学习与教育亦须与时俱进，以便与国家、社会和国人的实际需求相适应。

2014 年 5 月 4 日，习近平同志在北京大学师生座谈会上就明确地指出：国有四维，礼义廉耻，"四维不张，国乃灭亡"。2014 年 10 月 13 日，他又在中央政治局集体学习中强调了"礼法合治，德主刑辅""为政以德，正己修身"的重要性。现在呈现在读者面前的《涉外礼仪教程（第五版）》，就是我为礼仪的学习与普及作出努力的新成果。

本书第四版出版不久，中国人民大学出版社领导尤其是本书策划编辑翟江虹等老师，就多次叮嘱我关注时代的变化与广大读者学习礼仪的新需求，及时对本书进行必要的修订。时任中国人民大学校长的陈雨露教授还曾专门要求我优先考虑当代大学生的校园礼仪学习、普及问题。在他们的鞭策与帮助之下，经过近一年的努力，我终于完成了本书第五版的修订。

本次修订的工作量甚大，它的重点有三：

其一，在听取专家、学者与广大读者意见和建议的基础上，对业已发现的错误与不足之处进行了必要的改正、补充和完善。

其二，在强调现代礼仪的规范性、简约性、实用性、时效性与国际性的同时，对本书进行了必要的改写、增补与删减，并且以删减为主、以突出其可操作性为主。

其三，今日之世界，正呈现出政治民主化、经济全球化、文化多元化、科技信息化等诸多特征。中国正在走向世界的中心，中国人民正在万众一心地为"一带一路”构想、为构建“人类命运共同体”而努力奋斗。为了适应多媒体时代广大读者对现代礼仪学习的新需要，本书的修订在多媒体技术的应用方面进行了一些积极的尝试。具体而言，就是在许多章节里，读者通过扫描相关的二维码，即可收看与文字相关的、由我亲自进行示范与讲授的视频。

我真心地希望：经过认真修订的《涉外礼仪教程（第五版）》就其内容与形式而言均有一定的变化，并且在一定程度上可以满足广大读者对社交礼仪学习与运用的实际需求。

感谢广大热心读者对我的关心、支持与指教！

感谢从事礼仪研究的广大同行与专家、学者多年以来对我的督促与鼓励！

感谢中国人民大学出版社各位领导、本书策划编辑翟江虹老师及其他各位责编老师对我的信任、肯定与鼎力相助！

2018 年 3 月 26 日于中国人民大学明德国际楼

图书在版编目（CIP）数据

涉外礼仪教程/金正昆著. —5版. —北京：中国人民大学出版社，2018.5
21世纪实用礼仪系列教材
ISBN 978-7-300-25658-0

Ⅰ.①涉… Ⅱ.①金… Ⅲ.①外交礼节-教材 Ⅳ.①D802.2

中国版本图书馆CIP数据核字（2018）第059095号

21世纪实用礼仪系列教材
涉外礼仪教程
第五版
金正昆 著
Shewai Liyi Jiaocheng

出版发行	中国人民大学出版社			
社　　址	北京中关村大街31号	**邮政编码**	100080	
电　　话	010－62511242（总编室）	010－62511770（质管部）		
	010－82501766（邮购部）	010－62514148（门市部）		
	010－62515195（发行公司）	010－62515275（盗版举报）		
网　　址	http://www.crup.com.cn			
经　　销	新华书店			
印　　刷	运河（唐山）印务有限公司	**版　　次**	1999年1月第1版	
开　　本	787 mm×1092 mm　1/16		2018年5月第5版	
印　　张	22	**印　　次**	2024年8月第8次印刷	
字　　数	423 000	**定　　价**	59.80元	